Alles ist Gott

Anleitung für das Spiel des Lebens

Johannes Holey

mit Hannelore H. Dietrich

amadeus-verlag.com

Vom Autor ist außerdem erschienen:

»Jesus 2000 – Das Friedensreich naht«,
1997, Ama Deus Verlag
»Bis zum Jahr 2012 – Der Aufstieg der Menschheit«,
2000, Ama Deus Verlag

Copyright © 2005
AMA DEUS - Verlag
Postfach 63
74576 Fichtenau
Tel.: 07962-1300
Fax: 07962-710263
www.amadeus-verlag.com

Zweite Auflage

Druck:
Ebner & Spiegel, Ulm
Satz und Layout:
Jan Udo Holey
Umschlaggestaltung:
GND Gruppe für neues Design
Alexander Seidl & Partner, Wien
e-mail: KAO@chello.at

ISBN 3-9805733-4-6

Nimm Dich an und öffne Dich!
Nimm Dich an und lerne:
Nehme wahr, was hier geschieht,
nimm es aus der Ferne.

Zeit und Raum verschieben sich,
Ich bin Du und Du bist Ich.
Gott ist alles, was er schafft,
Gott ist Deine ganze Kraft.

Gott ist in Dir und in mir,
Pflanze, Blume, jedem Tier.
Gott ist Liebe, Gott ist Leben,
Gott hat Dir sehr viel zu geben.

Nehme an und öffne Dich!
Gott hilft Dir und Mir!

(Hannelore H. Dietrich)

Inhaltsverzeichnis

Erster Teil: Wir machen uns frei

Unser lieber Gott. . . . . S. 25
Das Göttliche ist Energie. . . . . S. 26
Die Mutterkraft in der Schöpfung . . . . S. 28
Bewusst-sein ist ein Zustand. . . . . S. 31
Gott ist ganz, ganz anders? . . . . S. 32
Bei der Ur-Schöpfung war niemand dabei . . . . S. 34
Schöpfung ist ein ‚Spiel der Götter‘. . . . . S. 35
Liebe ist die Schöpferkraft. . . . . S. 39
Jeder ist seine eigene Schöpfungsidee. S. 41
Gibt es einen Teufel? . . . . S. 42
Wir alle sind Götter. . . . . S. 45
Galaktisch und multidimensional. . . . . S. 47
Niemand ist getrennt vom Göttlichen . . . . S. 50
Das Herr/Sklave-Spiel . . . . S. 52
Das Zwillingspaar Intuition/Intellekt. S. 55
„Es ist bereits alles gesagt“ . . . . S. 57
Im Schlaf der Gerechten? . . . . S. 60
Apokalypse als Wende-Zeit . . . . S. 64
Die Innerlichkeit nimmt zu . . . . S. 66
Heute hat alles neue Voraussetzungen. . . . . S. 68
Schöpfer-Sein bedeutet Veränderung. S. 70
Loslassen bringt uns unsere Macht zurück. . . . . S. 71
Die Hit-Liste des Tuns . . . . S. 73
Loslassen bedeutet sich-frei-machen . . . . S. 75
Wir sind nie allein. . . . . S. 76
Die wiederkehrende Weiblichkeit. . . . . S. 78
Die ‚Geheime Offenbarung‘. . . . . S. 82
Das Himmelreich des neuen Bewusstseins. . . . . S. 83
Christus bricht das Siebte Siegel auf. . . . . S. 84

Zweiter Teil: Du bist ein Schöpfer

Gedanken sind keine Privatsache. . . . . S. 89
Die geistige Macht deiner Gedanken . . . . S. 90

Erwecke dein Wissen . . . . S. 94
Verändere selbst deine Wirklichkeit. . . . . S. 95
Entdecke deine Herzenskräfte. . . . . S. 97
Positiv fühlen anstatt positiv denken . . . . S. 98
Werde zum Gedanken-Schöpfer . . . . S. 100
Herz ist ,in' – Intellekt ist ,out' . . . . S. 103
Danke dem, was ausgedient hat . . . . S. 104
Lächle und verabschiede. . . . . S. 106
Deine Jetzt- und Heute-Liste. . . . . S. 107
Belebe, was du leben möchtest. . . . . S. 109
Staune über dich selbst. . . . . S. 113
Lerne beim Tun . . . . S. 114
Das befreiende „...ich lasse geschehen!" . . . . S. 116
Lasse es auf dich zukommen . . . . S. 118
Woher kommen deine Gedanken? . . . . S. 119
Vom Zauberlehrling zum irdischen Schöpfer . . . . S. 121
Kontrolle ist gut, Vertrauen ist besser . . . . S. 123
Bewerte nicht – akzeptiere. . . . . S. 125
Werde zum Beobachter ohne Emotionen. . . . . S. 126
Es gibt kein ,Richtig' oder ,Falsch'. . . . . S. 128
Wertfrei geschehen lassen . . . . S. 130
Du brauchst nie mehr Akteur zu sein. . . . . S. 131
Trete aus der Dualität aus . . . . S. 133
Sei dein Selbst-verbesserer . . . . S. 134
Feiere dich! . . . . S. 136
„Sprich Gutes über Jeden" . . . . S. 137
Erlöse deine Emotionen in dir selbst . . . . S. 138
Verändere deine Situation . . . . S. 140
Geistige Energien sind unerschöpflich. S. 142
Lasse dich einfach führen. . . . . S. 143
Dein innerer Wissen/Nichtwissen-Dualismus . . . . S. 144
Du wirst begleitet. . . . . S. 147
Der unsichtbare Spiegel . . . . S. 149
Suche stets den Sinn ,dahinter'. . . . . S. 150
Übe dich im Akzeptieren. . . . . S. 151
Das Prinzip der Hingabe . . . . S. 153
Auch Gleichmut ist Mut. . . . . S. 154
Vorsicht! . . . . S. 156

Dritter Teil: Du lebst deine Herzenskräfte

Das Wissen hinter dem Denker . . . . S. 159
Überwinde den Drachen . . . . S. 161
Stell den Gedankenstrom ab . . . . S. 162
Dein Verstand als Instrument . . . . S. 164
Die beiden Mächtigen: Herz und Ego . . . . S. 165
Dein Ego ernährt sich von deinen Emotionen . . . . S. 167
Dein Drache kann sich anpassen . . . . S. 168
Gelassen-sein kommt von ‚lassen‘ . . . . S. 170
Versuche, ins Gleichgewicht zu kommen . . . . S. 171
Das flexible Ego . . . . S. 172
Etwas vollkommen Neues (ohne ‚Ich‘) . . . . S. 174
Umarme deine Ichheit . . . . S. 176
Die innere Sehnsucht . . . . S. 178
Dein Allerheiligstes . . . . S. 180
Herz ist Trumpf . . . . S. 182
„Folge der Religion deines Herzens“ . . . . S. 183
Du erschaffst deine Wirklichkeit . . . . S. 185
Es sind fünf Herzenskräfte . . . . S. 188
Die Große Mutter Erde . . . . S. 190
Die freie Energie . . . . S. 192
Die (r)eine Wahrheit . . . . S. 194
Freude lässt die Liebe schwingen . . . . S. 195
Werde ein liebender Gott . . . . S. 197
Selig sind die Friedfertigen . . . . S. 199
Werde eins mit allem . . . . S. 200
Die ganze Macht liegt in dir . . . . S. 202
Atme deine Herzenskräfte . . . . S. 204
Atme deine Selbstfindung . . . . S. 206
Atme deinen Selbstschutz . . . . S. 210
Animus und Anima . . . . S. 212
„Dein Herz am rechten Fleck“ . . . . S. 215
Nur die Ausdauer stabilisiert . . . . S. 216

Vierter Teil: Du lebst in Gegenwärtigkeit

Deine Stärke der Gegenwärtigkeit . . . . S. 221
Nur das Jetzt ist lebendig. . . . . S. 223
Suche den Mittelpunkt. . . . . S. 225
Nimm dir wieder Zeit. . . . . S. 227
Innere Neutralität ist am stärksten. . . . . S. 229
Kennst du die neutrale Leere? . . . . S. 231
Akzeptiere, was du nicht ändern kannst. S. 233
Die heimliche Macht deiner Zellen . . . . S. 236
Kennst du deinen Zentralkonflikt?. . . . . S. 238
Die innere Stärke und ihr Gegenteil. . . . . S. 240
Akzeptieren und annehmen. . . . . S. 241
Die Zeitlosigkeit des Ewigen Jetzt . . . . S. 243
Die Macht der Bejahung. . . . . S. 246
Die geistige Macht des FREIEN WILLENs . . . . S. 247
Sieh das große Ganze. . . . . S. 249
„Lass mich einfach in Frieden!". . . . . S. 251
Aktive Friedfertigkeit. . . . . S. 253
Das globale Friedensspiel. . . . . S. 254

Fünfter Teil: Du bist frei

Angst sperrt Gott ein. . . . . S. 259
Die ‚armen' Seelen . . . . S. 262
Unsichtbare Gedankenformen. . . . . S. 264
Die Reinheit der Absichten . . . . S. 267
Du lebst in einer Welt voller Symbole . . . . S. 270
Sind Symbole gefährlich?. . . . . S. 272
Wie findest du zur Selbstliebe?. . . . . S. 273
Lebe deine Natur . . . . S. 275
Danke, wenn du nicht vergeben kannst . . . . S. 277
Die Macht des Dankens. . . . . S. 278
Fühle dich geborgen. . . . . S. 280

Sechster Teil: Deine Rückkehr zur Göttlichkeit

Zurück in die Neue Zeit. . . . . S. 287
Es wird alles neu geordnet . . . . S. 289

Anhang

Namenregister . . . . S. 292

Sachregister . . . . S. 293

Glossarium. . . . . S. 295

Quellenverzeichnis und Anmerkungen . . . . S. 299

Adressenliste . . . . S. 306

Der Autor *Johannes Holey* über sich . . . . S. 307

Erstes Vorwort

Liebe Leserinnen, liebe Leser,

»Alles ist Gott« oder »Gott ist Alles« ist für uns christlich Erzogene etwas schwer zu verstehen, für die Gläubigen der fernöstlichen Relgionen ist es dahingegen selbstverständlich. Unsere rückständigen Glaubensbilder stammen noch aus dem Alten Testament und müssen daher dringend korrigiert werden. Das meinte auch schon *Franz von Assisi*, wenn er damals zu erklären versuchte: *„Alle Gebilde der Schöpfung sind Kinder des einen Vaters und daher Brüder."* Wie wir es heute verstehen müssen, das zeige ich in diesem Buch.

Dabei fordere ich Sie auch auf, s c h ö p f e r i s c h zu sein. Wir alle sind es sowieso. Doch über neunzig Prozent unseres Lebens kreieren wir dabei gedanklich u n b e w u s s t. Dessen müssen wir uns bewusst werden – wie, das erkläre ich Ihnen auf den folgenden Seiten.

Sie werden aber auch aufgefordert, dies *in Resonanz mit Gott-und-Göttin-in-uns* zu tun. Was ist Resonanz? Erinnern Sie sich noch an die Versuche in der Schule mit der Stimmgabel? Es ist der Effekt, bei dem zwei ‚Sender' mit *gleicher* Frequenz in Resonanz treten und die Schwingung sich überträgt. Für uns bedeutet es aber auch: Es ist die feinstoffliche Energie, die wir Anziehungskraft nennen und die nach der einfachen Formel funktioniert: *Gleiches zieht Gleiches an.* Demnach können wir in Resonanz sein mit unserer Fußballnationalmannschaft; mit dem Partner, den wir lieben; mit einem Haustier (Ihr Hund weiß schon lange vor Ihnen, dass Sie jetzt gleich nach Hause kommen); mit irgend jemandem, den Sie telefonisch anrufen und der Ihnen erstaunt erklärt ...*ich wollte dich gerade anrufen* – und natürlich auch mit Gott und Göttin oder mit »Alles ist Gott«.

Garantiert sind wir immer in Resonanz mit a l l e m, was uns umgibt. Denn wir haben ‚es' irgendwie angezogen – teilweise bewusst, teilweise unbewusst oder unterbewusst. Dummerweise funktioniert dieses einfache Gesetz nämlich auch mit den Dingen und Energien, die wir gar nicht mögen, und es entstehen dann Situationen, die zu persönlichen Herausforderungen werden – ängstliche Menschen sagen dazu *Probleme.* Es gibt aber ganz klare Regeln, wie man mit solchen Problemen fertig wird, denn wenn Sie kein Problem *mit* sich oder *in sich selbst* hätten, blieben Ihnen auch die Probleme in Ihrem Umfeld erspart. Das ist keine neue Erkenntnis, denn schon von *Buddha* ist der Lehrsatz bekannt: *„...das Leben ist kein Problem, das es zu lösen, sondern eine Wirklichkeit, die es zu erfahren gilt."*

Somit befassen wir uns in diesem Buch mit *erkennen* und Erkenntnis, *erfahren* und Erfahrung, *ändern* und Veränderung, *handeln* und Tun. Und das ist eigentlich schon das ganze Schöpfer-sein.

Genauer definiert, heißt Schöpfersein: mit allen Resonanzen umgehen zu können und *dabei selbst zu bestimmen*, mit wem und womit man resoniert oder verbunden ist – innerlich und/oder äußerlich in der gleichen Schwingungsfrequenz. Das einzige Instrument für dieses irdische Schöpfersein ist die menschliche G e d a n k e n k r a f t, die jeder von uns besitzt, aber auf tausend verschiedene Arten in seinem Leben anwenden kann. Dabei gibt es Regeln und Hilfsmittel für den verantwortungsvollen Umgang damit – uraltes ‚esoterisches‘ Geheimwissen wie auch modernste Erkenntnisse aus der Metaphysik (siehe Glossarium).

Dabei geht es grundsätzlich um feinstoffliche Energien. Und mit Energien umzugehen, hat die heutige Generation längst gelernt. Doch das Ausweiten dieser Kenntnisse auch auf unsere e i g e n e n Gedankenkräfte wird nirgends gelehrt und bleibt ‚unbekannt‘ oder wird lächerlich und unglaubwürdig gemacht. Mit Absicht? Natürlich, denn selbständig denkende und individuell entscheidende Menschen sind unbequem und lassen sich sicherlich nicht vollständig von der EDV erfassen (oder legen diese möglicherweise mit ihrer Gedankenkraft lahm?). Die Mächtigen dieser Welt lächeln dazu, denn sie meinen zu wissen, dass die Menschheit insgesamt noch schlummere. Manche schlafen ziemlich fest oder haben Angst davor, aus ihren Träumen zu erwachen. Doch wir stecken schon in der Wendezeit, und das ist eine Zeit des geistigen Erwachens.

Genauso unbekannt ist, dass alle Lebensenergien *in uns selbst* zu finden sind. Ausschließlich hier. Wer bewusst im *Hier-und-Jetzt* lebt – also im bewussten Sein –, dem stehen alle ethischen Werte als Herzens-Energien grenzenlos zur Verfügung, wie zum Beispiel die absolute Wahrhaftigkeit, die Freude am Sein, die allumfassende Liebe, die unerschütterliche Friedfertigkeit und die Sehnsucht nach Einheit. Dies alles sind *innere* Wertigkeiten und mächtige feinstoffliche Energien, die niemals im Außen zu finden sind und daher auch in fast allen Religonen seit Jahrtausenden vergeblich gesucht werden. Lehre und Praxis klaffen dabei weit auseinander. J e d e r Mensch besitzt diese feinstofflichen Herzensenergien und er muss sie in seinem Erdenleben daher auch bewusst und verantwortlich und vor allem s c h ö p f e r i s c h einsetzen.

„*Alles ist in dir*" – so heißt die neue Formel für ein neues Verständnis unseres menschlichen Seins im *Hier-und-Jetzt*. Ich werde beweisen, dass auch Gott/Göttin in uns ist. *Das Göttliche ist in uns!* Denn »Alles ist Gott«.

Aber wer glaubt das schon? Da kommt uns eigentlich das nihilistische Weltbild viel mehr entgegen, das uns glauben machen will, es gäbe gar keinen Gott (lat. *nihil* nichts). Wo denn? Noch niemand hat in der äußeren, materiellen Welt davon etwas messen, berechnen oder erleben können. Erleben vielleicht doch, wenn man an die St. Paul's Kirche in Manhattan denkt, die im Schutt der World-Trade-Center-Türme den 11.9.2001 völlig unbeschadet überstand – ganze einhundertfünfzig Meter davon entfernt. „*Nicht einmal die grazile goldene Turmspitze wurde angekratzt, obwohl die Druckwelle beim Einsturz der Twin-Towers das Kirchlein hätte wegfegen müssen*", staunten New Yorker Sprengstoff-Experten. Gab damit dieser ‚verdrängte' Gott in der mächtigsten Hochburg, dem ‚Herz des Kapitalismus', ein weltweites Zeichen? Die Türme dieser größten Macht sind zu Staub geworden – wir leben sichtbar in der sogenannten Apokalypse.

Und warum wird überhaupt in allen Religionen auf einen ‚Jüngsten Tag' und eine Apokalypse hingewiesen? Weil wir den Begriff *Göttliche Liebe* noch nie richtig begriffen und zugelassen haben und auch die Religionen fälschlicherweise ihren *Gott* stets *im Außen* fanden (denke an die prächtigsten Tempel dieser Welt) und ihn zu verwalten suchten, um dabei Geld und Macht zu erlangen.

Das kann doch alles keine *Resonanz mit einem lieben Gott* sein!

Daher bleibe ich bei meiner Behauptung: *Die Gottheit ist in uns, in jedem von uns – „Gott ist in dir"* und »Alles ist Gott«. Für den christlichen Bereich war es *Jesus*, der darauf hinwies, dass das Reich Gottes nicht ‚im Himmel' ist: *...es ist in uns* (*Luk.* 17,20). Wir wurden und werden nur darüber nicht in diesem Sinne aufgeklärt, und wir ahnen auch, dass dies absichtlich geschah, und so konnten die Gläubigen aller Zeiten durch dieses ‚Miss-Verständnis' kaum mit *diesem inneren Gott in Resonanz* treten – außer in den seltenen mystischen Glaubensgemeinschaften der verschiedenen Weltreligionen. Und diese lehren seit alters her, dass man Gott niemals *begreifen*, sondern nur *erleben* kann und dass »Gott in allem« ist. Und das versuche auch ich zu erklären.

Um den irdischen Umgang mit diesen Energien richtig zu verstehen, beschreibe ich auch in diesem Buch die vier feinstofflichen Energiekörper des Menschen, die das individuelle Energiefeld mit seiner Ausstrahlung bilden. Diese Ausstrahlung heißt *Aura*[1] und bestimmt entscheidend mit, in welchen Resonanzen der einzelne Mensch ist oder sein will. In fast allen Religionslehren finden wir die Körperdreiheit *Körper-Seele-Geist*, die uns zu einem göttlichen Wesen, einem Kind Gottes macht. Doch es fehlt dabei noch der vierte Energiekörper des Menschen – der *spirituelle* oder der *Licht-Körper*.

‚Licht‘ ist ein ganz besonderes Thema meines Buches, weil ich davon ausgehe, dass hinter dieser physikalischen Energiebezeichnung eine für uns unvorstellbare meta-physische Welt verborgen ist, mit der ich Sie bekannt machen werde. Ich schließe mich einfachheitshalber den uralten gnostischen Begriffen *Licht* und *Schatten* an, um vom *Göttlichen* und der menschlichen *Ichheit* zu sprechen (ich halte nichts von einem *Teufel*). Den ‚Himmel‘ nenne ich *Lichtreich*. Die geistig erwachenden Erdengeschwister, die schon an ihrem vierten Energiekörper (*dem Lichtkörper*) arbeiten und unserer gottlos gewordenen Welt des Materialismus mit ihrem *inneren Licht* dienen, nenne ich *Lichtseelen*, *Lichtkinder* oder *Lichtdiener*. Im Neuen Testament (1.Thes. 5,5) heißen sie *Kinder des Lichts*.

Nun gibt es aber noch einen ganz entscheidenden Faktor unserer Zeit: *unsere Zeit*. Schon in meinen beiden ersten Büchern »JESUS 2000 – das Friedensreich naht« und »Bis zum Jahr 2012 – der Aufstieg der Menschheit« habe ich ausführlich dargestellt, dass unser derzeitiger Zeitabschnitt in einen wichtigen und mächtigen Zyklus des ganzen Sonnensystems eingebunden ist, der grundsätzlich alles, aber auch alles verändern wird. Man spricht von einer Zeitenwende (siehe Glossarium). Diese Zeitenwende – der Wechsel vom Fische- ins Wassermann-Zeitalter – ist eine Wende-Zeit, der Einstieg in das ‚Neue Zeitalter‘.

Das aktuelle Geschehen mit seinen gewaltigen globalen Veränderungen und Demaskierungen in der äußeren Welt zeigt aber, dass wir schon *mitten* in diesem Transformations-Prozess, in der Umwandlung stehen. Abermillionen von *Lichtseelen* und *Lichtarbeitern* sind inkarniert (haben einen Erdenkörper angenommen), gleich viele folgen als Indigo- und mediale Kinder[2] und treten an, die dunklen und lichtarmen Energien zu transformieren oder umzuwandeln und wenn diese es zulassen, auch zu erlösen. Diese neue Generation von Kindern zwingt uns zu einem neuen *harmonisierten* zwischenmenschlichen Umgang mit unseren Herzenskräften, mit Gefühlen und Emotionen. Sie werden uns lehren, „...*dass das Feinstoffliche über das Dichte herrscht*“.

Ist es möglich, dass man für das *Feine* und *Unsichtbare* auch *Magisches* und *Mystisches* sagen kann? Wenn wir den Büchermarkt anschauen, finden wir auf Platz 1 »Baudolino« von *Umberto Eco*, Platz 2, 4, 8 und 9 »Harry Potter« und Platz 7 »Der Herr der Ringe« von *Tolkien* (Belletristik-Bestsellerliste des ‚Spiegel‘ 43/2001). Das ist die millionenfach gesuchte Literatur der Wende unserer Zeit – von Klein bis Groß eine neue Faszination für das Unlogische, das Wunderbare, das Zauberhafte, das Magische. Auf diesen Umwegen suchen die Seelen nach *Einheit* und *Freiheit*. *Heilige Magie* ist es, wenn der menschliche Wille sich mit dem göttlichen vereint, um von der ‚Dichte unserer Welt' wieder frei zu werden. Für eine *Freiheit* ohne jegliche Eigennützlichkeit und ausschließlich beseelt von höchsten Idealen – geprägt von immer höher schwingenden Eigen-Frequenzen *für* die Neue Zeit und *in* der Neuen Zeit.

Die Wende-Zeit ist diesmal ein gewaltiger *kosmischer Auftrag*, nicht nur die zyklisch wiederkehrende ‚Heimkehr der Seelen zu Gott', wie sie sich alle drei-zehntausend Erdenjahre wiederholt. (Wird später genauer beschrieben.) Es ist ein Auftrag für die irdische Menschheit mit einer gewaltigen Dimension, der aber nur erfüllt werden kann, wenn der Einzelne *mutig* und *verantwortungsvoll* zu seiner *Ebenbildlichkeit Gottes* zurückkehrt und zu einem *Schöpfer in der Ma-terie* wird – selbstbewusst, selbstverantwortlich, selbsterlösend.

Dies entwickelt sich dann zu dem angekündigten und erwarteten *Bewusst-seins-Sprung*, dem Neuen Bewusstsein der Erdenmenschheit. Es ist ein Aufstieg aus der *materiellen Dualität* unserer Erfahrungsebene zu einer *spirituellen Tri-nität*. Dies ist vorstellbar in der Form eines Dreiecks, in dem jeder Einzelne aus seiner irdischen, zweipolig erscheinenden Ebene sich nach der Spitze des Drei-ecks s e h n t und dann in der *neuen erhöhten Erkenntnis-Ebene* das Duale aus-gleichen (erlösen) und mit ihm ‚meisterlich' umgehen kann. Denn »Alles ist Gott«. Diese spirituelle Trinität bedarf keiner Ebene des Intellekts mehr, son-dern der Erfahrungsebene der Gefühle. *Denn die Zeit des Fühlens ist angebro-chen!*

„Nur Fühlen und Spüren lässt dich d e i n e S t ä r k e finden", heißt es in den asiatischen Lebensregeln. Unser Intellekt und unser Denken können das nicht. Erst in dieser inneren Stärke kann das *Göttliche-in-dir* richtig und authentisch gelebt werden. In diese Stärke findet man, wenn die Vier-Körper-Einheit ener-getisch stabilisiert bleibt – die vier energetisch ineinander fließenden Dimensio-nen der *Körperlichkeit*, der *Emotionalität*, der *Geistigkeit* und der *Spiritualität* (lat. *spiritus*: der Geist). Erst dann kann *Gott-in-dir* – wie es ihm z u s t e h t – in dir leben – erleuchtet, strahlend, glückselig und friedvoll.

Innere S t ä r k e ist das eigentliche Hauptthema dieses Buches. Denn *Nicht-stark-sein* bedeutet ganz automatisch Schwäche, Zweifel, Ängste, Unfä-higkeiten, Krankheit, Beschränktheit, Verrat, Ausbeutung, auch trügerische Zufriedenheit.

Daher kommt es bei diesem schöpferischen Zeitgeschehen auf *tätige Mitar-beit* an! Und ich meine auch, dass es eilt! Seit gut dreißig Jahren versuche ich selbst den spirituellen Lebensweg zu gehen und vor allem zu leben – er war oft sehr holprig, und vieles davon war auch zeitbedingt. Doch heute spüren immer mehr von uns *Lichtseelen*, dass die Menschen am Erwachen sind und ihre Seelen *lechzen*. Immer mehr ahnen und spüren etwas von ihrer Individualität und sind imstande, aus ererbten kollektiven Mustern des Intellekts auszubrechen. Angezogen von meinen ersten Büchern, bildete sich ein fruchtbarer Dialog von Fragen und Antworten – bei meinen Vorträgen, in der Korrespondenz und vielen persönlichen Gesprächen. Und wir, die Beteiligten, sind längst überzeugt, dass das ‚Geist-ausgießen‘ bereits eingesetzt hat, wie parallel dazu die grundlegende Umwandlung des menschlichen B e w u s s t s e i n s gleichfalls. Massen-Erleuchtung wird es nicht erst in ferner Zukunft (wie prophezeit) geben, sondern ist jetzt schon erreichbar.

Wir befinden uns momentan in den Geburtswehen einer ‚Neuen Zeit‘ und einer neuen Menschheit. Dabei kommt es auf j e d e n von uns an, wie dieses Zeitalter und dieser Mensch g e s t a l t e t wird.

Zukunft ist nichts Starres.
**Sie kann aber nur von bewussten Schöpfern und Mitschöpfern
gestaltet werden, Un-bewusstes vergeht mit dem Alten.**

Die *Rückkehr zur Göttlichkeit* ist somit eigentlich ein ‚Spiel der Götter‘, wenn wir es fertigbringen, uns von unseren verheimlichten Ängsten zu befreien. Dann finden wir zu unserer eigentlichen Einzigartigkeit.

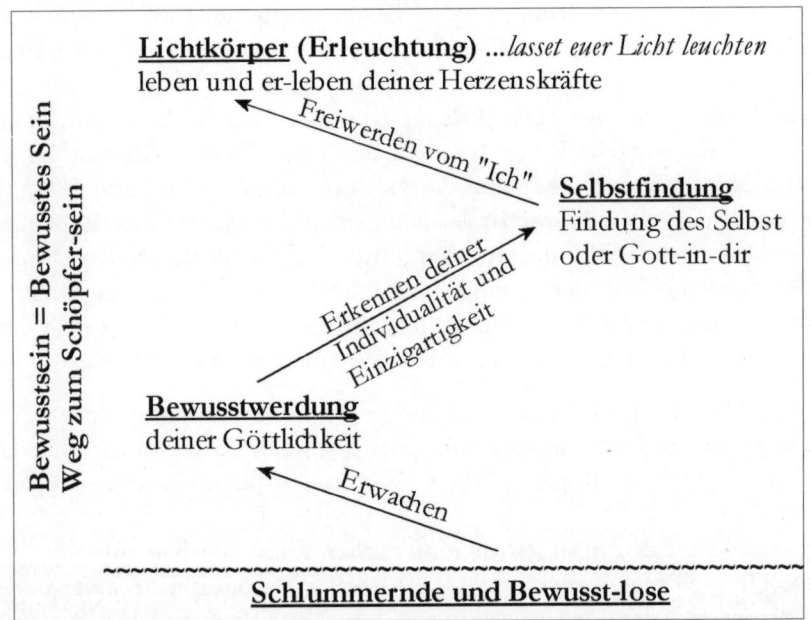

Abb. 1: Die Rückkehr zur Göttlichkeit sind Zustände der geistigen Wahrnehmung

Wie kann das aber entstehen, wenn man das *Bewusstsein* dafür in der heutigen Welt und in unserem Umfeld oft völlig vermisst? Gemeint ist Bewusstsein als *bewusstes Sein*, als bewusstes Da-sein, als die ethisch-charakterliche Qualität u n s e r e s gelebten Lebens. Das ist ein *völlig individueller* Seelenentwicklungs-Prozess, der immer nur beim Einzelnen ablaufen kann und der dadurch ‚in der Masse' nicht weiter auffällt. Es gibt kein Massen-Bewusstsein, das ist ein falscher Ausdruck. Wer Bewusstsein besitzt, gehört nicht zur Masse, diese ist im spirituellen Sinn noch bewusst-los. Natürlich ist es das gute Recht auch dieser Erdengeschwister, auf ihre Art zu leben und sich durch die heutigen Anforderungen im äußeren ‚Haben' von ihrem inneren ‚Sein' weiter ablenken zu lassen.

Aber alle, die in der nächsten Zeit geistig erwachen und all die schon lange geistig Erwachenden können jetzt – leichter denn je – den Weg zur sogenannten ‚Erleuchtung' gehen – die Rückkehr zu ihrer Göttlickeit –, so wie er in der Skizze (der Abb. 1) vereinfacht dargestellt und im Buch ausführlich beschrieben ist.
Es gibt nicht ‚ein' Bewusstsein, ein bestimmtes oder genormtes, es gibt nur Bewusstseins-Z u s t ä n d e, die von u n s e r e r jeweiligen bewussten *Wahrnehmung* beziehungsweise unserer *Wahrnehmungsfähigkeit* abhängen. Und die kann heute anders sein als gestern oder vor einem Jahr. ‚Anders' heißt ‚klarer' (nicht mehr ‚getrübt' und von immer weniger Illusionen verschleiert) und daher durch schnellere oder höherfrequente Geistesschwingung gekennzeichnet, so dass man von *höherem Bewusstsein* spricht und von *Bewusstseinssprüngen*. Für die ganze Menschheit wird bis zum Jahre 2012 gar ein *Quantensprung* des Bewusstseins der ‚Planetaren Menschheit' erwartet.

Die Erde und ihre Bewohner bergen ein besonderes Potential. Unsere Erde ist ein einzigartiger Ort im Kosmos. Hier können Seelenentwicklungen durch Erfahrungen erlebt werden, wie sonst kaum in unserem sichtbaren Raumzeit-Universum. Doch die neuen kosmischen Energien und die göttlichen Kräfte (Christuskraft und Wassermanngeist) können nur wirk-sam werden, wenn sich Kanäle aus der *individuellen* Bewusstseinsebene ö f f n e n. Diese müssen somit *Sie* und *wir* öffnen. Allein das Warten auf einen Erlöser aus dem Göttlichen oder auf einen Retter aus dem Kosmos *verändert* nichts.
Allerdings ermöglichen die neuen geistigen Energien unserer Wende-Zeit mit ihren schnelleren und lichteren Schwingungsfrequenzen *jetzt* völlig neue seelische Entwicklungsperspektiven für jeden Einzelnen von uns. Denn »Alles ist Gott«. Miss-Verständnisse werden jetzt aufgelöst, Zurückliegendes uninteressant, Zukünftiges angstfrei, und das Zulassen des Göttlichen in uns führt zur angekündigten Massen-Erleuchtung – jener *Geistausgießung über Knechte und*

20

Mägde aus der Apostelgeschichte und dem Aufbrechen des *Siebten Siegels* in der *Johannes*-Offenbarung (beides wird noch ausführlich erklärt).

J e d e r   M e n s c h kann jetzt als irdischer Schöpfer das ‚Göttliche auf Erden' v e r w i r k l i c h e n.

Daher biete ich mit diesem Buch einen besonderen Kurs an: einen *Crash-Kurs, damit jeder wieder mit seiner Göttlichkeit in Resonanz tritt.* Dies wird tatsächlich *jetzt erst* e r l e i c h t e r t, nachdem das *Christusbewusstsein* das *Siebte Siegel* aufgebrochen hat (und der Wassermann-Geist über uns ausgegossen wird) und damit ein *neues Verstehen* möglich werden kann: *das neue Begreifen und das neue Erfahren* der berühmten Formel des *Heilands: ...liebe deinen Nächsten wie dich selbst.* Diesen, in den Jahrtausenden verschlissenen Lehrsatz, müssen wir jetzt neu formulieren, denn »Alles ist Gott«. Es geht im Grundsatz immer nur um *unsere H i n g a b e* – auf der dualen Erfahrungsebene gibt es nämlich entweder die *Hingabe-zu-unserem-Selbst* oder die *Hingabe-zu-den-äußeren-Dingen.*

Die Qualität der Neuen Zeit aber entsteht nur noch durch die Hingabe zu unserem *Höheren Selbst,* zu dem *Herz-Allerheiligsten,* unserem ICH BIN oder dem *Göttlichen-in-uns.* Dabei erkläre ich, dass *alles* auf der irdischen Erfahrungsebene *Energie und Energiegeschehen* ist. Und dass der göttliche Geist in allem, in seiner höchsten Form jedoch im Menschen, zu finden ist und dass der Mensch daher *selbst zum Schöpfer* wird. Alles ist Gott.

Bedenken wir dabei: Unsere gedanklichen Gespräche Leser/Autor sind ebenfalls »Gespräche mit Gott«: dem Gott in Ihnen und dem in mir. Nehmen *wir alle* diese Göttlichkeit an – es ist eine einmalige Gnade, welche die höher schwingenden Energien unserer Wende-Zeit den Lichtseelen dieser Erde zukommen lassen.

La Palma, Heiligabend 2001

Johannes

Zweites Vorwort

Hannelore H. Dietrich ist Heilpraktikerin, Physiotherapeutin, aurasichtiges Medium und geistige Heilerin und lebt und lehrt einen modernen weiblichen Heilschamanismus im Rahmen der christlichen Tradition. Sie hat am Reisberg bei Blankenhain (Weimar) in Thüringen ihr Seminarhaus *Lebens-Licht-Quelle*[3].

Im Frühjahr 2002 wurde ich bewusst mit *Hannelore* zusammengeführt. Wir waren seit Jahren auf den spirituellen Kongressen in Kaarst[4] Vortragende und Aussteller, ohne uns näher zu kennen. Doch dann entdeckten wir, dass durch viele ungewöhnliche Gemeinsamkeiten unsere Arbeit gegenseitig ergänzt und wesentlich unterstützt werden kann. Das betraf zuerst natürlich dieses Buch, für das ich dabei auf eine ungeahnte Erfahrungsquelle stieß.

Es gibt in dem Auf- und Umbruch unserer Zeit eine Überfülle von Versuchen, Theorien, Hypothesen und Wunschvorstellungen, auch auf dem Gebiet der spirituellen Seelenwege. Es gibt dabei aber nur wenige Therapeuten und ‚Seel-Sorger‘, die durch E r f a h r u n g in der Praxis und der Anwendung dem geistig erwachenden Suchende eine seelenorientierte Hilfe sind. Das aber ist *Hannelores* Stärke. Sie schöpft ihre empirischen Erfahrungen aus dem noch wenig beachteten Empfindungsbereich eines gelebten heilenden Schamanismus in Verbindung mit einer anderweitig verloren gegangenen Weiblichkeit, Lebensfreude und Einfachheit.

Ich bin glücklich und dankbar, dass ich bei fast allen Themen meines Buches auf ihren Erfahrungsschatz zugreifen und mich mit ihr austauschen konnte. In *Hannelore* fand ich eine ganz erstaunliche Mitschöpferin, die das sichere Gespür und den kritischen Mut hat, ebenfalls der Zeit weit voraus zu s e i n.

Durch ihr Mitwirken und ihre Vermittlung zwischen der jenseitigen Welt und mir kann ich heute bekennen: *...ich habe mich der Weiblichkeit geöffnet.* Dabei wurde mir klar, wie sehr wir Männer Schwierigkeiten mit dem ‚tieferen‘ Fühlen haben. Somit lege ich meine veränderte Sicht- und Lebensweise auch ganz besonders allen männlichen Lesern ans ‚Herz‘.

La Palma, am Freitag, den 13. September 2002

Erklärung:

Folgende fünf Begriffe führe ich in diesem Buch neu ein:

Lichtreich – damit meine ich den Himmel, das Jenseits, die Transzendenz und die Dimensionen des göttlichen Lichtes, was immer man darunter auch verstehen kann;

Kinder des Lichts – nenne ich alle diejenigen von uns, in denen ein seelisches und geistiges Erwachen rumort und die an sich etwas verändern wollen (so nannte sie schon *Paulus* im 1.Thes. 5,5);

Allerheiligstes – nenne ich das ‚Göttliche-in-uns‘, das ‚Höhere Selbst‘, das ‚ICH BIN‘ und die vielen anderen ehrfürchtigen Begriffe und

Meta-Energie – (Über-Energie) ist ein Sammelbegriff für die neuen beziehungsweise in neuerdings immer höheren Frequenzen schwingenden meta-physischen Energien unserer Zeitenwende. Die einen sprechen vom Wassermanngeist, die anderen vom zweiten ‚Erscheinen‘ *Christi*. Auf der physischen Ebene zählt vor allem das zunehmende Photonenlicht dazu.

Familienbewusstsein – bezeichne ich alle die Seelen, die zur Gesamtfamilie – im Diesseits und im Jenseits – gehören. Im esoterischen Bereich wird von *Seelenfamilien* oder der *spirituellen Familie* gesprochen, doch die einzelnen ‚Seelen‘ sollten mehr als Strukturen des unbegrenzten Bewusstseins verstanden werden.

Ausdrücklich beibehalten habe ich den Begriff

Seele – den ich (wie im kirchlichen Sprachgebrauch) als komplexen Überbegriff für den göttlichen Aspekt in uns verwende, obwohl bislang *nur unser Geist* als unsterblichen ‚Teil Gottes‘ angesehen wurde. Dabei ist ebenfalls die Vorstellung eines unbegrenzten *Bewusstseins* näherliegend.

Erster Teil

Wir machen uns frei

Unser lieber Gott

Das Intimste, das ein Mensch irgend jemandem anvertrauen würde, sind seine Ängste, seine Sorgen und seine Nöte, und damit geht man am besten zum ‚lieben Gott‘. Auch seine geheimsten Wünsche kann man ihm weitergeben. Am leichtesten fällt es uns dabei zu sagen: *lieber Vater, himmlischer Vater, Vater unser* und ähnliche familiäre, liebevolle, aber ehrfürchtige Anreden. Wir brauchen einfach eine Vorstellung von Gott, ein Gottes-Bild, um Vertrauen fassen zu können, wenn wir uns in körperlicher und/oder seelischer ‚Not‘ befinden oder einen anderen Anlass haben, *Gespräche mit Gott* zu führen.

Aber stimmt dieses ‚Bild‘ wirklich, das wir Menschen uns von dem *Schöpfer* des Universums und der sichtbaren Formenwelt, die uns umgibt, also der *Schöpfung* allgemein, gemacht haben? Ist dieses Bild noch zeitgemäß? Wir ‚ebenbildlichen‘ Menschen geben allem, was wir hören, sehen und fühlen können, eine ‚Form‘ (das muss so sein), wir sprechen inzwischen sogar von einem *Informations*-Zeitalter, in dem wir leben und ahnen nicht, dass »Alles Gott ist«.

Eigentlich war dieses Sich-ein-Bild-machen schon immer so. Die Menschen meinten auch schon immer, dies ebenfalls mit jenen schöpferischen Kräften und göttlichen Energien tun zu können, die *unsichtbar* und *unbegreiflich* waren und sind. Dabei bekamen diese schon in den zurückliegenden Jahrtausenden des Patriarchats und der männlichen Vorherrschaft fast ausschließlich männliche ‚Züge‘. Ein männlicher Gott, teils in der Rolle eines liebenden Vaters, teils in der Rolle eines strengen, strafenden Herrschers, ‚formte‘ sich unter den Vorstellungskräften der verschiedenen Religionssysteme. Und da die menschlichen Vorstellungskräfte von einem ‚Gott‘ immer schon sehr ‚vielfältig‘ waren, entstanden eben Gottheiten in Mehrzahl, und/oder die Fülle von göttlichen Qualitäten wurde dann auf verschiedene Gottheiten verteilt – alles sehr menschlich und eigentlich auch verständlich.

Etwas fortschrittlicher war es dann schon, dass der vermutete, aber nie erkannte Urschöpfer seinen suchenden und irrenden menschlichen Geschöpfen immer wieder einen Propheten, Eingeweihten oder Erleuchteten schickte – bislang tausende von Gottessöhnen, Heilande, Avatare, Heilige und edelste Boten Gottes, die man meist qualvoll umbringen ließ. Sie alle versuchten, die ‚Gläubigen‘ durch Offenbarungen aufzuklären, darüber, *dass es nur e i n e n Gott gäbe*, nämlich den Schöpfer. Aber auch er blieb in all den *monotheistischen* Glaubenssystemen eben wieder männlich und patriarchalisch (lat. *pater* heißt Vater). Als wenn Schöpfung ohne weibliche Energien funktionieren würde.

„Aber im Himmel kann das ja ganz anders sein, die Leute werden es schon glauben." Und sie haben es geglaubt, und keiner hat daher Gott ‚richtig verstanden'. Und die Gläubigen haben sich sogar dafür umbringen lassen und haben andere dafür umgebracht, meist recht grausam und im Namen ihres ‚eigenen' Gottes, eben nach *ihrem* jeweiligen *Gottes-Verständnis*. So finden wir bis zum heutigen Tag scheinbar nur Missverständnisse.

Es wird erzählt, dass *Thomas von Aquin*, einer der gelehrtesten Theologen, die es je gab, gegen Ende seines Lebens plötzlich aufhörte zu schreiben. Als sein Sekretär beklagte, dass sein Werk unvollendet sei, erwiderte *Thomas: „Bruder Reginald, als ich vor einigen Monaten die Messe feierte, erfuhr ich etwas von dem Göttlichen. An jenem Tag verlor ich alle Lust zu schreiben, und alles, was ich je über Gott geschrieben habe, erscheint mir jetzt wie leeres Stroh."* Wie könnte es auch anders sein, wenn ein Gelehrter zum Mystiker wird? [5]

Das Göttliche ist Energie

Richtig ist also: Die Mystiker aller Religionen lehrten *„man kann Gott nicht verstehen, man kann Gott nur erleben"*.

Was der moderne Mensch besser ‚verstehen' kann, ist die Erkenntnis, dass all das Göttliche und Schöpferische einfach *Energie* ist, und darauf kamen auch schon unsere Altvordern, die dann von *Licht* sprachen, und das vor rund zehntausend Jahren (*Zarathustra*). Gott ist *das Licht* und *die Urquelle der Strahlungen*. Hierbei finden wir Götternamen wie *Helios*, *Mithras* und andere im Osten, *Ra*, *Re* und *Aton* im Altägyptischen, *Apollon* der Griechen, *Sol* der Römer, *Baldur* und *Freyr* im Germanischen – doch auch das sind alles wieder *männliche* Gottesbilder. Das »Lexikon der Götter und Dämonen« von *Manfred Lurker* führt weltweit neunundachtzig verschiedene Namen allein von Sonnengöttern an.

Daher stelle ich gleich hier am Anfang meines Buches fest: *All diesen Glaubenssystemen und Religionen fehlt die weiblichste der göttlichen Kräfte, die LIEBE.*

Wir Erdenmenschen existieren auf der sogenannten *dualen* Lebens- oder Erfahrungsebene, und alles ist hier erst dann in Harmonie und Gleichklang, wenn die jeweiligen dualen oder polaren Energien im G l e i c h g e w i c h t sind. Das heißt: *im Lichtreich* (die Kirchen nennen es Himmel) sind alle Seelen noch ‚eins', ungeteilt, paradiesisch, voll Liebe und insgesamt in der All-Einheit. In der symbolischen Geschichte von *Adam* und *Eva* wird uns gezeigt, dass alle Seelen, die (freiwillig) auf unsere Erde kommen und inkarnieren (*lat.* ins Fleisch gehen), in einer *Zweipoligkeit* oder einer *Dualität* leben müssen – zum Beispiel männlich/weiblich. Wenn der Mensch diese polare Teilung (*von Goethe* benutzte den Begriff *Polarität*) als Strafe ansieht, wie es viele Kirchensysteme lehren, dann sehen wir Gegensätze wie innen/außen, gut/böse, göttlich/teuflisch, Liebe/Hass, Mut/Angst und so weiter.

Wir können diese energetischen Gegensätze aber auch *nur dual* und ohne Polarisierungen ansehen, dann sind sie quasi ‚straffrei‘, wie zum Beispiel die zwei Seiten der gleichen Münze. Als *dual* erkennen wir dann die ‚entschärften‘ Gegensätzlichkeiten zum Beispiel als das liebende und ergänzende Paar; erkennen, dass heiß und kalt nur die verschiedenen Enden der gleichen Temperaturskala sind; dass die energetische Polarität *Licht/Finsternis* im dualen Sinne eigentlich nur *viel Licht/wenig Licht* bedeutet und die duale Seite der *Liebe* nicht Hass ist, sondern *Lieb-losigkeit* oder fehlende Liebe, die im schlimmsten Fall von Ängsten geprägt ist. Beim genauen Hinsehen stellen wir nämlich fest, dass diese energetischen Polarisierungs-Paare miteinander in Wechselbeziehung stehen, also korrelieren.

Weil die Seele des Menschen in ihrem irdischen Leben Erfahrungen sammeln will, indem sie versucht, dieses *duale Erleben* in innere Harmonie und in ein inneres Gleichgewicht und Gleichklang zu bringen, spricht man auch von der *irdischen Erfahrungsebene*.

Wir haben gesehen, dass bei nahezu allen irdischen Religionssystemen das Männliche und damit auch ein polares schöpferisches Un-gleichgewicht dominiert – es fehlt der Gegenpol des Weiblichen. Und somit ‚herr-schen‘ auch Macht, Gewalt, Elitedenken, Rassismus und Kriege. Hätten die Theologen mit ihrem studierten *Wissen* (die Schriftgelehrten aller Zeiten) auch die göttliche Liebe und die weibliche Schöpferkraft mit ihrer Mütterlichkeit und *Weisheit* gleichermaßen zugelassen, sähe die Welt heute ganz anders aus.

Dazu wird uns aus dem Lichtreich erklärt, dass diese patriarchalischen Ansätze sehr weit zurück reichen. Alle die Völker, die in ihren Kalendern mit zwölf Monaten rechnen, sind sonnenorientiert und daher männlich geprägt, wohingegen die Völker mit dreizehn Mond-Monaten (mit je achtundzwanzig Tagen) automatisch in der weiblichen Schwingung bleiben. (Bei unseren Vorfahren waren es die Kelten, im Westen die Indianer, vor allem die Mayas, aber auch der Zyklus der Frau mit dem 28-Tage-Rhythmus verweist auf naturnahe Schöpfungsvorgänge.)

Somit stelle ich hier nochmals den ganz entscheidenden Satz heraus: *Die Menschen haben die LIEBE selten begriffen, sie haben sie noch seltener gelebt und haben meistens sogar Angst davor.* Ich gehe später noch detailliert auf diese ganz wichtige Erkenntnis ein.

Die Mutterkraft in der Schöpfung

Wie kommen wir bei unserem *moderneren Verständnis* endlich von dem männlichen Vaterbild weg – ob als liebevoller oder als strenger Vater? Da hilft auch das neutheologische *Gott/Göttin* oder *Vater/Mutter*-Gott nicht weiter. Damit erklären wir Menschen uns lediglich, dass es ja dort ‚oben im Himmel‘ keine geschlechtliche Trennung gibt wie hier auf Erden. Wirklich neutral und geschlechtslos, also androgyn, sind nur die Bezeichnungen *die Gottheit* oder *das Göttliche*. Beide verwende ich im weiteren Text wahlweise, wie es eben von Fall zu Fall passt. Doch im praktischen Leben ist das *„zu unpersönlich"*, diesen Vorwurf höre ich schon. Wie können wir dabei sinnvoll etwas verändern?

Da ich von meinem eigenen langen Weg der inneren und äußeren Lebensveränderungen und dem Weg ‚durch das Tal der Tränen‘ (meine Vortragsreihe im Winter 2001) weiß, dass auch *bewusstes Verändern* Geduld und Zeit zum Festigen benötigt, erinnere ich mich meines Weges. Meine Gebete oder Meditationen habe ich über ein Jahrzehnt lang mit der Anrede *„Allmächtiger Herr in mir und im Universum"* begonnen.

Um dann selbst von diesem männlichen Bild wegzukommen, habe ich mich auf das *Göttliche-in-mir* konzentriert. Diesem ‚Gott-in-uns‘ haben die Menschen seit alters her die verschiedensten Namen gegeben: *Höheres Selbst*, ICH BIN, ICH-BIN-Gegenwart, göttlicher Funke im Menschen, *Gott*-in-mir, das Reich-Gottes-in-mir, *Christus* in mir, innerer Logos – dies ist nur eine kleine Zusammenstellung.

Der Psalmist nennt es ‚*den geheimen Platz des Allerhöchsten*‘, und ich nenne dieses innere Herzzentrum das A l l e r h e i l i g s t e (in uns). Denn auch in den alten Mysterienstätten war das *Allerheiligste* im Tempel der geheime Bezirk, der nur für die höchsten Priesterinnen und Priester, die Eingeweihten, zugänglich war.

Obwohl ich bei meinem Gebet oder stillen wie lauten Zwiegespräch schon seit längerem nur noch den Direktkontakt in mein Herzzentrum, mein Allerheiligstes, anspreche (*„Göttliche Kraft in meinem Allerheiligsten"*), rutsche ich doch auch immer wieder einmal in meine liebgewonnene, oben erwähnte ‚Begrüßung‘ hinein – was ja absolut in Ordnung ist, aber *„eben wieder typisch Mann!"* sein soll.

Hannelore H. Dietrich gab mir zum *Ausgleichen der Dualität* männlich-weiblich in meinem Gottesbild ein ergreifendes Gebet. Das kann all uns Männern helfen, von der Urtiefe der M u t t e r k r a f t in der Schöpfung etwas zu ‚spüren'. Sie schrieb mir: „...*das Gebet ist von Alba Maria, der erleuchteten brasilianischen Schamanin, und ich denke, spüre und fühle, es wird Dir gefallen. Ich streue es über die Menschen. Ein Gebet, welches ich stets am Anfang jeden Tages für mich oder in der Gruppe bete. Lass Dich von dem Sternenzauber führen, und die Sonne soll in Deinem Herzen strahlen!*"

Gebet an die Große Mutter

> *Unsere Mutter,*
> *die Du im Himmel, auf der Erde und in jedem Teil bist –*
> *gesegnet sei Deine Schönheit und Dein Überfluss.*
> *Bring unseren Herzen den Schlüssel,*
> *der das Tor der Liebe eröffnet:*
> *...dass ein jeder von uns die Wege aller Wesen respektieren kann*
> *und die Übung der Vergebung Teil unserer Existenz werde,*
> *...dass wir an unserem Tisch jene empfangen können,*
> *die mit uns teilen wollen die Heilige Nahrung,*
> *...dass die große Absicht unsere Schritte führe und*
> *...dass das Schlagen unserer Herzen sich mit dem Herzschlag der Erde*
> *vereinigen kann und wir so in einem einzigen Rhythmus pulsieren,*
> *...dass die Sterne uns führen in den dunklen Nächten und*
> *...dass die Sonne intensiv erstrahlt in unseren Herzen.*
>
> *Hey, Großer Geist   Hey, Große Mutter*

Für die meisten von uns Erste-Welt-Menschen ist das ursprüngliche ‚natürliche' Verhältnis zu *Mutter Erde*, so wie es unsere Eltern und Großeltern noch hatten, weitgehend verloren gegangen. Heute wird es oft bequem an (profitorientierte?) ‚Zuständige' delegiert. Unser inneres Verhältnis und unsere Beziehung zur Erde ist von kleinauf als ‚schmutzig' apostrophiert worden, gar als gefährlich. Tetanus lässt grüßen!

Allerdings ist das geistige Erwachen auf diesem Gebiet schon längst im Gange, und Liebeserklärungen wie *Gaia!* oder *Große Mutter Erde* sollen zu einer längst fälligen Liebesbeziehung verführen. Im Altertum sagte man wohlweißlich G r o ß e M u t t e r, so hieß sie schon in der matriarchalen, mutter-orientierten kretischen Kultur, die der altgriechischen vorausging. Die Germanen nannten sie *Edda*, die Mayas *Schamajahum*. Damit ist zugleich die Liebe auch zu allen

Tieren, Pflanzen, Baumgeistern, Elfen und Feen gemeint, die als sichtbare und unsichtbare Schöpfungen dieser irdischen Gebär-Mutter geistig mit uns innig verbunden sind – auch wenn unser Verstand sagt, das kann ja nicht sein. Diese Ur-energie ist eine starke, stolze und große „Mutter"! »Alles ist Gott«.

Heute habe ich von Kartoffeln geträumt. Erdäpfel – auch eine wertvolle Krönung im Leben. Die Kartoffelkönige waren da zum Feiern. Ich habe sie ganz vorsichtig ausgegraben und neu entdeckt, wie wertvoll diese Frucht der Erde ist. Auch sie wachsen aus einer Kartoffel m u t t e r, bilden unter der Erde eigene Familien, die aber durch die Wurzeln miteinander und mit der Erde verbunden sind. Und komisch war, dass die Kartoffelkönige immer geehrt, gefeiert werden, die Kartoffelmutter jedoch vergessen ist, da sie sich ja zur Nahrung, zum Wachstum zur Verfügung gestellt hat. „Es wird Zeit, ist an der Zeit, auch die Kartoffelköniginnen-Mütter zu ehren!" Spirituelles Familienleben auf und unter der Erde. (Hannelore)

Aber wir sollten die *Große Mutter Erde* auch als ein *kosmisches Lebewesen* erkennen. Sie will wieder stark sein – stark als die große Schöpferin der Natur und des natürlichen Lebens. Sie kann uns viel, viel mehr geben als wir wollen – nämlich ihre mütterlichen heilenden Energien, ihre Kraft und ihre Freude am Leben. *Vernetzung-mit-allem-was-ist* anstatt Abbau materieller Ressourcen aller Art, Platz für Müll oder Atomversuche und so weiter. Die *Große Mutter Erde* lässt nicht mehr auf sich herumtrampeln, sich bespucken, sich verwüsten. Sie wird in den nächsten Jahren wieder ihren zentralen schöpferischen Platz einnehmen und in allem ihre wahre Stärke zeigen. Sie hat bereits begonnen, sich zu reinigen – es heißt in vielen Voraussagen: erst mit Wasser, dann mit Feuer. Die *Große Mutter Erde* rächt sich nicht, sie liebt ihre Geschöpfe. Die meisten Prophezeiungen mit gewaltigen Kataklysmen (plötzliche geologische Zerstörungen) werden daher ausbleiben.

Hiermit mache ich einen weiteren Vorschlag, um ein modernes Gottesbild aufzubauen, das beiden Schwingungsfrequenzen gerecht wird, der weiblichen und der männlichen. Denn wir kommen nicht umhin, zwei Grundsätze zu erfüllen, die einfach zu unserem irdischen Leben gehören: Auch wenn das Göttliche im Lichtreich geschlechtslos ist, w i r k t es auf unserer Ebene dual: weiblich u n d männlich. Probieren Sie es doch bei Ihrem nächsten Gebet aus und denken oder sagen Sie (ein laut gesprochenes Gebet hat eine größere beruhigende Wirkung auf Sie selbst) „*Große Mutter, Großer Vater*", und spüren Sie dabei feinfühlig in sich hinein. Sie spüren sofort die Harmonie und das Friedliche dieser vier Worte. Sie sind damit »**in Resonanz mit Gott-und-Göttin-in-dir**«, mit einer männlich/weiblich ausgeglichenen und harmonisierten Energie.

Diese Energie, dieser schöpferische Geist, war natürlich schon immer so, aber *wir* verändern mit diesen vier Worten *unsere* persönliche Frequenz in eine ausgeglichenere Schwingung, *so dass sie mit der schöpferischen leichter in Resonanz tritt.*

Aber wenn wir auch heute fähig sind, abstrakter zu denken – zum Beispiel »Alles ist Gott« – muss unser Bild vom Göttlichen weiterhin *herzlich und intim* sein. So schlage ich folgende Veränderung vor, um nicht in den alten Bildern und Mustern steckenzubleiben: *Gott* ist für uns ab jetzt (im Buch?) *die Große Mutter und der Große Vater.*

Bewusst-sein ist ein Zustand

Um das etwas leichter verständlich zu erklären, machen wir eine Studienreise in unsere s e e l i s c h e I n n e n w e l t. Das menschliche Zusammenleben spielt sich auf unterschiedlich schnell schwingenden Bewusstseinsebenen ab – *verschiedene Ebenen des bewussten Seins* der einzelnen Herzen der Mitmenschen. Es gibt nicht ‚ein‘ Bewusstsein, ein bestimmtes oder genormtes, es gibt nur Bewusstseins-Z u s t ä n d e, die jeweils von u n s e r e r bewussten *Wahrnehmung* beziehungsweise unserer *Wahrnehmungsfähigkeit* abhängen. Und das ist jedesmal ein Ist-Zustand, der sich verändert. Das wiederum heißt *klarer*, ungetrübter, unverfälschter, erkenntnisreicher und daher von einer schnelleren oder höherfrequenten Geistesschwingung gekennzeichnet. Wegen dieser höheren Schwingungsfrequenz spricht man allgemein von einem *höheren Bewusstsein*.

Eine Vorstellung über dieses Zusammenleben von Menschen mit verschiedenen Bewusstseinszuständen kann uns der Schulhof einer Gesamtschule vermitteln. Dort finden wir Grundschüler zusammen mit Gymnasiasten und Abiturienten, und sie alle bilden eine ganz bestimmte Schulgemeinschaft, die sich untereinander versteht. Trotzdem werden sie oft klassenmäßig zusammenstehen, denn ihr Wissensstand und ihr Lebensalter hält sie einfach in ihrer Resonanz. Nicht anders ist es mit unserem Bewusstseinsstand. Das ist logisch und ist sehr gut so, und das L e b e n im Miteinander ist in seiner völkischen und religiösen Gemeinsamkeit ein brillantes Erfahrungs-S p i e l der Seelen.

Wir sind allerdings heute in diesem Miteinander-Spielen zu sehr auf Ichheit, Intellekt und Können ausgerichtet und stellen damit *äußeres Haben* anstatt des *inneren Seins* in den Vordergrund unseres Lebens. Dieser bevorzugte Stellenwert ist ganz offensichtlich an der bisherigen ‚Alten Zeit‘ orientiert und dringend änderungsbedürftig. Als *Alte Zeit* sehe ich vor allem den entgotteten, geistlosen und nihilistischen Materialismus an; die verkopfte, intellektuelle Ichheit; die hochgezüchtete Ratio; die anerkannte und gelebte Seelenlosigkeit des Körpers und überhaupt das vielfach inhaltslose und daher illusionäre Äußere unserer Modernität.

Gott ist ganz, ganz anders!

Im Gegensatz zum menschlichen Ego-Verstand und äußerlich orientierten Intellekt hilft uns nur unsere individuelle I n n e r l i c h k e i t weiter. Denn das Göttliche-in-uns, unser Höheres Selbst, unser ICH BIN oder unser Aller-heiligstes w e i ß a l l e s, was wir uns für unser jetziges Erdenleben vorge-nommen haben, wohingegen der Verstand mit seinem Gedächtnis dies alles bei der Geburt in die Materie v e r g i s s t.

Das Lebensspiel ermöglicht es aber, sich allmählich wieder zu *erinnern*, an das, was sich jeder von uns vor seiner Geburt als irdisches Lebensziel vorge-nommen hat. Diese zurückgekehrten Erinnerungen müssen dann als *Erfahrun-gen* gelebt werden – die beste spirituelle Formulierung für das irdische Leben ist daher *Erfahrungsebene*.

Entsprechend dieser verschieden schnell schwingenden geistig-seelischen Be-wusstseins-ebenen und -zustände gilt dies auch für unsere E r i n n e r u n g s – fähigkeit – nämlich von ‚oberflächlich‘ bis ‚ausgezeichnet‘. Durch diese Viel-fältigkeit ist auch das Verhältnis von uns Menschen zu ‚unserem‘ Gott geprägt, und man kann dabei fünf grundsätzliche, verschieden klar schwingende Gottes-Bilder erkennen.

Aus der Sicht des ‚Sich-erinnerns-und-erfahrens‘ versuche ich diese in eine Abstufung zu unterteilen. Dabei ist die Ausrichtung Mensch-zu-Gott nicht in *äußeren* Verständnismodellen zu suchen, sondern ist zentriert *auf den Weg nach Innen*.

Erste Stufe (keine Erinnerungsfähigkeit):
der rein materialistische oder gar nihilistische Ersatz-Glaube *ohne* Gott.
Man hat von Gott gehört, glaubt aber denen mehr, die behaupten, es funktionie-re auch ohne Gott. Dafür glaubt man an Zufälle und die Macht des eigenen Egos mit seiner Ich-Sucht.

Zweite Stufe (man erinnert sich):
alle (äußeren = exoterischen) Glaubenssysteme und Religionen.
Elitäre Menschen zwängen alte wie neue Lehren von Gott in Ordnungssysteme (wie eine Hausordnung), und wer gegen die Ordnung verstößt, ‚sündigt‘ und wird ‚schuldig‘.

Dritte Stufe (hohe Erinnerungsfähigkeit): die nach innen gerichteten Glaubenswege (Reich-Gottes-in-uns oder **die Urlehre** *Jesu*).
Die grenzenlose und ungeformte schöpferische Energie erfährt sich selbst in all ihren Geschöpfen (Gottesgeist). Durch das sich Wiedererinnern der eigenen ‚Göttlichkeit‘ ist jeder von uns ein Schöpfer: *der Helmut, die Iris, der Guschtl...*

Vierte Stufe (volle Erinnerung):
das tiefere spirituelle Gottesbild.
Heraus aus dem Spielfeld der Dualitäten und korrelierenden Polarisierungen (der Erfahrungsebene), wodurch man zu der grenzenlosen All-Eins-Liebe findet, zu praktizierter Gegenwärtigkeit und damit das Gefühl des Getrenntseins-von-Gott verloren geht (man erinnert sich des All-eins-seins).

Fünfte Stufe (reine Erfahrung):
das tiefste und mystische Gottesbild.
Es wird beherrscht von tiefster Ruhe und absoluter Gedankenstille, und alles Göttliche geht im menschlichen Verständnis zurück zur Null, zum Namenlosen und zum Nichts – aber auch zum Nicht-Nichts. Gott erklärt *Neale Donald Walsch* (in »Gespräche mit Gott«): *...dass er Alles-was-ist und Alles-was-nicht-ist ist.*

Frage: *Damit weiß doch der Einzelne auch noch nicht, wie er sich einen unpersönlichen Gott vorstellen soll, und der Streit geht weiter.*

Das ist richtig. *Hannelore* empfahl mir einmal folgende Denkweise: *...stell dir zum Beispiel Gott als Wolke vor, die kommt und geht. So nimmt er alle Formen an, die deinem Bedürfnis dienen und in deinen momentanen Wünschen oder Nöten weiterhelfen. Damit kannst du alles ver-göttlichen, allem einen anderen Sinn geben. Du kannst in allem, was geschieht, seine hohe Intelligenz voraussetzen und akzeptieren. Mach dir kein starres Bild!*
Der göttliche Geist ist in allem, und somit kann sich auch alles wandeln und verwandeln. Sei schöpferisch und wandle dich selbst dabei, jeder macht das auf seine Weise. So kannst du dir Gott als lebendigen Moment in allem vorstellen – im Stein, im Meer, in deinem Gegenüber. Gib ihm das ‚Gesicht‘, das du willst oder momentan brauchst – auch dein Gesicht, denn auch du bist Gott.

Als ich wieder einmal in den Armen der *Großen Mutter*, dem Meer, lag, hatte ich ein plötzliches Gefühl dieses Eins-seins-mit-allem (ein Gotteserlebnis?) und dem »Alles ist Gott«. Ich habe danach der *Mutter* folgende Zeilen gewidmet:

Mein wirkliches, unpersönliches ICH ist in Allem
und ist eins mit Allem
und ist in mir –
ich umarme mich selbst.

Ich sehe die Palme, und ich bin die Palme und blicke auf mich,
ich wuchte den Stein und ich Stein lass mich von mir tragen,
ich bin die angstvoll geduckte Eidechse und habe Angst vor mir selbst,
ich bin das Meer, und ich locke mich selbst zum beglückenden Eins-sein,
ich bin die Brise, die erfrischend mich liebevoll streichelt,
ich bin das Licht, das mich bis in die Tiefen meiner Zellen durchstrahlt,
ich umarme die Welt und weiß, dass ich mich umarme.

Bei der Ur-Schöpfung war niemand dabei

Wir sehen, Gottesbilder entstehen *durch die innere Verbindung Mensch zu Gott*, so gut sich der Mensch das eben vorstellen kann. So bestehen auch Vorstellungen darüber, wie der Mensch *erschaffen* wurde. Die Religionen nennen das Schöpfungsgeschichte, außerhalb derselben heißt es Evolutionstheorie. Jede Religion hat natürlich ihre spezielle Geschichte, jeweils für den eigenen Kulturkreis und die entsprechende Epoche formuliert – meist aus jahrtausendealten mündlichen Überlieferungen stammend. Jedoch: Die göttliche und allwissende Schöpfung, oder profan ausgedrückt: die schöpferische Super-Hyper-Mega-Giga-Intelligenz, ist entgegen menschlich-eingeschränkter Vorstellungskraft grenzenlos und zeitlos (ewig).

Außerdem können wir uns einigermaßen vorstellen, dass dieses ‚Alles-was-ist‘ nicht tatenlos zusieht, wie sich seine ‚Kronen der Schöpfung‘ in den Widersprüchen der Entstehung von Natur und Mensch zerfleischen, die entstanden sind, weil man diese Schöpfungsgeschichten kaum versteht. So haben sich immer wieder Propheten und Schreibmedien (zum Beispiel Evangelisten) und Channel-Medien (siehe Glossarium) geopfert, aufklärende Texte für die jeweilige Zeit unter die Menschen zu bringen. Sie sind alle Jahrtausende alt – das müssen wir realistisch sehen – und waren für naturnahe Analphabeten gedacht.

Wie weit das heutige Spektrum der Sichtweisen wirklich geht, zeigen jene Forschungen, welche die ‚Genmanipulationen‘ außerirdischer Invasoren mit in die Schöpfung des *Homo sapiens* einbeziehen. Darauf habe ich schon in meinem Buch »Jesus 2000« hingewiesen. Wer ‚aufgeklärt‘ im Alten Testament liest oder das Werk von *Stefan Erdmann* »Den Göttern auf der Spur – Gentechnik vor

400.000 Jahren«[6], der kommt zeitlich und räumlich an phantastische und fiktive neue Grenzen der Menschheit. Aufgrund solcher Widersprüchlichkeiten lasse ich es eben tunlichst bleiben, in diesem Buch zu viele Schöpfungsgeschichten zu offenbaren. Ich versuche, zwei stark vereinfachte Verständnismodelle zu erläutern, die erheblich optimistischer sind als die Genesis der jüdisch-christlichen Bibel.

Eine grundsätzliche Vorstellung, was eigentlich unter ‚Schöpfung‘ ablaufen könnte, ist deshalb so wichtig für uns, weil unser bisheriges ‚Wissen‘ darüber ein bequemes Missverständnis ist. Es gibt nämlich keine Vertreibung aus dem Lichtreich, und es gibt daher auch keine Erbsünde und keinen Grund für Schuld-Empfinden. Und es ist ein gewaltiger Unterschied, ob alle, alle Menschen dieser Erde Verstoßene und von Gott Getrennte sind oder ob es mutige und übermütige Götter von einst sind, die jetzt ihr eigenes Schöpfer-S p i e l in der Dualität zuende spielen müssen. *Jesus*, der alle Tage bei uns ist bis zum Ende der Zeiten[7], erklärt es so: *Die sogenannte Erbsünde ist nichts anderes, als das niedere menschliche Ich, der Egowille. Legt ihn ab, begreift, dass ihr das große göttliche ICH seid, und ihr seid von dieser Erbsünde völlig frei. Es gibt keine Dauer der Sünde, wenn der Mensch sie nicht will... „Gott, ich bin in Dir" sollt ihr denken, sprechen und handeln. (aus »Der Vollendete«)* [8]

Falls Sie dieses nun folgende theoretisch-philosophisch-religiöse Thema der Schöpfung vor unbekannten Zeiten (Jahrmilliarden?) weniger interessiert, blättern Sie jetzt ruhig bis Seite 45 weiter.

Schöpfung ist ein ‚Spiel der Götter‘

Die Erkenntnis, Schöpfung als ‚Spiel der Götter‘ anzunehmen, taucht in den letzten Jahren verstärkt auf – sowohl in Botschaften aus dem Lichtreich wie auch von außerirdischen ‚Lehrern‘ (die uns Erdenmenschen helfen wollen[9]) und von sogenannten aufgestiegenen Meistern (je nach Religion werden sie auch *Heilige* oder *Eingeweihte* genannt). Darin wird allen bereits geistig Erwachenden – frei von uralten Schuldzuweisungen – eine f r e u d i g e W i r k l i c h k e i t der *Gott-Mensch-Einheit* als eine allgemein verständliche Beziehung erklärt. Es ist die liebe-vollste wie auch logischste Form, wie Schöpfungsvorgänge von uns Menschen einigermaßen nachvollzogen werden können, und es ist viel spannender und ‚lebensfroher‘ als die biblische Genesis.

Dabei gehen wir davon aus, dass

1. in der All-Einheit, also den allerhellsten Dimensionen des ‚Reiches Gottes‘, eitel Friede und Liebe herrschen, höchstes Licht und alle ‚Geist-Seelen‘ vereint sind wie die einzelnen Tropfen im Meer.

2. hat aber jede dieser ‚Geist-Seelen‘ einen FREIEN WILLEN[10] und kann sich aus dieser All-Einheit entfernen. Sie kann als göttlicher Aspekt (oder als ‚Tropfen‘) in einem der unzähligen Universen Schöpfer sein und ein eigenes ‚Spiel der Götter‘ inszenieren.

3. bedeutet das, dass sich jedes dieser Schöpfungsspiele immer mehr verselbständigen kann. Es entfernt sich damit vom Licht der All-Einheit – je weiter, desto lichtärmer und unwissender und damit dichter und materieller.

4. ist aber keine der Eigenschöpfungen jemals von der All-Einheit getrennt, der göttliche Geist ist und bleibt i n a l l e m.

5. kann der eingeleitete Schöpfungs-Prozess vom ‚Spieler‘ nicht abgebrochen werden und muss mit allen Konsequenzen zuende geführt werden. Es ist, wie wenn man sich in ein Flugzeug setzt, da kann man auch nicht vorzeitig aussteigen.

6. gibt es auch einen galaktischen Schiedsrichter in Form von kosmischen Zyklen, zum Beispiel das alle dreizehntausend Erdenjahre wiederkehrende ‚Reinigungsbad‘ des hochfrequenten Photonenlichtes (beschreibe ich später ausführlich), welches verhindert, dass allzu eigenwillige Schöpfungen in die lichtarme Unwissenheit ausufern und

7. „...wenn wir am Ende dieses Spiels angelangen werden, sind wir wieder bewusst aufgewacht im All-Eins-Sein. Alles vorgestellte Getrenntsein samt der Sehnsucht nach der Einheit ist vorbei. Das Zurückgekehrtsein ist das Aufwachen in der göttlichen All-Einheit. Wir haben durch dieses Karmaspiel spielerisch das G e g e n t e i l der All-Harmonie und All-Liebe erfahren und können uns fortan an dem Gott-Inneseín als All-Gott wieder voll erfreuen". (Trutz Hardo[11])

Eines Nachts habe ich geistig geführt das nachfolgende Bild gezeichnet. Es hebt noch stärker die Einfachheit hervor, die bei all dem überdimensionalen Geschehen für unsere aktuelle Lebenssituation *wichtig* ist:

Wir kommen aus der Einheit und wollen in diese wieder zurück, und das wollen alle sich gleich fühlenden Seelen dieser Welt.

Über die geistige Verbindung mit der zentralen Einheit sind sie alle miteinander verbunden. Somit hängt alles nur von unserem FREIEN WILLEN und unseren entsprechenden Entscheidungen ab.

Diese längst fällige Entscheidung aller Menschen, individuell wie kollektiv, heißt klar und konzentriert: *zurück zu Gott* oder *weiterhin in Gottesferne* – das bedeuten die Pfeile nach innen zur Einheit und nach außen zur Peripherie in der Materie. Außerdem symbolisieren sie zugleich das Resultat unserer grundsätzlichen Lebensentscheidungen: *Hingabe-zur-Einheit* oder *Hingabe-zur-Abspaltung*, was gleichbedeutend ist mit Hingabe-nach-innen (zu den Herzenskräften, zum ‚Sein‘) oder Hingabe-nach-außen (zum ‚Haben‘).

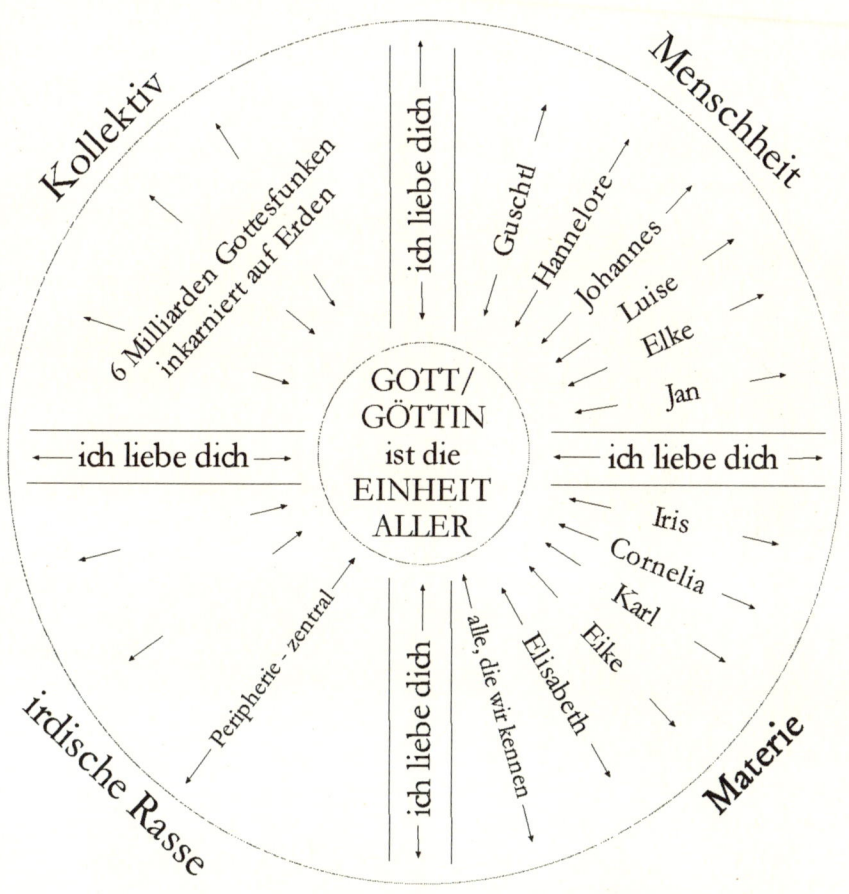

Abb. 2 : Das Schöpfungsprinzip

Das zweite Schöpfungsmodell für ein aktualisiertes Verständnis ist als Dreieck aufgebaut und erklärt in Kurzform den freiwilligen Evolutionsweg der Seele. Diese beurlaubt sich durch ihren FREIEN WILLEN *aus* dem Einssein hin zu einem *Teilaspekt*, durch Erfahrung dann zur *Erkenntnis* und durch Sehnsucht wieder zurück zur *Einheit*. Der ‚Wächter der Drei' (wie sich eine jenseitige Gruppe von Wesenheiten nennt) channelte (am 11.3.2002[12]) folgenden Text und entschuldigt sich vorab: *„Wir nehmen Erdenworte, um das Unergründliche, das unermesslich Schöne und Alldurchdringende in Menschensprache zu gestalten."* Nachfolgend ein kurzer Auszug aus der Botschaft:

EINS – Sinnbild für das Gottesbild im unermesslich großen, ewigen Sein

EINS – ist der Ursprung allen Seins, ist Kraftquell, Feuerflamme unverstandener Liebe.

EINS – ist der Quell, um Teilaspekte aus sich selbst in freiem Willen zu entlassen, um aus dem kreativ Geschaffenen das eigene Schöpfer- Sein als Teilaspekt zu sehen.

ZWEI – ist der Anfang aller Teilaspekte, die Gottes Allmacht in das Leben im Getrenntsein von der EINS in Liebe freizugeben wünschte.
Auch der Begriff ‚Getrenntsein' ist nur Menschensprache, denn Gottsein ist ewig, i s t i n jedem Wesen, das aus dem Einssein sich in Teilaspekte trennte, um die Ganzheit zu erfahren.
Polar-sein bedeutet EINS-vollkommener-Gottheit-Funke in der Seele selbst zu tragen. Das ist der Lernprozess der Pole, sich des Ursprungs aus der EINS erneut im Pol-sein zu e r i n n e r n.

DREI – ist so die Sehnsucht nach der EINS – das Licht der Liebe in der Seele dieser Zweiheit gotterfüllt in großer Leuchtkraft zu entfachen.

Groß ist die Schöpfung, unermesslich jene Schöpferfunken, die aus der Liebe des ALL-EINEN sich im Pol-sein zu erkennen suchen. So sei der Erdenweg des inkarnierten Wesens – genau wie Geisteswesen, die die andere Straße wählen – ein großes Suchen und dann Finden u n s e r e s e i g e n e n W e s e n s. Wir sind die Teilaspekte aus Gottes großer Liebesflamme, und wir sind Suchende auf dem Weg zurück zum Licht...

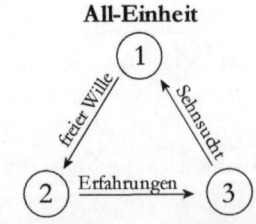

Abb. 3: das Schöpfungsprinzip

Seid euch bewusst, in jeder, jeder Erdenseele brennt die Flamme, die aus Gottes großem Herzen kam.

Seid euch bewusst der Heiligen DREI, die aus der Liebe Gottes als der EINS die Pole aller ZWEI zum heiligen Sein der DREI erschaffen konnte. Nutzt also auch für euch die Teilaspektekraft der ZWEI zum S c h a f f e n gotterfüllter DREI...

In diesem Text ist kein Drama zu finden und ist von keinem Leid die Rede. Demnach steht zwischen den Zeilen, dass das Schmerzliche eben gänzlich ‚irdisch' ist – *Saat* und *Ernte* seit Jahrtausenden und immer wieder und wieder erlitten, karmisch und/oder auch frei-willig.

Kein liebender Schöpfer
verursacht seinen Geschöpfen Schmerz und Leid.
Denn »Alles ist Gott«.

Als Autor habe ich nun den Vergleich zwischen einer eigenen, schon früher definierten Schöpfungsgeschichte und diesen zwei neuen Varianten. Würde ich über diese einen Vortrag halten, kenne ich jetzt schon die Fragen aus dem Publikum. Zu vier solchen offen gebliebenen Themen habe ich aber Antworten aus meinen eigenen Eingaben, und diese ergänze ich nun hier aus meiner ehemaligen Textvorlage.

Liebe ist die Schöpferkraft

Die erste wichtige Ergänzung ist die Tatsache, dass sich die inkarnierenden Teilaspekte auf der irdischen dualen Erfahrungsebene grundsätzlich teilen müssen – nicht nur in weiblich und männlich, sondern auch in Licht und Schatten. Dieser Begriff ‚Licht/Schatten' ist eine auf *Zarathustra* (wird als der erste östliche Religionsgründer nach der globalen Sintflut angesehen) zurückgehende Polarität. Sie wird als Gnostizismus angesehen und war schon in ur-christlichen Zeiten ein gewaltiger theologischer Streitpunkt zwischen den Kirchenvätern Alexandrias und Roms.

Diese für das Erdenleben fleischgewordene ‚gewissenlose' *Schattenseite* des seelischen Licht-Schatten-Zwillings-Paares hat sich bei ihrem irdischen Rollen-Spiel ‚geopfert' und den Part derer übernommen, die sich von der All-Einheit freiwillig ‚abtrennten' und sich dadurch auch nicht mehr *selbst erlösen können*. Dieses s c h e i n b a r e Getrenntsein führte (durch das unabdingbare Vergessen im Irdischen) zu einem so gewaltigen Missverständnis, dass diese lichtarmen

Seelen bis heute glauben, gegen ihren Licht-Zwilling *kämpfen* zu müssen. Inzwischen wissen wir aber, dass dieses ur-alte Bild der inneren Dualität für unsere Neue Zeit zu einem ‚Auslauf-Modell' wird. Es sind lediglich die nicht zugelassenen Seelen-Erinnerungen und die entsprechende Unwissenheit, welche die ‚Negativen Energiekonzentrationen' ermöglichen.

Das Ergebnis, die *Ernte* dieser *Saat*, ist auf dem irdischen Planeten überdeutlich sichtbar. Keiner hat wohl *Johannes* begriffen, wenn er in seinem Evangelium (*Joh.* 17,22-23) den *Heiland* zitiert und dabei damals schon die Ausdrucksform von heute fand: *Alle sollen eins sein, wie wir eins sind, ich in ihnen und du in mir. So sollen sie vollendet sein in der Einheit...*

Und damit sind wir bei dem zweiten und entscheidenden Thema, das in diesen Schöpfungsberichten ausgelassen wird – die Liebe.

Der Mensch, *in* Liebe und *für* die Liebe geschaffen, steht als einzelner zwischen der göttlichen Zentrale und der materiellen Peripherie (siehe Abb. 2). Der Mensch muss sich immer wieder entscheiden zwischen diesen beiden Gegensätzen – das ist der grundlegende Unterschied, den wir erkennen müssen. Das ist der Sinn des ganzen Spieles: über den FREIEN WILLEN uns so lange zu entscheiden, bis wir wieder zur Liebe heimfinden.

Nur der wahrhaft Liebende, der im H e r z e n das Verbunden-Sein mit dem Leben erkennt, hat die Chance, sich mit seinen unerschöpflichen Herzenskräften aus der Dualität zu erheben. Nur wer die Sehn-Sucht – die vom Schöpferischen für uns erschaffene Kraft, die sich *in uns* nach der All-Einheit sehnt – kennt, kann diese Kraft ‚nutzen'. Nur wer zumindest spürt, dass etwas ‚fehlt', hat die Chance, sich mit dieser Kraft zu erheben. Diese Kraft ist die Liebe, aus der wir geschaffen sind, aus der ALLES-IST-GOTT entstand und weiter entsteht. Schon wenn wir nur ein wenig Sehnsucht verspüren, so spüren wir und hüten den ‚Gottes-funken' in uns – bis diese kleine Flamme in uns lichterloh brennt und zu unserem *Lichtkörper*[13] wird: *...lasset euer Licht leuchten.* Das ist der direkteste Weg nach Hause zur *Großen Mutter*; zum *Großen Vater*; zum Geist, der wir sind; zur All-Einheit; zu »Alles ist Gott«.

So ist jeder Teilaspekt, jedes Individuum, das sich von der All-Einheit entfernte und sich nun abgetrennt fühlt, davon **abhängig, sich wieder mit der Liebe zu verbinden, wenn es h e i m k e h r e n will.**

Man kann auch sagen: wenn sich das Individuum e r l ö s e n will. Das kann ganz einfach durch den FREIEN WILLEN geschehen, den das Schöpferische uns gegeben hat, indem unser Verstand unserer Inneren Stimme, unserem Fühlen und unseren Herzkräften gehorcht und sich klar für das Gute und Lichtvolle entscheidet: *...ich will!* Eine Leserin schrieb mir dazu:

Das heißt aber nichts anderes, als entweder der ‚Versuchung' nicht mehr zu er-liegen, die Seele nicht mehr für bloßen Tand und das Vergnügen in der Materie zu verkaufen, sondern sich für die inneren Werte der wahren Liebe im Leben zu ent-scheiden. Oder aber durch Hingabe an die Liebe, durch das Annehmen der Liebe von Lichtseelen, die immer wieder bereit sind, gottesferne Seelen durch Fürbitten und Umarmen heimzuholen.

Jeder ist seine eigene Schöpfungsidee

Die dritte wichtige Ergänzung zur geschilderten neuen Schöpfungsge-schichte ist die phantastische Tatsache, dass sich jeder von uns selbst erschaffen hat. Noch anders ausgedrückt: *Du bist deine e i g e n e Schöpfer-Idee.* Nach all dem Dargestellten brauchen wir keine Schuld-Zuweisungen an biblische Vor-fahren zu entwickeln, genausowenig wie Schuld-Annahmen von Erbsünden, was den Gläubigen sicherlich schon immer recht unverständlich war. Wir brauchen uns dann auch keine Sünden zu erlassen oder uns überhaupt erlösen zu lassen. Wir alle sind von der All-Einheit mit dem FREIEN WILLEN ausgestattet worden und sind freiwillig hier ‚im Fleisch'.

Wir sind somit alle keine Opfer, sondern Schöpfer.

Jeder ist eine *Ausdehnung der All-Einheit* – ich gehe davon aus, dass man sich zu den ‚Guten' zählt –, aber die ‚Bösen' sind es plötzlich ebenfalls. Dann ver-steht man auch, dass ich mit all den antiken Schöpfungsgeschichten nicht klar-kommen konnte und so lange suchen musste, bis ich erkannt habe, dass *Sie, Du, ich, wir alle, die eigenen Schöpfungs-Ideen sind.*

Das ist faszinierend und geht noch viel weiter auf insgesamt vier verschiede-nen Seins-Ebenen, denn

- wir sind die *eigene Schöpfungsidee* aus der Urzeit, als wir die All-Einheit zu einem freiwilligen Schöpfungsversuch verließen (wie eben beschrie-ben);
- wir sind (anschließend) unsere *eigene Schöpfungsidee* als Spieler im ‚Spiel der Götter' mit tausenden von Wiederverkörperungen (auf der Erde oder anderen Planeten) – das ‚Flugzeug', aus dem wir nicht aussteigen können;

- wir sind außerdem die *eigene Schöpfungsidee* aus der Zeit unseres zurückliegenden Aufenthaltes im Lichtreich (nach unserem letzten Erdenleben). Wir haben uns dabei unser neues aktuelles Lebensziel selbst ausgewählt, uns selbst gestaltet und haben kreiert, welche Talente und welcher Lebenslauf uns in die aktuelle Wiederverkörperung begleiten, und
- wir sind permanent die *eigene Schöpfungsidee* durch unsere laufenden Gedanken in diesem Leben, mit denen wir unser tägliches Jetzt und unsere aktuelle Zukunft weitergestalten.

Auf die einzelnen Punkte gehe ich später genauer ein. Und Fragen wie folgende werden im Laufe des Buches beantwortet: Wie *gestalte* ich meine nächsten Jahre? Bin ich dankbar genug, wie ich mir die göttliche Ausdehnung dieses Lebens *gestaltet* habe? Gehe ich verantwortungsvoll um mit meinem *selbstkreierten* Körper, eine Ausdehnung der All-Einheit? Braucht diese Ausdehnung tatsächlich unnötige Nachbesserungen, nur weil ich zu wenig Maß halten kann? Und das Wichtigste von allem: der Kern dieser Ausdehnung, *Gott-und-Göttin-in-dir*: Werden sie als ‚Seele' genügend wahrgenommen und gespürt? Ja, wir müssen da schon noch einige ganz wichtige und neue Überlegungen anstellen, *wir Geschöpfe unserer eigenen Schöpfungsideen*.

Gibt es einen Teufel?

Die vierte, laufend gestellte Frage zu den Schöpfungsgeschichten ist die nach dem ‚Bösen', dem Verwirrer *Diabolos* (Teufel) oder dem *Cherub* oder dem Erzengel *Sataniel* oder dem Lichtbringer *Luzifer* oder dem altgnostischen *Ahriman* oder dem altgermanischen Verzauberer *Loki* und vielen anderen Namen mehr. Ich gebe dieser äußeren Schattenenergie (sofern es tatsächlich eine Energie ist, die nicht aus unserem Inneren stammt) eine neutrale Bezeichnung analog des Spiels, das sie treibt, wenn wir es zulassen: der *Manipulator*.

Die Macht des Manipulators (die sich nur im *inneren Schattenbereich* jeder Seelenform ausdrücken kann) nahm so lange zu, wie es der Glaube an die vermeintliche Getrenntheit von der All-Einheit zuließ. Die Wiederverkörperungen der Teilaspekte wurden immer licht-loser und lieb-loser und a n g s t v o l l e r und hatten irgendwann eine Stufe erreicht, wo die Seelenformen ihre Bewusstheit völlig verloren – die Bewusstheit, was sie einstmals waren, nämlich Gott.

Die Teilaspekte vergaßen auch, dass sie selbst in ihrer Lichtarmut und Lieblosigkeit trotzdem noch eine Ausdehnung der All-Einheit sind. Die ‚Seelen' dahingegen vergaßen nichts davon, und in dem Herzzentrum jedes Menschen ‚erlebt' sich weiterhin die Seele tagtäglich in ihrer göttlichen Urform. Die beiden bewährtesten Energien, die uns trotzdem von diesem phantastischen göttlichen Besitzstand *ablenken*, sind die *Ängste* und die *Verwirrung*. Ä n g s t e verstehen sich im Sinne von Trennungsangst, die ein Kind erleidet, wenn es sich von der Mutter *getrennt* fühlt – solche aber in allen Facetten bis hin zum klassischen Fehlen von Gottvertrauen. Hier spielt auch der angedrohte und nur angebliche Liebesentzug eine wichtige Rolle: *...wenn du nicht so bist, wie ich will, liebe ich dich nicht mehr!*

Die andere schattenverbundene Energie ist die *geistige Verwirrung*. Sie entsteht dadurch, dass der reine Geist in uns wie auch unsere reinen Herzenskräfte mit manipulierten Anreizen, Informationen und Zweifeln geschickt zu einem irdischen Verwirrspiel *umgewandelt* werden. Dabei könnten wir auch sagen: Unsere Schöpfungs-Idee – die wir einst hatten und mit der wir immer wieder unser irdisches Leben gestalten und neu programmieren – bekommt von den Manipulator-Energien auch immer wieder ein Virus eingeschleust – oder viele und immer perfektere. Um aber bei diesem Beispiel zu bleiben: Auch die energetisch resistentesten Viren der lichtarmen Manipulatoren sind und bleiben extrem lichtempfindlich.

Die Macht der Schöpfung aber, die nur Liebe und gut und angstfrei ist und immer den FREIEN WILLEN respektiert, kann daher n i c h t gegen diese Bewusstlosigkeit ihrer Seelen ‚einschreiten', die ja nur manipulationsbedingt ist. Die Schöpfung hatte aber doch eine *göttliche Schwingung* entstehen lassen, damit alle (!) Seelen wieder ihre Bewusstheit und Erkenntnisfähigkeit zurückgewinnen können – *die Sehnsucht*. Es ist die uns unbewusste Sehn-Sucht unserer Seele, aus der freiwilligen *Zweiheit* wieder zurückzukommen in die *Einheit*. Es ist die gleiche Sehnsucht, die wir nach *Licht* und nach *Liebe* haben. Und eine allmähliche Rückkehr in die All-Einheit hängt jeweils von unserer Erkenntnisfähigkeit für ‚Licht' ab, gemeint ist das i n n e r e Licht von jedem von uns. Gemeint ist aber auch die Qualität dieses inneren Lichtes im Sinne von E r l e u c h t u n g (*...lasset euer Licht leuchten...*).
Es ist das Licht des seelischen Licht-Schatten-Zwillings, der in der dualen Geteiltheit der Energien seinen Rück-weg (durch viele, viele Leben) finden muss. Und es ist zusätzlich die Erkenntnisfähigkeit der ‚Liebe', ohne die es keine Rückkehr in die All-Einheit geben kann. Es ist das erleuchtete Erkennen der reinen und selbstlosen und gelebten Liebe, die das höchste Maß an Göttlichkeit in der Zweiheit darstellt.

„Nur wer die Sehnsucht kennt, weiß was ich leide", klagte unser hoher Einge-
weihter *J.W.v.Goethe* und meinte irdisch-liebendes Sehnen. Wie sehr ‚leidet' da
jede S e e l e als göttlicher Aspekt in seiner Sehnsucht nach der einstmals verlassenen All-Einheit? Aber: *Der wahre Yogi weiß, dass das Leiden ein völlig falscher Zustand ist.* (*Anya*)

Nachdem ich meine zwei leichter verständlichen Schöpfungsgeschichten geschrieben hatte, fand ich drei Tage später eine weitere Kurzformel, die genau die
gleiche Sichtweise dieses für uns Irdische so schwer Verständlichen ausdrückt.
Jesus erklärt in dem Buch »Der Vollendete«:
  Wer den Vater, die Eins, die Einheit, spaltet,
  wer in seinem Bewusstsein polar wird,
  der verlässt den Vater, den Urzeuger und All-Einiger.
  Aber er kann ihn durch die schöpferische Eigentat,
  durch die Drei, wieder erreichen.

Dies ergänzt fast wortgleich die obigen Erklärungsmodelle und weist dabei
aber auch auf die *schöpferische Eigen-Tat des Menschen* hin. Das ist eigentlich der
Inhalt dieses Buches: **durch unsere Selbst-Findung ein mutiger, einzigartiger
und verantwortungsbewusster Schöpfer zu sein** – wobei Selbst-Findung das
Erleben des inneren ‚Höheren Selbst' (das Allerheiligste) bedeutet.

Wir müssen dabei bedenken: Mit diesem veränderten Verständnis, was
Schöpfer-Sein heißt, steht uns eine völlig neue Welt gegenüber. Keines der alten
Muster hat mehr Gültigkeit, und wir können sie alle loslassen. Dies betrifft auch
jene dämonischen Wesenheiten und lichtscheuen Gesellen, die aufgrund jahr-
tausendelanger menschlicher Vorstellungen, Einbildungen, Ängste und Diszi-
plinierungen tatsächlich Formen annehmen konnten. Diese lichtarmen Energien
haben es aber in den derzeitigen Lichterhöhungen immer schwerer, und wer
nicht an *Teufel, Luzifer* und *Satan* ‚glaubt' und ihnen damit keine weitere Kraft
und Anbindung gibt, ist frei von diesen Altlasten. Bei *Jakobus* 4,7 steht: *Wider-
steht dem Teufel, und er wird euch fliehen.* Auch hier heißt die magische Super-
formel: *...ernsthaft loslassen und abgeben!*

Heute geht das leichter denn je, denn die aktuellen Schwingungserhöhungen
der Wendezeit forcieren genau das Gegenteil der alten Abhängigkeiten: Selbstfindung der einzelnen Persönlichkeiten zu ihrer kollektiven Verantwortung,
ihrer individuellen Größe und Einzigartigkeit und ihrer geistig-seelischen
Macht.

Wir alle sind Götter

Ich habe dieses Thema der Schöpfungsgeschichten deshalb so ausführlich ausgebreitet, weil es eine Schlüsselstellung in der Bewusstwerdung aller geistig Erwachenden hat. Es ist uns doch jetzt völlig klar, dass wir ganz wer anders sind, als wir je angenommen haben – falls wir schon einmal bewusst darüber nachdachten. Aber jetzt hat es Sinn, darüber nachzudenken. Dieses Wissen ist eine viel höhere Start-Rampe für unseren Start ins geistige Erwachen, in die Erleuchtung und in die Einheit – es ist die Rampe für einen Blitzstart. *Nimm es dankend an und spiel dabei das Spiel der Götter!*

Irgendwann kommt ja nun die Frage, sind wir denn wirklich Götter in diesem Sinne? In meinem Lieblingsevangelium, dem des *Johannes*, heißt es bei 10,34 ganz klar: *Steht nicht geschrieben, ihr seid Götter?* In Süddeutschland begrüßt man sich schon immer mit „*Grüß Gott!*" und „*Grüß dich Gott!*". Und da ist selten jemand dabei wie mein *Schalk*, der da antwortet: *...mach ich, wenn ich ihn treffe!*

Sie wissen jetzt nicht, wer mein *Schalk* ist? Ich bekomme manchmal solche Anfälle, dass, wenn es in Diskussionen zum Beispiel so furchtbar ernst und ‚klug' und dabei fanatisch zugeht, ich durch ironische oder sarkastische Bemerkungen auffalle, die natürlich durchweg als „*...blöd*" gewürdigt werden, und ich kann Ihnen jetzt verraten: Das ist der *Schalk*, der mir im Nacken sitzt und den ich für einen lausbubenhaften Kobold halte.

Frage: *Fehlt da nicht jede Ernsthaftigkeit und Ehrfurcht, wenn alles nur ein riesiges Schöpfungsspiel sein soll?*

Das irdische Leben ist gänzlich ein *Spiel*, und es ist sogar eine Illusion. Das Leben ist eine *äußere* Scheinwelt und ein inneres tägliches ‚Mensch-ärgere-dich-nicht' mit gewinnen und verlieren. Und so wie das ‚Ärgern' selbst, ist überhaupt alles durch und durch feinstoffliche Energie. *Das* aber kann dem modernen, geistig erwachenden Menschen leichter verständlich gemacht werden als den früheren Generationen.

Wir Menschen halten das irdische Leben für die *einzige* Wirklichkeit. Die einzige Wirklichkeit jedoch, die es je gab und gibt, ist das Leben als freie, fortwährende *Essenz des Seins*, die es uns erlaubt, Lebens-*Spiele* so zu kreieren, wie immer wir sie spielen w o l l e n. Denken wir an die *Einfachheit* der Schöpfungsgeschichte. Wenn wir Freude, Liebe und Glückseligkeit erfahren wollen: Wir können das in jedem Augenblick. Aber zuvor müssen wir die alten religiösen Missverständnisse überlagern mit einem Gefühl eines ‚Götterspiels' – auch wenn es vorerst nur ein kurzer Tagtraum bleibt.

Schon das einfache Nachdenken lehrt uns, dass die ‚diesseitige' Erfahrungsebene nicht erklärbar wäre ohne eine ‚jenseitige' Dimension. Man bedenke: Der sichtbare Mensch wird nackt und ohne ‚Haben' geboren und er geht irgendwann wieder nackt und ohne ‚Haben' zurück. Sollte das Geschehen zwischen diesem Anfang und Ende dann nicht doch als Illusion, Maya, Spiel oder Abenteuer-Reise angesehen beziehungsweise erkannt werden? Darüber sollten wir lange und unvoreingenommen nachdenken.

Noch besser können es uns eigentlich die Physiker erklären, die aber auch nicht viel besser verstanden werden, wenn sie von *virtueller* Energie im Gegensatz zur *realen* sprechen. Dabei macht die reale Welt nur 0,1 Prozent dessen aus, was wir Materie nennen. 99,9 Prozent davon bestehen nämlich nur aus Vakuum, dem Raum zwischen den Atomen und Quanten. Und alle Quantenphänomene – das wäre natürlich ein Fachbuch für sich – entstehen erst durch die *Beobachtung* der Welt um uns – also der ‚Welt der Leere'. Ich habe irgendwo folgenden Vergleich gehört: Würde man die tatsächliche Masse eines menschlichen Körpers zusammenfassen, ergäbe das einen Würfel etwa in der Größe eines Daumennagels, jedoch mit dem Gewicht eines ganzen Menschen.

Meinem *Schalk* fällt dazu gleich wieder ein Gedicht von *Christian Morgenstern* ein: *„Es war einmal ein Lattenzaun mit Zwischenraum, hindurch zu schaun."*

Anstelle der *Ernsthaftigkeit* müssen wir also das *ganze Spiel begreifen* und es dabei als B e t r a c h t e r *spielen!* Wenn der Illusion die Ernsthaftigkeit genommen wird, ist sie nicht mehr als eine Seifenblase. Und mit Seifenblasen *spielen* schon die Kinder – gekonnt. Die in Farben schillernden, prächtigen Seifenblasen, die jeden Augenblick platzen können, sich auflösen und weg sind.

Kennen wir das nicht auch aus unserem Leben? Wieviele Seifenblasen haben so furchtbar weh getan, weil wir viel zu ernsthaft damit umgegangen sind und unkritisch daran geglaubt und dabei vergessen haben, dass es eigentlich nur Seifenblasen sind? Die man nicht festhalten kann und doch loslassen muß!

Das ist das normale Lebensspiel, das auf die meisten der Erdengeschwister zutrifft – mal gewinnen, mal verlieren. Nun wollen wir aber irdischer Schöpfer werden, und dazu bedarf es mehr, als *nur zu spielen*. Der erste Schritt dazu ist, bewusst als Beobachter zu spielen und dies *wertungsfrei*, also ohne sich zu ärgern. Der nächste wichtige Schritt ist aber, den anderen Spieler bewusst *gewinnen* zu lassen. Wichtig ist, dass der andere das bekommt, was w i r gerne hätten. So macht dann der andere die Erfahrung, nach der wir normalerweise selbst trachten. Denn so würde es doch ganz sicher der göttliche Schöpfer tun – und uns stünde es natürlich auch gut an. Damit bringen wir unsere reinen Herzenskräfte Freude und Liebe für den anderen mit ins Spiel und sogar eigene Freude über unsere eigene Charaktergröße. Es tut wirklich gut, manchmal bewusst Schöpfer im Sinne von »Alles ist Gott« zu spielen.

Unser Spieler-Empfinden können wir aber noch weiter aufwerten. Der liebe Gott weiß ja, dass es eigentlich keine Gewinner und Verlierer gibt. Wie beim Mensch-ärgere-dich-nicht wissen wir, dass am Ende alle an ihr Ziel kommen. Es ist nur eine Zeitfrage, und im Lichtreich gibt es keine ‚Zeit‘ im irdischen Sinne. Daher bedeutet das *Gewinnenlassen*, dass man den Gegner dazu bringt, mit dem *Gegenteil* dessen einverstanden zu sein, was er unter normalen Umständen erwartet hätte. Hat das nicht etwas mit dem Darbieten der anderen Wange zu tun, wenn man eins auf die rechte bekommt?

„Ach, könnten wir der Aufforderung Jesu endlich folgen und ...werden wie die Kinder – Spiele anstelle der Ernsthaftigkeiten.“ Wenn wir Götter geistig erwachen, aufwachen, unsere spirituellen Erinnerungen annehmen und ‚wissend‘ werden, sagen wir ebenso: *...es war alles nur ein Traum – das ganze Leben!*

Galaktisch und multidimensional

Die Menschheit hat sich im vergangenen Jahrhundert explosionsartig vermehrt, und dafür gibt es viele verstandesmäßige Erklärungen. Uns interessiert hier aber der spirituelle Hintergrund der groß gewordenen Erdenmenschheit. Gibt es eine Antwort auf die Frage, woher all die Seelen kommen? Seelen wechseln in ihren aberhunderten von Wiederverkörperungen das Geschlecht, die Rasse, die Nationalität, die sozialen Verhältnisse und alle nur denkbaren Rollen in dem irdischen ‚Spiel der Götter‘. Aber die Seelen sehnen sich allmählich nach der Rückkehr in die ursprüngliche Einheit und müssen deshalb wieder viel, viel lernen, um in die ehemalige Vollkommenheit aufzusteigen. Sie müssen wieder ihren spirituellen Lichtkörper aufbauen, zum Strahlen bringen und zur Erleuchtung kommen und *...ihr Licht leuchten lassen*, wie es auch der *Heiland* fordert. Er hat es vorgelebt: *„...ich bin der Weg!“*

Im Sinne unserer irdischen Zeitrechnung dauert die Entwicklung (sich entwickeln) solcher Seelenreife zehntausende von Erdenjahren. Doch im Sinne der höheren Dimensionen des Lichtreiches ist diese Zeit überhaupt kein Faktor – es gibt diesen Begriff nur in unserer Raum-Zeit-Ebene. Jeder ehemalige Seelenaspekt – genauer: jeder unsterbliche Geist – hat seine eigene ‚Zeit‘ zu reifen, zu wachsen, immer klarer und immer lichter zu werden, immer stärker zu strahlen, um irgendwann in die hohe Bewusstheit zu kommen, so dass er schließlich keine Lust mehr hat, wieder ins Fleisch zu gehen, zu inkarnieren. Das Rad der Wiederverkörperungen – so nennen es die asiatischen Religionsphilosophien – bleibt dann stehen, und der inzwischen hohe Geist geht nur noch weiter und weiter und höher ins Licht und zurück in die All-Einheit.

Jetzt nochmal zu den beiden Fragen: Woher kommen denn nun diese vielen Seelen auf unserem Planeten? Müssen denn alle Seelen und ihre Körper so viel leiden? Für den geistig Erwachenden werden die Energien solchen allgemeinen Weltenschmerzes immer öfter oder stärker spürbar. Auch die Trauer und der Schmerz der *Großen Mutter Erde*, die mit ihren Kindern *mit-leidet*, obwohl sie selbst schon genug geschunden wird. Der irdische Bevölkerungszuwachs geht fast ausschließlich über die Schiene des Leides, nämlich in den Ländern der sogenannten Dritten Welt. Welche Seelen inkarnieren in solche Völker? Obwohl die wohlhabenden Nationen immer weniger Kinder bekommen wollen, kommen immer mehr Seelen auf unseren Planeten und müssen wohl zwangsläufig in die kinderreichen Völker ausweichen. Ist das so? Ist hier eine Gesetzmäßigkeit zu entdecken? Vielleicht etwas zusammenfassend: nach Abstammung oder ‚Reife‘ oder Schwingungsfaktor oder irgend einem irdischen oder überirdischen Kriterium?

Auf einer zweitägigen Wanderung auf der Insel La Palma zusammen mit *Hannelore*, die für uns zu einem Exerzitium und zu einer Einweihung gedieh, bekamen wir auch eine Antwort auf diese unserer Fragen. Für unser leichteres Verständnis können wir die seelischen Gemeinsamkeiten der Erdenmenschheit in fünf riesige Lager von Seelenformen aufteilen – und zwar in Milliardengrößen (was auch kein Thema ist, wenn man versucht, im kosmischen Gigantismus zu denken, und dazu werden heute immer mehr Erdengeschwister fähig).

Erstens leben hier Geist-Seele-Körper-Einheiten, die sich ein ganz ‚normales‘ Erdenleben ausgesucht haben, weil sie noch eine lange Inkarnationskette vor sich haben. Sie sind mit ihrem Leben weitgehend zufrieden und sind nicht Thema dieses Buches. Sie sind auch Gott, aber das interessiert sie kaum.

Zweitens haben sich solche Geist-Seele-Körper-Einheiten inkarniert, die ihren (*spirituellen*) *Lichtkörper* weiterentwickeln wollen. Dies geht jetzt leichter und schneller als in den zurückliegenden Jahrtausenden, durch den Übergang in das Wassermann-Zeitalter, also in unserer Zeitenwende (in der das *Christus-Bewusstsein* das letzte Siegel aufgebrochen hat). Die Weiterentwicklungsmöglichkeit des bereits vorhandenen *Lichtkörpers*, um immer reiner und strahlender zu werden, ist verbunden mit einem Liebes-Auftrag hier auf Erden. Mit Licht-Arbeit und mit Liebesgaben und mit verantwortungsvollem Schöpfersein – je nach Ziel und Aufgabe, welche sich die Wesenheit dazu ausgesucht und dann leider vor der Geburt vergessen hat. Aber dafür wurde dieses Buch geschrieben wie sehr viele andere mehr auf der ganzen Welt. Und ein ganzes Heer von *Lichtkämpfern* sind als Avatare, Erleuchtete, Medien, Heiler, Therapeuten, spirituelle Lehrer, ‚Seel-Sorger‘ oder auch demütige und unerkannte *Lichtarbeiter* inkarniert, um sich am Aufwecken der anderen *Lichtseelen* (aus ihrer Vergesslichkeit) mit zu beteiligen.

Drittens haben sich – und nun kommt die Überraschung – uralte Seele-Geist-Entitäten aus anderen kosmischen Zivilisationen und von anderen Planeten für eines oder einige Leben auf dem Planeten Erde entschieden. Es handelt sich dabei um Seelen von hochtechnisierten Menschenrassen anderer Planeten, die in ihrer Körper-Kopf-Entwicklung ihre seelischen Qualitäten völlig vernachlässigt haben. Sie suchen und brauchen eine Welt heftigster Gefühle und Emotionen, um die eigenen restlichen Seelenimpulse wirksam zu stimulieren. Sie wollen dabei lernen, Gefühle wieder zu leben und zu erleben. Es muss ein gewaltiges Potential solcher Seelen sein, das sich wohl den großen Bereich leidvoller Erdenleben aufteilt in solche, die Leid verursachen und das Gros, das Angst, Leid und Schmerz geduldig ertragen will. Ähnliches gilt auch für Seelen dunklerer Planeten (siehe Glossarium).

Viertens inkarnieren immer mehr Seelen in unsere Menschheit, welche die Zukunft verändern und die Neue Zeit mitgestalten werden, die sogenannten Indigo-Kinder. Es sind Millionen und Abermillionen, und das US-Channelmedium *Nancy Tappe* bekam mitgeteilt, es seien alle Neugeborenen seit 1998 mehr oder weniger mit entsprechenden Gaben ausgestattet. Unser Sohn *Jan* hat mit seinem Buch »Die Kinder des neuen Jahrtausends – mediale Kinder verändern die Welt«[2] einen aktuellen Überblick und Einblick in eine noch wenig bekannte Welt erarbeitet, welcher die fast utopisch anmutenden Möglichkeiten neuer Geist- und Seelenentwicklungen erahnen lässt. Dabei sind auch ‚neue‘ Seelen, die überhaupt noch nie inkarniert waren. Gruppenähnliche Schwerpunkte sind eben die als Indigo bezeichneten Kinder mit ihrer *hohen Intelligenz* und ihrem Technologiewissen, das die Erfindungen der Neuen Zeit ermöglicht (wenn nach 2012 nur noch Photonenlicht das irdische Leben bestimmen und völlig verändern wird); sind aber auch die sogenannten *Kristall-Kinder* (siehe Glossarium) mit ihrer (un-menschlich) *hohen Ethik*; sind Kinder, die ein völlig *neues Sozialverhalten* auf unserem Planeten mitbringen sowie die *medial veranlagten Kinder*, die in allen Lebensbereichen die geistigen, die göttlichen und kosmischen Verbindungen mit einbringen. Diese sogenannten *Indigo-Kinder* sehen sich als die erste Generation der ‚Neuen Erde‘ an (*Hille Nestler*).

Fünftens sind für die Abwicklung und Mitwirkung an der Zeiten-Wende und auch zur ‚Erlösung' und Rückführung der lichtarmen und daher unwissenden Seelenaspekte (die von uns Menschen ja alle als schattig und böse bewertet werden) unvorstellbar viele Engel ‚ins Fleisch' gegangen und leben mitten unter uns.

Wobei helfen uns diese völlig neuen Erkenntnisse, dieses Wissen um die verschiedenen Seelenebenen? Sie helfen uns ganz entscheidend zu begreifen, dass neben unserem irdischen Alltag mit seinen großen und kleinen Herausforderungen eine unvorstellbare Vielfalt v e r s c h i e d e n s t e r Welten existiert. Sie SIND, auch wenn wir es nicht erkennen und überhaupt anerkennen und annehmen wollen. Da wir alle sowieso energetisch damit vernetzt sind – »Alles ist Gott« –, reicht es bereits, wenn wir a k z e p t i e r e n.
**Wir können uns dann von Einzelsituationen lösen
und frei werden von Problemen, Ängsten und Befürchtungen,
unrealistischen Erwartungen, undefiniertem Mitleiden, unbegründeten
Selbstbeschuldigungen und ähnlichen seelischen Belastungen mehr.**

Aber auch generell Schuldzuweisungen gegen irgend wen oder irgend was können wir bleiben lassen, wenn wir einigermaßen den *Sinn dahinter* erkennen und in unseren täglichen Reaktionen (Nachrichten, Schlagzeilen, aber auch banales Geschwätz) *inneren Abstand* halten. *Akzeptieren* heißt: das annehmen, was wir persönlich sowieso nicht ändern können, selbst wenn wir uns in unseren Gedanken damit immer wieder beschäftigen lassen.

Solches übergeordnetes Wissen (ohne Details und damit grenzt es manchmal schon an ‚Weisheit') ermöglicht einen besseren Überblick und ermöglicht uns, zum B e t r a c h t e r der äußeren Welt zu werden. Der Betrachter *durchschaut* dadurch aber auch ‚unbewusste' Verbindungen. Durch unseren ‚Abstand' können wir dann *unbeeinflusst* energetisch entscheidend mitwirken – nämlich mit unseren reinen Herzenskräften. Wer sich dagegen als *Akteur* im Außen einspannen lässt, wird seine Energien ebenfalls los, doch sie landen beim Manipulator. Dieser räubert damit in unserer Emotional- und Gedankenwelt und raubt uns natürlich unnötig Kraft und Zeit.

Niemand ist getrennt vom Göttlichen

Das Entscheidende an unserem irreführenden Gottesbild ist das *vermeintliche Getrenntsein* vom Göttlichen. Das steckt in der Wurzel aller drei militanten Abrahams-Religionen – so genannt, weil das Judentum, das Christentum und der Islam den Sumerer *Abraham* in ihrer gemeinsamen Entstehungsgeschichte verankert haben. Das Bild des Getrenntseins vom Göttlichen ermöglicht es einer elitären und machtorientierten Priesterschaft, sich ‚vermittelnd' zwischen Gott und den Gläubigen zu stellen und damit deren *eigene und individuelle Seelen-Entwicklungswege* zu unterbinden. *Jesus* ist diesem Getrenntsein vom Göttlichen vehement entgegengetreten und hat absolut klar ausgedrückt, dass wir alle mit Gott verbunden sind und ebenso klar, dass das Reich Gottes *in uns* ist – »Alles ist Gott«.

Dieses damalige *neue* Gottesverhältnis blieb im Urchristlichen noch erhalten, ging aber auch schnell wieder verloren, als der heidnische Imperator *Constantinus* im Konzil von Nicäa (325 n.Chr.) die christliche Lehre zur römischen Staatsreligion erklärte. Der sich daraus entwickelnde Vatikan strebte dann später die absolute Weltherrschaft an – dank der Elitesprache Latein (beherrschten nur Theologen, Ärzte und Juristen) wäre das fast denkbar gewesen. Heute streben diese absolute Weltherrschaft weiterhin die Illuminati, die Zionisten und die Islamisten an, jeder für sich und entsprechend auch gegeneinander.

Doch sie alle vergessen,
dass Licht und Liebe, *die Wahrzeichen des Göttlichen*,
kosmosweit die stärksten Energien sind und somit unsere irdischen Ego-
Machtspiele ihrem schmerzlichen Ende entgegengehen.

In meinem ersten Buch »Jesus 2000 – das Friedensreich naht« habe ich ausführlich die verschiedenen menschlichen Hintergründe verständlich gemacht, die in der europäischen Kirchengeschichte zu nachträglich unverständlichen Missverständnissen geführt haben. Aber auf meiner letzten Vortragsreise habe ich erkennen dürfen, dass heute eigentlich nur noch die Aussagen wichtig sind, die uns *jetzt sofort* helfen, *persönliche Entscheidungen zu treffen*, mit denen wir uns und unsere Zukunft maßgeblich verbessern können.

Zwangsläufig kam hier die Frage auf: *Ist das Getrenntsein von Gott nicht eine verständliche Reaktion, wenn niemand etwas Konkretes über einen Gott sagen kann?*

Sich-getrennt-*fühlen*-vom-Göttlichen ist niemals eine tatsächliche Trennung, sondern immer nur ein Gefühl, ein Glaube oder ein ich-*denke*-dass-es-so-ist.
Das Göttliche ist immer in uns, in jedem von uns
und absolut untrennbar – es ist des Menschen schöpferisches Erbe.

Trotzdem gibt es dieses Gefühl, getrennt zu sein, und ich unterscheide dabei zwei verschiedene Empfindungs-Ebenen, die ich die *frei-willige* und die *manipulierte* nenne.

Das frei-willige Sich-getrennt-fühlen-vom-Göttlichen entsteht (unter anderem) durch unsere Ratio, die ‚Ich‘-heit und das von diesen geprägte Ego-denken. Mit unserem Verstand können und müssen wir laufend entscheiden zwischen den Energien aus dem Herzen und denen des Kopfes, deren Instrumente (vereinfacht ausgedrückt) die beiden getrennten Hirnhemisphären (rechts) *Emotio* mit seinem Fühlen und (links) *Ratio* mit seinem Denken sind. Daher gab die Schöpfung ihrem Geschöpf Mensch den FREIEN WILLEN, der Schöpfung verbunden oder distanziert (für oder gegen sie) zu sein, und so können wir mit unserer intellektuellen und ‚eigen-sinnigen‘ Ratio *frei-willig* auch ohne Gott (Liebe), also *vermeintlich* gott-los, durchs Leben gehen.

Wir *fühlen* uns dann außerdem auch getrennt von all den energetischen Verbindungen zum Jenseits, zum Lichtreich. Zum Beispiel auch vom Bewusstsein von *Jesus*, der *Mutter Maria*, dem *Schutzengel*, den *Seelenangehörigen* (das Familienbewusstsein) und anderen geistigen Führern und Meistern. Aber auch von all den Bewusstseinen mitmenschlicher Seelen und Herzen, die ihre Göttlichkeit auf Erden schon leben. Dieses Verhalten ist natürlich *unser ganz persönliches* ‚Problem‘. Die Schöpfung kann gelassen zusehen, denn in der All-Einheit oder im Lichtreich gibt es sowieso keine ‚Zeit‘ im irdischen Sinne, und selbst auf unserer dualen Ebene ist Zeit nur ‚Illusion‘ (was ich später noch erklären werde).

Aber auch für den Vermeintlich-Gott-losen mit seinem FREIEN WILLEN gibt es Beschränkungen, nämlich das kosmische Prinzip von *Saat und Ernte*. Denn alles, was wir aus unseren täglichen Gedanken heraus ‚aussäen‘, wirkt *schöpferisch*, und wir werden es eines Tages ‚ernten‘ dürfen oder müssen – unsere formulierten Worte und unsere *Formen* gewordene Werke und Taten. Somit können wir dieses Durch-Gedanken-schöpferisch-sein vollverantwortlich *selbst steuern*, je nach unserem Bewusstseinsstand oder der momentanen Klarheit unseres bewussten Seins – denn dieses ist immer von unseren jeweiligen Stimmungen geprägt.

Das Herr/Sklave-Spiel

Anders ist es beim *manipulierten* Sich-getrennt-fühlen-vom-Göttlichen. Dies muss (für unseren Kulturraum) wohl zwischen dem sechsten und zweiten Jahrhundert vor *Christus* geschehen sein. Damals wurden sumerische Überlieferungen, welche von den außerirdischen Göttern berichteten, zur biblischen Schöpfungsgeschichte der Israeliten erfasst und umgeschrieben – Ereignisse, die hunderte, ja tausende von Jahren weiter zurückliegen. *Johannes Kössner*[14] sieht die Parallele zur Terminologie der Mayas: Das Schließen der *Sieben Siegel* umschreibt ein Geschehen, das den evolutiven Prozess der Erdenmenschheit unterbrach, beginnend in einer Zeit zwischen 4700 und 4000 vor *Christus* – und die irdische Schöpfung förmlich anhielt. Eine Art von Frequenzsperre hat die spirituelle Höherentwicklung unterbunden, und die geistig-seelischen Energien blieben niedrigschwingend und unterentwickelt. Das führte dazu, dass in einer *Welt der Ängste* die Menschheit glaubte, sie sei von Gott getrennt und damit den inneren *und* äußeren Ängsten ausgeliefert.

Und durch die symbolische Vertreibung aus dem Paradies, dem Lichtreich, wurden dabei alle Menschen von den Angst-Erzeugern wieder einmal für schuldig erklärt und daher auch verständlicherweise von Gott verstoßen und getrennt. In dieser irdischen und zeitlich (bis 1992 ?) begrenzten Illusionsblase wurde das im ganzen Kosmos gültige *Gesetz von Ursache und Wirkung* umgewandelt in ein *Gesetz der karmischen Folgekonsequenzen*: Schuld-Sünde-Strafe-Sühne. Da dieser ganze Komplex mit Ängsten zu tun hat, gehört er energetisch zu den schlimmsten Emotionen für eine Menschenseele, vor allem das mitverankerte Schuldgefühl. Dieser ,*verkleidete*' Angstkomplex öffnet nämlich als *Zentralkonflikt* (beschreibe ich später) das menschliche Energiefeld – nicht nur dem gegenüber, dem man sich selbst schuldig *fühlt*, sondern auch allen anderen lichtarmen Energien Irdischer und Außerirdischer, die sich auf diesem Wege ihre energetische ,Nahrung' suchen.

Dadurch ermöglicht dieses Sich-schuldig-und-getrennt-fühlen-von-Gott dem jeweiligen ,religiösen Establishment' (*Zeitlmair*), diese Missverständnisse immer wieder zu untermauern und ahnungslose Gläubige über unterschwellige Angsterzeugung zu manipulieren. Daher wurde dieses Zuchtmittel aus dem Alten Testament auch (sicherlich gerne) in die römisch-christliche Staatskirche übernommen und die ursprüngliche Lehre *Jesu*, das Reich Gottes sei *in uns*, in angsterzeugende Anbindungen umgedeutet.

Kössner sieht aber auch einen positiven Aspekt in diesem Stop der spirituellen Evolution, den er *Illusionsblase* nennt: Der ganze Stolz der Menschheit als biologische Spezies und die Maximierung der Leistungen in allen nur denkbaren Bereichen waren nur in diesem Sich-abgesondert-fühlen von der Urschöpfung möglich. Dies ermöglichte dem Individuum, eigene Bewusstseinsaspekte zu erkennen, und der *Homo sapiens* hat damit einen interessanten, wertvollen, zusätzlichen Beitrag zur Gesamtschöpfung geleistet.

In der *Kössnerschen Illusionsblase* sehe ich aber noch einen weitergehenden Hintergrund, auf den ich im Glossarium (Dunkle Planeten) eingehe, weil er in unseren Alltags-Entscheidungen kaum weiterhilft. Aber kurz vorab: Seit Jahrhunderttausenden versuchen lichtsuchende Außerirdische die Menschheiten des Planeten Erde durch *Ängste* zu beherrschen, und der Zeitabschnitt der Illusionsblase ist wieder ein gewaltiger *Angst*-Abschnitt in unserer neu herangewachsenen heutigen Menschheit (nach der globalen Sintflut vor rund elftausend Erdenjahren). In dieser Zeit bildeten daher die Menschen als ‚Selbstschutz' *ihr Ego*, durch das sie fähig wurden, ihre *permanenten Ängste* dahinter zu verstecken. Wir wissen aber, dass der sinnvolle *Gebrauch* des Egos zugleich dem *Missbrauch* energetisch gegenübersteht – wir leben ja auf einer dualen Erfahrungsebene voller Gegensatzpaare.

Zu diesem Verständnisbild einer ‚Frequenzsperre' im Altertum passt die Eingabe, die *Hannelore* wieder einmal zeitlich synchron zu meinen Texten bekam und in der uns erklärt wurde, dass *...viele zu schnell sind und gebremst werden, damit auch die Langsamen m i t k o m m e n. Das betrifft auch Planeten, und auch die Erde ist in ihrer Entwicklung zu schnell.*

Mit Berechtigung kommt dann noch die Frage: *„Ist das global nicht alles ein primitives menschliches Ego-Denken wie bei vielen von uns auch?"*

Natürlich, nach der Hermetischen Formel: „wie im Mikrokosmos, so im Makrokosmos; wie unten so oben; wie innen so außen" und in diesem Falle *wie im Kleinen so im Großen.* Auf Erden gibt es die Egos derer, die führen (und ihre verdrängten Ängste minimieren) und die Egos derer, die sich führen *lassen* (und mit ihren verdrängten Ängsten nicht fertig werden). Sie alle hatten und haben nun mal den FREIEN WILLEN, sich vom Göttlichen zu trennen beziehungsweise sich vom Göttlichen getrennt *zu fühlen* und sich damit mehr oder weniger in den verdrängten Ängsten zu verlieren – ob arm oder reich. Jede Seele, die sich freiwillig in diesen Zeitabschnitt hinein verkörpert hat, wusste das aber vorher.

Was versteht man unter der oben erwähnten *Hermetischen Formel?* Sie ist eine der sieben Prinzipien des Atlanters *Osiris*, der bei den Israeliten *Henoch* hieß, im alten Ägypten als Gott *Thot* und im alten Griechenland als Gott *Hermes* verehrt wurde und später allgemein als *Hermes Trismegistos* bekannt wurde[15]. Seine Formel *Mikrokosmos gleich Makrokosmos* können wir heute moderner verstehen, wenn wir erkennen, dass jedes ‚Teilchen' Anteil und eine Aufgabe an etwas Größerem hat. Ein Beispiel: Die Zelle ist ein Teil des Menschen, der Mensch Teil der Erde, der Einzelne Teil des Kollektivs, die Erde Teil des Sonnensystems, das Sonnensystem Teil der Milchstraße, die Galaxis Teil des Universums. Da dies sowohl *energetisch* wie auch *als Masse* gilt, trifft das ebenso auf *klein* und *groß* der menschlichen Egos und ihrer Organisationen zu, aber auch auf seelische Ängste und Schmerzen im *Inneren* mit Angst und Leid im *Körperlichen*.

Unlängst habe ich gelesen, es seien 358 Personen beziehungsweise Familien, denen rund sechzig Prozent alles Irdischen gehöre. Die restlichen rund vierzig Prozent gehören den restlichen Menschen, den rund sechs Milliarden (in Zahlen: 6.000.000.000). Und diese Unverhältnismäßigkeit ist bekannt, geduldet und damit erduldet, *„es ist eben so..!"*. Das ist aber nur möglich durch geplantes Trennen und unbewusstes Sich-getrennt-fühlen und ist längst auch zu einem bewährten politischen Instrument geworden, mit dem Machtstrebende in allen Jahrhunderten manipulierten, auch diese heutigen Mammonisten.

Einigkeit beziehungsweise *Einssein* macht stark und ist stark, das fürchten wirtschaftliche, politische und auch religiöse Führer (und bekam auch *Jesus* zu spüren). *Trennung*, aber auch Sich-getrennt-fühlen erzeugt *Ängste* und kann leicht missbraucht werden. Das wissen die lichtarmen Außerirdischen (die zum Teil wieder unter uns leben) und seit Jahrhunderttausenden *Angst erzeugen*. Das wussten die alten Römer, als ihre imperiale Strategie *divide et impera* (trenne und herrsche) hieß, und das wissen die *neuzeitlichen* machiavellistischen Systeme ebenso – zum Beispiel: Militärische Besetzungen, technische Überwachungen, wirtschaftliche und kulturelle Kontrolle sind Mittel, um Macht und Einfluss auf und über Menschenkörper und Ressourcen auszuüben.

Das Zwillingspaar Intuition/Intellekt

Frage: *Ich habe einmal gelesen, diese Trennung von Gott sei die Voraussetzung, dass sich menschliches Selbst-Bewusstsein entwickeln konnte. Kann das stimmen?*

Sicherlich kann so auch bewusstes Sein entstehen – man denke an die *Kössnersche* Illusionsblase. Aber mehr im Sinne luziferischer Abtrennung von der göttlichen Einheit. Der *luziferische Charakter* der Abtrennung von der All-Einheit bedeutet folgendes: Der ego-geprägte Mensch glaubt fest daran, dass es wirklich keinen Gott gibt, und er wird dies auch mit seiner vollsten Überzeugung leben. Er wird sogar versuchen, andere ebenfalls von diesem rührseligen und gläubigen Unsinn, es gäbe einen Gott und ein Weiterleben nach dem Tode und so weiter, zu befreien. Er meint es dabei wirklich gut mit uns ‚Altmodischen' und unserer unkritischen ‚Verblendung'. Ein Mitmensch auf diesem Ego-Trip ‚glaubt' ebenso wie wir Gott-Gläubigen, aber er ‚glaubt' an die vermeintliche und unbewiesene Gott-Losigkeit unserer Welt – und das wird in manchen Kreisen ‚luziferisch' bezeichnet.

Wir wissen aber, dass wir in Wirklichkeit nicht getrennt sind vom Göttlichen, sondern dass die Verbindung tief in uns untrennbar verankert ist – »Alles ist Gott«. Aber das Ego-Denken, zu dem der Intellekt und die Ratio fähig sind, w i l l diese Trennung, weil es meint, dadurch gegenüber ‚niemandem' mehr verantwortlich sein zu müssen.

Gefühl und *Intellekt* sind ebenso ein energetisches Zwillingspaar in uns. Wenn nun unser *Intellekt* mit seiner Ratio dominieren will, dann wehrt und verstärkt sich auch das *Fühlen* in uns (wie bei einer Wanduhr, dessen Perpendikel immer rechts und links gleich weit ausschlägt). Das Gefühl fühlt sich durch das Ego-Denken jetzt tatsächlich getrennt von seiner inneren Stärke und meldet sich daraufhin mit seinen typischen ‚Hilfsmitteln': Leid, Schmerz, Depression, Krankwerden und so weiter. Und das führt allmählich zu immer mehr Abtrennung, denn die Ichheit will und braucht solche *Fragmentierung* oder Zersplitterung. Das Gefühl fühlt sich immer einsamer dabei und bedeutungsloser, ja sogar bewusst-loser in einer ‚fremd' gewordenen Welt. Somit kann das *Sich-getrennt-fühlen-vom-Göttlichen* tatsächlich auch den Grund bilden für ein allgemeines Sich-getrennt-fühlen auf der dualen Ebene – von den anderen Menschen, von der ganzen Rasse, von der lebendigen Natur, von der *Großen Mutter Erde* und so weiter. Aber auch das ist n u r ein Gefühl und ist falsch, eine Illusion. Denn in Wahrheit ist grundsätzlich alles Erschaffene miteinander vernetzt und geistig-energetisch verbunden – »Alles ist Gott«.

Dieses Pendelspiel der beiden Kräfte in uns – Intellekt kontra Gefühl – kann sich im Laufe der Zeit so sehr aufschaukeln, dass man nicht mehr klar kommt in seiner Gemeinschaft und dabei möglicherweise *vereinsamt*. In so einem Fall dürfen wir fragen: *Was ist daran verkehrt?* Eigentlich hat doch jetzt das Gefühl *gesiegt*, denn wenn wir nun daraufhin *richtig reagieren*, kann die Stille des Einsamseins wieder zur ‚Besinnung' führen – sich darauf zu besinnen, wo unsere eigentliche innere Stärke zu finden ist, nämlich in uns und in unserem Fühlen. Es ist weiter nichts als ein *unfreiwilliges* Sich-herausnehmen aus dem Lärm des Außen, etwas, was heute immer mehr geistig Erwachende bewusst *freiwillig* suchen. Allerdings sollte dieser Prozess, beim Unfreiwilligen wie beim Freiwilligen, zur richtigen Erkenntnis und zu einer nachfolgenden Entscheidung führen.

Traurigkeit ist Einsamkeit,
wenn niemand versteht,
welche Wege man geht.
Du kannst sie überwinden
und Gott in dir finden.
Höre hin, erkenne den Sinn.
Hör auf die Stimme ganz innen
und du wirst die Antwort ersinnen.   (Hannelore)

Es geht hierbei aber nicht nur um diese elementare Rivalität zwischen der göttlich orientierten Gefühlswelt und der entgotteten Welt des Intellekts (auf deren ‚Spiele' ich noch genauer eingehen werde). Es ist vielmehr *ein großes kosmisches Spiel*. Die E r f a h r u n g der Gefühlswelt ist nämlich auf unserem hellen, aber trotzdem extrem verdichteten Planeten Erde viel intensiver möglich als sonstwo im All. Und dieses Sich-erfahren eröffnet den inkarnierten Seelen Erinnerungsmöglichkeiten, deren Erlebnisvielfalt und Tiefe ihnen sonst kaum zugänglich wäre. Doch dabei muss sehr achtsam und bewusst mit dem Instrument Verstand und Kopf und seinem Denken umgegangen werden.

Vor einem Jahr schrieb mir ein Leser, dessen Sichtweise mir sehr gut gefällt:
Die Menschen sind intelligent und fleißig, und vor lauter Intelligenz und Fleiß haben sie vergessen, dass sie selbst Gott sind. Weil sie das vergessen haben, leiden sie unter Ängsten, Unglücklichsein, mit Krankheiten, gelebten und verdrängten Konflikten und Ersatzgöttern.
Würden die intelligenten und fleißigen Menschen erkennen, dass jeder von ihnen göttlich ist (Ebenbild Gottes), dann wären sie wieder glücklich und gesund und würden sich wieder lieben.
Wenn es so ist, dass sich das Göttliche oder das Universum, oder wie diese Intelligenz auch immer genannt wird, in seiner geschaffenen Natur und dem erschaffenen Menschen selbst erfahren will, dann ist ES in uns quasi auf einem Selbsterfahrungstrip – fleißig und intelligent und hat sich selbst vergessen.

Lösen wir uns nun von all dem mehr oder weniger lieblosen Äußeren, das unser aller Bild vom Göttlichen ‚vermenschlicht'. Und lösen wir uns dabei auch von der Vergangenheit, die uns zu gerne festhält und dabei unsere Lebensenergien ‚bindet'. Denn jene licht-losen Energien, die jeden seelisch-geistigen Fortschritt der Erdenmenschheit (hin zum inneren oder göttlichen Licht) verhindern wollen, wollen uns vom Jetzt und der Gegenwärtigkeit mit seinen Möglichkeiten und seinen *schöpferischen Energien* kontinuierlich a b l e n k e n.

„Es ist bereits alles gesagt."

Hier versichere ich Ihnen, verehrte Leserin und lieber Leser, dass es zu dem Ziel »in Resonanz mit Gott-und-Göttin-in-dir« in der momentan schon so hochschwingenden Wende-Zeit *keiner weiteren neuen* ‚Informationen' mehr bedarf. Denn es ist bereits alles schon gesagt worden, was die Menschen wissen müssen, um ein friedliches Miteinander zu leben – unter den Menschen und mit der Natur. *Was fehlt, ist das neue Verständnis, um das immer wieder und wieder Gesagte und Geschriebene aktuell genug z u v e r s t e h e n und z u t u n.*

Gestatten wir uns zuerst noch einen kurzen Blick in die *Alte Welt*. Das Göttliche, das Lichtreich und die Raumgeschwister aus dem All – sie alle haben seit Jahrtausenden Offenbarungen, Botschaften und Lehren zur Erdenmenschheit gebracht. So kam Mediales durch Menschen hindurch zu uns, was wir heute ‚channeln‘ nennen. Sie haben aber auch Propheten, Gottessöhne und -töchter, Avatare und Heilige unter uns inkarnieren lassen. Denn der FREIE WILLE von uns menschlich-göttlichen Ebenbildern erlaubt, wie wir wissen, allmählich immer extremer hin zu ‚ich‘-süchtigen eigenen ‚Schöpfungen‘ abdriften zu dürfen. Das jeweilige *Ernten* der schrecklichen *Saaten* reichte nicht aus, das *Lichtvolle* und das *Lichtarme* im Gleichgewicht zu halten. Die ‚Gesamtbilanz‘ der Menschlichkeit nach rund elftausend Erdenjahren neuen und freien menschlichen Schöpfertums (mit dem Neubeginn nach der globalen Sintflut) hat eine gewaltige Schieflage angenommen.

Der geistige Übergang zur *Neuen Welt*, die vor uns liegt und die wir ‚Schöpfer‘ mit gestalten werden, ist die Bewusstseinserweiterung, die wir in unserer Wende-Zeit erleben. Diese Zeitenwende oder Wendezeit setzte vor rund einhundertfünfzig Jahren ein. Das Heraufdämmern des geistvollen ‚Wassermanns‘ in der Dunkelheit des Fische-Zeitalters müssen wir uns vorstellen wie die Dämmerung am Morgen mit der aufgehenden Sonne – es ist ein langsamer und weicher Übergang in den neuen Tag mit immer größerer Lichtfülle (siehe im Glossarium: *Wassermann-Zeitalter* und *Zeitenwende*).

Mit diesem energetischen Übergang war dann endlich die Macht des Fische-Zeitalters gebrochen, was sich in unserer materiellen Erfahrungsebene darin zeigte, dass das leidvolle Geschäft mit Sklavenhandel und -arbeit auch in der Christenheit unerträglich geworden war – die USA verboten dies 1885 und Brasilien als letztes Land im Jahre 1888 *nach Christus*. Endlich dämmerte ein neues Begreifen der alten Forderung *Jesu*: „*...vor Gott sind alle Menschen gleich*“, und quasi als ‚Ouvertüre‘ konnte dann eine christliche Neuoffenbarung durch den großen Mystiker, Erleuchteten und Eingeweihten *Jakob Lorber*[16] zu uns kommen.

Nach dem energetischen Durchbruch dieses einzigartigen Riesenwerkes setzte dann das schon erwähnte *spirituelle Geist-Ausgießen* ein, das bis heute eine unvorstellbare und unübersehbare Flut von religiöser, spiritueller und neugeistiger ‚Aufklärung‘ für die Menschheit während unserer Wende-Zeit auslöste. Im Neuen Testament heißt es (Apg. 2,17-18): *Und es soll geschehen in den letzten*

Tagen, spricht Gott, da will ich ausgießen von meinem Geist auf alles Fleisch; und eure Söhne und eure Töchter sollen weissagen, und eure Jünglinge sollen Gesichte sehen, und eure Alten sollen Träume haben; und auf meine Knechte und auf meine Mägde will ich in jenen Tagen von meinem Geist ausgießen und sie sollen weissagen.

Johannes berichtet *Jesu* Worte in seiner Abschiedsrede unter 16,25: *...Das habe ich euch in Bildern gesagt. Es kommt die Zeit, dass ich nicht mehr in Bildern mit euch reden werde, sondern euch d i r e k t verkündige von meinem Vater*[17].

Wer heute in die esoterische Abteilung einer Buchhandlung oder in ein Fachgeschäft geht; zu einer der überwuchernden Esoterik-Messen; wer geisteswissenschaftliche Zeitschriften unterstützt; einführende Seminare und spezialisierte Kongresse besucht; wer Reisen zu spirituellen Zentren, zu Avataren und Gurus bucht; wer sich von mystischen Orden, Glaubensgemeinschaften oder sogenannten Sekten begleiten lässt – wer diesen ganzen unübersichtlichen ‚Rummel‘ und Wirrwarr um das *Erwachen unserer Seelen* schon mehr oder weniger kennt, weiß um die individualisierte *Überfülle an Wegen zurück zum Göttlichen.* Und all die immer neueren Erkenntnisse, Erfindungen und Geräte, die uns vor technischen Energien schützen (oft sehr sinnvoll), die aber durch ihre Technik auch bewusstseinserweiternd und schwingungserhöhend sein sollen.

Die liebevollen *Lichtseelen* und die geistig Erwachenden unter uns können es sich vorstellen oder empfinden es wie ich: Wir brauchen nicht noch mehr bestaunenswerte Beschreibungen, überzeugendere Darstellungen, flehentliche Aufforderungen oder gar ungeduldige ‚*Wenn-ihr-nicht-endlich...*‘ aus den übersinnlichen Dimensionen. Es ist bereits alles Wichtige sehr, sehr ausführlich gesagt und beschrieben. Und für diejenigen, die mit diesem Buch möglicherweise zum ersten Mal Bekanntschaft mit den Anforderungen unserer Wende-Zeit machen: Sie können diesen Start als den direktesten und schnellsten Einstieg in den neuen Überlebens-Geist und die bereits höheren Schwingungsfrequenzen ansehen – so S i e, die/der Einzelne, natürlich dazu bereit und mutig sind und Ihren eigenen FREIEN WILLEN dabei bewusst einsetzen – nämlich dass S i e damit aus den irdischen Polaritätsspielen herauskommen.

Am Ende (der Endzeit) geht es schlussendlich darum, die Dualität zu überwinden. Und zwar eben genau mit der jeweils nur z u d i r passenden individuellen Energie. (Pauschale Aussagen sind an dieser Stelle schlichtweg falsch.) Das Festhalten an den starren Begrenzungen vorgegebener Systeme – oder noch schlimmer: an eine lehrmeisterhafte, schulwissenschaftliche Unterweisung – hat mit einer »Anleitung zur Göttlichkeit« ebenfalls nichts im Sinn. (Udo Brückmann[18])

Im Schlaf der Gerechten?

Im *spirituellen Sinn* hat die Bevölkerung bisher geschlafen oder stellt sich bis jetzt schlafend – ein kollektives Schlafwandeln? Aber doch nur, um die angstfreie Liebe ja nicht so leben zu müssen, wie es die Avatare und Propheten aller Zeiten gefordert haben, am klarsten der *Heiland,* der damit Heil bringen wollte in die Welt. Auf diesen unseren Schlafzustand waren nämlich alle deren Texte und Offenbarungen abgestimmt. Denn wir selbst halten uns ja alle für angstlos, gut, gerecht und wollen immer Recht haben.

Aber *Hier-und-Jetzt* beobachten wir ein weltweites Erwachen der *Seelen in den Menschen* – der i n n e r e Auftrag der Apokalypse (siehe Glossarium). Daher brauchen wir keine weiteren Texte und Offenbarungen, sondern ein *neues Verstehen* der bisherigen Mitteilungen. Ein neues bewusstes Sein durch eine neue *Sprache der Liebe,* ein neues *Empfinden der Liebe,* eine gewaltige *Explosion der Liebe.* Die Essenz all der wohlgemeinten Texte muss im *Hier-und-Jetzt* bewusster angenommen und gelebt werden.

**Alles, was nicht d i r e k t zum Gott-in-uns führt,
sind Umwege:**

das Kultische und Rituale der Kirchen, die veräußerlichte Esoterik, Präparate, Mittelchen und Geräte und Reisen um die Welt (auf der Suche nach...?).

Bezüglich des blind Hinterher-laufens hinter irgendwelchen höheren Wesen, die Wahrheiten für die Neue Zeit channeln, beschreibt *Ananda*[19] folgendes Beispiel (wenn Sie *Ramtha* noch nicht kennen, dann blättern Sie ins Glossarium): *Ramtha hat 1986 seine Zuhörer gewarnt: „Der Pol wendet sich. Gebt euer Eigentum fort und kommt in einer Woche wieder zurück, dann werde ich euch mitteilen, was als nächstes zu tun ist." Eine Woche später fragte er: „Wieviele von euch haben getan, was ich gesagt habe?" Die Hälfte der Leute hoben den Finger. Dann sagte er: „Und wieviele haben getan, was sie g e f ü h l t haben?"*

Genau das ist der Punkt, um den es geht. A l l e s i s t G o t t, und wir sind ein Teil der Perfektion. Es liegt ihnen an unserer Erkenntnis. Diese erleuchteten Wesen befinden sich nicht in der absoluten Einheit, solange diese nicht gleichermaßen von u n s und in unserer Einzigartigkeit realisiert sind. Sie gehen uns daher auf halbem Weg entgegen. Wenn wir aber blind folgen, werden wir Desinformationen erhalten und spirituellen Computersystemen unterliegen. Viele Menschen sind sich dessen nicht bewusst, und einige verlieren dabei ihre Balance. Hier ist es von essentieller Bedeutung, seinen Sinn für Humor zu entwickeln, während man sich dieser Dinge bewusst wird.

Buddha sagte in seiner Erleuchtung: Wenn dir Lichtwesen erscheinen, ignoriere sie und verweile im Sein. Wenn sie stärker werden, strahlender, ignoriere sie weiterhin und verweile im Sein. Letztlich erreichst d u den Zustand des Nirwana, die Einheit, und dann bist du gleich mit ihnen.

Unser hauptsächliches Ziel besteht darin, das Erkennen in euch wachzurufen, dass alles in eurem Inneren bereits g e g e n w ä r t i g i s t und dass ihr nichts weiter zu tun braucht, als diese Einheit w a h r zu nehmen: das Licht, das Wunder und die Liebe in euch. Das allein ist es, was es durch eure Erlaubnis allein, in eurer bewussten Realität zu erkennen gibt. So werden sich alle physischen Strukturen wieder in einem Zustand vereinen, den ihr als die Realität der nächsten Dimension erleben werdet (Salvana durch Ananda).

Zu diesem Thema kann ich eine Erfahrung aus meiner fast dreißigjährigen Verbindung zu Metaphysik und Spiritualismus weitergeben. Unsere Seelen haben sich ihr Leben auf dieser irdischen und dualen Ebene ‚so' ausgesucht und vergessen immerzu gerne, dass uns daher grundsätzlich alles, was auf uns zukommt, in einem ‚dualen' Mix präsentiert wird. Botschaften, Channeltexte, Bücher, Filme, Schlagzeilen, Erlebnisse, Eindrücke, Stimmungen, Begegnungen, überhaupt a l l e s, auch inklusive unserer eigenen Gedanken. Der Mensch hat von der Schöpfung dazu den FREIEN WILLEN mitbekommen, damit er dann *seine persönliche* Information und/oder Energie ausfiltert, e n t s c h e i d e t und annimmt (nur unsere eigenen reinen Herzenskräfte sind ohne Dualität, was im dritten Buchteil genau beschrieben wird).

Mein schon seit langem ins Lichtreich heimgekehrter Vater, der auf Erden selbst gerne historische Beiträge und Geschichten schrieb, begleitet mich seither bei allen meinen Büchern und literarischen Arbeiten, so auch jetzt. Durch *Hannelore* erklärte er mir: *...dass wir Botschaften kritisch gegenüberstehen müssen, denn eine ablenkende Information ist immer dabei! Wenn unser Herz anders klopft, schlägt, werden wir sie erkennen!* Danke, Opa Alois.

Wir müssen immer, immer, jederzeit und überall damit rechnen, dass in allem Geschehen auch Energien und Fehlinformationen der lichtarmen und unwissenden Seite stecken und uns verführen und verleiten wollen. Uns, die *Kinder des Lichts*, damit wir von unserem Weg abgelenkt oder irre-geleitet werden – dem Weg des *Aufbaus unseres Lichtkörpers* und dem des *angenommenen Auftrags*, in der Wendezeit aktiv mitzuwirken.

Manchmal lässt es sogar die Lichtseite zu, dass wir durch Konflikte zu Entscheidungen gezwungen werden oder dass wir uns durch erlebte Schwächen ansehen dürfen, welche Defizite noch so vorhanden sind. Dann sind es eben persönliche Prüfungen, wie gut und stark wir schon sind (und die bestandene Prüfung wird dann zu einer Initiation oder Einweihung).

Frage: *Warum sollen auch aktuelle Erfindungen und Geräte passé sein? Leben wir nicht in einer Zeit der Hochtechnologie?*

Dem ist schon so, und die immer sensibler messenden Geräte sind ein riesiger Fortschritt, was unsere Gesundheit und unseren Selbstschutz betrifft. Auch im Komplementär-medizinischen muss man die Entwicklungen honorieren. Ich meinte aber Gerätschaften und Techniken für unsere *spirituelle Entwicklung*, nicht die körperliche. Und das ist eine reine Seelen-Sache, die wir selbst mit unseren e i g e n e n Energien, Willenserklärungen und Konsequenzen schaffen – ja sogar im Sinne von ‚erschaffen'.

Fragen wir doch gleich konsequent weiter: Wozu sollten wir Schwingungen erhöhen, wenn wir (als Träger des Göttlichen) doch s e l b s t die höchste Schwingung sind? Wenn wir nicht in diesen hohen Frequenzen schwingen, was hält uns davon ab? Unsere Gedanken, Muster, Projektionen, kurz: unsere Vorstellungen, von dem, *wofür wir uns halten?* Die Schwingung des Einzelnen sind seine Gedanken und Vorstellungen – was nützt es, aus diesen falschen Vorstellungen heraus etwas zu tun, um etwas zu erreichen, wo doch eigentlich das Gegenteil angebracht wäre. Dazu müssen wir nämlich unsere Vorstellungen, Muster, Konditionen und vieles mehr, all diesen Müll in unserem Kopf, los-lassen, müssen vereinfachen, müssen aus dem Tun in das Nicht-Tun überschwenken, einfach in das ‚So-sein' – und e i n f a c h so sein.

Mit diesem Schritt z u r ü c k in das einfache Sein erreichen wir auf ganz natürliche und damit auch verträgliche, sehr bekömmliche und individuelle Weise die h ö c h s t e n Frequenzen – *die der eigenen Göttlichkeit.*

Während ich schreibe, erhalte ich ein Fax von *Hannelore* aus Thüringen, in dem unter anderem steht: *Plötzliche Stimmen, die auftauchten, haben mir erklärt, dass dieses Zurück jetzt ganz normal werde: Die Zeit geht rückwärts. Wir kommen mit dem Wissen alter Zeiten in Kontakt, mehr und mehr, und werden wie damals vor die Frage gestellt: Wie gehen wir damit um?*

Anstelle von wieder modern gewordener Magnettechnologien (jetzt sogar mit überteuerten Vertriebsformen) gibt es altbewährte Körperbewegungen, in denen e i g e n e Energie aufgebaut wird und auch die Seele mitschwingt. Ich zitiere erneut *Hannelore* (als Heil-Praktikerin und Krankengymnastin), die in ihrem Zeitungsartikel »Geistiges Wachstum«[20] beschreibt:

Wenn ich mit den Kindern nebenan wieder Federball spiele, habe ich alle Überkreuzbewegungen mehrfach in mir, trainiere meine Muskulatur, schule meinen Atem, lasse los, gebe Freude und lache mit. Danach lege ich mich eine Stunde hin, statt mit dem Auto zu irgend einem Termin zu fahren und denke nach, was wirklich wichtig ist in meinem Leben. [...]
Yogalehrer, Familienaufsteller, Märchentherapie, ganzheitliche Farb- und Stilberatung, Polarity-Chakrenmassage, Nahrungsergänzungsmittel, Hypnose und Akupunktur – was wird da im Einzelnen alles versprochen? Das alles kann doch nur in einer E s s e n z wirken, die dem Einzelnen hilft, sich wirklich s e l b s t zu erkennen. Ein Stein, empfohlen zur Krebsheilung, den gibt es nicht. Wieso soll ein Nahrungsergänzungsmittel, auch wenn es aus Amerika kommt, wertvoller sein als eine natürliche Frucht hier? Wieso wird uns erzählt, dass unsere natürlichen Ressourcen nicht mehr ausreichen, alternativ dazu werden sie in Tabletten gepresst? Es wiederholt sich alles, denn auch die Kräfte der Natur wurden in Fabriken zu Chemie in Tablettenform umgewandelt.

Ich hörte einmal die ‚Anekdote von den Raupen'. Diese Krabbeltierchen, die mühsam versuchen, einen Baumstamm hochzuklettern, um ans Licht zu kommen, versuchen einander schwitzend und keuchend zu übertreffen, jede will die erste sein. Viele fallen bei diesem Wettlauf vor Erschöpfung einfach tot vom Stamm, ohne je auch nur einen Lichtstrahl gesehen zu haben. Das hat eine kleine Raupe, die von Anfang an unten blieb, beobachtet und sich immer wieder über all dieses ‚Tun', all diese verzweifelten Anstrengungen gewundert – sie spürte in sich keinen Drang, dergleichen zu tun. Sie war einfach zufrieden, zu sein. Und siehe da: Eines Tages wuchsen ihr Flügel, und sie erhob sich ins Licht – ganz einfach!
Der Schlüssel dazu heißt immer noch: E i n f a c h h e i t! Und viel, viel Geduld, um den richtigen Moment *geschehen zu lassen.* Bis vor wenigen Jahren glaubte auch ich (aufgrund innerer Ängste und zugelassener Manipulationen), *immer tätig sein zu müssen, um zu...* Ich bin überzeugt, inzwischen meine innere Stärke gefunden zu haben, um einfach geschehen zu lassen und zu vertrauen. Aber auch, um über (kostenlose, umweltfreundliche und recylce-freie) *Einfachheit* wieder einfach *selbst* zu s e i n. Einfach ‚sein' ist das einfache – ganz einfach!
Zu diesem speziellen Thema der *mangelnden Selbstliebe* folgt später ein eigenes Kapitel.

Apokalypse als Wende-Zeit

Der Kopf in Verbindung mit seinem Intellekt und seiner Ratio, nämlich die *Alte Welt*, brauchte noch seine vielen erklärenden Texte, Worte und gar Buchstabenglaube. Trotzdem haben viel zu wenige aus dem irdischen Menschenkollektiv all die Botschaften richtig verstanden. Die *Neue Welt*, die sich bereits formt, braucht nur noch Mut und ‚Gefühl‘, die paradiesischen Herzenskräfte zuzulassen, die i n   j e d e m Menschen schlummern: *die Wahrhaftigkeit, die Freude des Seins, die allumfassende Liebe, die unerschütterliche Friedfertigkeit* und *die Einheit-mit-Gott*. Diese müssen wieder die Führung in unserem Leben übernehmen und brauchen dazu unser aktives TUN. Diese Kräfte sind Energien, und diese Energien müssen konzentriert werden. Und diese Kräfte/Energien müssen bewusst gelebt werden.

Die Wende-Zeit ver-wendet diese ‚alten‘ und klassischen feinstofflichen Energien in ihren *heutigen, immer reineren Frequenzen*. Dies geschieht auch immer konzentrierter, um den noch schlummernden *Lichtseelen* beim Erwachen zu helfen und damit auch bei der globalen Wende mitzuwirken. *Hannelore* hörte zum Thema ‚Wendezeit‘ (am 10.8.2002): *„...es wird um-geordnet, jeder auf seinen Platz.“*

Denn die *Apokalypse* stellt keine ‚Endzeit‘ dar, wie es die Angstmacher dieser Welt zu erklären versuchen, sondern vielmehr den Beginn einer ‚Neuen Zeit‘. Schon *Jesus* verwarf es, neuen Wein in alte Schläuche zu füllen. Die Gurus von gestern, die gefeierten Eingeweihten von vorgestern und all die ‚vermenschlichten‘ Muster des Suchens und Nicht-Findens haben noch ihre niedriger schwingenden Energien *für die damalige Zeit*, die uns Erwachenden aber *im Heute* immer weniger weiter helfen können.

Ich meine wirklich *weiter*-helfen und uns nicht nur beschäftigen, uns zum Beispiel heute anzweifeln lassen, was wir gestern angenommen haben und uns dann erneut nach ‚noch mehr Klarheit‘ weitersuchen lassen. Das betrifft vor allem die höheren spirituellen Klarheiten, die ein ego-verhafteter Intellekt (mit seinen versteckten Ängsten) niemals geben kann. Das kann nur unser Gefühl, unser Herz.

Meine Lebenserfahrung und Empfehlung für unser *Hier-und-Jetzt* lautet: **Wir müssen uns völlig von dem lösen, was ich hier als *Alte Welt* bezeichne und uns ausschließlich konzentrieren *auf unser eigenes Schöpfertum im Hier-und-Jetzt* – unsere i n d i v i d u e l l e n Energien. Wir konzentrieren uns dabei auf den Weg in die Gedankenstille und in unser Inneres und auf das ‚Leben‘ unserer eigenen reinen Herzenskräfte aus unserem Allerheiligsten,** das die Führung in unserem Leben übernehmen will. Damit gehen wir dann den einzigen richtigen Weg, den »in Resonanz mit Gott-und-Göttin-in-uns«, der uns dann wirklich unser eigentliches Lebensziel finden lässt.

Auch wenn nun – bei so viel Konsequenz – von Ihnen zuerst erschrockene Ablehnung aufkommt und es von manchen Kollegen Proteste hagelt: Wer kritisch prüft und auch kritisch und ehrlich bezüglich *seiner eigenen Reaktionen* ist, bestätigt mir die Richtigkeit und Realität meiner Behauptung. Der ganze ‚Markt‘, wie ich ihn oben beschrieben habe, lebt davon, *dass der Ängstliche das Suchen dem Finden vorzieht.* Überfleißiges Suchen hindert uns geradezu am *Finden.*

Denn in Wirklichkeit sucht ja jeder sich selbst. Am Ende sagen wir das gleiche wie mein *Schalk*, der ruft „... h i e r bin ich!“. Denn wenn wir wirklich fündig werden, haben wir am Schluss u n s s e l b s t gefunden.

Denn dieses HIER ist kein Ort, sondern unser Bewusstseins-Zustand.
Er hat sich lediglich mit anderen Vorstellungen,
Gefühlen und Konzepten identifiziert.

Frage: *Kannst du mir praktische Beispiele nennen, wie man sich selbst finden kann?*

Nun, das ist ja die Kernfrage dieses Buches – sei Schöpfer deiner Welt. Um das sein zu können, musst du dir aber erst klar werden, wer du selbst bist, womit du bei dir selbst zufrieden bist, aber auch womit du aber nicht zufrieden bist und Du verändern willst. Du musst deine Vorstellungen, deine Gefühle und Konzepte k l ä r e n. Zuerst musst du *in dir selbst suchen*, und das Ergebnis deiner *Suche*, die Erkenntnis, die du dabei gefunden hast, ist dein *Finden* von *deinem* Lebensziel und das kreierst *du* dann als *Schöpfer* für *dich selbst.*

Die Frage nach einer *praktischen Vorgehensweise* ist sehr wichtig und wurde in einem meiner Vorträge erklärt und wird hier im Buch in dem Kapitel »Werde zum Gedanken-Schöpfer« ausführlich beschrieben.

Geradezu ideal für die heutige Zeit ist eine weitere, nach meiner Meinung noch höhere Erkenntnisstufe: Wir brauchen nicht Suchender-und-Findender zu sein, wir können das Suchen überhaupt aufgeben. Wir können sogar auch das Sich-Bemühen aufgeben.
Dafür aber lassen wir uns führen und warten, was geschieht.

Diese *Führung* müssen wir unserem Allerheiligsten übergeben und dann genau und achtsam hinhören, hinfühlen. Bedanken wir uns dann dabei, *dass wir jetzt finden dürfen.*

Fordert nicht das Finden unseres Weges von uns als Suchenden Entscheidendes: nämlich Entscheidungen und Konsequenzen? Fordert nicht das Finden des Neuen vorher das *Loslassen* und das *Abgeben* des Alten? Fordert nicht das Tun des gefundenen Neuen mehr Mut? Daher: Fordert nicht die Erweiterung unseres dann immer klarer werdenden Bewusstseins eben auch dieses *Loslassen des Suchens und Findens*, um schließlich immer mehr *geschehen zu lassen*? (Was noch mutiger ist.) Könnten wir nicht gleich auf dieses allwissende innere Lebens-Leitsystem zurückgreifen? Natürlich – das ist nicht nur meine überzeugte Empfehlung, sondern auch die Forderung meiner Vortragsreihe: *Lass dich einfach führen!*

Und am Ende des Buches kennen Sie dann auch die noch effektivere Form des Geschehenlassens: *...das Lass-dich-finden!* Der Geduldige lernt, dass die richtigen ‚Dinge' im richtigen Moment auf den Geistigerwachenden zukommen – wenn er dafür wach und offen ist und gelernt hat zu akzeptieren. *Jan* nennt dies das Sog-Prinzip, und aus der geistigen Welt versichert uns das Bewusstsein *Jesu*[17]: *„...ich mache das schon zur richtigen Zeit."*

Und das war es dann schon? Ganz sicher, wenn wir gelernt haben, in der geeigneten Resonanz zu sein (das meine ich mit ‚offen' sein) beziehungsweise es zulassen, annehmen und akzeptieren, dass wir dabei auch (manchmal schmerzhaft) geschubst und zu unserem Glück gezwungen werden.

Die Innerlichkeit nimmt zu

Frage: *Hast du nicht in deinen Büchern immer betont, dass die Liebe die höchste Forderung der Neuen Zeit ist?*

Sei bitte versichert: *Die ganze Sucherei von uns geistig Erwachenden, im Innen wie im Außen, ist weiter nichts als die Suche nach der verloren gegangenen Liebe.* Der Kern und die Tiefe des Fühlens und des Spürens ist stets die Liebe und weiter nichts als die Liebe. Und diese lernt niemand beim Lesen, beim Diskutieren, beim Anschauen oder beim Zuhören.

Denken wir dabei an den ängstlichen Nichtschwimmer, der alle Bücher las, die es über die vielen Schwimmtechniken gibt, der alles darüber aus dem ‚FF' wusste, der aber bis heute noch nicht schwimmen kann – *er muss es nämlich selbst TUN.* Selbst wenn er sich einen Schwimmlehrer nimmt, sagt ihm dieser: *...schwimm!*

Entscheiden wir uns alle, liebe Leserinnen und Leser, jetzt sofort für die *Neue Zeit*! Machen wir uns *frei* und lassen wir alles ‚Alte' als zweitrangig zurück. Ver-lassen wir alles, *was mit dem Außen zu tun hat* – Urteile, Ansichten, Lehren, Programme und alle Geräte und Hilfsmittel.

Dr. Claudius Kern drückt dies so aus[21]: *Bisher wird es bestimmt durch Mangel-Bewusstsein, Sozialdarwinismus, merkantilen Parasitismus und prothesenhafte Objektbefriedigung. Doch wir leben in einem unendlichen Meer der Energie und Fülle, was zwangsläufig zur zunehmenden Entdeckung des wahren menschlichen Potentials führt und schließlich das Ende der heutigen Techniksucht bedeuten wird, da es ja nichts Technisches gibt, was nicht unvergleichbar besser durch i n n e r e Entwicklung und Liebe erfüllbar wäre...*

Wir nehmen nur noch an und akzeptieren nur noch all dasjenige, was mit unserem e i g e n e n I n n e n zu tun hat und mit den verschiedenen Wegen, die ins *eigene Innere* führen und *zu uns selbst*.

Dabei heißt es natürlich *TUN*, selbst tun, mutig dranbleiben, nicht aufgeben, konzentriert sein und sich nicht mehr davon ablenken lassen.

Als einen der vielen verschiedenen und individuellen Wege sehe ich folgende praktische Empfehlung, welche die Heil-Praktikerin *Hannelore* unter der Überschrift ‚Geistiges Wachstum' in der ‚wissenschaftlichen Zeitung für Parapsychologie' »DIE ANDERE REALITÄT«[4] veröffentlichte: *Der wichtigste für mich ist der Ratschlag, den ich mir selbst in meinem Leben oft gegeben habe: Packe deine Handtücher ein, die Dauerkarte für die Sauna, genehmige dir eine Pause, lies ein lustiges Buch. Faste, entgifte deinen Körper und damit den Geist, und denke über dein Leben nach. Die Engel helfen genau wie der Heiler, aber tun, handeln, erhalten musst du. In Ruhe, in Stille darfst du erkennen, wie du dein Leben gestaltest, was das Wichtigste für dich ist, welchen Weg du gehen willst. Tanze, bewege dich, mache Spaziergänge. Sei natürlich, denn du bist Natur! Keine erkaufte Technik der Meisterschaft, so teuer bezahlt sie auch sein mag, keine überdeckende Medizin ersetzt dir die Verantwortung, dein Leben selbst in die Hand zu nehmen. Liebe kannst du nicht kaufen. Liebe darfst du dir aber selber schenken. Sie gibt es umsonst, in dir! Entdecke sie nur wieder neu, in dir, zu dir, zu deinem Nächsten.*

Dies ist einer der vielen (?) wirklichen und wahren und einfachen Wege, wieder zur *praktizierten Liebe*, zur *eigenen Göttlichkeit* und zum *Schöpferischen* zurückzufinden – diese drei geerbten Qualitäten unserer *Ebenbildlichkeit* (so heißt es doch im Alten Testament) und die damit geerbten Kräfte unseres unsterblichen Geistes.

Und es ist einer der vielen wirklichen und wahren Wege, um der Wende-Zeit, dem Heute und den laufend weiter ansteigenden Schwingungserhöhungen der lichtvollen Energien gerecht zu werden und sie für unseren schwierigen *Weg nach Innen* zu nutzen.

Denn wir alle stecken mitten in unserer eigenen inneren Apokalypse, der Revolution unserer Seelen.

Heute hat alles neue Voraussetzungen

Durch diese geist-energetischen Schwingungserhöhungen der letzten Jahre *hat alles* neue Voraussetzungen bekommen. Wir alle werden unsere eigenen Bewusstseins-Erweiterungen erleben, die mit den bisherigen esoterischen Erkenntnissen nicht mehr zufrieden sein können. A l l e s, was an zurückliegenden Texten und Visionen vorhanden oder auch schon in uns ,abgespeichert' ist, braucht h e u t e ein neues Verständnis. Selbst die wertvollsten Bücher der bisherigen Spiritualität müssten eigentlich umgeschrieben werden für das neue Verstehen *im Heute*. Sie dienen dem Heute-Erwachenden nicht mehr so wie einst dem Damals-Erwachenden. Sie wurden gut geschrieben und gechannelt – aber für andere Menschen, als wir sie heute inzwischen geworden sind. Oder gar für die außergewöhnlichen Kinder des neuen Jahrtausends, wie sie heute weltweit zu Millionen geboren werden.[2]

Wenn wir das jetzt akzeptieren und in unsere täglichen Entscheidungen aufnehmen, ö f f n e n wir uns dabei für die neuen Lichtenergien: die *höherfrequenten* von außen und die *schöpferischen* von innen. Wir tun uns damit erheblich leichter in unserer Bewusstseinsentwicklung, dem äußeren und inneren Freiwerden, welche ganz sicher auch unsere Seelen dringend ersehnen.

Frage: *Kann ich das spüren, ob ich mich vielleicht an solchen alt gewordenen Bildern festhalte?*

Ja, *spüren* ist dabei das Schlüsselwort. Man kann sein Leben und Denken auch ,mytho-logisch' (wie im Altertum) betrachten: Unser *Logos*, unsere Vernunft, sagt uns, die Botschaft wurde zum Beispiel vor zehn Jahren in den USA empfangen (die Jahreszahl steht auf der ersten Innenseite jedes Buches). *Passt das noch zu meiner heutigen geistig-seelischen Bedürftigkeit und Suche?* Hilft es wirklich m i r ,weiter' – denn es geht ja um m e i n e individuelle Bewusstseins-*Erweiterung*?

Im Gegensatz zum Logos kommt das *mythische* Spüren aus unserem Herzen und gibt daher stets die richtige Antwort, u n s e r e ganz spezielle Antwort. Und die wichtigste Frage ist dabei die nach der Liebe, nach der uns allen *verloren gegangenen Liebe*. ‚Spüre‘ ich diese Liebe in den Texten oder wird wieder nur wohlklingend darüber geschrieben? Bei persönlichen Kontakten wie Vorträgen, Meditationen, Seminaren und so weiter: Wird da die Liebe auch wirklich *gelebt*? Kritisches Beobachten und Achtsamkeit sprechen dann oft eine überdeutliche Sprache. Fragen Sie sich dabei stets: *Kann ich das Behauptete annehmen? Fühle ich mich ‚gut‘ dabei? Leben diese Leute hier ‚die Liebe‘? Spüre ich hier die bewusstseinserweiternde Harmonie?*

Ganz wichtig ist inzwischen eine weitere Erkenntnis: Für die Zukunft, also die Wende, ist es für die meisten disfunktional, störend und entwicklungshemmend, weiterhin A n h ä n g e r irgendwelcher kollektiver Gruppierungen oder mächtiger Gurus oder ferner Meister zu sein – dabei meine ich vor allem solche Erleuchtete, die Körper angenommen haben, also inkarniert sind. Noch sind es viel zu viele konservative und gruppenorientierte Leute, die sich nur über irgendwelche Zugehörigkeiten definieren und ausleben. Noch reicht es für viele, am einmal Erkannten festzuhalten, anstatt Veränderungen zu w a g e n (die aber Ängste auslösen können).

Denn alle geistig Erwachenden und *Lichtseelen*, die durch irgendeine Anhängerschaft dabei automatisch *ihre Macht abgeben*, können die göttliche Liebe nicht mehr in dem vollen Maß empfangen, das ihnen eigentlich zusteht. Schrecklich! Es ist wie bei einem Güterzug: Alle Kraft hat die Lokomotive, die Anhänger sind kraftlos. Als früherer Unternehmer kenne ich die sarkastische Behauptung: Es gibt zwei Arten von Mitarbeitern, aus denen nie etwas Richtiges wird: die, die *nie* tun, was man ihnen sagt und die, die *nur* tun, was man ihnen sagt.

Hierbei müssen wir auch unterscheiden zwischen *Disziplin* und *Selbstdisziplin*. Für unsere Selbstfindung brauchen wir nur Selbstdisziplin: Um an den Kern einer Sache zu kommen, muss diese systematisch eingekreist werden durch weglassen, loslassen, abgeben. Das kann jeder selbst. Wenn aber dazu Systeme von oft strengster Disziplin gefordert oder angeboten werden, dann sind das inzwischen Auslaufmodelle und dienen ganz sicher dem System mehr als der suchenden Seele. Das gilt auch für viele der Lehren des Ostens, die in unserem Kulturkreis seit Jahrzehnten modern geworden sind. Sie ‚beschäftigen einen‘ und verlangen oft viel zu viel äußeren und körperlichen Aktivismus.

Erst die *Individualisierung*, das Frei-Sein und die Selbst-Disziplin jedes Einzelnen von uns ermöglichen sein *vollständiges* energetisches Fließen, natürlich auch den Zufluss der göttlichen Liebe, der die Angst abfließen lässt. Grundsätzlich kann man heute schon sagen, dass immer mehr differenzierter denkende und progressive Mitmenschen diesen Weg der *Selbsterfahrung* und der *Selbstfindung* v o n s i c h a u s einschlagen.

Schöpfer-Sein bedeutet Veränderung

Zwei weitere spirituelle Grundsätze treten heute in der Wende-Zeit immer stärker ins menschliche Bewusst-Sein:

Erstens *ist Schöpfung immer Veränderung* oder *Veränderung ist Schöpfung* – denn in der göttlichen Schöpfung schwingt und wirbelt und pulsiert es. Nichts steht wirklich still, und daher ist alles Bewegung, ist Fluss und ist ein immerwährendes Geschehen-lassen. Wir müssen die *Veränderung* als die Norm ansehen, nicht das Un-veränderliche, das es nur in den Illusionen und Einbildungen gibt (weil man sich zu gerne daran festhält oder sich festhalten *lässt*). Wir müssen die Veränderung als ein Geschenk ansehen und annehmen, anstatt Angst davor zu haben. Perfekt erklärte *Kardinal John Henry Newman* seinen Gläubigen: *„Leben heißt, sich verändern. Vollkommen sein heißt, sich oft verändert zu haben."*

Die Erfolgs-Formel heißt dabei:
Verändere nicht die Welt, sondern dein Denken über die Welt.

Wir streben nicht an, einen anderen Menschen zu verändern, sondern ändern unsere B e t r a c h t u n g s w e i s e von diesem Menschen. Wir streben nicht an, die Dinge zu verändern, die wir sowieso nicht wirklich ändern können (à la Stammtischgespräche). Wir müssen gar nicht so viel ver-ändern, wenn wir das Wesentliche *an uns* ändern. Als eine gelebte Möglichkeit zitiere ich nochmals *Hannelore* aus ihrem Zeitungsartikel »Geistiges Wachstum«:

Arbeit an sich selbst ist immer unbequem, aber das Ergebnis ist wunderbar. Wirklich loslassen, sich zur Einfachheit hin wandeln. Seinen eigenen Körper wieder zu entgiften, den Geist von so vielen Manipulationen zu reinigen. Anerzogene und eingeimpfte Gedanken zu erkennen und zu wandeln. Die Freiheit, wirklich frei zu sein, zu finden.

Meinen Weg dazu habe ich gefunden, und so mancher hat am Reisberg im einfachen Sein das Lachen und Heilwerden wieder gelernt. Ich danke Gott für alle Lenkung, für die Öffnung des Verständnisses für mich selbst, für alle Erfahrungen. [...] Für die Härte der Mitmenschen, denn sie hat mich stark gemacht. Für das Unverständnis meiner Gedanken, denn es hat mich zu mir selbst finden lassen. Für die Einsamkeit, denn sie hat mir die geistigen Augen geöffnet. Für den Verlust meiner friedfertigen Träume, denn er weckte meine innere Rebellion. Für alle Schwächen, denn sie haben mich Gottes Kräfte erkennen lassen. Der Appell ist einfach: Lasst uns die Kraft nicht nur verbrauchen, sondern sinnvoll nutzen.

Und so *verändert sich ständig* auch unsere Verständnisfähigkeit – oft von einem persönlichen Kontakt zum anderen, oft von einem Tag auf den anderen, oft vom Schmerz in die Freude. Wir sollten Veränderungen glücklich und dankbar annehmen!

Zweitens bringen uns die höheren Schwingungen der geistig-seelischen Energien auch klarere Bewusstseinszustände in unser Leben, die uns damit *befähigen, uns tatsächlich zu verändern*, also unseren FREIEN WILLEN auch bewusst einzusetzen. Denn jede Veränderung bedarf einer vorausgehenden Entscheidung. Bei einem *Menschen mit bewusstem Sein* entsteht diese *frei-willig* und bedarf nicht erst seelischen oder körperlichen Leides oder anderer Schicksals-*Schläge.*
Hannelore weiß aus ihrer Praxis: *Es ist alles ganz e i n f a c h. Es ist einfach nur zulassen, dann spürst du Gott, den Schöpfer in dir. Er-Sie-Es warten nur darauf, erkannt, anerkannt zu werden. Nicht wir suchen Gott, sondern Gott sucht uns. So sind die Schalen, die wir abwerfen, die Kleider, die Jesus immer meinte. Loslassen, zulassen, zum Kern der Dinge kommen: zum Schöpfer in dir.*

Loslassen bringt uns unsere Macht zurück

Die spirituellen Qualitäten des *Hier-und-Jetzt* – die Neue Zeit –, die immer klarer und massiver auf uns einwirken, verlangen g r u n d s ä t z l i c h das *Loslassen* von Altem, von Vergangenem, von Gestrigem. Sie verlangen nach Freiheit und Frei-sein. Was in der Materie und im Physischen als Regel gilt, stimmt auch im Metaphysischen – kein Fortschritt, keine Entwicklung (sich entwickeln und auswickeln aus dem Alten, das uns umgibt, uns anhaftet, in was wir möglicherweise verwickelt sind) ohne eine vorausgegangene Trennung vom Alten. Stellen wir uns vor: Ein Gefäß, das (mit Altem) voll ist, kann nichts Neues aufnehmen. Hat der *Heiland* es so verstanden, wenn er in der Bergpredigt die ,*im Geiste Armen*' seligpreist? Vor allem aber gilt dies für unseren Umgang mit der ,Liebe' beziehungsweise mit der Lieblosigkeit und den versteckten Ängsten, die mit all dem Alten (Denken und Erinnern) verbunden sind.
Die Liebesschwingung, wie sie heute verstanden werden muss und die in der materiellen Welt entsprechend etwas v e r ä n d e r n wird, ist so viel reiner und wahrhaftiger und höherschwingend, dass wir die ,dürftige' und so oft hilflose

und erfolglose und bloß wohlgemeinte Liebe von gestern und vorgestern getrost als angstbesetzte Nicht-Liebe bezeichnen können.

Frage: *Betrifft dieses Abgeben der Macht, das du vorhin geschildert hast, auch Jesus?*

Nein, denn bei ihm können wir davon ausgehen, dass er das Thema ‚Liebe‘ vorgelebt und er vollkommen im Christusgeist gewirkt und den Christusgeist gelebt hat – auch wenn ihn seine Nachfolger wohl nicht ganz verstanden zu haben scheinen. Wie ich in meinem Buch »Jesus 2000« ausführlich dargestellt habe, müssen wir unterscheiden zwischen *Jesus*, der ehemals irdischen Person mit seinem Bewusstsein, und *Christus*, der höchsten göttlichen (Bewusstseins)-Energie, die alle Universen erfüllt (wer es nicht so genau wissen will, sagt einfach *Liebe* dazu). So hat der ‚Menschensohn‘ *Jesus* mit den gleichen Bewusstseins-Gesetzmäßigkeiten gelebt wie wir, jedoch in solch einer Reinheit und Resonanz, dass das göttliche *Christus-Bewusstsein* vollständig *in ihn* ‚eintreten‘ und wirksam werden konnte.

So ist es auch zu verstehen, wenn ein namhaftes Channel-Medium bei einer Hamburger Großveranstaltung am Ende des Abends ausrief: „*...vergesst alles und sucht Christus in euch!*“ Bis zum Jahresende 2002 will sich auch diese kosmische Lehrer-Energie sowieso ganz zurückziehen. Dies scheint ein wichtiges Zeichen der Zeit zu sein, denn auch andere höchste Wesenheiten (wie die *Sananda*-Energien) haben sich bereits zurückgezogen – „*...ab jetzt müsst ihr euren Weg alleine gehen.*“

Dies gilt auch ganz allgemein für die gesamte Channelingtätigkeit und die Kontakte mit dem Lichtreich und den Raumgeschwistern von anderen besiedelten Planeten. Auch viele geistige Führer haben sich aus dem unmittelbaren Energiefeld der Menschen zurückgezogen. Genauer nachgehört heißt es: *...fragt uns nicht mehr!* Bei all den neuen feinstofflichen Energien, die uns zur Verfügung stehen und bei all den alternativen und komplementären Realitäten, die wir als Schöpfer erschaffen könnten, kommt die Antwort: *...entscheide DU dich!* Kontakte mit geistigen und kosmischen Wesenheiten werden sehr wohl bleiben, aber ohne deren Ratschläge. Denn inzwischen ist unsere eigene Göttlichkeit – so wir endlich bereit und mutig genug sind, sie anzunehmen – in der Lage, diesen Platz einzunehmen.

Unser e i g e n e s Allerheiligstes will endlich seine rechtmäßige Rolle als Führung und Autorität in unserem Leben übernehmen.

Die Hit-Liste des Tuns

Frage: *Was muss ich denn für diese Neue Zeit, im Klartext, als erstes tun?*

In sehr kurzem Klartext: *achtsam den eigenen inneren Weg gehen, ihn immer aus dem Blickwinkel der Liebe betrachten und die eigenen Energien konzentrieren – also nicht eifrig ,tätig' sein, sondern viel bewussteres ,Tun'.*

1. Erkenne das Göttliche und Schöpferische *in uns* bewusst an, und hinterfrage dies möglicherweise von Situation zu Situation immer wieder. Darüberhinaus haben wir unseren FREIEN WILLEN, um uns *bewusst* von den äußeren geistlosen Ablenkungen *freizumachen* – oder einfacher ausgedrückt: bewusst von der alten Fast-Liebe *in die reine Liebe* überzuwechseln (dem eigentlichen Sinn des FREIEN WILLENs);

2. müssen wir selbst zu einem *liebenden Gott* und ein verantwortungsvoller *Schöpfer* werden (den Prozess, der dazu führt, beschreibe ich im nächsten Teil des Buches);

3. dürfen wir dabei dem alten Denken und Erinnern keine Energien mehr geben, sondern richten uns ausschließlich auf das angstfreie *Hier-und-Jetzt* aus – einfach: die aktuellen Energien sinnvoll konzentrieren;

4. *erhöhen* sich dadurch unsere eigenen und individuellen Schwingungsfrequenzen automatisch, so dass wir immer freier und klarer werden für unseren ur-eigenen Seelenweg, den Weg unserer fünf Herzenskräfte. Das ist dann unsere individuelle Stärke, *unsere innere Macht*. Dies betrifft dabei die ganze Vier-Körper-Einheit, also den sichtbaren, den emotionalen, den mentalen und den spirituellen Körper (mit wunder-vollen Chancen auch für den leiblichen Körper und unseren weiteren Lebensweg im Außen). Und das betrifft gleichwohl die energetische Verbindung und Resonanz mit den vielen anderen *Lichtwesen* – im Mikrokosmos wie im Makrokosmos.

Wer sagt hier jetzt: *„Wenn das so einfach wäre?"* Es ist einfacher, als wir denken. Nur die ersten Schritte sind es nicht, weil sie mit dem anfänglichen Loslassen vom Alten (samt der inneren versteckten Ängste) zusammen-hängen. Auch ich habe einmal ungeduldig im Lichtreich nachgefragt, warum ich viel weniger spirituelle Fortschritte mache, als ich bei meinem ,Einsatz' eigentlich erwarten könnte und erhielt die Antwort: *Schau, wenn wir dich an deinem rechten Arm hoch-ziehen möchten, du aber mit dem linken Arm da unten nicht loslässt, dann würden wir dich ja zerreißen.* Stimmt!

Wenn wir nun tatsächlich einige wichtige und entscheidende Dinge in unserem Leben losgelassen haben, entsteht ein f o r t s c h r e i t e n d e r Prozess. Denn bevor sich die ‚Lücke‘ wieder füllt, die durch das Loslassen entstanden ist, *fühlt* man die entstandene Leere, das Nichts und die Neutralität. Das ist sehr gut so und ist die Bestätigung dafür, dass tatsächlich schon etwas losgelassen worden ist. Es kann auch sein, dass man eine Leidenschaftslosigkeit empfindet oder sich eventuell abgetrennt fühlt von sich selbst oder der Person, die man vorher war. Auch stößt man dabei schon auf manche der inneren versteckten Ängste. *Hannelore* beschrieb mir eine solche Phase: *...Manchmal bin ich soviel Luft und Geist, dass ich mich kneife und keinen Schmerz spüre. Manchmal tut mir alles weh, aber mehr die Seele als der Körper. Dabei geht es mir körperlich sehr gut. Bin trotzdem wie gelähmt. Fast handlungsunfähig. Nur mit ganz viel Konzentration kann ich Telefongespräche führen. Wie gut, dass ich Zeit habe. Das Leben ist schön!*

„Das ist alles sehr gut so, wie es ist!“ – auch wenn wir uns weder mit dem Lichtreich verbunden fühlen, noch mit anderen Menschen und auch nicht mehr mit uns selbst. *Heimatlos* hat jemand diese Phase des inneren Wandels genannt. Aus der Erfahrung anderer sollte man sich auf eine Zeitspanne von möglicherweise einem viertel Jahr einstellen, in der man nicht reagieren und ‚geschehen lassen‘ sollte. Ich kenne aber auch welche, die nach drei Tagen wie Phönix aus der Asche ihrer Ängste aufstiegen. Alles ist immer individuell, ist zwar vergleichbar, aber selten gleich.

„Bleibe daher fest in der Liebe und Freude, so wie d u sie empfindest und lasse einfach zu!“ Der Prozess belohnt den, der bewusst dabei bleibt und sich einfach führen lässt. Er ist die beste Voraussetzung, um sich dabei in die höheren Schwingungen der Neuen Zeit hinein bewegen zu können. Dies sind auch die Energien der Neuen Erde und der Lohn für das wahre Loslassen des Alten. Und um wieder auf das Thema ‚beobachten‘ zu kommen: Wir können zuschauen, wie diese Energien mit uns arbeiten und dürfen dabei möglichst losgelöst lächeln.

Ein erleuchteter Spötter wie *B. M. Tang* ließ sich dazu folgende Metapher einfallen: Ein weißes Blatt Papier ist auf den ersten Blick völlig leer, es enthält *nichts*. Potentiell aber enthält es die größtmögliche Fülle an Möglichkeiten, die man je zu Papier bringen könnte. Diese mögliche Fülle oder Vielfalt wird allein b e g r e n z t von der Phantasie oder Vorstellungskraft des B e t r a c h t e r s. Das *Nichts* enthält also potentiell *Alles, was möglich ist* oder wir können auch sagen *Alles, was denk-bar ist*. Genauso: »Alles ist Gott«.

Loslassen bedeutet sich-frei-machen

Bloß dass dieses Loslassen natürlich zu einer täglichen ‚Arbeit' ausartet, es zum Loslassen vieler kleiner Angewohnheiten, Verhaltensmuster, Bequemlichkeiten und ‚Freuden' führt, das ist meistens das Unbequeme daran. Wenn wir aber allmählich schon zu den ernsthaft Geistigerwachenden zählen, wird es leichter, viel leichter. Denn jedes Losgelassene, eben auch die liebevollen Kleinigkeiten des Alltags, macht uns f r e i ! Einfach frei, und das ist ein wunderschönes Gefühl. Wenn wir es erst erschmeckt haben, dieses Frei-sein, dann erst empfinden wir an den Menschen der Umgebung, wie sehr diese noch in alles mögliche ein- und angebunden sind. Ich staune heute noch, was man eigentlich immer noch loslassen will, um noch freier zu werden. Wer kann sich dabei vorstellen, ein stolzer, völlig frei schwebender Adler zu sein – mit einem Herzen voller Lob und Dank? Ein traumschöner, luftigleichter, verliebter Schmetterling tut es natürlich auch.

Eine kleine Wortspielerei als Trick kann vielleicht helfen: Wenn man gedanklich anstatt *loslassen* das Wort *abgeben* verwendet, tut sich mancher leichter. Wenn man etwas *lassen muss*, dann kann das ja auch wehtun. Wenn man dahingegen etwas *gibt* und ab-*gibt*, hat man eigentlich immer ein gutes Gefühl, es erleichtert. In einem solchen Falle müssen wir nicht nachdenken, an wen wir es abgeben: an die geistige Welt, das Universum oder wen auch immer – wichtig ist nur der Vorgang des Abgebens selbst. *Hannelore* macht dabei immer so eine Handbewegung, als werfe sie etwas über ihre Schulter nach hinten.

Wir dürfen uns dann ruhig schon etwas abgehoben fühlen und dürfen auch schon etwas selbst-bewusster (ohne Stolz!) wegen dem Erreichten sein und uns auf die Schulter klopfen, das hat nichts mit Arroganz zu tun – es baut aber unsere Selbstsicherheit weiter auf. Das lieb-lose und angst-volle Umfeld holt einen dabei erfahrungsgemäß wieder viel zu schnell auf den Boden der Dualität zurück – besonders leicht durch die *Energie des Zweifels*.

Besonders wohltuend ist das Sich-gegenseitig-auf-die-Schulter-klopfen. Wenn wir davon ausgehen, dass alle *Lichtseelen*, die sich auf diesem Weg begegnen, irgendwie zusammengehören, gilt das zumindest resonanzmäßig. Sie spüren das. Sie haben sich, stets im großen, jenseitigen Familienbewusstsein, schon dort im *Lichtreich* ihre *gemeinsame Lichtarbeit* auf Erden ausgesucht – ganz ausgeprägt gilt das für diese Wende-Zeit. Und diese Seelen und Herzen *freuen* sich tiefgerührt, auf diesen Wegen der Selbstfindung und Selbstbefreiung und Selbstbewusstwerdung auf Seelengeschwister zu stoßen – auf die gleichgesinnten und die gleichfühlenden. Ein beglückendes Gefühl.

Wir sind nie allein

Noch jubelnder ist aber die Freude auf der unsichtbaren Seite, auf der jenseitigen. Dort wartet der zahlenmäßig größere Teil des Familienbewusstseins auf unsere *seelischen* Fort-schritte und Ent-wicklungen in der dualen Welt. Sie sind unsere liebenden und geduldigen Helfer für unsere mutige *Lichtarbeit* hier auf der niedrigfrequenten Erde. Sie leiden mit uns, wenn wir viel zu viel mit unserem Kopf und unserer Ratio ‚lösen‘ wollen und wir uns dabei immer wieder den *denkenden Kopf* anhauen. Denn wir alle haben ja vergessen, dass es das *fühlende Herz* ist, unser *Allerheiligstes*, das die Führungsrolle auf unserem irdischen Lebensweg übernehmen m u s s und dann unserer irdischen *Lichtarbeit* Kraft gibt und Erfolge bringt.

Außerdem haben wir noch weitere mächtige jenseitige Helfer neben uns: Engel, Schutzengel, Erzengel, die Bewusstseine hoher Meister und andere mehr (schamanische Krafttiere), um deren Mithilfe wir allerdings bitten müssen, die wir bewusst anrufen müssen. Wir können uns auch direkt an die Chefetage des Lichtreiches wenden – je nach persönlicher Vorstellung und Stimmung –, unter anderem zum Beispiel an die Bewusstseine von *Maria*, *Jesus* oder an die *Große Mutter* und den *Großen Vater* selbst oder die Energie des *Christus universalis*. Aber dann delegieren diese unsere persönlichen Anliegen an eben diesen unteren ‚energetischen Außendienst der Liebe‘ – natürlich im Rahmen ihrer gewaltigen Bewusstseine.

Wir müssen davon ausgehen, dass unsere ‚Notlagen‘ hier auf der irdischen Erfahrungsebene a l l e selbstverursacht sind – durch zurückliegende lieblose Gedanken, Worte und Werke (Saat und Ernte!). Sowie wir das ein-sehen, die alten Bilder loslassen (die Kirche nennt das Reue und Buße) und dabei unseren geläuterten Verstand u n d das fühlende Herz sprechen lassen, kann das Soforthilfeprogramm aus dem Lichtreich wirksam werden. Und es wird immer wirksam, wenn das ‚Ergebnis‘ auch nicht gleich so aussieht, wie wir es erwartet haben – im nachhinein stimmt es aber doch immer (in den Religionen heißt dieser Prozess *Gottvertrauen*).

Alles, was das Lichtreich hilfreich *im Außen* anbietet, für uns vorbereitet, erleichtert oder arrangiert, bedarf aber auch der bewussten Akzeptanz und Annahme *in unserem Inneren*. Das Äußere muss bewusstseinsmäßig von unseren Gedanken und Gefühlen begleitet und damit zu einem *seelischen* Entwicklungs-Prozess werden. Diese inneren Energien kommen dann durch unser Herz in unser ‚Bewusstes Sein‘. Wenn eine solche Lebensweg-Erleichterung nicht parallel verläuft – *innen u n d außen* –, zerrinnt der äußere Fortschritt allmählich wieder. Das *Innen wie das Außen* muss dabei energetisch ins Gleichgewicht und in Gleichklang kommen und damit in Harmonie und inneren Frieden. Oder wie es noch genannt wird: in den inneren Nullpunkt.

Ein Freund plagte sich jahrzehntelang mit einer Allergie. Alle Versuche, diese Plage in den Griff zu bekommen, haben versagt – die Schulmediziner, Heilpraktiker, Salben, Öle, Cremes und Bäder. Dann kam die Begegnung mit einer *Entspannung*stherapie und dem Bewusstsein, dass der Weg in das e i g e n e Zentrum zur Stärkung und Selbstheilung führt. Und der Jubel war groß, einer Erlösung gleich fühlte sich nun der Seelen- und Herzbereich endlich ,angenommen', anerkannt und an seine richtige Stelle im Leben gerückt. Innen und Außen kamen immer mehr ins Gleichgewicht, und die Allergie konnte sich verabschieden.

Wir erkennen hierbei, dass sich ohne *unsere eigene innere* ,Bewegung' gar nichts bewegt. Geschenke gibt es nicht im Voraus, es gibt nur Belohnung für Geleistetes – eigentlich ein logisches und faires ,Lebensspiel', dieses kosmische Spiel der Energien. Und das Phantastische an diesem Spiel ist, dass wir – *nur wir selbst* – bestimmen, *welche* Energien zu uns fließen und woher diese kommen. Denn Energiespiele sind stets resonanz-abhängig, sonst spielt sich gar nichts ab. In einem späteren Kapitel werde ich diese *gnostischen* Energiespiele zwischen *Licht-und-Schatten-in-uns-selbst* genauer darstellen.

Aber einer der ganz wichtigen Faktoren bei diesen Lebens-Energie-Spielen – besonders wichtig in unserer Wendezeit – heißt: Wir müssen uns dabei gegenseitig helfen, sehr liebevoll und achtsam viel, viel helfen. Damit verstärken wir das Resonanzfeld und vertiefen die Bandbreite, in der wir inkarnierten *Lichtseelen* uns untereinander unter-stützen. Damit erfüllen wir auch die interdimensionale Notwendigkeit des Verbundenseins von-allem-was-ist, auch von Mikro- und Makrokosmos, auch von »Alles ist Gott«. Diesen Absatz schreibe ich heute, am 22. August (2002), dem Welt-Heilungs-Tag. Dies ist ein terminlich globaler Zusammenschluss zur Anhebung des planetaren Bewusstseins und zur Unterstützung der Heilung dieser Welt[22].

Die wiederkehrende Weiblichkeit

Durch die Formulierung *Große Mutter, Großer Vater* versuche ich im ganzen Buch ein neues Verhältnis zwischen diesen Schöpferenergien darzustellen, denn ein Geschöpf und Schöpfung entsteht erst durch die Vereinigung und das Einswerden dieser beiden Energien. Das ist zwar typisches Denken aus unserer irdischen und dualen Sicht- und Lebensweise, allerdings sind die Schöpferenergien in den überirdischen Dimensionen, dem Lichtreich, natürlich völlig geschlechtslos. Aber alle ungeformten göttlichen Energien werden auf unserer Erfahrungsebene grundsätzlich d u a l und teilen sich gegensätzlich und müssen dann von uns Menschen wieder ausgeglichen, harmonisiert und in die Einheit gebracht werden.

Alle Religionen, die auf sonnen-orientierte Ursprünge zurückgehen, sind einseitig männlich ausgerichtet. Das betrifft die westlichen Quellen aus dem Altägyptischen, die östlichen aus dem Sumerischen (*Abraham*) und die fernöstlichen aus Persien (*Zarathustra*). Über Jahrtausende ist daher eine entscheidende Schöpferqualität kaum ausgelebt worden: *die göttliche Weiblichkeit* oder *die weibliche Liebesschwingung*. Mit unserer Wendezeit geht aber wieder ein Menschheitszyklus seinem Höhepunkt entgegen. Nach rund elftausend Erdenjahren stehen wir an der Schwelle der letzten zweitausend Jahre, die durch ihr etwa fünffach höherschwingendes Photonenlicht[23] geprägt sein werden (daher spricht man von einem *Licht-Zeitalter* oder dem *Goldenen Zeitalter* oder dem *Friedensreich*). Um die dazu erforderliche ethische Seelenqualität zu erreichen, ermahnt uns *Jesus* immer wieder, *...unser Licht leuchten zu lassen* und *...vollkommen zu werden.*

Dies gelingt uns Menschen aber nur, wenn wir auch wieder das Gleichgewicht in die dualen Kräfte *männlich* und *weiblich* bringen können. Denn diese beiden Urkräfte, von *C. G. Jung* als Animus und Anima berühmt gemacht, sind in jedem Menschen grundsätzlich angelegt und müssen *gelebt* werden. Wer von uns Männern aber traut sich, auch seine Gefühle zu leben? Seinem Fühlen zu ver-trauen? Gefühle zu zeigen? Es ist ein armes Leben, wenn man(n) seine Gefühle verstecken muss. Die ‚Lücke' füllt man(n) dann nach außen schnell mit etwas Gefühllosem und Zeitgemäßem, Normalem und Anerzogenem. Dann fällt man(n) nicht weiter auf zwischen den anderen Versteckspielern. Aber das ist *Alte Welt*, meine Herren, einseitig und ungleichgewichtig.

Etwas verstecken zu müssen, zeigt Schwäche. Sein Authentisch-sein zu zeigen, ist Stärke. Persönliches, individuelles Spüren, Fühlen und Denken ist immer authentisch. Ich bestätige hier gerne, dass mein Leben wesentlich bereichert wurde, seit ich meine Gefühle tatsächlich versuche zu leben. Dazu braucht man anfangs ganz schön Mut, inzwischen ist es selbstverständlich – im Gegenteil, ich käme mir lächerlich vor, nicht *meine Persönlichkeit* leben zu wollen.

Jetzt in der Wende-Zeit kommt *alte* Weiblichkeit mit *neuer* Weiblichkeit zusammen – das *Ewigweibliche*. Das gilt für Mann und Frau, doch die entscheidende Veränderung muss bei uns Männern wirksam werden. Unter *alter* Weiblichkeit verstehe ich die in uns vorhandene, aber zurückgehaltene Anima, unsere Herzenskräfte, die mehr oder weniger stark bei jedem Mann angelegt sind (seine Seele hat sich ja vor der Geburt entsprechend ‚programmiert‘). Trotzdem werden diese aber auch nur mehr oder weniger stark im Alltag gelebt, und damit entscheidet man(n) sich, entweder mehr authentisch zu leben oder mehr nur irgendeine Rolle im Leben zu spielen. Das bedeutet, Gefühle, die der Einzelne spürt, zuzulassen, ernstzunehmen, zu beobachten, darüber nachzudenken, was sie einem sagen wollen und dabei sich selbst zu finden - immer wieder und immer wieder. Wenn wir Männer unsere ‚Weiblichkeit‘ fließen lassen, sind wir auf dem direktesten Weg zur Selbstfindung – **wir finden dann wieder unsere komplette, unsere vollkommene Persönlichkeit.**

Unter *neuer* Weiblichkeit mit der weiblichen Liebesschwingung verstehe ich die veränderten Energien der Wendezeit. Es handelt sich dabei durchweg um höherschwingende Energien, wie sie unter den Begriffen *Christus-Bewusstsein*, *Wassermanngeist* und *Photonenlicht* verstanden werden können. Darüber habe ich ausführlich in meinem Buch »Bis zum Jahr 2012« berichtet. Da sich diese verschiedenen Energien mit sich steigernden Frequenzen immer höherschwingend bemerkbar machen werden, nenne ich sie zur Unterscheidung von den üblichen feinstofflichen Energien ‚Meta‘-Energien. Sie helfen dem Prozess des Sich-öffnens der Herzen zusätzlich nach und helfen damit, das irdische Defizit an gelebter weiblicher Schwingung mehr und mehr auszugleichen.

Dies ist speziell ein männlicher Part und betrifft nicht nur die *eigene* seelische Gefühlswelt, es betrifft alle Beziehungen *auch mit anderen* – privat, beruflich, mit der Natur und der *Großen Mutter Erde*. Ein irdisches Defizit an Weiblichkeit heißt auch: *Mütterlichkeit*. Wir ahnen kaum, wie riesig groß und mächtig das Bewusstsein der *Großen Mutter (Erde)* ist. Diese Mutter betet mit uns, wenn wir beten; sie will uns helfen, wenn wir die Hilfe annehmen würden und sie könnte uns alle ernähren, wenn wir ihr nicht ins Handwerk pfuschen würden. Die *Große Mutter Erde* liebt ihre irdischen Kinder. Und bezüglich des gemeinsamen Bewusstseins-Aufstiegs erklärt sie uns, dass sie nur loslassen kann, wenn auch wir loslassen. Wenn wir weiter festhalten, kann es keinen ‚fließenden‘ Aufstieg geben, sondern einen des Zerbrechens, einen ‚Auf-bruch‘ – denn der Bewusstseins-Quantensprung lässt sich von uns nicht aufhalten.

Es betrifft auch die Aufwertung all dessen, was mit *Mütterlichkeit* in Resonanz steht – vom Mond bis hin zu den einfachsten Formen in der Natur. Denn dieses gewaltige, untereinander gleichfrequente Energiepaket ‚*Tierische-Mutter--menschliche-Mutter--Mutter-Erde--Große-Mutter--Göttliche-Mutter*' schwingt in L i e b e. Es gibt keine mächtigere Form der Liebe als die der Mutterliebe. Aus der Natur kennen wir, dass eine Mutter ihr Leben gibt, um ihr Junges zu retten, und auch bei uns Menschen bekommt das kranke, schwache oder behinderte Kind das Höchstmaß an Liebe.

Es betrifft aber auch unsere seelische Öffnung dem Lichtreich gegenüber, und dabei hat die unvorstellbare Macht der *Mutter Maria* die Aufgabe übernommen, die im Christentum ins Abseits geratene weibliche Schwingung wieder zurückzubringen – sie vor allem uns Männern wieder in unser Leben zu bringen –, weltweit, so wie das Christentum eben verbreitet ist.

Bei mir persönlich war es so, dass zusammen mit *Jesus* (über dessen Lehre ich ja mein erstes Buch geschrieben habe) auch das Bewusstsein der *Mutter Maria* immer stärker in mein Leben getreten ist (genauer: ich ließ zu, dass...) und ich mich auch ihrer Schwingung mehr und mehr *geöffnet* habe. Wenn auf dem Seelenselbstfindungsweg, dem spirituellen Weg, von *suchen* und *finden* gesprochen wird, dann ist das nicht richtig formuliert. Es muss immer heißen: *sich-finden-lassen*. Wir müssen es z u l a s s e n, dass die Schwingungen der gewaltigen Bewusstseine einer *Maria*, eines *Jesus*, eines Engels oder »Alles ist Gott« in uns *eintreten kann* und sich mit uns vereinigt.

Mir passierte folgendes: Für die schwierige Suche nach einem Miethäuschen am Meer hier auf La Palma ging ich in unsere schöne Marienkirche (in Los Llanos), zündete ein Kerzchen an und bat um Hilfe bei meiner Suche. Eine Viertelstunde später hatte ich das Haus, und seitdem erzähle ich immer wieder von *Mutter Marias* Gunst. Inzwischen habe ich aber durch *Hannelore* wieder Sprechkontakt mit meiner leiblichen Mutter im Lichtreich, welche zeitweilig die Rolle meines Schutzengels übernommen hat. Ich fragte, ob ich ihr eventuell Unrecht tue, indem *sie* mir womöglich das Haus vermittelt habe und erhielt folgende Antwort: *...glaube mehr das, was du schreibst. Alle Energien haben für euch die Gesichter, die ihr sehen wollt. Die Mutterenergie kann mein Gesicht haben oder das der Mutter Maria oder der Mutter Erde oder das des Meeres oder der großen kosmischen Mutter. Merke dir das!*

Nun hatte ich in der gleichen Kirche, die ich nach innerem Verlangen öfter mal besuche, noch ein überraschendes ungewöhnliches *Marien*-Erlebnis, das ich nur den mir vertrautesten Freunden erzählte. Irgendwann spürte ich den Auftrag, hier im Buch darüber zu berichten, um mein immer stärkeres Annehmen meines Fühlens und meiner Gefühle auch anderen zu gestehen. Da ich aber damit gerechnet habe, gläubige Katholiken zu verletzen, habe ich das immer wieder vor mir hergeschoben, obwohl ich nur noch die letzten drei Kapitel des Buches zu schreiben hatte.

So geschah es, dass es mich vor vier Tagen wieder einmal in die Marienkirche gezogen hat, zum ‚Zündeln‘ (Kerzchen anzünden). Ich war darin (wie meistens) alleine, und mir fiel lediglich auf, dass im Altarraum eine hohe Aluleiter stand, die nach irgend einer Installation aussah. Und plötzlich, mitten in meinem Versunkensein, erklang aus Lautsprechern eine sehr schöne Instrumentalmusik. Es war keine Kirchenmusik und war mit einem dezenten Rhythmus unterlegt, der mich direkt zum Tanzen anregte. Das folgende Musikstück war dann unrhythmische Kirchenmusik, und ich verließ die Kirche wieder. Ich hatte ‚mein Zeichen‘ als Antwort auf meine Unentschlossenheit bekommen, *Mutter Maria* hat mit dieser unerwarteten Musikeinlage meine Unsicherheit vertrieben. So kann ich jetzt folgendes berichten:

Vor etwa einem halben Jahr hatte ich einmal eine besonders tiefe Entspannung bei meinem Besuch bei *Mutter Maria*. Das ist nicht jedesmal so, und ich nenne das auch nicht meditieren, weil ich für mich selbst jegliches Klischieren vermeide; schon mein ganzes Leben lang. Dieser *Drang nach Individualität* (man sagte mir auch schon, es sei eine Sucht danach) *„wurde mir in die Wiege gelegt“*. Richtig gedeutet heißt diese Rede des Volksmundes: Diese Charaktereigenschaft hatte ich mir vor meiner Geburt selbst einprogrammiert. In meiner tiefen Versenkung nun sah ich mich vorne im Altarraum mit *Mutter Maria* tanzen. So etwas wie ein offen getanzter Walzer, und sie in einer Art *Sissi*-Kleid. Wir wirbelten im Kreis und waren glücklich. Beim nächsten Kirchenbesuch kam das gleiche Erlebnis noch einmal. Dann nie mehr wieder. Seitdem ist in mir eine völlig unbefangene, aber tiefe Liebe zu *Maria* entstanden und damit eine Öffnung für weibliche Energien aller Art. Ich spüre jetzt sehr oft ungewöhnlich starke Rührung, das heißt, ich lasse mich jetzt von den weiblichen Energien ‚berühren‘.

Tags darauf – nach dem geschilderten Tanzmusik-Zeichen – bekam *Hannelore* die Botschaft: Mit der Veröffentlichung meines *Marien*-Erlebnisses soll den anderen Männern gezeigt und geholfen werden, ihre Gefühle anzunehmen, zu leben und bewusst zu er-leben – bewusst(er)leben! Jedes solcher neuen Erlebnisse, das *bewusst gelebt* wird, geht in das energetische Kollektiv unserer Menschheit ein, füllt das globale weibliche Energiedefizit – das Liebesempfinden – auf und verhilft damit zum erwarteten Bewusstseinssprung der *gesamten Großen Mutter Erde*.

Also, Ihr Herren, wir gehen jetzt mutig in eine neue Verantwortung!

Die ‚Geheime Offenbarung‘

Die Erdenmenschheit lebt jetzt in einer ‚kosmischen‘ Zeitenwende, in der sich auch bei uns die Zeiten wenden. Es ist die schon lange erwartete *Apokalypse*, vor welcher der Geistigerwachende aber keine Angst zu haben braucht, denn das griechische Wort *Apokalypse* heißt ‚Enthüllung‘. Enthüllen können sich jetzt *alle Seelen* – das Göttliche-im-Menschen – unter den neuen höheren Schwingungen und Meta-Energien der Wendezeit. Enthüllen hat etwas mit befreien zu tun, vor allem mit *sich*-be-freien und mit in-eine-neue-Freiheit-gehen. Doch was Enthüllen für die einen ist, kann Demaskierung für die anderen sein. Ich verstehe den hohen Stellenwert der Apokalypse vor allem als einen inneren Prozess, *denn sie ist die Revolution der Seelen.*

Enthüllen wird sich aber auch vieles, was (geheimnisvoll, von wem auch immer) *versiegelt* war und was ich in diesem Buch jetzt als erkennbare *Wahrheit* offenlege und darstelle – die *Wahrheit* über das tatsächliche Schöpfungsgeschehen; die *Wahrheit*, dass alles Irdische *göttlich* ist, auch der Mensch; die *Wahrheit*, dass alle göttlichen Energien *im* Menschen vorhanden sind (weswegen die jahrtausendelange Suche im Außen erbärmlich ist) und die *Wahrheit* über das energetische Geschehen, mit dem der Mensch seine *Schöpferkraft* wiederfindet.

Diese Schöpferkraft führt dann in der neuen, höherfrequenten Zeit zur *inneren Macht des FREIEN WILLENs*, zur *Macht des Dankens*, zur *inneren Macht der Herzenskräfte* und zur *Macht der Gegenwärtigkeit*, nämlich dem schöpferischen S e i n. Dabei zeigt sich auch die Wahrheit über die größte Gegenkraft der *göttlichen Liebe*, die A n g s t – oder genauer: die tausender verschiedener Ängste. Es zeigen sich auch die religiösen wie auch die atheistischen Verwirrspiele auf dieser Welt und die vielen Missverständnisse, durch welche die Menschen behindert werden, *ihr Gott-sein wieder-zu-entdecken.*

Der ent-hüllende Charakter der Apokalypse wird auch als *Offenbarung* verstanden. Dem Menschen offenbart sich das Göttliche von alters her auf die verschiedenste Weise – bezüglich der Wendezeit vom Fische- zum Wassermann-Äon bereits in der *Geheimen Offenbarung* des Neuen Testaments (eine von mehreren damaligen ‚Offenbarungen‘). Auch wenn der Offenbarer *Johannes* seine ‚Gesichte‘ etwas schrecklich verschlüsselt hat – das erweiterte Bewusstsein unserer Zeit ermöglicht inzwischen ein neues Verständnis jener Botschaften.

Eines der sogenannten *Geheimnisse* wird so gedeutet, dass jeder Mensch – das einzelne Individuum in seiner Einzigartigkeit – alle Entwicklungsphasen *seelisch* durchleben muss, um zu seinem eigentlichen ‚Wert‘, seinem Schöpfertum und seinem ICH BIN zu gelangen. In der *Johannes*-Offenbarung wird dieser Weg in *sieben Siegeln* dargestellt. Sieben Siegel muss ein Mensch durchlaufen (öffnen, erkennen, verstehen, erfahren), um zu seinem vollständigen bewussten SEIN, dem *Christus-Bewusstsein*, zu gelangen. Es heißt, die, welche die *sieben Siegel* besitzen, haben den tieferen Sinn der Heiligen Schrift verstanden.

Bezug nehmend auf die Offenbarung erklärt uns *Jesus* unter dem Titel ‚Das Tausendjährige Reich' oder das ‚Neue Jerusalem':

...dass dieses Jerusalem, welches einst durch seine eigenen Priester verunreinigt und entweiht und sich durch Meinen Tod Fluch aufgeladen hat – dieses Jerusalem, welchem sein Untergang von Propheten vorausgesagt und von Mir bestätigt wurde – wird wieder heruntersteigen g e i s t i g auf eure Erde.
Es wird kommen wie im Glanze seiner ersten Zeit, Frieden und Ruhe bringen allen, die an Mich glauben. Diese Stadt, als Symbol der ersten Gemeinschaft des Schöpfers mit seinen Kreaturen, wird herabsteigen mit der Palme des Friedens, für alle, welche nach Kampf und Leiden sich die Kindschaft Gottes errungen haben.
Die, welche die s i e b e n S i e g e l besitzen werden, werden das Neue Jerusalem s e i n ... (Jesus bei Jakob Lorber)

Das Himmelreich des neuen Bewusstseins

Somit können alle Geistigerwachenden das ‚*Neue Jerusalem*' der Christen oder das *Shamballah* der Buddhisten s e i n – wenn sie es verstehen, ihr inneres Licht a n z u n e h m e n. (Shamballah ist in der tibetanischen Mythologie ein im Himalaya verstecktes Königreich, in dem erleuchtete Herrscher und Meister über das Wissen für die Neue Goldene Zeit wachen.) Das neue Verständnis aber für ein *Neues Jerusalem* oder *Shamballah* ist eben ein Z u s t a n d und ein ‚Himmelreich' des neuen Bewusstseins, also des inneren Seins. *Shamballah ist Liebe. Der ganze Planet lernt, Liebe zu sein, sich wieder auszubalancieren, zu integrieren und einzustimmen als Shamballah, die Heilige Stadt auf der Erde. Der Zustand, der sowohl spirituell als auch physisch ist, ist die Vereinigung von beidem: die Hochzeit von Himmel und Erde (Santario-Ananda[24]).*

Die genannten Städtenamen sind nur zwei der bekanntesten, die ich hier symbolisch erwähne. Es gibt weitere Bezeichnungen, die aber immer die Manifestierung des neuen menschlichen Bewusstseins und des Allerheiligsten jedes Einzelnen bedeuten – auch im Sinne von Mikro-Makrokosmos.

Die im Bewusstsein des Christus verankerte Stadt kann nun wieder durch die Vereinigung des menschlichen Bewusstseins aktiviert werden. Sie ist die Einheit eines bestimmten Aspektes der Essenz des Christus, der solar-galaktischen Reiche. Als ein Punkt, der die Verbundenheit aller solaren Systeme und Wesen innerhalb

84

*der Planeten und in allen solaren Systemen des Lichtes symbolisiert, entspricht sie
den vielen verschiedenen Facetten, Erfahrungen und Färbungen des Christus.
Das ist der Punkt, der die Verbindung zu deinem Inneren herstellt, und diese Verbindung wird die Blaupause dieser Stadt, innerhalb der galaktischen Reiche, in
ihrer wiederkehrenden Manifestation unterstützen (Salvana-Ananda*[24]*).*

*Macht doch die L i e b e die Grundeigenschaft Meines ICHs aus und war das
W a r u m, aus welchem ICH das ganze Universum hervorgerufen habe! Wie
könnte dieser Funke sich verlieren, sich zerstören lassen? Vergebens rütteln alle an
diesem Gebäude, vergebens suchten Menschen Meine Worte falsch auszulegen. Alles
fiel wieder auf sie selbst zurück, und sie mussten ernten, was sie gesät hatten. So seht
ihr jetzt nach und nach alle wissenschaftlichen und spitzfindigen Auslegungen des
Liebeswortes der Heiligen Schrift wie Schnee vor der Sonne der Wahrheit vergehen.
Und so wird auch das Endresultat allen Treibens nur Meine Lehre fördern, mehr
ins r e c h t e L i c h t bringen und so immer mehr den Übergang ins Tausendjährige Reich bereiten.Dann werden die Menschen niemanden mehr benötigen, der
ihnen Predigten über Religion und Moral hält. A l l e werden dann in ihrem Inneren wieder w i s s e n, was sie zu tun haben, w i e sie lieben, dienen und arbeiten sollen! (Jesus bei Jakob Lorber)*

Christus bricht das Siebte Siegel auf

Frage: *Und was versteht man denn heute unter dem Öffnen des Siebten Siegels?*

Die alten Texte sprechen eine schwer verständliche Sprache. Ich behaupte
daher, dass sie im Sinne der individuellen Seelen-Entwicklung von viel zu wenigen richtig verstanden worden sind. Aber konkret und modern verständlich
bedeutet das ‚*Aufbrechen*‘ dessen, was *versiegelt* war: dass das Bewusst-werden
und Erfahren, das bisher nur *Einzelne* (Profane wie Heilige und man daher von
einem Geheimnis sprechen kann) in oft leidvollen Erdenleben vollbrachten, zu
einem *kollektiven* Bewusst-werden und *kollektiven* E r f a h r e n und daher zu
einem *Quantensprung des irdischen Bewusstseins* führt.

Es betrifft **erstens** die Erkenntnis, *dass alles Sichtbare und Unsichtbare aus
Energien besteht* und alles überirdische und irdische Sein energetisches Geschehen ist. Dass dies tatsächlich so ist, kann jeder Physiker erklären. Quantenphy-
siker postulieren längst: Die Realität scheint nicht materiell, sondern *übermateriell* zu sein. Noch weiter gehen avantgardistische Physiker, die heute überhaupt
von *übermateriell* und *überbewusst* sprechen.

Es betrifft **zweitens** die Erkenntnis, *dass alle göttlichen Energien im Menschen s e l b s t zu finden sind und nicht im Außen der Welt.* Gemeint sind damit unsere *Herzenskräfte,* die aus unserem *eigenen Allerheiligsten* wirksam werden – wenn wir ihm die n e u e F ü h r u n g s r o l l e übergeben; aber genauso auch das neue S p ü r e n dieser feinstofflichen Energien, die in der Neuen Zeit in einem überraschenden Ausmaß in den Menschen erwachen.

Es betrifft **drittens** den weiblichen Charakter des *Christus*-Bewusstseins oder Wassermanngeistes. Dieser zeigt sich auch in dem neuen Erkennen der Maya-Wissenschaften (Maya-Kalender) und dem neuen Erleben der *Großen-Mutter-Energie.* Gleichklang und Einssein (»Alles ist Gott«) kehren erst dann wieder bei uns ein, wenn auch männlich und weiblich *in-Liebe-vereint-sind* und das (eingeredete) *Adam*-und-*Eva*-Syndrom damit aufgelöst ist.

Das ‚Aufbrechen des Siegels‘ betrifft **viertens** die Erkenntnis, dass jetzt von jedem Menschen das sogenannte Zellwissen oder die Körper-Intelligenz ‚KI‘ in E r i n n e r u n g gebracht, angenommen und be-lebt werden kann. Es ist eine ‚globale Entschlüsselung der derzeitigen Codierungen des Zellgedächtnisses‘ (*Hubert Rosenberger*).

Es betrifft **fünftens** die menschlich-soziale, die gesundheitliche und befreiende Ernüchterung, *dass daher alles einfach zu verstehen und auch das Leben selbst e i n f a c h ist.* Es ist dann wieder ein Leben »in Resonanz mit Gott-und-Göttin-in-dir«.

Und es betrifft **sechstens** das Wissen, dass sich die Menschheit global von *Ängsten* manipulieren lässt – inneren und äußeren – und dadurch nicht zu ihrer angeborenen Göttlichkeit zurückfinden kann. Allein durch das Auflösen von Ängsten, eine nach der anderen, werden die eigenen göttlichen Herzenskräfte wieder frei.

Wie das auf unserer dualen Erfahrungsebene praktisch zu leben geht, beschreibe ich nun in den nächsten vier Schwerpunkten meines Buches.

Im nächsten Teil:
Du führst ein Leben als irdischer Schöpfer, wozu wir durch den bewussten Umgang mit unseren Gedankenkräften befähigt sind. Das jüdisch-christliche Alte Testament spricht von unserer *Ebenbildlichkeit* Gottes, als geistig Erwachte sind wir auf dem Weg, selbst *Buddha* zu sein, und so ist es gar nicht mehr so weit, das Prädikat anzunehmen: *Wir sind Schöpfer.*

Im dritten Teil:
Du lebst deine fünf Herzenskräfte, die in uns warten, ihre rechtmäßige Führungsrolle (anstelle des Egos) zu übernehmen, und wir werden uns und die Welt um uns herum nicht wiedererkennen.

Im vierten Teil:
Du führst ein Leben in Gegenwärtigkeit, bewusst im *SEIN*, im *Hier-und-Jetzt* – ein authentisches Leben im Freisein von den Energien des Vergangenen und des Zukünftigen und im Starksein durch den inneren Ausgleich der dualen Energien im Innen wie im Außen.

Im fünften Teil:
Du bist frei – frei von inneren Disharmonien, aber auch frei von all dem, was wir selbst nicht bewältigen können, im Freisein von Fremdenergien im feinstofflichen wie im äußeren elektrostatischen Um-feld unserer Aura, unserer Persönlichkeit und unseres Alltags.

Gemeinsam haben diese fünf sich ergänzenden Wege einer neuen Lebensführung »in Resonanz mit Gott-und-Göttin-in-dir«, also die Rückkehr zur Göttlichkeit, die *Ernsthaftigkeit* und *Dringlichkeit* einer bewussten Lebens-Qualität, eines bewussten Seins.
Die Erdenmenschheit ist mehr oder weniger am Kipp-Punkt der Wendezeit angelangt, und jede unserer Entscheidungen im Rahmen dieser spirituellen Lebenswege ist zugleich eine Entscheidung für das irdische Kollektiv.

Unsere Energien gehen in das holographische[25] oder morphische Feld der Wendezeit ein. *Ernst Meckelburg* nennt es das Biogravitationsfeld des Bewusstseins. Dabei können zwar nicht alle noch schlummernden Seelen geweckt werden, aber wenigstens die gleich-schwingenden *Lichtseelen* und *Lichtarbeiter* – also die große Seelenfamilie der *Lichtdiener* – brauchen dringend unsere ‚göttlichen' Energien – und die Vernetzung mit Ihnen und mir –, denn Alles ist Gott.
Immer mehr spirituelle Lehrerinnen und Lehrer erkennen und ‚verstreuen' ihre Erkenntnisse:

Leben ist nicht nur ein Prozess des Suchens,
Leben ist nicht nur ein Prozess des Lernens,
Leben ist *vor allem* ein Prozess des *Sich-Erinnerns* und
Leben ist *vor allem* ein Prozess des *Erschaffens*!

Zweiter Teil

Du bist ein Schöpfer

Jetzt habe ich etwas ganz Persönliches:

Dies ist ein Buch über geistige Energien, die uns alle viel enger verbinden, als wir vermuten und damit auch über die grundlegende Erkenntnis *...ich bin du, und du bist ich.* Es ist ein Buch über unsere Herzenskräfte, unsere Energien von Herz zu Herz und von Nähe und von Liebe – denn »Alles ist Gott«.
Ich möchte – zusammen mit *Hannelore* – in aller Bescheidenheit in die Herzen unserer Leserinnen und Leser hineingehen und die Liebe Gottes wecken. Daher schreibe ich jetzt ‚per Du‘ weiter.

Gedanken sind keine Privatsache

Beim genauen Hinsehen hat der geistig Erwachende bisher schon erkannt, dass die Schöpfung, also alles, was ihn sicht- und fühlbar umgibt, aus zwei verschiedenen Ebenen entsteht. Die eine ist die *überirdische* Dimension, das Lichtreich, aus dem heraus der sichtbare Kosmos und die unsichtbaren Universen wie auch die gesamte sichtbare und unsichtbare irdische Natur erschaffen wird.

Die andere Schöpfungsebene besteht aus all dem Sichtbaren und Unsichtbaren im *Irdischen*, das im Laufe von Jahrtausenden bis heute von Menschenhand geschaffen wird. Also a l l e s, was nicht aus dem Lichtreich und von anderen Zivilisationen im Kosmos her stammt, ist menschlichen Ursprungs. Wie ich schon erklärt habe, gibt es weltweit sehr viele verschiedene Erklärungsmodelle und Evolutionstheorien, wie und warum das Schöpferische und Göttliche überhaupt Materie erschuf und erschafft oder zulässt – die einfachsten Versionen habe ich schon vorgestellt.

Es gibt aber nur eine e i n z i g e Gesetzmäßigkeit, auf welche Weise du als Mensch etwas erschaffen, kreieren oder gestalten kannst: *Du musst es immer zuerst d e n k e n.* Zuerst war und ist immer der menschliche Gedanke.

Ob du etwas erfindest, ob du ein Gedicht reimen willst oder eine Skizze anfertigst, wenn du einkaufen gehst oder Essen kochen willst, wenn du dein Arbeitsverhältnis kündigst oder wenn ihr den Urlaub plant – immer wird das vorher bedacht und gedacht. Auch wenn du ‚Gutes' tun willst, musst du deinem Fühlen zuerst Gedankenformen geben: deiner Schwiegermutter ein Blumensträußchen oder der hübschen Nachbarin ein Stückchen Torte bringen, einer Oma über die Straße helfen, einem anderen die Parklücke überlassen, für ein Indigo-Kinder-Hilfswerk eine Geldspende überweisen oder morgens mit einem Lächeln im Gesicht am Arbeitsplatz erscheinen – alles das (und tausend andere Gelegenheiten, bei denen du dich von deiner besten Seite zeigst) muss immer vorher *gedacht* werden, geht dir vorher durch den Kopf.

Dabei gibt es ein *bewusstes* Denken oder Nachdenken, es gibt Gedankenspiele, Gedankenreichtum und Gedankenflüge – Worte, aus denen man schon Kreatives und Schöpferisches heraushört. Man spricht von Gedankenblitzen und meint jene Impulse, die spontan aus dem Inneren auftauchen. Es gibt aber auch Gedankenlosigkeit, und man meint damit körperliche Bewegungen oder Tätigkeiten, die aus der Routine heraus ablaufen, während deine Gedanken ganz woanders herumschwirren dürfen. Das alles ist dein und unser Alltag – von früh bis spät voller Gedanken.

Aber was du denkst, ist keine reine Privatsache. Denn was du denkst, geht energetisch in dein Umfeld und strahlt immer auch auf andere aus – genauer: es schwingt und fließt. Denke hierbei stets mikro-makro-kosmisch: Mit guten Gedanken förderst du das Gute in der Welt, mit schlechten machst du sie noch schlechter, mit liebevollen umarmst du quasi die Welt, und mit friedvollen Gedanken wirst du zum Friedensstifter – bis hierher hat mein ‚Schalk‘ wohl recht: *alles ganz leicht und logisch – in der Theorie.*

Wer die Welt verbessern will, muss bei sich selbst anfangen. Jeder von uns ist ein Puzzle-Teilchen im Bild der Schöpfung, und mit deinen Gedanken legst du den Platz fest, wo du reinpasst. Denn deine Gedanken-Energie tritt sofort in Resonanz mit den anderen herumschwirrenden Gedankenenergien. Sofort entsteht ein energetisches *Feld*, das dich festhält und in etwas einbindet, mitleiden oder dich lachen lässt, erleichtert, fördert und befreit – meistens merkst du es dann erst später.

Die geistige Macht deiner Gedanken

Für deine Gedanken gibt es nachweislich weder Raum noch Zeit. Um mit deren feinstofflichen Energien umgehen zu können, empfehle ich, auf folgende Unterscheidung zu achten:

1. ist es ganz wichtig, *bewusst* zu denken, *bewusst* mit seinen Gedanken umzugehen, denn die Gedankenkraft ist Schöpferkraft und damit ist jeder Mensch Schöpfer – nicht nur bewusst, sondern auch un-bewusst; mit dem, was *sichtbar* wird, aber auch mit dem, was du und die anderen nur *fühlen*. **Die Gedankenenergie ist die m ä c h t i g s t e geistige Energie des Menschen!**

2. ‚fließt‘ die Gedankenenergie und ist in Bewegung, und daher *sendet* jeder Mensch Gedankenenergien aus, *zieht* aber auch solche an. Das geschieht Tag und Nacht. Alle Gedankenschöpfer (und damit alle Menschen) sind energetisch miteinander vernetzt und in Resonanz, wenn sie die gleichen Gedankenschwingungen, also die gleiche Frequenz, haben – im Mikro- wie im Makrokosmos.

3. muss jeder seine Gedanken *kontrollieren*. Ich meine damit Selbstkontrolle, keine Kontrolle durch irgendein äußeres Machtsystem (das hätten diese gerne). Durch die Selbstkontrolle der Gedanken kann jeder zum Meister (im östlichen Sinne) werden. Aber das ist sehr, sehr schwer. Wer schon bewusst in den *Alpha-Zustand*[26] gehen kann, wer meditiert oder

autogen trainiert hat, weiß, wie schwer der menschliche Gedankenwirrwarr zu kontrollieren und zu beherrschen ist. Dies betrifft auch die Gedanken*präsenz*: Schwirren sie in der Vergangenheit oder der Zukunft oder in Phantasien herum, oder sind sie schöpferisch im *Hier-und-Jetzt*? Es ist wie sonst auch im Leben: Nur deine volle Aufmerksamkeit auf eine Sache oder Aufgabe oder ein Ziel bringt den angestrebten Erfolg.

Daher noch einmal: Der kontrollierte Umgang mit Gedanken ist der Umgang mit mächtigen Energien und die Grundlage für bewusstes Schöpfersein.

4. musst du als Gedankenschöpfer in liebender und auf verständnisvolle Weise im Fluss der Energien bleiben, um zu Gedanken*reinheit* zu finden – im Sinne von Gedanken*hygiene*. Bleib ‚sauber‘, dir und anderen gegenüber. Deine Gedanken-Kraft ist die erste Ver-formung deiner göttlich reinen und ungeformten Herzens-Kräfte, womit du schließlich irdischer Schöpfer bist. Erlaube dem Fluss zu fließen.

5. ist, weil das *Göttliche* in deinem Herzen ist, dein Körper sein Tempel, der ebenfalls rein zu halten ist. Das meinte ja auch *Jesus* in der Bergpredigt: *„Selig, die reinen Herzens sind, denn sie werden Gott schauen.“*

Jeder Mensch kann mit der Kraft seiner Gedanken auch in unserer äußeren Materie Gegenstände bewegen, das nennt man Teleportation. Ich habe mich selbst an solchen Spielereien bei Seminaren beteiligt. Dagegen sind die Erkenntnisse über die *Speicherfähigkeit* von gedanklichen Informationen im Wasser geradezu sensationell. Seit 1984 belegt dies der französische Forscher *Jacques Benveniste*[27] und seit 1998 ist es die Arbeit des japanischen Forschers *Dr. Masaru Emoto* über die biophysikalischen Eigenschaften des Wassers: dieses kann nicht nur unsere Gedanken, sondern auch Gefühle *speichern*. Durch gedankliche ‚Informationen‘ kann seine Qualität im Handumdrehen verändert werden. Nicht nur die ‚mechanische‘ Reinheitsqualität des Wassers nimmt als gefrorenes Kristall seine spezifische Eisblumen-Form an. Auch alles Harmonische wie auch Chaotische wird als feinstoffliche Schwingung vom Wasser auf- und angenommen und zeigt sich ab diesem Moment in seinem gefrorenen Kristallmuster, das unter dem Mikroskop fotografiert wird. Das Beschallen mit *Mozart* oder Hardrock oder die auf die Flasche aufgeklebten Worte Danke, Frieden, Engel, Heilung oder ‚Idiot‘ *formen* das lebendige Wasser – ge-formt durch Gedankenkräfte und deren Qualitäten.

In dem Buch »Wasserkristalle«[28], das sich in kürzester Zeit zu einem Bestseller aufschwang, wird auch belegt, dass sich das Gute gegen das Negative durchsetzt, das heißt, die höhere Schwingung die niedere überlagert oder transformiert oder ‚erlöst‘, so wie die Liebe, die höher schwingt als die Angst. (*Dr. Claudius Kern* drückt sich wissenschaftlicher aus, wenn er von *sympatho-magnetischen Speichereigenschaften von Trägerstoffen* spricht.) Erkennen die hell-auf begeisterten Leser des Wasserbilderbuches unbewusst ihre *eigene* Gedankenmacht wieder, wenn sie diese gedankengeformten, faszinierenden Kristalle betrachten? Entdecken sie dabei ihre vergessene Schöpferkraft wieder?

Auch eine andere metaphysische Lebensregel findet man im lebendigen Wasser wieder: Wird es ignoriert und missachtet, reagiert es durch Verrottung mit *Selbstaufgabe*, die Parallele zur menschlichen Selbstzerstörungskrankheit Krebs.

Bevor du dich damit befasst, wozu du als Schöpfer auf deiner irdischen Erfahrungsebene fähig sein kannst, achte zuerst einmal auf den Umgang mit diesen Energien für dich selbst. Denn mittels deiner Gedankenkräfte bist du auch der Schöpfer deiner Zukunft und damit deines Lebens. Im Talmud fand ich dazu eine traumhaft kurze und präzise Formulierung:

> *Achte auf deine Gedanken, denn sie werden Worte.*
> *Achte auf deine Worte, denn sie werden Handlungen.*
> *Achte auf deine Handlungen, denn sie werden Gewohnheiten.*
> *Achte auf deine Gewohnheiten, denn sie werden dein Charakter.*
> *Achte auf deinen Charakter, denn er wird dein Schicksal.*

Diese Vernetzung von geistigen Schöpferenergien und die Manifestationen, die zwangsläufig dabei entstehen, lassen die Metaphysiker von einem entscheidenden *Gedanken-Verwirklichungs-Gesetz* sprechen.

Gedanken schaffen Wirklichkeit!

Und wie du oben leicht erkennen kannst, sind solche Energien an *Wesens- und Schicksals-Automatismen* gebunden. Scheinbar automatisch gehen in dir Veränderungen vor, die etwas an deinem Wesen oder deinem Lebensweg ändern, was man dann meist hilflos ‚Schicksal‘ nennt.

So schrecklich es vielleicht für den einen klingt, ist es für den anderen eine hoffnungs- und erwartungsvolle Frohbotschaft:

Jeder deiner Gedanken verändert irgendwann dein ‚Schicksal‘!

Wenn du also mit deinen Gedanken entsprechend umgehst, modifizierst du dein Schicksal. Wenn du lernst, mit deinen Gedankenkräften *achtsam* umzugehen, wirst du zu einer selbst-be-herrschten Persönlichkeit – wirst du zum Herrscher über dein Schicksal.

Grenzen der Gedanken setzt I h r Euch allein,
begrenzende Gedanken müssen nicht sein.
Ihr habt Euren Willen, Ihr habt Eure Wege,
der Geist in Euch baut Brücken, Bogen und Stege.
V e r b i n d u n g zum Geist – das sei Eure Bitte.
Findet die Stille, die Hoffnung, die Mitte,
die Verbindung mit mir. Denn Ihr wart nie getrennt.
‚Gedanken‘ sind nur dieser Schmerz, der so brennt.

Ihr seid durch das Licht mit der Liebe verbunden,
empfindet und fühlt es in stillen Stunden.
Dann werdet Ihr sehen, dann nehmt Ihr wahr,
was außen um Euch noch un-sichtbar.
Der Geist des Schöpfers, er ist niemals leer,
unendlich und sprudelnd – Ihr bekommt immer mehr.
Bekommt immer mehr in d i e s e n Zeiten
und es liegt nur an Euch, Eure Gedanken zu leiten.

Gedanken sind mächtig, Gedanken sind Kraft
und die Schwingung des Denkens das Öffnen erschafft.
Denkt nicht an was Böses, denkt auch nicht an Gut,
denkt nur in der Mitte und fasst wieder Mut.
Fasst und begreift, denn n u r die Gedanken
öffnen die Tore, verweisen in Schranken.
Jeder kann mitteln, jeder kann SEIN,
jeder kann lernen: *ich bin nicht allein.*
Jeder ist göttlich, ist Kind in sich drin.

Schöpft wieder Hoffnung! Findet den Sinn,
m i t e i n a n d e r – ohne Streit, Hass und Zorn,
denn die Erde der Hoffnung geht nur noch nach vorn.
Seht nicht nach hinten, lasst Vergangenheit!
Lebt nur im Jetzt! Denn Zeit ist nur Zeit!

(empfangen durch *Hannelore*)

Erwecke dein Wissen

Nun hat aber jeder Mensch bereits sein momentanes Schicksal, in das er sich eingebunden fühlt. Der eine leidet darunter, der andere will daran etwas verändern, der nächste ist sowieso ein Strahlemännchen, dem alles zu gelingen scheint. ‚Man' weiß eigentlich gar nicht, woher so viel Glück oder so viel Unglück ‚als Schicksal' kommt? Ich meine aber, der Spruch aus dem Talmud oben erklärt es überdeutlich.

Bei solchen schicksalsformenden Gedankenenergien kann der Ursprung schon lange, sehr lange zurückliegen – nicht nur in deiner Kindheit, auch in einem deiner Vorleben. Solche feinstofflichen Energien können aber auch jeden Moment von dir ausgelöst werden, vor allem, wenn du sie durch geläufige Redewendungen oder mehrfache Wiederholungen verstärkst (Mantras und andere Gebetsformeln[29]). Denn *jeder Gedanke ist bewegte und gesteuerte Energie* – in diesem Falle ein dynamischer Bewegungsimpuls. So kommt schließlich die im *Talmud* beschriebene, schicksalhafte *Kettenreaktion* zustande.

Alle metaphysisch und spirituell Vorgebildeten erkennen natürlich sofort das karmische Prinzip solcher Gedankenverwirklichungen und –manifestationen. (*Karma* ist nach der Lehre der Hindus die mitgebrachte Altlast aus früheren Erdenleben.) Aber auch bei dieser Gesetzmäßigkeit hat sich im Rahmen unserer Wende-Zeit ganz Grundsätzliches geändert. Für all die *Lichtdiener*, die geistig erwacht sind und sich für die benötigte Bewusstseinsveränderung entschieden haben, gibt es keine Neubildung von Karma mehr[30] – *es gibt nur noch Resonanz-Effekte*. Durch diese energetischen Resonanzen – Re-aktionen nach dem Prinzip der Anziehung oder Affinität – wird dir zum Beispiel kurzfristig, oft schon am nächsten Tag, präsentiert, was du ausgesät und mit deinen Gedanken, Worten und Werken auf den Weg gebracht hast – ob es Gutes oder weniger Gutes war, ob du das so gewollt hast, was dann passiert ist oder ob du mit Schrecken feststellen musst, dass es dabei wohl unerwartete Resonanzschwierigkeiten gegeben haben muss.

Die Wende-Zeit drängt, und alle Geistigerwachenden müssen jetzt schneller ‚dazulernen'. In den wenigsten Fällen ist es aber ein typisches Lernen, meistens ist es ein Erkennen. Genauer: das *Erwecken deines Wissens*, das bei deiner Geburt gründlich gelöscht worden ist. Es ist ein *Sich-E r i n n e r n* an das *gesamte Zellwissen* in dir, vor allem auch an das *Wissen deines Allerheiligsten*. Beide kennen dein Lebensziel, das du dir vor deiner Geburt ausgewählt hast, ganz genau.

So sah der individuelle Weg der Menschen immer schon aus. Die ganze Natur hat den gleichen Wachstums-Prozess als Lebensprogramm in sich, jedoch ohne den *menschlichen Individualismus* mit seinem FREIEN WILLEN (Krone der irdischen Schöpfung). Ein Textabschnitt aus einem gestrigen Telefax von *Hannelore* drückt das treffend aus bezüglich ihrer drei Linden vor ihrem Zentrum, wovon eine kleine nachgepflanzt worden ist: „*D. sagte mir, Schritt für Schritt muss es gehen. So wie die kleine Linde auch wächst, wachsen wir langsam. Wenn ich mit den Linden spreche, höre ich: Die kleine Linde entstand aus dem Samen einer großen. Sie hat mit dem Samen schon die W e i s h e i t mit ins Leben gebracht. Sie ist sich dessen bewusst, dass sie scheinbar unwissend aussieht, jedoch den reifen Samen in sich trägt. Ob groß oder klein, alt oder jung – alles berührt Gott. Indem sie einfach s i n d.*"

Im Gegensatz zur Pflanzen- und Tierwelt hat jede Materie angenommene *Menschenseele* optimale Voraussetzungen für ihre *individuelle* Evolution und Ent-wicklung: Es sind die höheren Frequenzen der Wendezeit dabei, jetzt große Schritte statt Schrittchen zu forcieren, was nämlich früher das übliche Höchstmaß war. Was uns die Natur täglich zeigt, muss der Mensch schnell wieder lernen: weniger denken und mehr s e i n, denn dein Seelenprogramm weiß mehr als dein Gehirn.

Deshalb sind es heute gerade diese unterdrückten und daher leidenden Seelen, *die erwachenden Seelen*, die an ihren Gefängnisgittern wild rütteln, denn es ist Apokalypse angesagt: *die Revolution der Seelen.* Oder etwas pragmatischer ausgedrückt:

wenn sich endlich die f ü h l e n d e Seele
gegen die Vorherrschaft des materialistisch orientierten Intellekts
und die der Lieblosigkeit dieser Welt durchsetzen kann.

Verändere selbst deine Wirklichkeit

Jeder deiner Gedanken verändert deine Wirklichkeit – jeder! Er be-wirkt etwas. Somit erschaffst d u die dich u m g e b e n d e n Wirkungen mit deinen Gedanken, Worten und Werken beziehungsweise deren Energien. Dabei ist es sowohl dem ‚Prinzip' als auch der Energie absolut gleichgültig (gleich-gültig), ob die Frequenzen dabei hoch- oder niedrigschwingend sind – der Unterschied wird erst bei den *Auswirkungen*, also den Wirkungen, sichtbar. Daher spricht man von alters her von dem Gesetz von *Saat* und *Ernte* – jeder von uns erntet irgendwann das, was er gedanklich als Energie *gesät* hat: Blumen oder Disteln.

Dieses *Gedankenverwirklichungs*-Gesetz hieß bislang auch *Karma*-Gesetz, *Kausalitäts*-Gesetz, Gesetz der *Wechselwirkungen*, Gesetz des *Ausgleichs* und Gesetz von *Ursache und Wirkung* – eine mächtige, ordnende Gesetzmäßigkeit, auch wenn sie heute *neu* verstanden werden muss. Neu im Sinne des zeitlichen Ablaufes: Das Ernten, das früher auf lange Zeitabschnitte oder gar auf verschiedene Erdenleben ausgedehnt war, kommt heute kraft sich anziehender oder sich abstoßender Resonanzeffekte u n m i t t e l b a r auf den Sämann, also auf dich, zu und bekommt dadurch einen wesentlich stärkeren Lern- und Erkenntnisfaktor.

Natürlich wird auf solch ein universelles Prinzip auch schon in den Evangelien hingewiesen. *Matthäus* (7,1-2) schreibt: *Richtet nicht, damit ihr nicht gerichtet werdet! Denn wie ihr richtet, so werdet ihr gerichtet werden und nach dem Maß, mit dem ihr messt und zuteilt, wird euch zugeteilt werden.* Und *Paulus* zitiert in seinem Brief an die Galater den berühmten Ausspruch des römischen Staatsmannes, Redners und Philosophen *Cicero* (106-43 v.Chr.): „*Irret euch nicht. Gott lässt sich nicht spotten. Was immer ihr sät, das werdet ihr auch ernten.*"

Was für ein gewaltiges Schöpfungswerk tut sich da vor uns Erwachenden auf! Und wie ‚falsch' ist es immer wieder ausgelegt worden – nämlich als Drohung, als Schuld-Erzeugung, als Karma-Anhäufung, als Straf-Erwartung, als Selbstvorwürfe. Alles Missverständnisse. Lediglich in den alten Geheimlehren wie der Hermetik, in der inneren Esoterik der Eingeweihten und Mystiker, aber auch in den Geheimgesellschaften der lichtarmen Dimensionen war die *Schöpferkraft der menschlichen Gedanken* bekannt, mit denen man rechtzeitig alles säen kann, was einmal geerntet werden soll oder muss.

Erst das vergangene Jahrhundert brachte mit dem zunehmenden Wassermann-Geist auch die Öffnung zur positiven Umkehrung und Aufklärung dieser geradezu magisch erscheinenden Regel, wie die vielen verschiedenen, oben aufgeführten Namen dieses Ur-Gesetzes (im Volksmund sagt man auch: „*Wie man in den Wald hineinruft, so schallt es zurück.*") aufzeigen.

Aber ich biete für dieses wichtige Schöpfungsprinzip noch einen weiteren Ausdruck an: das *Zufall-Aufhebungs-Gesetz*. Der atheistische Materialismus mit seinem geistlosen und entgotteten Hintergrund – also ‚frei' auch vom Glauben, mit dem die christlichen Kirchen einst das Abendland beherrschten – mogelte sich nahtlos in den *Zufalls-Glauben*, und dies wird sogar ‚wissenschaftlich' belegt. *Werte-frei* nennt es denn auch der herrschende Zeitgeist und der Nochnicht-Erwachte sagt höchstens *...komischer Zufall!*

Kaum waren nämlich das Göttliche und der Geist aus dem Leben der Völker verschwunden, zog das grundsätzliche Missverständnis der (komischen) *Zufälle* in die Köpfe der Menschen ein. So wird die Bevölkerung erneut zu einer globalen Herde von Schafen – diesmal natürlich ‚frei' von den Oberhirten der Kirchen und dafür ‚behütet' von der Gleichgesinntheit des bequemen und gedankenlosen Zufalls – „*...denn jedem geschieht nach seinem Glauben!*". Es hat aber tatsächlich jeder von uns das Recht auf seinen e i g e n e n ‚Glauben'.

Das hat schon wieder mein *Schalk* entdeckt, der dabei über die Einbahnstraße des Denkens kichert und lästert: *...wenn alle dasselbe denken, denkt keiner mehr.*

Entdecke deine Herzenskräfte

Endlich erwacht die Bevölkerung, die Enthüllungen und Demaskierungen überschlagen sich zunehmend, die Offenbarungen der Apokalypse ent-wickeln sich offensichtlich und werden Realität, das *Christus-Bewusstsein* hat nun das *Siebte Siegel* aufgebrochen, und die ‚richtige', die gott-gewollte Anwendung der Schöpfungsgesetze wird von den Geistigerwachenden mehr und mehr begriffen. Es herrscht Zeiten-Wende, und ich stelle hier einmal einige wichtige, aber endlich überholte Wertigkeiten einander gegenüber, die bereits von den völlig veränderten und höherfrequenten Energien geprägt sind und *sich wenden*:

niedere Frequenzen → höhere Frequenzen

(*Adiós*) Alte Welt → Zeitenwende
Kollektiv und Masse → Individualität
autoritäres Sich-führen-lassen → verantwortungsvolle Einzigartigkeit
EDV-Nr.-Identifikation → persönliches Selbst-Bewusstsein
Zufalls-glauben → Entscheidungen durch FREIEN WILLEN
Minderwertigkeitsgefühl → Schöpfertum durch Selbst-Wertigkeit
Intellektualismus → Mobilisierung der Herzenskräfte
Ratio → Emotio
Haben → Sein

Die fünf letzten Zeilen sehen wir uns zuerst an.
Bewusst ein Schöpfer zu werden heißt,
deine reinen Gefühle-in-dir anzunehmen
und aufgrund des FREIEN WILLENs, den du hast,
klare Entscheidungen zu treffen.
Es müssen aber *mutige* Entscheidungen
***für* deine Herzensgefühle sein.**

So eine Entscheidung muss auch die allumfassende Liebe mit einschließen, sonst tut sich das Göttliche-in-dir mit deinen Entscheidungen zwangsläufig schwer. Die Gedanken, die dann in der Schwingung dieser Energie zusammen mit der Macht deiner eigenen Herzenskräfte und Gefühle entstehen, diese Gedanken sind dann purer Schöpferwille.

Alle anderen Schöpfergedanken, die nicht in der Schwingung der Herzenskräfte, sondern in der deines Ego-Denkens ausgesandt werden, erfüllen sich genauso, aber sie werden zwangsläufig solche Resonanzeffekte haben, die du zuerst wieder ‚bearbeiten‘ und ‚erfahren‘ musst – sie werden dadurch zu einem Lern-Prozess, der wahrscheinlich noch nötig ist. Dies ist auch völlig in Ordnung so. Jeder Weg und jeder Versuch, der in Richtung ‚Quantensprung Zeitenwende‘ geht, ist richtig, auch wenn es manchmal noch gewaltige Umwege sind, die durch ein dominantes Ego mit seinen versteckten Ängsten entstehen (und daher dein Allerheiligstes und dein *Christus-Bewusstsein* und die Helfer im Lichtreich ordentlich zu tun bekommen). Wichtig ist nur, dass du nie stehenbleibst.

Das Grundkonzept für dein gedankliches Schöpfersein heißt:

Entscheidungen treffen,
sich in Bewegung setzen und dabei führen lassen –
führen aber vorwiegend von deinem Allerheiligsten.

Je besser du dieses ‚Spiel‘ veranstaltest und zulässt, desto leichter ‚fühlst‘ du wieder d e i n e   E r i n n e r u n g e n, die dir verloren gegangen sind, um so schneller wirst du auf deinen eigentlichen *Seelen-Weg* zurückgeführt und um so schneller kommt wieder Friede, Freude und Gesundheit in dein Leben.

Positiv fühlen anstatt positiv denken

Die Grund-Technik, wie solche *bewusste Gedankenschöpfungen* ablaufen, ist seit langem bekannt als sogenanntes *Positives Denken*. Dabei muss man sich aber fragen, warum diese millionenfach geübte Gedankentechnik langfristig (scheinbar?) für den Einzelnen so wenig Erfolge zeitigte und die vielen Bücher und Seminare viel zu wenig *Dauerhaftes* gebracht haben. Die Antwort ist immer die gleiche: Weil es sich eben auch hier wieder nur um *egozentrisches* Verstandes-Denken handelt, das ohne den göttlichen Geist und ohne die Liebe operiert. Genauer ausgedrückt: *ein Denken, das langfristig ohne Herz und ohne Gefühle einfach nicht schöpferisch sein kann.* Nur die damit verbundene weibliche Energie bringt dem positiven Denken das gewünschte *positive Erschaffen*, gebiert die *positiven Veränderungen* und das *positive Neue*.

Das ‚Denken‘ allein, auch das positive, kommt vom *Intellekt*, und dieser ist bei fast allen Menschen mit dem eigenwilligen Ego liiert oder eng verbunden – deines und das *Ego-Selbst* aller. Das steht aber in der Regel in Polarität zu deinem *Geist-Selbst*, deinem Allerheiligsten oder dem Reich-Gottes-in-dir. Alles Schöpferische, das weiter wie bislang allein von der egozentrischen Ratio aus gehandhabt wird, muss scheitern – weil normalerweise der menschliche Ego-Verstand durch seine Ichheit (auch organisch durch die beiden Hirnhälften) getrennt ist vom Göttlichen und von den Herzenskräften-in-dir.

Aber die Meta-Energien, die neuen Schwingungen und das zunehmende Licht, werden dieses extrem Niedrigschwingende immer öfter blockieren und dabei immer mutigere Entscheidungen des FREIEN WILLENs von inkarnierten *Lichtdienern* ermöglichen – zum Beispiel die des britischen *General Jackson*, der durch seine Verweigerung des NATO-Befehls im Kosovo den damals geplanten Ausbruch des Dritten Weltkrieges verhinderte[31].

Somit bleibt das *Positive Denken* alten Stils eben auch wieder nur ein ‚Spiel‘ auf der dualen Erfahrungsebene, das die geistig erwachenden Seelen dauerhafte *Suchende* bleiben lässt, aber nicht zu einem *Schöpfertum des Findens* mit dauerhafter Veränderung und Verbesserung führt.

Ich nenne es deswegen ‚Spiel‘, weil ich jetzt beim Schreiben einen Sandstrand hier auf La Palma im Auge habe, an dem tagsüber die schönsten Sandburgen – unsere Ratio-Gedankengebäude – gebaut werden. Alle, vor allem die Väter, haben ihre kindliche Freude daran, schöpferisch zu sein und sich aus Sand gebaute Träume zu erfüllen. Erholsam, beglückend und jeder ‚sieht‘ etwas von seinen ‚Bemühungen‘. Doch nachts kommen dann die mächtigen Wellen, sie spülen alles fort, machen den Strand wieder glatt und rein, und am nächsten Morgen liegt er erneut zum Spielen bereit.

Bleibendes und fundiertes Schöpferisches
kann derzeitig nur noch entstehen, wenn es b e w u s s t
mit Herzenskräften und -gefühlen verbunden ist.

Die Meta-Energien der Neuen Zeit mit ihren höherfrequenten Lichtqualitäten lassen etwas anderes von Dauer nicht mehr bestehen.

Vor fast einhundert Jahren hat auch der geniale Denker *Albert Einstein* gefordert: *...eine neue Art zu denken ist notwendig, wenn die Menschheit weiterleben will. Das ist das dringendste Problem unserer Zeit.* Aber auch dieses wohlgemeinte Zitat ist längst überholt, denn ‚unsere‘ Zeit, die von heute, ist dabei, über *Erkenntnis* hin in *Bewusstheit* aufzusteigen und vom *Denken* ins *Fühlen* umzuwechseln – nur das löst wirklich und nachhaltig die Probleme ‚unserer‘ Zeit;

oder symbolisch gesehen: die Waagschale der *Ratio* entlasten und das Gewicht auf die *Emotio* verlagern.

Werde zum Gedanken-Schöpfer

Wie wirst du nun zu einem *bewussten* Gedankenschöpfer? Denn *unbewusste* Gedankenschöpfer sind wir ja sowieso schon, Tag für Tag, wie wir inzwischen wissen. Der Vorgang selbst ist in fünf Schritte geteilt:

Zuerst distanzierst du dich energetisch von dem, womit du nicht mehr verbunden sein willst (du entscheidest mit deinem FREIEN WILLEN);

zweitens konzentrierst du dich auf das, was deine Neue Welt sein soll und legst Prioritäten fest (abermalige klare Entscheidung mit deinem FREIEN WILLEN);

drittens beginnst du, ganz bestimmten Wunschgedanken Form zu geben und mit ,Leben', das heißt mit ,Gefühl', auszustatten und phantasievoll zu visualisieren (dabei musst du mit viel Offenheit und ohne Eigenwillen arbeiten). Es gibt dabei drei Ebenen der Form-gebung oder Manifestierung: die visuelle, stärker wirkt dann das Gesprochene und noch stärker das, was du zu Papier gebracht hast, versendest oder ins Internet stellst. (Vorsicht dabei mit den lichtarmen Energien.)

Viertens gibst du diese Bilder an das L i c h t r e i c h ab und lässt geschehen und lässt-auf-dich-zukommen! (,Dein' Wille geschehe!)

Fünftens bist du plötzlich ein freier Mensch geworden und lebst immer öfter in der Schwingung der Dankbarkeit, der Harmonie, des Zuschauen-könnens, des Geführt-werdens und des B e o b a c h t e n s – und damit bist du in der inneren Ruhe. Ganz wichtig ist diese ,Übung' auch dafür, dass du überhaupt kennenlernst, wie perfekt du dein ganzes Leben lang aus der geistigen Welt, dem Lichtreich, g e f ü h r t wirst.

In der Praxis – das war die Frage von Seite 65 – gibt es mehrere Wege, sich selbst über seinen persönlichen und individuellen Ist-Zustand klar zu werden. Damit meine ich gründliche Selbsterforschung, um sich wirklich darüber k l a r zu werden – und das ist wahrhaftig nicht leicht. Wer zum Beispiel ein Tagebuch führt, ist da schon auf dem richtigen Weg. Du kannst aber auch Zettel anlegen, Briefe an dich selbst schreiben (also ganz ehrliche, die kein anderer zu lesen bekommt – das ist eine wertvolle Übung), vorher kannst du entspannt spazierengehen und mit dir selbst s p r e c h e n oder mit den Bäumen oder mit dem Fluss (hat früher bei mir ausgezeichnet ‚gewirkt‘, jetzt ist es das Meer) oder mit deiner Katze oder mit deinem Kugelschreiber, der dir bei deiner Erkenntnis-Suche hilft. Denn der göttliche Teil von uns Menschen ist mit den göttlichen Teilen der Natur und allem anderen energetisch verbunden – »Alles ist Gott«. Für die Kirchenleute ist es der (Heilige) Geist Gottes, für *Dr. Masaru Emoto* ist es eine *Hyperkommunikation*.

In meinen Gesprächen hörte ich noch folgende Empfehlungen:

- Mache dir *deine* besondere Musik zu diesem In-dich-gehen. Das müssen keine Meditationsklänge sein, denn wenn deine Stimmung Marschmusik liebt oder *Mozart* oder Schmusemelodien, dann hülle dich mit diesen Klängen ein.

- Wer die Heilige Ordnung verehrt, der räumt erst einmal sein Büro oder die Küche auf, um sich in seine beruhigende Schwingung zu versetzen, um dann gründlich sein Leben auf- und auszuräumen und bei seinen Gefühlen, Emotionen, Ängsten, Gedanken, Stimmungen und Reaktionen Ordnung zu schaffen und (wie du gleich sehen wirst) zu er-schaffen.

- Wer gerne Runensteine legt (wie ich) oder I-Ging-Münzen oder Ta-rot- oder Engel-Karten zieht, kann mit solchen und ähnlichen Hilfen den energetischen Hintergrund der momentanen Schwingungen aus innerem Abstand sehen und kritischer ‚betrachten‘.

- Eine Freundin schrieb mir: *Ich habe durch Tagebuchschreiben mich gefunden. Ich schrieb an meinen Geistführer, nenne ihn ... und er ist mein Ratgeber in allen Fragen geworden. Ich schreibe und schrieb und höre die Antwort in mir. Und schreibe sie auf.*

- Und *Hannelore* empfiehlt das, was ich auch zeitweilig praktiziere: *...ich stelle mir ein Bild von mir auf den Tisch. So rede ich mit mir selbst, mache mir Mut oder weise mich selbst zurecht, in meine Schranken. Dadurch finde ich das, was ich erkennen möchte. Selbst beim Autofahren*[32] *habe ich dies eine Zeitlang praktiziert: „Du findest den Weg schon, keine Sorge“ oder „Bleib ruhig, der Stau löst sich gewiss bald auf!“ So spreche ich auch in solchen Situationen mit mir selbst. Also mit dem Gott und der Göttin in mir. Es ist doch ganz einfach! Es geht ja nur darum, auf deine Weise den Kontakt mit dir zu finden.*

Solche Seelenarbeit ist dann einfacher, wenn du dich wirklich dem Geist öffnest – deinem eigenen inneren und unsterblichen Geist. *Erkennen kannst du dich in allem.* Alles ist ein Medium, ein Spiegel – »Alles ist Gott«. Natürlich kommt es darauf an, was du *sehen willst* und was du zulässt, dass du es auch *erkennst* und dann als Erkenntnis annimmst. *Erkenne dich selbst* heißt es in allen Religionen und es gilt genauso, wenn du in unserer Wendezeit ein verantwortungsvoller Gedankenschöpfer werden willst.

Sehen wir uns jetzt die einzelnen Schritte genauer an, wie man so ein Schöpfer werden kann. Den ersten Schritt nenne ich:

Das Freiwerden von äußeren und inneren ‚Belastungen‘. Dies ist ein ganz wichtiger energetischer Reinigungsvorgang in deinem Leben, der als Manifestation (Sichtbarwerden) folgendermaßen abläuft und transformiert (gewandelt) werden kann: *nach-denken*, wovon du frei werden willst; es *formulieren*, also in die Form von Worten kleiden; *aufschreiben*, also in die Materie bringen und *umwandeln* in Energien, die dich für immer verlassen (die du nämlich durch deine Entscheidung losgelassen hast).

Im Praktischen heißt das, auf einem Blatt Papier eine Liste anzulegen mit solchen Begriffen und Worten, mit denen du in Zukunft nichts mehr zu tun haben willst, ich nenne sie die *Alt-Liste*. Dabei können zwar so allgemeine Themen sein wie Krieg, Ärger mit dem Partner, Krankwerden, Arbeitslosigkeit und so weiter, aber dies wird wenig bewirken, weil solche Begriffe zum einen zu allgemein definiert sind und zum anderen sowieso nur in dein Leben kommen würden, um etwas in dir zu bewirken und etwas an deinem Lebensweg zu verändern – und dann wäre es ja nützlich.

Wichtiger sind konkrete personenbezogene und *hindernde Anbindungen* wie zuviel Rauchen, zuviel Fernsehen, zuviel Alkohol, zuviel Kaffee, zuviel Süßes, sinnlose Ehrenämter und andere Ablenkungen, die du zwar liebgewonnen hast, bei denen du aber ‚fühlst‘, dass sie dir schon längst nichts mehr bedeuten.

Noch wichtiger ist es aber, deine *inneren Anbindungen* kennenzulernen. Nur ein Beispiel: Erkenne deine *Standfestigkeit* und wann du immer nachgegeben hast in deinem Leben; wann du dein SELBST, dein inneres Gefühl verleugnet hast, auf dass man dich mag, dass du die Liebe der anderen nicht verlierst und dass du anerkannt bleibst und ähnliche heimliche Ängstlichkeiten mehr. Alle *Süchte* entstehen aus ‚versteckten Ängsten‘ – alle. Auch alle Sehn-Süchte, gleichgültig, wonach man sich sehnt, und die Erfüllung des Ersehnten kann dich dann hinführen zur Quelle deiner Ängste. Die Selbsterforschung solcher tiefstliegender Anbindungen (an was? woran?) ist der schwierigste Teil eines jeden

Selbstfindungs-Prozesses. Mache dir notfalls eine diskrete *Intim-Liste*, auf die deine versteckten, heimlichen Ängste und Geheimnisse kommen: *Angst vor... dem Partner, dem Chef, der Kollegin, der Schwiegermutter* (mein *Schalk* meint: „*...das ist wieder typisch! Es gibt nämlich so liebe Schwiegermütter!*"), *dem Trainer oder der Öffentlichkeit, nachts Autofahren und und und.*

So ist dieses In-sich-hinein-fühlen und die volle Aufmerksamkeit, einmal *auf sich selbst* zu konzentrieren sowieso eine ganz hervorragende Übung. So kannst du am schnellsten die eigenen Qualitäten und Stärken – natürlich auch die kleinen und großen Schwächen – kennenlernen. Entblöße dich auf dieser Liste vor dir selbst – völlig! Es ist eine wunderbare Chance, dich selbst zu finden.

Das *In-sich-hinein-Horchen-und-Fühlen* wirkt immer ‚freimachend‘:
Es wird auch bei den weiteren Schwingungserhöhungen
der Wendezeit eine immer höhere Bedeutung bekommen,
als das *nach außen gerichtete Verstandes-Denken* deiner Ratio.

Herz ist ‚in‘ – Intellekt ist ‚out‘

Ganz wichtig ist es natürlich auch, die negativen ‚Gefühle‘, besser gesagt *Emotionen*, zu erkennen, in die jeder sehr leicht wieder abgleitet und in die du und wir uns hineinzuziehen l a s s e n. Es sind Emotionen, die dich beherrschen wollen, anstatt dass du sie beherrschst. Emotionen als Leidenschaften, die Leiden schaffen. Vornedran zum Beispiel die Ängste (vor allem die tief innen versteckten), aber auch Wut, Jähzorn, Neid, Eifersucht, natürlich auch Selbstmitleid oder Opferspielen und andere unbewusste und bewusste Emotionen – sie alle müssen auf deine persönliche Alt-Liste. Sie werden damit bewusst auf dem Papier *materialisiert*, nachdem du sie bewusst *erkannt* und *formuliert* und mit deinem FREIEN WILLEN bewusst *ad acta* gelegt hast – vorbei, aus, Alte Welt, ausgelebt und über-flüssig geworden, Auslaufmodelle, nur noch behindernd für dein inneres Freisein, dein inneres Gleichgewicht und deinen inneren Frieden.

Von den Emotionen, die teils bewusst, teils unbewusst in dir präsent sind, will ich einmal eine recht alltägliche vorstellen: den *Groll*. Du kannst einer Verkehrsampel oder dem Wetter oder einer Nachricht grollen. Das ist mehr ein Spiel mit dir selbst, wie du solchen kurz aufflammenden Groll über-spielen kannst. Anders ist es bei einem Groll auf Menschen und auf eine bestimmte Person. Manches von dem, was dich grollen lässt, kann ein Missstand sein, der sich ändern lässt, manches aber ist so wie es ist. Um trotzdem frei zu werden, musst du versuchen, bei *dir* zu suchen, ob es eventuell bloß ein Spiegel ist, der *dir* etwas zeigen will, und *dies* muss dann auf die Alt-Liste, um es umzuwandeln, zu transformieren. Und wenn es nur die Erkenntnis wäre, dass du *zu schnell* deine ‚Fassung‘ verlierst.

Ein anderes Beispiel: „*Das Loslassen ist das Fallenlassen der Einstellung, dass alles so sein müsste, wie wir es erwarten, und das Z u l a s s e n dessen, was vom Wesen her zum Licht drängt.*" (*Karlfried Graf Dürckheim*) Gemeint ist hier das Fallenlassen der Einstellung, dass alles nach deinem Willen geschieht. Vielmehr ‚erschaffst‘ du durch das ‚Loslassen‘ dieser Einstellung die Voraussetzung der *Akzeptanz der Führung und des Geführtwerdens* – gleichgültig, wer oder was dich führt: dein Wesen, vor allem dein Allerheiligstes, dein Schutzengel, dein Familienbewusstsein aus dem Jenseits oder die Bewusstseine von *Sathya Sai Baba*, *Maria* oder *Jesus* und unzählig vieler anderer irdischer und überirdischer Geisthelfer (und Krafttiere) mehr.

Danke dem, was ausgedient hat

Dem ganz Gründlichen unter den Lesern empfehle ich: Verabschiede solche ‚überholten Qualitäten‘ deiner Einzigartigkeit bewusst und *dankend*. Sie haben dir ja bestens gedient, so gut sie eben konnten, um dich zu deiner heutigen Qualifikation zu bringen. Aber nach deinen neuesten Erkenntnissen und herzzentrierten Gefühlen, zumal in den sich weiter erhöhenden Geistesschwingungen unserer Wendezeit, haben solche Emotionen schlichtweg ausgedient. Nimm's wörtlich: Sie haben dir gedient, bislang, aber jetzt ist es *aus*. Und wie man nun mal ‚enge Freunde‘ verabschiedet, weil sie irgendwohin auswandern und wir sie nie mehr wiedersehen werden: Vergiss den Ärger, sei ganz lieb zu ihnen, umarme sie noch einmal und segne sie.

Das Segnen kann jeder gestalten, wie er es gewohnt ist oder wie er sich das so für sich denkt. Wer sich ‚gut‘ fühlt dabei oder kirchenverbunden ist, der soll laut aussprechen: *...im Namen des Vaters, des Sohnes und des Heiligen Geistes.* Ich selbst ziehe inzwischen vor: *...im Namen der Großen Mutter und des Großen Vaters*, was in mir jedesmal ein starkes Harmoniegefühl auslöst.

Und anstelle eines Kreuzes malst du dann ein riesiges X über das ganze Blatt deiner Alt-Liste, richtig dick – damit ist alles endgültig energetisch umgewandelt und dem Kosmos ü b e r g e b e n. Dem Kosmos übergeben ist wieder ein völlig individueller Vorgang von jedem Einzelnen. Beispiele (aus meiner Umgebung) sind: dem *Vater unser*, der *Großen Mutter*, der *Maria* oder dem *Heiland* oder dem Erzengel *Michael* oder *Saint Germain*[33] oder *Babaji* oder *Sathya Sai Baba* oder wen du als persönlichen geistigen Meister auserkoren hast. Ihnen kann die Alt-Liste übergeben werden mit dem Wunsche der Umwandlung und der abschließenden gesprochenen Besiegelung „...jetzt!" oder „ICH BIN" (mehr darüber später). Doch meine persönliche E m p f e h l u n g ist das, was ich aus meinem eigenen Findungs-Prozess gelernt habe: Übergib es deinem Allerheiligsten *in dir* – oder noch selbstbewusster klingend: übergib es deiner Einzigartigkeit zur Umwandlung oder Transformation (worüber ich noch später detailliert berichte).

Außerdem empfehle ich, deine Alt-Liste dann nicht wegzuwerfen oder zu verbrennen, wie es mancherorts angeraten wird. Erstens wäre das dann möglicherweise keine Erlösung der darauf formulierten Energien (wir wollen ja nicht vernichten, das ist Alte Zeit), und zweitens hat die Erfahrung gelehrt, dass da im Laufe der Zeit noch so einige Persönlichkeitsqualitäten zutage kommen, die du schnellstens auch auf die Alt-Liste plazierst und ebenfalls verabschiedest.
Sieh bitte das Ganze als d e i n e n B e f r e i u n g s-Prozess an.

Mach dich wirklich damit frei im Sinne von loslassen und a b g e b e n – ohne zu verurteilen. Es gibt organisierte, menschliche Bewusstseinsfelder, die viele unserer Emotionen verurteilen und verdammen und sie als Dämonen oder gar als den Teufel selbst ansehen, der von *außen* auf uns zukommt. Das ist grundfalsch. Gehe davon aus, dass es immer zuerst *deine* eigenen emotionalen und unausgeglichenen und ex-zentrischen Energien sind, die zum Fließen kommen und die dann schnell ihresgleichen von außen anziehen. Je nachdem, um welche Emotionen es sich dabei handelt, können sich natürlich schon recht böse Gesellen aus der Astralebene[34] ankoppeln und deine emotionalen und leidenschaftlichen (Leiden schaffenden) Ergüsse lustvoll genießen – das ist das Dämonische. Aber verdamme auch sie nicht, sondern verabschiede sie liebevoll und schicke sie ins Licht. Entweder nehmen solche Energien es dankbar von dir an (es steckt ja auch in ihnen noch ein Restfünkchen Licht von einstmals) oder sie scheuen Licht weiterhin und verschwinden aus deiner Nähe.
Jesus erklärt uns dazu: *Der Teufel kommt nicht von außen. Der Teufel ist dort, wo ihm der Mensch in seinem begrenzten Denken eine Stätte gibt. Teufel heißt: Begrenzung, Teilung, Spaltung, Zweiheit. Wenn du hörst, ein Mensch sei vom Teufel besessen, dann wisse, er ist von seiner eigenen Unwissenheit besessen. Er ist zerspalten, aufgeteilt. Einem solchen Menschen ist es nicht möglich, einheitlich und ganzheitlich zu denken.*
Ihr müsst euch von all diesen Beschränkungen, die euch nur hindern, losmachen. Je gründlicher ihr das tut, um so eher werdet ihr die wahre Freiheit eures Geistes erlangen (aus »Der Vollendete«).

So kannst du dich auch immer von den unheimlichen Emotionen *deiner heimlichen Ängste* frei halten beziehungsweise sie schnellstens verabschieden (ich weiß, das klingt so leicht und ist so schwierig).

Lächle und verabschiede

Lächle lieber noch mal dabei, wenn du über Vergangenes nachdenkst, auch wenn es damals sehr weh getan hat. Es war weiter nichts als ein Teil des Prozesses dessen, was du heute geworden bist und was du dir, *nun endlich befreit*, für eine neue Zukunft vorstellst, d e i n e Zukunft und was du damit auch für andere ,geworden' bist. Und dann war es doch gut so, all das Zurückliegende und Losgelassene und jetzt Abgegebene, oder?

Es kann sein, dass nun einige meiner lieben Leserinnen und Leser meine Vorgehensweise mit dem Transformieren, Auf- und Erlösen zu locker und zu einfach finden. Befreiung einer ganzen Liste voll innerer Fesseln bedarf doch sicher viel mehr persönlichen Aufwandes. Wenn du aber die obigen Empfehlungen wirklich b e w u s s t durchführst, helfen dir dein Schutzengel oder deine geistigen Helfer mit – und die Meta-Energien des Wassermann-Zeitgeistes mit ihren höheren Geistesschwingungen. Aber frage nicht so viel.

Wenn du trotzdem etwas mehr Handwerkliches als Werkzeug haben willst – auch das gibt es. Das Wassermann-Zeitalter wird oft auch ,Goldenes Zeitalter' genannt – nicht von ungefähr! Goldschimmerndes Licht ist heute schon viel leichter zu visualisieren, und du kannst es dir viel leichter vorstellen. Dieser Farbton ist der höchste, ist der göttliche Ton. Und unsere Neue Zeit erlaubt die vermehrte ,Arbeit' mit ihm. So stelle dir bitte folgendes vor (Übung 1):

Visualisiere und stelle dir *die goldenen Lemniskate*, eine am Boden liegende Acht aus zwei runden Kreisen vor, deren Flächen mit 1 bis 1,5 Metern Durchmesser sind ganz goldfarbig. Setze dich in einen der Kreise, und deine Alt-Liste legst du in den anderen. Und dann stellst du dir in Ruhe und innerer Freude vor, wie diese Liste immer durchscheinender wird und sich allmählich auflöst oder wie sie gen Himmel flattert oder goldene Flammen sie verzehren. Oder irgend etwas ähnliches, das ganz speziell dir dabei in den Sinn kommt – lasse es geschehen. Wichtig ist, dass du das Gefühl hast, dass die ehemaligen Nettigkeiten, die auf der Liste standen, im göttlichen Sinne erlöst sind – und du bist sie los.

Eine befreundete Therapeutin erzählte mir, sie habe in ihrer Praxis oft täglich mit solchen Befreiungsprozessen zu tun. Und sie bindet, meistens zusammen mit den davon ,erlösten' Patienten, jedem der *lichtarmen Elementale* (beschreibe ich auf Seite 264ff) mental, also im Geiste, ein rosa Schleifchen um und verabschiedet sie dann ins Licht mit einem ehrlichen „*Dankeschön*". Und der damit befreite unwissende und ‚lichtarme Freund' ist ebenso erlöst, was er in der zurückliegenden Zeit niemals zugelassen hätte. Aber auch ihn haben die immer höher und schneller schwingenden Frequenzen des Wendezeit-Lichtes – die Meta-Energien – gewendet und gewandelt, und Prozesse, die jahrtausendelang überwiegend exorzistisch ‚bewältigt' werden mussten, entwickeln sich heute so leicht mit Licht und Liebe, Erinnerung und Wissen.

Deine Jetzt- und Heute-Liste

Der zweite Schritt zum bewussten Gedanken-Schöpfer kommt auf ein zweites Blatt, die *Jetzt-und-Heute*-Liste. Hier *form*ulierst du (gibst du Form) und machst wieder auf Papier all die Werte sichtbar (manifestierst), die du wirklich gerne in deinem neuen Leben hättest, die du dir vorstellst und energetisch erschaffen beziehungsweise z u   d i r   h e r z i e h e n willst (nach dem Sog-Prinzip). Denn Gedankenenergien arbeiten stets nach den Prinzipien der Resonanzeffekte und der Affinitäten (Anziehungen) – solche aus dem Mikro- wie aus dem Makrokosmos.

Auch hierbei kannst du trennen zwischen äußeren Wünschen und inneren. Äußere sind zum Beispiel allgemeiner Frieden, eine hübsche Nachbarin, das Bankkonto immer im Haben oder endlich einmal Urlaub auf La Palma (bei Teneriffa), der drittschönsten Insel der Erde (UNESCO-Urteil).

Doch entscheidend sind wieder *deine inneren Werte, Qualitäten und Energien* – und dabei geht es primär um dein Herz und die Herzenskräfte. Außerdem geht es wieder um den inneren Wettstreit von Intellekt kontra Gefühl. Es geht auch um deinen FREIEN WILLEN, denn dieser ist dir von der All-Einheit mitgegeben, um auf der dualen Erfahrungsebene bewusst im edleren und höheren Sinne schöpferisch sein zu können.

Falls du auf deiner Alt-Liste zum Beispiel tatsächlich so eine gewohnheitsmäßige ‚Sucht' wie zuviel Fernsehen oder zuviel Kaffee oder zuviel Rauchen stehen hast, dann kannst du die Gunst-der-Kraft nutzen und das gleiche Thema *ein zweites Mal* formulieren. Auf der *Jetzt-und-Heute*-Liste heißt es dann aber so: Du wünschst dir ...*die Kraft, um...* zuviel Fernsehen oder zuviel Kaffee oder zuviel Rauchen dauerhaft loszuwerden (mein Beispiel ist nur eine ganz leichte Übung).

Unter der Überschrift *Kraft, um...* kann jetzt eine lange Wunschliste folgen: jähzornige Reaktionen zu beherrschen, mein Empfindlichsein zu minimieren, länger geduldig zu sein, überhaupt nachgiebig zu sein oder *die Kraft...*, bestimmten Ängsten zu widerstehen oder sie zu überwinden, eigene Schwächen kritisch anzusehen und so weiter, *die Kraft...*, mehr Sauerstoff zu tanken, sich mehr zu bewegen, langsamer zu kauen, vor allem aber auch *die Kraft...*, um Veränderungen, die durch das Loslassen auf der Alt-Liste auf dich zukommen, anzugehen und durchzuhalten.

Eine andere Listenspalte auf deinem Blatt kann die Überschrift tragen: *Aktivierung von...* zum Beispiel dein Immunsystem, bestimmte Abwehrmechanismen, Schutz-Rituale, Körpertraining, Atemtechniken, Nahrungsumstellungen, tägliche Ruhephasen oder Gebete und vieles andere mehr.

Eine weitere wichtige Spaltenüberschrift könnte sein: *Mut zu...* bestimmten Lebensveränderungen, zu weittragenden Entscheidungen, Berufswechsel, Selbständigkeit, Ablehnungen (als Selbstschutz) und vor allem ganz wichtig: *neinsagen* zu können. Selbstbe-freiung und Loslassen beginnen in den meisten Fällen mit einem einsichtigen, erkenntnisreichen, aber entschiedenen *Nein!*

Oder eine Spalte mit alten Wünschen, die dann die Überschrift trägt: *Erfüllung von...* Ruhe, Freude, Gelassenheit, Klarheit, Geduld, Freiheit.

Das alles sind nur bescheidene Anregungen, die vor allem eines erzielen sollen:

über dich selbst ganz bewusst nachzudenken
(„...was hindert mich, liegt es an mir oder den anderen?")
und danach klare Entscheidungen zu treffen.

Was nützt der schönste FREIE WILLE, den du wie jeder andere Mensch hast, wenn er zur Seite gelegt ist, damit er die alltäglichen Annehmlichkeiten nicht stört oder gar die Illusionen zer-stört, die jeder irgendwo pflegt, weil er zu bestimmten Themen einfach die Augen verschließt. *„Ihr habt euch so daran gewöhnt, diese Welt der Täuschung für wahr zu halten, dass ihr Gottes unbegrenzte, wundersame Schöpfung in den engen Käfig eurer Gedanken sperrt"*, spricht *Jesus* in dem Buch »Der Vollendete«.

Und mein überschlauer *Schalk* bemerkt dazu: *...natürlich ist es bequemer, wenn du morgens deinen Arbeitsplatz betrittst und deinen FREIEN WILLEN an die Garderobe hängst. Ätsch...!*

Diese beiden Listen, die ich dir hier skizziert habe, stellen eigentlich in der Vorgehensweise *klassisches Positives Denken* dar, sind aber mit meinen praktischen Erfahrungen modifiziert worden. Auch habe ich das System ‚erleichtert', denn die Meta-Energien der Wende-Zeit machen das möglich. Dabei sind aber dein klares Bewusstsein und deine *Selbstkritik* um so mehr gefordert – und langes, gründliches Nachdenken über jeden einzelnen Punkt. Sich selbst genau zu *beob-achten*, dabei auch auf seine täglichen Gedanken und Worte bewusst zu *achten*, ist ungemein heil-sam, wenn nicht gar manchmal erschreckend oder beschämend. Überhaupt sollte *Achtsam*-werden auf der Liste stehen – auf meiner stand das Wort in Großbuchstaben.

Ich kann ja jetzt verraten: Das wirklich W i c h t i g e bei all diesen Übungen ist das *selbstkritische Nachdenken* über *deine* Situationen, ist *dein* Analysieren, *dein* Erkennen, *dein* Bekennen (dir selbst gegenüber) und schließlich *dein* klares Entscheiden.

Denn dieser Weg ist der Start zu grundsätzlich allen Veränderungen in *deinem* Erdenleben.

Belebe, was du leben möchtest

Der dritte Schritt zum irdischen Schöpfertum heißt nun *vitalisieren* oder beleben, *visualisieren* oder sichtbarmachen, *imaginieren* oder sich vorstellen und *potenzieren*, einfach Kraft verleihen. Ich meine ganz besonders: *die Kraft deiner herzzentrierten Gefühle*. Die zukünftige Erfüllung der Wünsche hängt eben nicht von der *verstandesmäßigen*, sondern von der *seelischen* Kraft ab, wenn die *Resonanz stimmt* und *rein* ist. Die extrem vereinfachte Formel heißt dabei:
Jeder Gedanke mit Gefühl vergegenständlicht sich:
Du denkst – und du *wirst*,
du fühlst – und du *erfährst*,
du willst – und du *hast*.

In dem Telefax, das ich heute morgen von *Hannelore* aus Thüringen bekam, steht folgender hierzu passender Satz (und ich bewundere wieder die Synchronizität, mit der die geistige Welt mit uns zusammenarbeitet): *...Hannes, du weißt, in aller Bescheidenheit, du und ich zusammen haben eine so hohe Schwingung, dass ich es nicht zu erklären vermag. Welche Macht wird uns damit gegeben? Soeben habe ich gehört, Stimmen gehört, die mir erzählten: Du brauchst nur zu denken, schon geschieht es. Und da ich mit K... in einer sehr liebevollen Resonanz bin, habe ich gedacht, bei ihr Mitte August Beratungen zu machen. Da klingelt das Telefon und K... war dran, die fragte, ob ich am 16./17. August Zeit hätte!...*

Ich belasse mit diesem einfachen Beispiel das Thema ‚geistige resonante Kräfte‘, weil es für anfängliche Übungen zu ‚gefährlich‘ ist. Auch mein hierbei neidisch gewordener *Schalk* stellt etwas hämisch fest: *...ah, wirklich göttlich... von der Kreatur zum Kreator!*

Jetzt kommen aber schon wieder Entscheidungen auf dich zu, nämlich die *Prioritäten*-Liste mit den dir wichtigen Schwerpunkten. Womit fängst du zuerst an? Triff bitte klare Entscheidungen! Es sollten zuerst Schöpferwünsche sein, die nicht zu schwer zu realisieren sind und die du auch wirklich durchhalten kannst (wenn ich von mir ausgehe, wusste ich auf Anhieb, was das Wichtigste ist). Also Übung macht auch hier den Meister. Höre gut in dich hinein.

Es gibt für diese Übungen auch zeitliche Grundsätze, wobei die Autoren uneinheitlich sind – ich empfehle bei leichteren ‚Schöpfungen' täglich eine, bei schwierigen den Drei-Tage-Rhythmus: Punkt für Punkt von der Prioritätenliste. Aber lass dich dabei auch führen: Es kann sein, dass durch irgend einen Umstand ein gestern noch nebensächlicher Punkt heute Bedeutung bekommen hat. Empfehlenswert ist dabei für den, der voll im Alltag steht: alles gleich zu Anfang in den Kalender einzutragen (*Jetzt-und-Heute-Liste!*) und sich genügend Zeit zu nehmen für die nächste Gedankenschöpfung. Wenn das dein Termindruck nicht zulässt, sollte aber unbedingt ein Wochenrhythmus zugrunde gelegt werden. Sonst schläft alles wieder ein.

Noch eine Variante empfehle ich bewusst zu *beobachten*: Einerseits muss das Schöpfersein ein ernsthafter und sehr ehrlicher Prozess mit dir selbst sein, andererseits ist das Ganze ein energetisches ‚Spiel der Götter', die dabei ganz sicher ein Lächeln im Gesicht tragen würden. *„Stünde das nicht auch dir ganz gut?"* Und wenn dir als ‚spielender Gott' ein Lächeln zu wenig ist, dann kreiere selbstsicher deine eigene Hoch-stimmung – in der vollen Bandbreite zwischen heiterer Gelassenheit, freudiger Disziplin und brennender Begeisterung. Deine Schöpfungen sollen ja überzeugen. (*...und dann im Leben auch etwas aushalten!*, meint mein *Schalk*.)

Nun musst du also deinen ersten ‚Wunsch' in Gedanken *ins Leben rufen* und mit Leben ausfüllen, vitalisieren (lat. *vita* das Leben). Und damit bringst du die entscheidende schöpferische Energie mit in das Schöpferspiel: *Es muss ein Spiel der Gedanken u n d des Fühlens sein.* Du kannst dir ein kleines Drehbuch dazu schreiben oder etwas skizzieren oder irgend etwas Ausgefallenes damit machen, was die Energie des *Fühlens* und des *Gefühls* in deine Gedankenbilder bringt. Aber auch deine Leidenschaft muss in ihm Ausdruck finden, das Gedachte glühend herbeiwünschen, deine Willenskraft hineingießen – nach dem Grundsatz: Die Phantasie des Erfolgreichen nimmt das Ziel schon im Voraus in Besitz. Das ist der wirkliche schöpferische Faktor in diesem Prozess. *Deine Gedankenenergien müssen bewusst Form annehmen.*

Meine persönliche Spezialität ist das Aufzeichnen – das lockert, ist lustig und unheimlich kreativ. Es zwingt, auf Details zu achten und liebevoll auszumalen, es auch sich selbst auszumalen. *Hannelore* trommelt oder singt dabei lieber ihre einfachen heil-schamanischen Melodien, andere meditieren oder gehen in eine Kirche oder in einen Wald mit hohen Bäumen, sitzen am weiten Meer oder einer Bergkuppe mit Weitblick. Sehr empfehlenswert ist es, an einem Fluss zu sitzen, vielleicht sogar mit einem Wehr – wegen der sich dort bildenden Negativ-Ionen. Aber alles Grübeln geschieht stets in der S t i l l e, bevor es zu Papier gebracht wird.

Lasse dein Fühlen, dein Grübeln, dein Suchen-in-dir aber *ausschließlich* von der Schwingung der Liebe, des Verstehens, der Harmonie, der Freude, der Friedfertigkeit und dem Eins-sein-mit-allem begleiten – »Alles ist Gott«. Bemühe dich, und lasse dich nicht *ablenken* von zweifelnden Gedanken. Wenn diese zu heftig sind, dann schreibe sie auch auf einem getrennten Zettel auf. Zweifel sind eine Gedanken-Plage, und wenn du sie auf Papier ,realisierst', verziehen sich einige sofort aus deinem Kopf, und andere wirst du dabei sicher leicht als ,überholt' identifizieren.

Frage dich zuletzt noch einmal, ob dein Schöpfergedanke im *Ein-klang schwingt* mit deinem Gut-Gefühl, deinem tiefen Sehnen und ob du *verbunden* bist mit deinem Umfeld und der Natur und der *Großen Mutter Erde* und mit der gesamten Schöpfung. Uns alle verbindet doch derselbe göttliche Ursprung. Das Erkennen dieser ,göttlichen' Verbundenheit und irdischen Verbundenseins führt zu einem herzlichen Gefühl der Einheit und lässt alle Trennung und alle Gegensätze überwinden. So wird jeder fähig, in den Augen der Mitmenschen das Licht der *Großen Mutter* oder des *Großen Vaters* zu erkennen und zu ehren und gibt damit seinen eigenen Lebensvorstellungen das nötige spirituelle oder neue Niveau.

Je nach Thematik kommt es aber auch auf eine gewisse Großzügigkeit und Offenheit an, damit das Ergebnis nicht am Ende zu bescheiden, zu kleingeistig, zu vordergründig ausfällt. Denn das Lichtreich ist nicht gewohnt nachzubessern, nur weil du später vom Ergebnis enttäuscht bist und erkennst, dass du ,zu eingeschränkt' gedacht und ,zu kurz' gegriffen hast. Natürlich wird dir auch dann wieder weitergeholfen, aber es wird wohl nicht ganz ohne schmerzliches Erkennen und Lernen abgehen.

Versuche auch, *langfristig* und *über-geordnet* zu denken, zu planen und aufzuschreiben. Stelle dir folgende geistige Problematik vor: Eine Mutter und ihr Sohn, der im Alter ist, endlich aus dem Haus zu gehen, knien in der gleichen Kirche, um zu beten. Die Mutter fleht, dass der Junge bei ihr bleibt und dieser wiederum um Mut und Führung, dass er endlich einen Job in der Stadt annehmen kann. Wie kann da der Schutzengel der Mutter helfen und wie der des Jungen? Beide sind verbunden mit den Seelen ihrer ‚Betreuten' und wissen sehr wohl, dass hier einerseits Freude nur mit Leid auf der anderen Seite einen Fortschritt bringt.

Drücke dich bei all dem, was dir wichtig ist, immer *klar* und *deutlich* und *eindeutig* aus. So wurde uns aus dem Lichtreich erklärt, dass ja alle jenseitigen Familienseelen in ihrer ‚himmlischen' Schwingung alles Körperliche von einst zurückgelassen haben und jetzt befreit und paradiesisch und zeitlos sind. Sie erinnern sich kaum mehr an überwundene Ängste, Schmerz und Leid, Enttäuschung oder Not und ähnliches aus der ehemaligen dualen Welt. Sie wollen uns aber unermüdlich helfen, *glücklich zu sein und Freude zu erleben.* Um das zu erleichtern und richtig verstanden zu werden, sollten wir uns klar ausdrücken: über deine Angst vor der Prüfung, über deinen Wunschpreis bei einem Kauf, den Mindestbetrag bei einem Verkauf, die Umarmung eines ‚Gegners', den Frieden am Arbeitsplatz, die ungestörte Nachtruhe und ähnliches mehr. Gewöhne es dir an, all das erst einmal schriftlich ‚fest-zu-halten', bis es so klar definiert ist, dass du es abgeben kannst – zur Erfüllung, Realisierung, zur Manifestierung.

„*WIR ALLE SIND! Und so tun wir unser Werk – in Stille, im Erdenleben mit Lachen, Frohgemut und Bewältigung aller Komplikationen. Wir brauchen nur genau zu definieren, was wir möchten, was wir mit unserer Absicht bewirken wollen, wie wir der Großen Absicht dienen wollen – und es wird geschehen. Allein die Absicht bestimmt den Weg! Auch diese Info neulich habe ich richtig gehört: Definiere genau, bis ins Detail und es wird in Gang gesetzt. Also male ein fertiges Bild von dem, was Du mir alles erzählt hast...*" *(Hannelore)*

Es muss dabei ein liebender, herzlicher, freudiger Kontakt mit deiner geistigen Verbindung sein, auch wenn dich deine Nöte plagen. Flehe nicht darum, dass dir die Mühe oder das Leid erspart wird, das gehört zu deiner Seelenentwicklung – das kann dir niemand abnehmen, das kannst nur du selbst minimieren. Aber feiere schon vorab den Sieg, die Belohnung, das Ergebnis, das du haben möchtest. Visualisiere die Sektflasche, die du öffnest, das herzliche Händeschütteln mit Freunden, die befreiende Umarmung am Tag danach..., den Kuss des Dankes von einem geliebten Mitmenschen. Das alles sind dann ‚stimmige' Resonanzen für deine Helfer im Lichtreich. Also: Drücke dich bei deinem ‚Beleben' so klar wie möglich aus, greife dabei nicht zu kurz, tue es immer reinen Herzens und feiere das gewünschte Ergebnis schon im Voraus.

Staune über dich selbst

Ein Leser beschrieb mir seinen Versuch „...*ich will ein Friedensstifter werden*" und schildert sehr einfach ein recht schwierig erscheinendes Thema:

Ich habe mir dafür meinen Arbeitsplatz ausgesucht, von dem ich oft, durch banale Zwiste der Kollegen frustriert, selbst belastet nach Hause fahre. Ich habe mir folgende Szene gedanklich ausgearbeitet und schmunzelnd vorprogrammiert: Ich ziehe wie Harry Potter einen Zauberstab aus meinem Jackett und tippe damit die beiden Streithammel, manchmal sind es auch bloß zwei, die sich ihren Missmut demonstrativ vorführen, von meinem Platz aus an. ...Bimm! ...Bimm! Ich „sehe" dann einfach kleine Sternchen flimmern, die die Zauberenergie spielen und Liebe und Frieden in die Herzen bringen. Mir tun die Kollegen ja leid. Ich muss es jetzt schon viel seltener machen, obwohl es manchmal richtig Spaß macht. Ich als Harry Potter, manchmal auch als Miraculix. Und das schönste ist, jetzt fühle ich mich richtig wohl auf der Nachhausefahrt.

Vielen Dank, lieber *Thomas*. Du hast dir ein exzellentes Thema ausgesucht und es ebenso durchgeführt, *Señor Mágico*. Gestatte, dass ich dabei noch etwas in die Tiefe gehe, um dir und mir den klaren Bewusstseinszustand, den du hast, anzuleuchten. Zuerst erkennst du sicher, dass du als gedanklicher Schöpfer in großer Liebe handelst. Du denkst gar nicht zuerst, dass *du selbst* Frieden findest durch Friedensstiftung, sondern dass die Kollegen zu Harmonie und Frieden kommen. Du willst helfen, du bist ein *Lichtdiener*, der sich nicht versteckt oder sein Licht unter den Scheffel stellt, sondern der den Auftrag des *Heilands* annimmt, der damit der ganzen Welt sein Heil bringen will: ...*lasse dein Licht leuchten*.

Die zweite Erkenntnis aus deiner Beschreibung lässt deine Seelenreife erkennen, wie du mit *deinen Emotionen* umgehen kannst. Du würdest ja nicht Frieden stiften wollen, wenn du dich nicht über den Unfrieden *ärgern* würdest – und das ist eine typische Emotion. *Gefühle* sind die Energien, die aus unserem Herzen kommen und unabhängig sind von äußeren Ereignissen. *Emotionen* sind die Energien, die dem Kopf entstammen, zum Beispiel, dass du damit ein äußeres Geschehen in gut oder schlecht unterteilst und dabei urteilst.

Die asiatischen Religionsphilosophien (Buddhismus, Konfuzianismus, Shintuismus, Taoismus u.a.) sehen die Meisterschaft des Menschen darin, dass er mit seinen Emotionen umgehen kann, dass *er sie* und nicht *sie ihn* beherrschen. Die Kunst besteht darin, Emotionen stets ,an langer Leine zu führen', das heißt, nicht zu verdammen oder zu verdrängen, sondern mit ihnen bewusst(er)leben.

Das ist dann ein meisterliches oder gemeistertes und erfülltes Erdenleben. Daher hat das Universalgenie *Leonardo da Vinci* damals auch schon erkannt: *...man kann weder größere noch kleinere Herrschaft besitzen als die über sich selbst.*

Der indische Avatar *Meher Baba* dehnt dies in »Das Buch des Herzens«[35] auch auf das Außen aus: *Die Welt ist Sklave von Bedürfnissen. Die Bedürfnisse aber müssen d e i n e Sklaven werden. Das heißt, du musst lernen, moderne Erleichterungen zu nutzen, ohne dich von ihnen ausnutzen zu lassen.*

Und genau das experimentierst du mit deinen Kollegen. Du trittst ihnen nicht zu nahe, du hältst einen gesunden Abstand, hältst dich heraus und lässt doch deine friedensstiftenden Energien und ‚Wünsche' fließen. Für Gedankenenergien gibt es keine Abstände oder Distanzen, sie sind schneller als die Lichtgeschwindigkeit, und sie kennen keine Barrieren – das haben die NASA-Versuche zwischen Erde und Mond bestätigt. Dieser gesunde Abstand-zu-den-Dingen lässt dich eigentlich zum *Beobachter* werden, der ohne Reaktionen auf Emotionen, aber mit Mitgefühl, die Szene wohlwollend betrachten kann und dabei Harmonie und Gleichklang s ä t.

Die dritte Erkenntnis aus deinem Schreiben ist für mich die *Ernte*, die du dabei einfährst, wenn du abends heimfährst: *deine Befriedigung* ob des Erfolges, also ein Erfolgserlebnis, das dich friedvoll stimmt, das sich in dir *GUT* an-fühlt. Ein Experiment, mein Lieber, das dich zu einem großen Schöpfer macht, denn nur die ganz Großen stehen im Hintergrund, liebevoll, wissend lächelnd und sind einfach da – und bitte, was auch dein Weitermachen betrifft: ...sie sind geduldig! *„Sei gesegnet und gib den Segen weiter!"*

Lerne beim Tun

Das ist ein eindrucksvolles Beispiel, wie die ‚Belebung' deiner Gedankenschöpfungen zu realisieren ist – entweder rein visuell mit viel, sehr viel Fühlen oder gleich als Experiment nach der Formel der Mutigen: *...learning by doing* oder *lernen beim Tun.*
Mutig deshalb, weil so vieles im Leben nur dadurch nicht geschieht, weil man sich bequemer an den Ausreden festhalten kann:
...das habe ich doch nie gelernt, ...woher soll ich das können, *...da mache ich mich nur lächerlich* und so weiter.

Die beschriebene Magier-Rolle muss aber äußerst verantwortungsbewusst gehandhabt werden. Dabei darf man weder das Herz eines Mitmenschen verletzen, noch sich Einmischen in seinen Lebensprozess – oder du fragst ihn vorher, ob er es will. Im Falle der Friedensstiftung am Arbeitsplatz soll *energetisch* Harmonie und Friedfertigkeit erzeugt werden, die allen Herzen zugute kommt. Dieser Gedankenschöpfer mischt sich also n u r in die Schwingung, die Atmosphäre, in die Energiefrequenzen ein – und zwar neutral und unpersönlich. Sowie aber *Einmischungen in die Menschen selbst* entstehen, die womöglich sogar dem persönlichen Vorteil des Gedankenschöpfers gereichen sollen, werden sie zu Macht-Spielen, und der Zauberlehrling muss dann demnächst *ernten*, was er unbedacht oder unachtsam oder übermütig oder gar egoistisch *ausgesät* hat.

Mein Kobold *Schalk* hat hierfür einen einprägsamen Tip: *...versuche nie, einen anderen Menschen so zu machen, wie du bist, denn Gott weiß es und du weißt es auch: Einer von deiner Sorte ist genug.*

Frage: *Du empfiehlst, mutig zu sein, warnst aber vor Übermut. Wo liegt da die Grenze?*

Mut ist auch eine feinstoffliche Energie. Gibst du Mut in etwas hinein, wirst du den Unterschied merken, denn es hilft dir, dabei freier und unbegrenzt zu agieren. Mut ist grundsätzlich das Gegenteil von Angst, Zweifel und Misstrauen, und du kannst dir doch ganz klar vorstellen, welche ‚Qualitätsverbesserung‘ in so einem Falle deine Schöpfergedanken haben. Im Sinne von *Mikrokosmos gleich Makrokosmos* steht aber hinter *deinem bewussten Mut* noch ein gewaltiges Potential an Verantwortung für das »Alles ist Gott« und die Verbundenheit-mit-allem. „*Ein Engagement für die göttliche Ordnung ist meines Erachtens der Grundstein, die fundamentale Herzqualität, die alles weitere ermöglicht. Es ist unsere Verbindung mit dem Plan, ist der Kanal, durch den alles strömt. Es scheint so zu sein, dass Mut in diesem Fall die Energie ist, die durch diese Verbindung fließt. Erst durch sie kann eine klarere und unbegrenzte Perspektive entstehen.*“ (*Vyvamus*[36])

Also kannst du auch sagen: Mut befreit. Nur durch Mut kannst du heute noch d e i n Leben zu *deinem* machen, kannst *deine* Ordnung wieder hineinbringen und kannst *dich selbst* darin wiederfinden.

Babaji[37] lehrt: *Sei mutig. Schöpfe Mut – immer und immer wieder. Stütze dich nicht auf die Krücken anderer. Denke mit deinem eigenen Kopf. Sei du selbst.*

Die Gefahr des Übermutes entsteht wohl dann erst, wenn zu sehr dein ego-orientierter Intellekt und deine Emotionen bei deinen Gedankenschöpfungen mitschwingen, denn beide sind von deiner ‚Ichheit‘ gesteuert. Nur dein ‚Ich‘ kann über-mütig sein, dein Herz niemals – das braucht meistens sehr, sehr viel

Mut für sein Fühlen, für seine wohlgemeinte Liebe und für seine gelebte Friedfertigkeit.

Das befreiende „...ich lasse geschehen!"

Jetzt kommt die vierte Stufe deiner Gedankenschöpfungen: das Abgeben
und Loslassen und Geschehenlassen – *„D e i n   Wille geschehe!"*. Die beschriebenen (ersten drei) Stufen sollten im Bereich von *...mein Wille geschehe* liegen,
sofern es sich immer um Veränderungen *bei dir selbst* handelt (und du dabei
niemand anderem deinen Willen aufdrückst). Mit deinen beiden Listen hast du
dich nämlich *willentlich* gegen etwas und für etwas entschieden und verstärkst es
zuletzt noch in seiner Wirkungsweise.

Doch nun kommt das befreiende *Geschehen-Lassen*. Durch diese Freigabe in
eine andere Dimension und eine andere Wirklichkeit gibst du deinen Gedankenenergien die Möglichkeit, *Formen* zu bekommen oder anzunehmen. Denk nicht
darüber nach, wie das geschieht, sondern lasse geschehen – überzeugte Kirchen-
anhänger nennen das *Gottvertrauen*. Und das muss unerschütterlich sein, ob mit
oder ohne Kirche. Du bist damit an dem kritischen Punkt dieses ganzen Prozesses angekommen: Hast du Vertrauen in deine ‚Arbeit' oder lässt du dir durch
deine Zweifel deine ganze Courage wieder nehmen? Denn *Zweifel* sind tödliches
Gift für deine Gedankenschöpfungen – dem *Vertrauen* steht immer das *Misstrauen* als Herausforderung gegenüber.

Daher kannst du mit meiner Empfehlung leichter zum Ziel kommen, indem
deine konkreten Gedankenschöpfungen nur e i n m a l intensiv belebt und
dann abgegeben werden, und den Rest des Geschehens wartest du *in Vertrauen*
ab. Alle anderen Systeme, welche die Wünsche immer wieder aktivieren und
wiederholen, betonen geradezu die Zweifel: *„...ich muss ja immerzu daran denken, dass es etwas wird!"* Unterscheide dabei aber von ‚inneren' Veränderungen,
die du in/an dir selbst erzielen willst mittels Affirmationen. Diese erhalten ihre
Kraft durch Wiederholungen, und darüber schreibe ich noch ausführlich.

Grundsätzlich ist *jede Form von Zweifel und Misstrauen* immer die erste Attacke, die das *Lichtarme* gegen uns *Kinder des Lichts* – meist sehr, sehr erfolgreich – reitet. Damit kannst du eine große Liebe und ihre Treue, deinen Gesun-
dungsprozess, auch jeden anderen Prozess, deine Gehaltserhöhungswünsche,
pünktliche Termine, die Parkplatzsuche und tausend andere Ziele im Alltag ver-
unsichern. Dieses Virus *Zweifeln* ist ein Spiel zwischen deiner eigenen Sicherheit
und Unsicherheit, deiner Stärke und den Versagensängsten, zwischen Bekennen
und Scham, aber auch zwischen freudigem Erwarten und beklemmendem Hab-
ich-das-überhaupt-verdient? *Ekelhaftes Zweifeln!*

Unabhängig von den hier dargestellten Gedankenschöpfungen,
**ist das *Geschehenlassen* überhaupt eine der wichtigsten
und erfolgreichsten Übungen zum Wechseln in dein neues Leben.**

Und nach einer gewissen Zeit ist es sogar eine schöne, erwartungsvolle und beglückende Übung. Ich kann davon ein Lied singen, weil es zu meinen wichtigsten Exerzitien zählte, um aus meinem zurückliegenden und gezwungenermaßen coolen Managerdenken in die Welt des Fühlens und der eigenen Herzenskräfte überzuwechseln – nämlich anstelle des ,*Zwanges des Planens*' lieber die ,*Gunst des Zulassens*' zu erleben.

Noch passt es überhaupt nicht in die Erziehung, das Denken und den Zeitgeist der Gegenwart, dass es neben dem Göttlichen-in-uns, der unsterblichen Seele des Menschen, noch weitere *Wesenheiten* und Energien gibt, *die nichts anderes im ,Sinn' haben, als dir zu helfen und dir zu dienen.* Das ,neben dir' meine ich auch räumlich, weil die wenigsten ,himmlischen' Mitwirkenden oben im Himmel sind, sondern viel öfter neben oder in dir sind. So wie zum Beispiel *das Göttliche-in-dir.* Aus dieser Sicht, meine liebe Leserin, mein lieber Leser, fällt das Geschehenlassen sehr viel leichter.
**Nimm es bitte als eine absolute Wahrheit an,
dass du n i e alleine bist.**

Das angebliche Allein- und Getrenntsein sind ich-süchtige Erfindungen eines ängste-versteckenden Egos, das daher in deinem Leben ganz alleine den Chef spielen möchte. Aus diesem Blickwinkel kannst du auch die Übung sehen, mit der ich mich transformiert und umgewandelt habe vom erwähnten *Planen* meines egoorientierten Verstandes hin zum freimachenden *Gottvertrauen.* Was früher ein langer und schmerzhafter Prozess *gegen* das eigene dominante ,Ich' war (es gibt eine Flut von Büchern über das menschliche Ego), geht heute in den höheren Lichtschwingungen viel, viel leichter und am Ego vorbei: *ein klares Loslassen – i c h w i l l – und dann alles weitere geschehen lassen.*
Einen Tip gibt es von *Karl Grunick*, dem KI-Trainer[38] und Energiemeister, der nur milde lächelt, wenn er vom „*Ich-will*" etwas hört: „*...seinen Willen durchzusetzen, strengt an (es sind ja meist bloß Verstandeskräfte).*" Energetisch ist es dahingegen viel leichter, wenn du lediglich einen Gefühls-*Impuls* setzt und dich dann zurücknimmst und loslässt – das muss natürlich in Klarheit und Bewusstheit geschehen. Statt des ,kopfigen' Ego-wollens nimm als Impuls das, was du fühlst – *nämlich dein inneres Geführtwerden* –, und lebe es mutig und bewusst und eindeutig und individuell und somit authentisch.

Lasse es auf dich zukommen

Um bei mir selbst die alten Muster aus meinen Gedanken, Erinnerungen und Routinen mehr und mehr zu entfernen, habe ich zehn Zettel mit dem Befehl *„ich lasse geschehen"* in meiner Wohnung verteilt, einen davon auch im Auto. Sie klebten ein gutes Vierteljahr im Schlafzimmer, am Spiegel im Bad und an anderen, mir stets ins Auge fallenden Stellen der Wohnung. Sie waren mir also bewusst wie unbewusst immer präsent, und die diesbezüglichen Gespräche mit fragenden Besuchern haben den Prozess noch zusätzlich vertieft.

Du kannst die Affirmation gleichzeitig aufpropfen mit einer Einladung:

Ich lasse geschehen
und erlaube der *Großen Mutter* und dem *Großen Vater* in mir,
ihren göttlichen Willen zu manifestieren.

Unsere Zeit leidet eindeutig unter einer Hyper-Aktivität, gleichgültig, wo man hinschaut. Sie ist hauptsächlich maskulin verursacht, aber immer mehr Frauen glauben, das mitmachen oder noch übertrumpfen zu müssen. Diese Energien sind sehr stark geworden, geradezu gewaltig. Du als *Lichtarbeiter* kannst dies aber *indirekt* für dich nutzen. Wenn du dir nämlich diese allgemeine Hyperaktivität als eine der Waagschalen einer klassischen Waage vorstellst, kannst du die energetisch gleich schwere andere Seite der Waage in d i r aufnehmen als *bewusstes Passivsein und energetisches Geschehenlassen*. Du erzeugst dabei Gleichgewicht. Das ist kein lethargisches Passivsein, sondern ist freudvoll und erwartungsvoll.

Die bekannte Formel heißt ja: *...wo viel Licht ist, ist auch viel Schatten.* Dreh es einfach um:

Wo *viel äußere Lichtarmut* vorkommt,
gibt es aus Gründen des Gleichgewichts die *entsprechende innere Lichtfülle.*
Das steht uns allen zur Verfügung und ist immerzu vorhanden –
es heißt nur: mutig und wissend annehmen und fließen lassen.

Also: *sich öffnen, geschehen lassen und annehmen.* Es ist automatisch reichlich vorhanden durch die Gleichgewichtigkeit, und je mehr die anderen im Außen umtreiben (und immer noch mehr Gewicht auf ihre Waagschale draufpacken), um so leichter kannst du in deiner Stille, Ruhe und Friedlichkeit auftanken. Verstärke deine Gewichtigkeit noch durch deine Befehle: *...ich nehme es an – jetzt!* oder *...ICH BIN der glückliche Empfänger von..., ...ich danke für diese unerwartete Hilfe von außen* (genaues dazu später). Wenn du diese Überlegung in deinen Alltag aufnimmst, kannst du bald an den hektischsten Plätzen kurzfristig in deine Stille gehen – du musst nur ‚Gewicht drauflegen', eben dieses Wissen auf deine Waagschale.

Außerdem kann dieses Erkennen ein Stop in deinem bisherigen Leben sein und in dir ein *neues bewusstes Sein* zulassen. Dieses hektische Rumgerenne-im-Äußeren der ahnungslosen Mitmenschen gibt dir eben automatisch, kostenlos und umweltfreundlich Energie und Kraft ab für *deinen* Stop, für *deinen* Weg-in-die-eigene-Stille, *dein* ‚verstandes'-mäßiges Loslassen, *dein* schöpferisches Geschehenlassen und *dein* Abgeben an das Lichtreich.

So wie deine Waagschale immer leichter wird, wirst du frei und kannst dich viel leichter *herausnehmen* aus deiner Alten Welt. Außerdem kannst du dich so viel leichter in die Schwingungen der Neuen Zeit *einklinken*: indem du nämlich *nur* noch Geschehen, Ideen, Personen und Ge-Formtes annimmst, das *auf dich* zukommt – kurz: *einfach alles auf sich zukommen lassen.* Dies bewusst zu empfinden, ist nicht nur ein Gefühl, bei dem du begeistert gestehst „*...einfach göttlich!*", sondern es wird dadurch zu einem göttlichen Geschehen, zu einem göttlichen Geschenk – es wird aber auch zu *deinem* Gottes-Dienst. *Danke, alles ist Gott!*

Woher kommen deine Gedanken?

Frage: *Ich habe auch schon Positives Denken praktiziert und festgestellt, dass manches Gewünschte tatsächlich eingetreten ist, manches aber bis heute nicht. Woran liegt das?*

Ja, das wird dir bei meinem System genauso gehen. Der Grund ist folgender: Dir kommen Gedanken – ‚kommen' im wörtlichen Sinne –, weil sie reif sind in dir und weil sie längst an die Oberfläche deines Bewusstseins drängen. Nehmen wir an, sie kommen aus deinem Allerheiligsten, dann haben sie die große Chance, sich leicht und relativ schnell zu verwirklichen – oft am gleichen Tag. Kommen aber die Gedanken aus deinem Kopf oder Egobereich – was deinem Seelenbereich alles andere als recht ist –, dann gehört viel mehr Kraft und Durchhaltevermögen dazu, dass sie sich teilweise oder ganz verwirklichen. Mir erklärte dazu ein hellsichtiger Geistheiler: *...bei solchen Gedanken hören die Oma im Himmel und der Schutzengel neben ihm einfach weg, soll er sich dabei ruhig abstrampeln.* Und mein *Schalk* kichert ob der vielen gedanken-losen (?) Redewendungen wie: „*...ich lach mich tot!*", „*...Hals- und Beinbruch!*", „*...ich werd verrückt!*" oder auch „*...zur Hölle nochmal!*"

Kennst du nicht auch das beruhigende und dankbare Gefühl, dass sich mancher Gedanke und manche Idee *nicht* verwirklicht hat? Dass es eine Kraft gab, die es so lange verzögert hat, bis einem plötzlich die Schuppen von den Augen fielen? Oder dass etwas überhaupt nicht zustande kam, immer blockiert war? Ist es nicht wohl eingerichtet, dass es so eine innere Führung gibt? Einer der Gründe, warum mich seit elf Jahren ein anhänglicher Tinnitus durch mein Leben begleitet, war das Nicht-hin-hören-wollen, wenn mich meine ‚Führung' gewarnt hat – ganz zart, tief im Inneren, aber doch verständlich. Was aber mein selbstbewusstes Ego mit seinem Ehrgeiz dann schließlich doch durchgesetzt hatte (*...ich will!*), musste mir später wieder genommen werden. (Unangenehm, was mir mein *Schalk* jetzt wieder ins Ohr kichert: *...wer nicht hören will, muss fühlen!*)

Frage: *Ist dieser Befehl „ich will" immer eine Verstandessache und keine des Gefühls?*

Sowohl als auch, das Herz kennt nur seine *Sehn*-sucht (nach ‚Wissen' und nach der All-Einheit), und das Ego-Denken kennt nur seine *Ich*-sucht. Wenn du aber richtig trennst, kannst du mit dem Instrument ‚Verstand' oder Kopf erfolgreich umgehen. Die nötige Erkenntnis teile ich in drei Regeln auf:

1. Verwende ein klares verstandesmäßiges *„ich will!"* stets dann, wenn es um deine *eigenen* Verhaltensmuster geht, die mit deiner I n n e r l i c h k e i t zusammenhängen, deine Stimmungen, deine Gefühle, deine Emotionen – aber nur die *nach innen* gerichteten.
2. Lasse den *Willen deines Allerheiligsten* geschehen, wenn es sich um Veränderungen handelt, die *nach außen* gerichtet sind, deine hehren Visionen, deine selbstlosen Wünsche, deine liebevollen Vorstellungen – aber ebenfalls *nur dich* betreffend. Setze dein Ziel als klaren *Impuls*, und gehe dann in eine emotionslose innere Harmonie, in Gleichmut, Gleichklang, Geschehenlassen oder Neutralität.
3. *Verändere ausschließlich dich selbst und nie andere.* Dich selbst und die feinstofflichen Energien, die dich umgeben, kannst du willentlich ändern, verändern, transformieren. Lasse deine Gedankenkraft und ihre Macht aber niemals *gegen* Mitmenschen mit ihren Herzen und Seelen wirksam werden, nicht einmal *für* sie, ohne vorher zu fragen.

Jeder von uns hat das Recht und den FREIEN WILLEN, seinen eigenen Weg zu gehen, auch sein Leid und seine Schmerzen zu erfahren, denn keiner von uns weiß sogleich, warum er diese hat und was diese bei ihm bewirken sollen. Du kannst natürlich Mit-leid haben, aber auch das ist nicht optimal. Mitleid kann dir etwas vortäuschen, um nicht lieben zu brauchen und zu müssen. Du musst mit-f ü h l e n, du kannst gedanklich viel ‚Licht und Liebe' schicken (was auch nur eine Art Symptombehandlung ist) – aber versuche keinesfalls, bei anderen etwas zu verändern und in ihr Sein und ihre Willensentscheidung einzugreifen, dich in ihr ‚Schicksal' einzumischen. Dein Verstand kann sowieso immer nur die sichtbare Seite davon kennen und erkennen.

Vom Zauberlehrling zum irdischen Schöpfer

Bis jetzt bist du (wieder) vertraut mit dem System des Positiven Denkens, das ist die *Alt*-Liste und die *Heute-und-Jetzt*-Liste. Danach hast du die letztere mit Leben und Fühlen ausgefüllt, damit die Kraft *...jedem geschieht nach seinem Glauben* aktiviert ist und deine Gedanken zu Schöpfungen werden können. Zuletzt hast du das alles losgelassen, dem Universum zugeschickt oder deinem Allerheiligsten übergeben und harrst der Dinge, die da kommen und übst damit dein ‚unerschütterliches' Gottvertrauen.

Das alles sind Schöpfer-Spiele *in der Dualität*, die beiden Seiten, die jedes ‚Ding' in seiner irdischen Existenz besitzt. Sie sind eigentlich Grund-Übungen auf der Erfahrungsebene. Sie sind aber auch der notwendige E i n s t i e g in das *hohe Schöpfertum* der Neuen Zeit und sind die Erklärung und das Basis-Wissen für deine zweite Hälfte des Weges zum irdischen Schöpfer – quasi die Studienzeit.

Prinzipiell ist aber alles, was ich bisher beschrieben habe, Alte Welt, ist ‚out' und bleibt Anbindung, selbst wenn du zu einem Meister des Loslassens wirst. Warum habe ich es dann so detailliert beschrieben? Habe ich bloß deine und meine Energie dabei verschwendet?

Das Ganze ist ein Prozess, der in seinen Einzelheiten sehr vorsichtig und achtsam ablaufen muss – Schritt für Schritt –, es geht wirklich um sehr mächtige Energien, mit denen hierbei gearbeitet wird. Es geht um ‚Schöpfung', und es geht um *Saat* **und** *Ernte***, die jeder später ausnahmslos selbst einbringen m u s s.**

Jeder Zauberlehrling darf deshalb ein Lehrling sein, weil er einen Lehrer oder Meister hat. Du sollst aber den individuellen Weg der Selbstfindung – die Rückkehr zu deiner Göttlichkeit – ganz a l l e i n e gehen:

den einsamen Weg, der dich zum Schöpfer deines neuen Lebens und damit auch zum Schöpfer der Zukunft des irdischen Kollektivs macht.

Es hat wenig Sinn, heute immer noch auf andere zu warten – gehe mutig alleine! Unsere Zeitveränderungen fordern geradezu diese *Selbst*-Findungen. Sie brauchen das Demaskieren, die Ent-wicklung der eigenen, mitgebrachten Kräfte. Deshalb gibt es auch immer öfter finanzielle Nöte: Die Menschen müssen aufwachen, lernen ‚aufzuräumen‘, diktierte und konsumfreudige Wohlstandsmuster abzulegen, zur Einfachheit zurückzukehren, um ihre *eigene Stärke* wiederzufinden.

Zur *Vorbereitung* dieser Neuen Zeit, in deren Anfängen wir schon leben, zum individuellen *Umsetzen* der neuen Energien, zum *Freiwerden* deiner eigenen inneren Energien und Kräfte und zur *Selbstfindung* deiner schöpferischen Einzigartigkeit bedarf es aber noch einiger weiterer, ganz gewaltiger Schritte.

Verantwortungsvoller irdischer Schöpfer zu werden, ist nun die zweite Hälfte deines seelischen Entwicklungsweges, und du trittst dabei in deinen *spirituellen Weg* ein. Auf diesem baust du nun auch deinen *spirituellen* oder *Lichtkörper* auf.

Zu den bisher geschilderten Verfahrenswegen der *Gedankenschöpfungen* gehört nämlich noch der Prozess des *Sich-Erinnerns* all des mitgebrachten Wissens und Könnens. Dieses ist in den Zellerinnerungen (deiner Vierkörpereinheit), vor allem aber in deinem Allerheiligsten ‚abgespeichert‘ – mitgebracht aus dem Lichtreich, aus dem jede Seele sich in unsere Materie hineingebären lässt. Und wenn du immer wieder – vielleicht gelingt es nicht immer, aber immer öfter – intuitiv, inspirativ, ahnend und gefühlsmäßig auf diese deine m i t g e b r a c h t e n Abspeicherungen zugreifen kannst, dann kommst du auch schrittweise in deine eigene k l a r e r e Erfahrungsebene. Das bisher ausführlich beschriebene Schöpfer-Spiel mit den beiden dualen Listen wird dann für dich allmählich überflüssig. Klarer wird dein Erleben auf der Erfahrungsebene deshalb, weil deine irdische Vierkörpereinheit (Körper/Seele/Geist/Licht) *dein ur-eigenes und vorhandenes Wissen* am besten kennt.

Diese neue *höhere spirituelle Schöpfungsebene* kann also zusätzlich auf die in dir einstmals angelegte g a n z h e i t l i c h e Weisheit zugreifen – wunderbar, wenn du immer mehr Vertrauen zu diesen ‚Informationen-in-dir‘ und zu deinem ‚wissenden Fühlen‘ bekommst.

Babaji lehrte:
„Alle Vollkommenheiten und Tugenden Gottes sind in dir verborgen –
offenbare sie.
Auch Weisheit ist bereits in dir – schenke sie der Welt.“

Kontrolle ist gut, Vertrauen ist besser

Frage: *Ich habe Angst vor dem blinden Vertrauen, wo findet man da die Grenze? Du selbst hast das Beispiel von Ramtha erzählt, der mit dem Vertrauen seiner Anhänger gespielt hat.*

Das geht nur, wenn du genauer unterscheidest zwischen den verschiedenen Vertrauensbezeugungen. Zuerst geht es um das *gegenseitige Vertrauen* der Erdengeschwister untereinander, also dein Vertrauen zu deinen Partnern und Kollegen und umgekehrt. Du erkennst das ganz schnell, wenn du an das Gegenteil von Vertrauen denkst: an K o n t r o l l e. Du kennst solche lieben Mitmenschen, die ihr Misstrauen offen zur Schau stellen, indem sie auf ihre Rechte pochen, nachmessen, prüfen und immer zuerst etwas Negatives erwarten. Das sind leider ,arme‘ Seelen, denn damit entgehen diesen ,Sich-selbst-Abgrenzern‘ (hinter all dem verbergen sie ja nur ihre versteckten Ängste) viele freundliche und liebevolle Gesten, gut gemeinte Komplimente oder kollegiale oder nachbarliche Hilfestellungen. Es ist im Berufsleben nicht leicht, immer das richtige Maß oder eine gute Mischung zwischen Kontrolle und Vertrauen zu finden, aber wer nicht zu einem wandelnden Computer werden will, muss dabei auch seinen ,guten Gefühlen‘ vertrauen.

Von dem römischen Philosophen *Seneca* soll die Erkenntnis stammen: *Mangelndes Vertrauen ist nicht das Ergebnis von Schwierigkeiten. Schwierigkeiten haben ihren Usprung in mangelndem Vertrauen.*

Eine zweite Form des Vertrauens nenne ich *Gottvertrauen*. Darunter verstehe ich solches Vertrauen, das aus den verschiedensten Kanälen der Transzendenz, dem Lichtreich, aber auch von Lehrern außerirdischer Zivilisationen *gefordert* wird. Das ist zwiespältig, also auch wieder dual. Denn bei vielen der vermenschlichten Kirchensysteme musst du sehr achtsam prüfen, was wirklich ein sehr zu empfehlendes Gottvertrauen ist oder was bloß den irdischen Systemen dient. Viele Missverständnisse wären da noch zu klären.

Eine leicht zu beobachtende Variante ist das *Ur-Vertrauen* (wie es einmal ein Kollege nannte). Er meinte das Vertrauen der Kinder, das einfach vorhanden ist, ohne nachzudenken, ohne zu berechnen. Sie ergreifen eine Tätigkeit ganz und selbstvergessen. Sie stehen ganz darinnen und sind im Jetzt. Durch beob-achten könnte man hierbei viel lernen. Grundsätzlich bringt nämlich *jede* unsterbliche Seele, die sich mutig in die niedere Schwingung unserer materiellen Welt gebären lässt, *volles Vertrauen* mit – wir haben es nur allesamt vergessen.

Das wichtigste Vertrauen aber, das für die Neue Zeit entwickelt und gelebt werden muss, ist eben dieses mitgebrachte *Vertrauen zu dir selbst* – das schon erwähnte S e l b s t v e r t r a u e n. Natürlich weniger zu deinem *Kopf* mit seinen Erinnerungen als zu deinen verlässlichen *Gefühlen* mit ihren Erfahrungen. Damit stehst du weit über all den Versuchen, dass jemand von außen – wer auch immer, auch die oben erwähnten anderen Formen – *dein* Vertrauen *gewinnen* will und kann. Frage dich: Wer hat einen Gewinn davon? – denn dieser Vorgang ist immer mit Fremdenergien verbunden, die über Vertrauensgewinn in dein Innerstes vordringen können.

Auf das *Fühlen*, das aus deinem Herzzentrum kommt, und dem oft undefinierbaren *Spüren* in deinem Inneren (im Bauch, im Magen, im ‚Urin‘?) gilt es dabei zu vertrauen. Wenn du das geprüft hast, dann kannst du demjenigen, der in deiner wahren Resonanz ist, dein Vertrauen *schenken*. Schenke es dem, dem du von deinem Gefühl her trauen kannst. Damit hat *Ramtha* seine Zuhörer getestet (Seite 60). Diese inneren Signale und Intuitionen ‚führen‘ dich ausschließlich zu deinem Besten – allerdings primär zu dem Besten deiner Seele, und für sie gilt die Regel: *...liebe deinen Nächsten wie dich selbst.*

Dein Vertrauen, dass die mächtigste Kraft, nämlich die göttliche, dich aus deinem Allerheiligsten heraus begleitet und führt, wird dann reichlich belohnt. Je öfter du sagen kannst *...ich lasse geschehen*, desto öfter geschieht etwas, was dich immer sicherer macht – selbst-sicherer, selbst-bewusster und stärker. Der KI-Kampfkunsttrainer *Karl* erklärte mir: *...wer sich selbst vollkommen vertrauen kann, kann auch anderen vertrauen und kann auch Gott vertrauen.*

„*Wer Vertrauen hat, erlebt jeden Tag Wunder*", erklärt *Peter Rosegger*, und *Hannelore* fasste die gleiche Erkenntnis in die Reime:

> *Sei fest im Glauben an ewige Kraft,*
> *die helfende Hand manch Wunder schafft.*
> *Sie stützt, sie heilt, sie bringt dir Energie.*
> *Öffne dich angstfrei und empfange sie.*
> *Nimm einfach an und es nimmt seinen Lauf,*
> *nimm einfach an und vertraue darauf!*

Mit einem immer unerschütterlichen *Selbst-Vertrauen* lernst du jetzt diese höheren Ebenen des verantwortungsvollen irdischen Schöpfers kennen. Das führt zum *Erkennen* durch Praxis, Praxis und noch einmal Praxis und dem Umgang mit deinen geistig-seelischen Energien im irdischen Leben – nicht wie es bisher war, sondern jetzt *verändert* aus der Sicht eines mutigen, aber verantwortungsvollen Schöpfers, der sich auch des Hermetischen Axioms *Mikrokosmos wie Makrokosmos* bewusst ist.

Und schon hast du wieder zwei Bewusstseinsbereiche und zwei Formeln, die du unterscheiden musst. Der erste Bereich hilft dir in Situationen, bei Konflikten und Problemen, die a k u t sind, und du lernst Schöpfersein in verschiedenen Gefühlsbereichen.

Die erste Formel dafür heißt:
$$e^3 = \textit{erfahren} - \textit{erkennen} - \textit{entscheiden}$$

Bewerte nicht – akzeptiere

Der zweite neue Bewusstseinsbereich ist die *Bewertungs-Freiheit*, in die du dich als irdischer Schöpfer hinein entwickeln musst.

Bewertungsfrei zu werden, ist die wichtigste Aufgabe deines Lebens und die schwierigste zugleich – grundsätzlich für alle Menschen und nicht nur für die bewussten Gedankenschöpfer.

Denn du lebst auf der Ebene der Zweipoligkeit, und alles, eben auch die unsichtbaren Energien, ist bipolar. Es sind zwei verschiedene, oft sehr konträre *Werte*, die du in Zukunft nicht mehr *be-werten* darfst. Oder du schaffst es, ihre Werte an- oder auszugleichen, zu harmonisieren, zu vereinigen (in die Einheit zu bringen oder in einen Null-Wert). Noch ‚göttlicher' ist es, sie umzuwandeln, aufzulösen und damit ganz zu erlösen.

Diese zweite Formel dafür heißt:
Akzeptanz = *sich herausnehmen – sich neu einbringen – sich führen lassen*

Es geht hierbei um dein F r e i s e i n generell und um dein Freisein von deiner Egozentrik, also:

- ‚sich-herausnehmen' bedeutet Loslassen, Macht abgeben und so weiter;
- ‚sich neu einbringen' bedeutet, dafür seine eigenen Herzenskräfte fließen und zirkulieren zu lassen; und
- ‚sich führen lassen' bedeutet, *unpersönlich* Veränderungen anzunehmen, die d u aber entsprechend umgestaltest, ihnen also deine *persönliche* Formung gibst.

Den Begriff der *Akzeptanz* kannst du möglicherweise auch durch die Begriffe der Alten Welt, *Demut* oder *Hingabe*, einigermaßen ersetzen.

Werde zum Beobachter ohne Emotionen

Eine der wahrhaft schönsten Lernaufgaben auf diesem Wege ist: *Werde nun zum Beobachter* dessen, was in deinem Inneren wie auch dem dich begleitenden Äußeren geschieht und abläuft und sich bewegt. Du erkennst jetzt die energetischen Verbindungen und Affinitäten (Anziehungskräfte), in die du mit einbezogen bist beziehungsweise die du selbst verursacht hast oder zulässt. Daher ist es wichtig, z u e r s t zu beobachten, *was i n d i r selbst vorgeht*. Achte dabei w e n i g e r darauf, was du dabei fühlst – das lassen wir jetzt beiseite, du bist nun schon wieder weiter. Entwickle vielmehr ein Bewusstsein für ,Den-der-zuschaut', *ohne zu fühlen* – den stillen Beobachter, *der du ab jetzt bist*.

Das Ganze wird jetzt etwas philosophisch, ist aber des Grübelns wert. Wenn du in einem Konflikt, einer Krise oder sonst einer emotionsgeladenen Situation deiner Umgebung steckst oder in eine eintreten möchtest, dann hat das immer etwas mit dir zu tun, sonst gäbe es keine Resonanz zu dir. Dabei hast du die Chance, zur Meisterschaft eines ,neutralen' und ausgeglichenen Beobachters zu kommen, wenn du die Situation oder den Moment ohne deine Gefühle und ohne deine Emotionen betrachten kannst. Du wirst deshalb ganz bestimmt kein gefühl-loser Mensch werden, sondern einer, der in ,polaren Spannungen' klarer und nüchterner unterscheiden kann.

Dies wird dann zu einem faszinierenden Gegenwärtigkeits-Erlebnis,
***das stärker sein kann** als jede Emotion.*

Hannelore beschrieb mir so ihr Empfinden nach dem Besuch einer spirituellen Gruppe: *Gestern habe ich wenig Kontakt gehabt... Ich saß am Rand und habe beobachtet. Mitgefühlt. Mitgesehen. Wie aus einer anderen Ebene. Ein bisschen kam ich mir als Außenseiter vor. Jedoch war ich am richtigen Platz. Als Schamanin das bunte Treiben auf Erden zu sehen. Realität und Seelenleben verquicken sich. Ich konnte zusehen, lassen, ohne einzugreifen, mitzumischen. Nur singen und Trommeln. Deine übergeordnete Sichtweise! Ich habe nicht mehr das Bedürfnis, überall dabei zu sein, sondern den Frieden in mir gehabt! Wie herrlich! Wie sagst Du immer: „Hochschwingend". Ja, das war es. In einer ganz anderen Schwingung. Von vielen missverstanden, da sie meinten, ich grenze mich ab. Ich war jedoch mit dem Herz dabei. Beobachtete von oben, außen und wollte mich nicht aktiv mit beteiligen. Das ist Reife, Hingabe, Geschehen-lassen.*

Sieh bitte das Ganze jetzt als einen Super-Befreiungs-Prozess der gehobenen Art an. Mach dich wirklich damit energetisch *frei* im Sinne von ungewollten Anbindungen und

lebe nur noch ohne Wertungen.

Bewertung schränkt ein. Bewusst schöpferisch zu leben mit Nicht-Bewertung von Situationen, absoluter Neutralität und ‚Wach-sein-im-beobachtenden-Selbst-sein‘:

das wird zur höchsten Qualität deines weiteren Lebens
und ist daher auch die schwerste Übung in deinem Seelenleben.

Denn damit beginnt der Kampf mit deiner mehr oder weniger ausgeprägten Ichheit, deinem Ego, das sich seine ganze Macht im tagtäglichen *Urteilen* und *Beurteilen*, *Werten* und *Bewerten* erhält. Dabei kommt es sich großartig vor – selbst dann noch, wenn es deiner eigenen Seele und den Seelen deines Umfeldes Schmerz verursachen kann.

Da das Ego sein Selbstgefühl i m m e r aus äußeren Dingen ableitet – von seinen Ängsten kann es das ja nicht, die muss es verstecken –, besteht es nur aus Identifikationen. Daher muss es ständig verteidigt und mit Anerkennungen gefüttert werden. Gängige äußere Ego-Identifikationen sind Besitz, sozialer Status, Arbeit, Anerkennung, Wissen, Bildung, Titel, aber auch körperliche Erscheinung, besondere Fähigkeiten wie auch Beziehungen. Kollektive Identifikationen bieten Politik, Nationalität, Rasse und Religion, und beim gründlichen Nach-denken und Beobachten findest du noch mehr solcher brillanter Ego-Trips.

Dieses edelste der Schöpferspiele – *emotions- und wertungsfreier Beobachter zu sein* – hat natürlich auch wieder zwei Seiten. Bekannt ist aus der modernen Physik, dass der Experimentator – also der Mensch, der das Experiment durchführt – immer energetisch mit seinem Experiment verbunden ist. Das beobachtende Bewusstsein kann nicht vom beobachteten Phänomen getrennt werden – also kannst du auch erkennen: *Nichts auf dieser Welt ist, was es zu sein scheint.* Daher haben die Forscher dafür Doppelblindversuche entwickelt. Dies gilt auch für dich: Irdische Gedankenschöpfer und ihr Erschaffenes sind stets energetisch verbunden – genauso wie der Urschöpfer mit seinen Geschöpfen, so wie der Makro- mit dem Mikrokosmos. Somit bleibt auch deine Saat, deine Kreation, dein Erschaffenes immer mit dir verbunden. Dies gilt einerseits für deine Emotionen aus deinem Intellektualismus genauso wie andererseits für die Gefühlswelt deiner Herzenskräfte.

Die andere Seite des Beobachtens bedeutet, *ohne Wertung* betrachtender Schöpfer zu sein – t r o t z der beschriebenen unabänderlichen Gesetzmäßigkeit, mit dem Erschaffenen energetisch verbunden zu sein. Meine liebe Leserin, lieber Leser, das bedeutet für dich ja etwas ganz Ungeheuerliches: *Du darfst wirklich Gott spielen.* Denn genau das erwartest du ja auch vom Göttlichen: ohne Einflussnahme zuzusehen, wie du dein Leben selbst gestaltest. Du hast den FREIEN WILLEN von ihm mit in dieses Leben bekommen, und wie wir uns so kennen, wirst auch du ihn weitlich nutzen.

Dieses ‚göttliche‘ Verhalten oder Nicht-entstehen-lassen von beidem – weder Emotionen noch Gefühle – steht natürlich auch dir sehr gut. *Es ist einer der sehr schweren Teile des Schöpferseins: raus aus der Dualität, den polaren Spannungen und dem ‚Spiel der Gegensätze‘ und damit rein in die Belohnung – deine Göttlichkeit.*

Es gibt kein ‚Richtig‘ oder ‚Falsch‘

Gott gab mir ein Geschenk: *Ich sehe!*
Gott gab mir noch ein zweites: *Ich sehe genauer hin!*
Gott gab mir ein drittes: *Die Unterscheidung beim Sehen. Danke Gott!*
(Hannelore)

Dies erinnert mich an ein Erlebnis, das mir eine Leserin nach der Teilnahme an einem spirituellen Kongress so schilderte:

Beim Kongress trat ein Heiler mit einer Friedensmeditation auf. Am ersten Tag, Freitagabend, setzte ich mich intuitiv in die Mitte ganz hinten. Ich als Frau saß ihm gegenüber, der Gang nach vorne verband uns. Schon die Musik und die Worte einer laufenden CD ließen mich erschaudern. „Bleibe in deiner Ruhe, lasse dich nicht beeinflussen", hörte ich in mir und betete leise für den Frieden auf der Welt. Ich hörte nicht mehr hin. Dann kam er. Mit eindringlicher Stimme las er seine Meditation vor! Es erinnerte an Hitlers Stimme – ohne Übertreibung! Die Worte waren mächtig gewählt. Mein Verstand und mein Ego wollten nach fünf Minuten zarte Töne singen, etwas ‚dagegen‘ steuern. Ich fragte mein Herz. Das sagte: „Nein", halte durch, singe, bete leise für die Menschen hier, damit sie selbst erkennen. Halte den Frieden in dir, beginne keinen Kampf. Es schürt nur Unruhe. Lasse, bleibe bei dir in deiner Mitte! Es war so schwer, so schwer, die Emotionen zu beherrschen. Aber ich blieb still, ganz still in mir und rief das Licht, die Liebe, den Großen Geist, die Große Mutter an. Ich habe a k z e p t i e r t, das, was ich unmöglich fand, anzunehmen. Gottes Willen geschehen zu lassen. Und nur darum gebetet, dass die Zuhörer selbst spüren, selbst erfahren. Zwanzig Minuten innerer Kampf und doch Stille. Ich habe mein Ego beherrscht und viele, viele teilten später meine Meinung im Gespräch. Am zweiten Tag waren es nur noch wenige, die dorthin gegangen sind. Am dritten Tag noch weniger und am vierten ganz wenige. Der Kongressmanager setzte dann Parallelveranstaltungen mit Kristallklangschalenmeditation an. Ich habe draußen im Gras für den Frieden gesungen. Gottes Wille ist geschehen, und die Menschen haben selbst erkannt!

Johannes, das war ein großes Ereignis. Dem Menschen, der seine Stimme als ‚Machtmensch' zur Verfügung gestellt hat, sei Dank, denn er hat ganz unbewusst ein großes Werk getan: eine Erfahrung für viele, zu unterscheiden! Wahrzunehmen. Und auf das eigene Herz, die eigene Stimme zu hören! Eine wichtige Lehre, eine wichtige Erfahrung auch für mich. Ich bin in meiner Mitte geblieben, habe keinen Unfrieden gestiftet und nicht dagegen-gesungen.

Du kannst davon ausgehen, *dass Gott nicht wertet* – es gibt in der Schöpfung kein ‚Richtig' oder ‚Falsch'. Auch Licht/Schatten oder gut/schlecht sind ganz sicher irdisch-menschliche Denkkonzepte, Begriffe und Wertungen. Denk an die Formel e^3, denn du darfst beide Seiten des Dualen, das Nebeneinander und Miteinander, *erfahren* und darfst dabei *erkennen*, und danach musst du *entscheiden* – nur dazu sind uns die dualen und polaren Spannbreiten vorgegeben.

Es gibt Menschen, bei denen ist das *Erfahren* die leidvolle Strecke eines nötigen Seelenentwicklungs-Prozesses – etwa achtundneunzig Prozent dieses Weges. Die jeweiligen ein Prozent für *erkennen* und *entscheiden* sind dann nur noch ein Klacks, wenn sie durch den Prozess in ihr neues bewusstes Sein gekommen sind. Der leichtere Seelenweg ist aber wie eine Spirale nach oben: *erkennen* und *erfahren* (und *entscheiden*), noch mehr *erkennen* und dadurch neu *erfahren* (und *entscheiden*), um schließlich in immer kürzerer Zeit zu *erfahren*. Nur durch schnelles Annehmen von *Erkenntnis* und *Entscheidung* kann das oft tränenreiche *Erfahren* reduziert werden. Dadurch, dass du das Erfahren *verstehen* lernst, kommst du zu schnellen Entscheidungen. Dadurch, dass du immer mehr geschehen lässt, kannst du dabei leichter geführt werden.

Du wirst diese geistige Spirale *erfahren-erkennen-entscheiden* dein ganzes Leben lang nicht los, denn das Lebensspiel spielt sich nunmal dual ab – zwischen zwei energetischen Gegensätzen. Aber du wirst bald ein Gefühl dafür entwickelt haben, dass du *ganz leicht und schnell* wieder in deine M i t t e kommst und die dich belastende Spannung zwischen den Gegensätzen ausgleichen kannst. Immer schneller und immer leichter, je nachdem, wie du dich dabei führen lässt.

Geistig-seelisches Erfahren und Durchmachen auf der Erfahrungsebene ist ein permanentes Herz/Ego-Duell. Das Ego lebt von seiner *Richtig-Falsch*-Beschäftigung, das Herz dagegen von *lieben* und *mitfühlen*. Und wieviele Mitmenschen du bei diesem deinen Entwicklungs-Prozess (bis du es endlich erkannt hast) bewertet, falsch bewertet und damit verletzt hast, kann sehr, sehr beschämend sein. Außerdem kann es für dich auch schmerzlich werden, wenn du an das Gesetz von *Saat* und *Ernte* denkst. Aber durch dein bewusstes Sein im Rahmen dieses Schöpferischwerdens kann der Formel-Rest von e^3 von einem Tag auf den nächsten geschehen: das *Erkennen* und *Entscheiden*.

Behilflich sind dabei heute auch die immer höher schwingenden Meta-Energien unserer Wendezeit. Denn aufgrund dieses hohen Energiepegels gibt es bei den *Lichtdienern* keine versteckte Karmabildung mehr. Durch das Resonanzprinzip, welches das Karma ersetzt, hat sich aber dafür dein Erfahren/Erkennen-Spiel unglaublich *beschleunigt*, und du erlebst Seelenschmerz wie auch Scham prompt und wirkungsvoll heftig.

Zugleich geht von deinem Erfahren, Handeln und Durchmachen ein wichtiges Feedback an das Kollektiv (mit seinem Biogravitationsfeld des Bewusstseins), wenn nicht gar in die gesamte Schöpfung – gemäß Mikro- wie Makrokosmos oder »Alles ist Gott«.

Wertfrei geschehen lassen

Mein bereits geschildertes Spiel mit den zehn Merkzetteln in der ganzen Wohnung samt Auto bekommt nun eine wichtige Nachübung. Die Affirmation lautet jetzt nämlich, wesentlich erschwert, so:

w e r t f r e i geschehen lassen

Im Taoismus, der Lehre des chinesischen Philosophen *Lao-tse* (chin. *alter Meister*) heißt es, dass das *wu-wei* (chin. *Nicht-Handeln*) und das *Nichteingreifen in das Geschehen* die höchste Tugend und Meisterschaft ist. Es ist damit keine Untätigkeit gemeint (durch Angst, Bequemlichkeit, Schwäche oder Unfähigkeit), sondern deine innere Friedfertig- und Widerstandslosigkeit zusammen mit intensiver Wachheit. Das ist auch dein Maß, an dem du dich messen kannst. Ein Sinnspruch aus dieser Lehre bestätigt dabei das westliche mikro-makrokosmische Prinzip:

Des Menschen Richtmaß ist die Erde,

der Erde Richtmaß ist der Himmel,

des Himmels Richtmaß ist *tao*,

taos Richtmaß ist sein Selbst.

Frage: *Gilt dieses Nichtbewerten auch für einen selbst?*

Davon bin ich fest überzeugt. Überlege einmal, wie oft du dich schon selbst be- oder verurteilt hast und wie sehr Schuld und Scham daher in deinen unbewussten Reaktionen, Emotionen und Leidenschaften abgespeichert sind. Sie wurden ein Teil deiner Zellerinnerungen. Dir passiert es sicherlich wie mir, spontan zu bestätigen, oft im Leben *nicht* das ‚Richtige‘ getan zu haben. Das ist eben nicht richtig! Versuche als irdischer Schöpfer einmal Ur-Schöpfer zu spielen, und klinke dich für einen Augenblick in *sein Bewusstsein* ein. Erkenne, dass es in seiner Dimension Be- und Verurteilungen nicht gibt. Mache dir bewusst, dass da nur Liebe existiert. Es gibt keinerlei Urteil über einen Teil deiner Vergangenheit oder was dir bei deinem ‚Erinnern und Erfahren‘ auch immer zugestoßen sein kann. Es gibt nur Liebe und Verstehen, keine Wertungen.

Auch wenn solches *inneres Loslassen* anfangs schwerfällt, lasse das alte Konzept ernsthaft (noch besser wäre: lächelnd) los, und du wirst eine schwere Last verlieren, die du unbewusst mitschleppst. Übe auch in anderen Fällen immer wieder die Perspektive des Urschöpfers – es tut sehr gut, sich zwischendurch auch mal als lieber Gott zu *fühlen*. Außerdem ist es ein Vorgeschmack auf dein eigenes Schöpfersein.

Du brauchst nie mehr Akteur zu sein

Nun lässt sich das Ganze noch weiter verfeinern. Du hast gesehen, dass jeder Beobachter einerseits grundsätzlich verbunden ist mit dem zu Beobachtenden und er andererseits aber *wertungsfrei* beobachten muss. Du erreichst das nur durch *Rücknahme* aller Emotionen und Gefühle im Sinne von innerer Neutralität, innerem Einssein oder *einem energetischen Nullpunkt*. Damit ist nicht gemeint, Emotionen und Gefühle zu ‚beherrschen‘ (dann sind sie ja noch vorhanden), sondern überhaupt keine zu entwickeln. Wenn du das verständlicherweise noch nicht gänzlich schaffst, musst du sie wieder ‚loswerden‘ und deshalb spreche ich von *Rücknahme*. Du erreichst es aber auch durch den *harmonischen Ausgleich* der vorhandenen gegensätzlichen Energien, um in *Gleichmut* und *Ausgeglichenheit* zu kommen.

Nun aber folgt die Verfeinerung dieser edlen Kunst: Wenn die Beobachtung nicht mehr auf das Objekt gerichtet ist, sondern auf der *Aufmerksamkeit selbst* liegt, gibt es auch keine Ziele oder Ergebnisse mehr zu erreichen!

Es geht um das Zuschauen-Können.
Denn gelassenes Zuschauen hat Weite.

Somit ist also *Gewahr-sein* deine erwünschte Meisterschaft. Das dabei Wahrgenommene lebt *in dir*, ohne dass du *in ihm* lebst. Das heißt also, du musst nur richtig ‚schauen' – Duales und korrelierende Polarisierungen (also solche, die in Wechselbeziehungen zueinander stehen) liegen dann nicht mehr in der Welt außen oder in deiner Innerlichkeit, sondern ganz und gar *in deiner Art und Weise z u   s c h a u e n* (um schließlich zu erkennen). So entstehen *Anschauungen*. Solche der anderen nützen dir allerdings nichts, *nur deine eigene Art der Anschauung* ist für dich noch wichtig.

Manchmal übe und gefalle ich mir in der Rolle eines Engels. Ich *schau* mir dabei aus dieser ‚höheren' Ebene das, was mich betroffen macht, an. Ich schwebe so vor mich hin und habe einen gesunden Abstand dazu – *„...man steht darüber"*. Es sollte aber schon so wie ein echter Engel sein, um   n e u t r a l   schauen und beobachten zu können und eben nur zu schauen, *ohne zu interpretieren*. **Dieses ist die höchste Ebene, irdischer Gedankenschöpfer zu sein.**

Du *denkst* nicht mehr dabei. Stell dir die beiden Worte *Denken* und *Fühlen* vor, indem sie die beiden unteren Ecken eines Dreiecks bilden. Das obere Eck heißt dann *Zuschauen*. Dieses Bild kann verstärkt werden, wenn du in das obere Eck ein Auge malst, das Symbol des Schauens. Kommt dir das bekannt vor? Genau das war das Symbol für Gott im alten Ägypten, das die Menschen auch in ihren späteren Religionen weiter begleitet hat – unverstanden oder als Missverständnis; oder missbraucht wie von den Hochgradfreimaurern, die dieses bekannteste Emblem für Macht auf der Dollarnote darstellen – das Geschehen, das *Jan* in seinen beiden Büchern demaskiert hat[39].

Du siehst hier wieder einmal ganz deutlich, wie Symbole, Energien, Gesetzmäßigkeiten und alles, was in unserer Dualität irgend eine Form angenommen hat, verschieden, ja sogar gegensätzlich *angewendet* werden kann. Wie du schon erkannt hast, kommt es dabei nie auf das ‚Geformte' selbst an, sondern stets nur auf denjenigen, der es bewusst   a n w e n d e t   – **und der damit Schöpfer spielt.**

Ein ganz wichtiger ‚Nebeneffekt' entsteht dabei, wenn du nicht mehr Akteur oder Macher bist: Du erhebst dich aus der unbewussten Ebene des *Täter/Opfer-Spiels*. Du wirst dabei automatisch die Energie los, ein ‚Opfer des Lebens' zu sein. Täter/Opfer ist eine uralte Korrelation – also auch ein energetisches Zwillingspaar –, die einzig und allein von Gefühlen und Emotionen lebt, aktiv wie passiv. Es liegt nur an dir, dieses Energiespiel zu unterbrechen, und die vereinfachte Methode unserer lichtvolleren Wende-Zeit ist die oben beschriebene.

Das schlichte *Gewahrsein* und die unpersönliche *Aufmerksamkeit*, in die alle deine schöpferischen Gedankenspiele jetzt eingehüllt sein müssen, wird im

Buddhismus *Achtsamkeit* genannt, und es werden dafür besondere Meditationen angeboten (Vipassana[40]). In dieser Achtsamkeitspraxis geht es darum, der Dinge, die in der Meditation auftauchen, *nur gewahr zu sein*, aber über solche Geschehnisse nicht nachzudenken. Es kann zum vollkommenen Loslassen und Freisein führen – vor allem, wenn du erkannt hast, dass dir die ‚Erhebungen' der zunehmenden Meta-Energien mit zur Verfügung stehen.

Trete aus der Dualität aus

Wenn dir das (im fernen Osten) jahrtausendealte Meditieren nicht so liegt, dann empfehle ich einen anderen top-aktuellen Weg: Achte auf *deine vollste Aufmerksamkeit im Tun des Alltags*, aber bitte ganz bewusst (genaues beschreibe ich noch). Versuche immer wieder, dich auf das *Hier und Jetzt* zu konzentrieren, und mache dir einfach ganz intensiv den gegenwärtigen Moment bewusst. Auf diese Weise *löst* du deine Aufmerksamkeit von deinen Emotionen und Gefühlen, die dich mit dem ursprünglichen Geschehen oder anderen inneren Bildern verbinden. Die ‚Lücken' und der Abstand, der dann zwischen deinem Bewussten-Sein-im-Jetzt und deinen inneren und äußeren Anbindungen entsteht, können dem *inneren Abstand* in der Meditation gleichkommen – denn es geht ja im Prinzip immer nur darum, aus dem Gedankenwirrwarr zu entfliehen.

Schauen und beobachten in dieser ‚abgehobenen' Form bedeutet daher, aus der Dualität der Dinge herauszutreten. Dieser spirituelle *Fort-schritt* wird damit zu deinem *Auf-stieg* und somit zum *Ein-tritt* in eine höhere Frequenz – das aktuelle Thema unserer Wende-Zeit mit den immer höherschwingenden Meta-Energien und deren Anforderungen.

Frage: *Wie ist die praktische Seite, wenn du vom Akteur beziehungsweise Schöpfer sprichst?*

**Diese höchste Form des irdischen Schöpferseins heißt,
dein Erdenleben zukünftig mit einem inneren Abstand zu leben.
„Nichts-Tun im Tun."**

Somit hat es wirklich keinen spirituellen Sinn mehr, dabei noch als Akteur durch das Leben zu wirbeln. Akteur bedeutet agieren und aktiv sein, ja sogar *action!* Zwar könnte Aktion auch noch ein *direktes* Schöpfersein darstellen, welches aber dann sehr schwer von den selbstsüchtigen Ego-Einflüssen zu trennen ist. Ich kenne solche ‚Wanderprediger', die alles besser wissen.

Gottähnliches Schöpfersein beinhaltet einen Zustand des *Erlaubens* und *Gewährens* (was die Kirchenlehre als *Gnade* versteht), aber auch „...*alles so lassen, wie es im Moment ist*" – etwas, was natürlich nicht leicht zu verstehen ist (außer für bereits geübte Beobachter). Vielleicht solltest du auch sagen können (liebend und verständnisvoll wie Gott) „...*es ist gut so, wie es ist.*" Denn anstelle von »Alles ist Gott« kannst du auch sagen: „*Alles ist gut.*" Dies ist zur Zeit auch meine Lieblingsformel, die ich bei allen möglichen Gelegenheiten laut zurufe – meinen Geistführern, meinen irdischen Eltern, die jetzt im Lichtreich sind, den liebenden Mitmenschen (ich weiß nicht, ob ich mit nicht-liebenden in Verbindung stehe), den vielen Energien um mich herum, der *Großen Mutter* als Meer, der geliebten Insel im Atlantik, der Leben spendenden Sonne oder nachts dem überwältigend ‚vollen' Sternenhimmel über La Palma (deshalb gibt es hier fünf internationale Sternwarten in 2000 Metern Höhe) – und auch mir selbst.

Erinnere dich bitte: Es handelt sich bei diesen Erkenntnissen um den Umgang mit *deinen eigenen Gefühlen und Herzenskräften.* Diese Leitsätze gelten nur, wenn sich dein Ego schon in den Schmollwinkel zurückgezogen oder dir zaghaft schonmal die Hand entgegengestreckt hat und somit *seine Dominanz* in deinem Denken und Reagieren verloren hat. Beachte bitte: Es geht dabei um dein i n n e r e s Nichts-Tun und Nicht-Handeln, keinesfalls um äußere Nichtstuerei.

Sei dein Selbst-verbesserer

Frage: *War nicht dieses Insichgehen auch schon die Aussage der christlichen Mystiker, ohne solche Frequenzen von heute zu kennen?*

Ganz sicher. Zu allen Zeiten und überall im Raumzeit-Universum gibt es die gleichen Gesetzmäßigkeiten und die gleichen Aufstiegswege oder Evolutionsspiralen. Solch geistig-energetisches Geschehen ist aber auf der *diesseitigen* dualen Erfahrungsebene von Zeit und Raum nur schwer zu erkennen. Noch schwerer ist es, das anzunehmen und wahrhaftig zu leben. In den sogenannten *jenseitigen* Dimensionen gibt es natürlich Zeit und Raum nicht, dafür aber ein großes Verständnis für unsere Verwirrtheit darüber. Den Mystikern geht es um das Einssein und das Verschmelzen der menschlichen Seelen mit dem Göttlichen, was im praktischen Leben die Wertigkeiten zwischen *Sein* und *Haben* verändert. Mystisches ‚Nichts' steht dem äußeren Haben gegenüber und führt dann zu einer grundlegenden Lebensveränderung.

Für unsere Zeit nenne ich das lieber *Spiel der Einheit*. Es geht bei all unseren Betrachtungen immer nur um *geistige* Energien. Diese *fließen* immer, sind in Bewegung, schwingen, wirbeln, rotieren und zirkulieren, wie alle anderen Energien auch – immer, immer, immer. Sie spielen mit dir, und du spielst mit ihnen. Alle Seelen sind durch die geistigen Energien – die Kirchenchristen nennen sie *Heiligen Geist* – untrennbar verbunden. Natürlich sind auch deine Gedankenenergien und die deiner eigenen Schöpfungen energetisch untereinander und miteinander verbunden. Sowohl deine sichtbaren wie auch deine unsichtbaren – denk an die Physiker.

**Und damit muss das *Verbundensein* und das *Einssein*
als das N o r m a l e und als die wahre Natur in dein Leben einziehen
(und nicht das *Getrenntsein*).
Eine leicht verständliche Formel lautet: *ich-bin-du-und-du-bist-ich*.
Doch komplexer in ihrer Vorstellung ist die nächste Forderung:
aus der Zweiheit in die Einheit zu gehen – denn »Alles ist Gott«.**

Wenn du dir wieder ein Dreieck vorstellst, dessen beide unteren Ecken die gegensätzlichen Energien einer *Zweiheit* bilden, dann verschmilzt diese im oberen Eck zum geforderten »Alles ist Gott«. Sieh es als *deine Erhebung* an, als spirituellen Weg und Aufstieg in die ersehnte *Einheit*. Kein Geringerer als der *Heiland* selbst lebte es vor: „*...Ich und der Vater sind eins.*" Und da er an anderer Stelle darauf hinwies: „*...ICH BIN der Weg*" und nicht das Ziel, ist das dann *auch unser aller* Weg in die (ehemalige) Einheit.

So wurde es ein jahrtausendealtes Problem des Westens gegenüber dem Fernen Osten, der das nicht hat: Bei uns hat man die Zweiheit der beiden unteren Pole stets einzeln gesehen und eifrig gelebt und blieb dadurch polar getrennt und ‚unter Spannung'. Im Osten wird stets die harmonisierende Mitte (von den beiden unteren Polen) angestrebt, die damit leichter zur *Erhebung* wird. So sind Yin und Yang als hell und dunkel (lichtvoll und lichtarm) gemeinsam verbunden in der Einheit. Die (westliche) ‚Dreieinigkeit' – die Auf-hebung und Erhebung der Zweiheit in die Einheit – stellten einige christliche Gemeinschaften im gleichschenkligen Kreuz dar. Die europäischen Druiden drückten ihren Erkenntnisweg mit drei unbegrenzten Spiralen aus und schufen ihre schamanisch-spirituelle Einheit im *Mittelpunkt*.

Der Mystiker sagt: *...der Schlüssel zu allem ist Einheit. Gebrauche Einheit für alles, für jeden Aspekt deiner selbst.* Beim eben betrachteten Bild des Dreiecks haben wir zwei duale und konträre Aspekte, die zusammengebracht werden können. Weder das eine, noch das andere ist die g a n z e Wahrheit. Erst Denken in Einheit oder Liebe bringt sie *zusammen*. Gleich stark geworden durch Liebe, *verschmelzen* sie zu einer Synergie, die größer ist, als die beiden einzeln. *Einheit* ist somit ein Dreieinheitspunkt (*Ananda*), was der *All-Einheit* erlaubt, auch auf der irdischen Erfahrungsebene in Bewusstheit und gegenwärtig zu sein. (Denk bitte zurück an meine Darstellung *Gott ist ganz, ganz anders*.)

Feiere dich!

Frage: *Werten und bewerten ist doch wie das Richten in den Evangelien. Ist das nicht überhaupt das größte Problem der Menschheit?*

Aber ganz bestimmt. Richten, Rechthaberei, Urteilen und Verurteilen sind sicherlich die licht- und lieblosesten und daher dunkelsten Energien, die den Gesamtschauplatz der ganzen Menschheit fest im Griff haben. Im Lichtreich gibt es diese Schwingungen nicht, sie sind irdische, typisch menschliche Spiele der Ich-Sucht mit ihren Ängsten und der Egomanie. Meiner Meinung nach ist es die schwerste Übung, die du für deine spirituelle Öffnung machen musst: *nicht mehr zu werten*. Mach dir einmal eine kleine Strichliste, wie oft du an einem einzigen Tag be-wertest, meistens ab-wertest – nicht nur mit deinen Aussagen, sondern auch in deinen Gedanken. Jeder von uns wird sich dabei schämen.

Leider fängt auch das Werten immer mit unseren Gedanken an, und die damit verbundene Gedanken-Kraft wird zu einer von dir geprägten Energie, die den oder das Be-wertete in seiner vollen Kraft trifft. Du siehst, wie wichtig es ist, seine Gedanken *zu kontrollieren* und *zu beobachten* – natürlich auch das daraus enstehende Verhalten, aus dem du dann am schnellsten lernen kannst. Dabei kannst du direkt erleben, *wie sich Situationen und Geschehen durch das eigene* ,*Nicht-bewerten' verändern und a u f l ö s e n*. Hiermit hast du die Erfolgs-Formel für irdische Schöpfer gefunden – oder einen neuen *Harry-Potter*-Zauberstab.

Erst wenn das Werten, vor allem das Abwerten, ein Ende findet, entsteht ein *Freiraum* für all die anderen höheren Geistesenergien – dazu zählt natürlich auch das Abwerten, das *dich selbst* betrifft.

Vor allem sind es deine eigenen Herzenskräfte, die dann endlich immer öfter den entstandenen Freiraum füllen dürfen und neben Selbstwertgefühl, das du dir hast von anderen zerstören lassen, können jetzt auch Freude, Liebe und Friedfertigkeit dein Leben verändern. Feiere dich!

Wahre Liebe zum Beispiel kennt keine Bewertung, denn Bewertung sagt, ein Ding sei wichtiger als das andere. Der alte Schlager „Liebe ist wie Sonnenschein" sagt ja auch, dass die Liebe genauso wie das Sonnenlicht nicht wählerisch ist, niemanden bevorzugt und somit alle *gleich-wertig* bescheint. Obwohl du wie jeder Mensch einzigartig bist, verbindet *uns alle* der gemeinsame Ursprung aus dem Lichtreich. Das Erkennen und die darauf folgende Bewusstheit dieser Gemeinsamkeit und Synergie lässt dich alles Lebendige *gleich* wertschätzen.

Gleich-wertig-keit gilt für die partnerschaftliche Liebe ebenso wie für die Liebe zu allen Erdengeschwistern, und du kennst den *Matthäus*-Vers „*der Vater lässt seine Sonne aufgehen über Böse und Gute und lässt regnen über Gerechte und Ungerechte"*. Kein Leben ist un-wert. Wahre Liebe spürst du natürlich unterschiedlich stark, und die Intensität ist unter Partnern sicher die höchste. Aber was dich mit diesem Menschen verbindet, verbindet dich auch mit jemandem, der neben dir im Bus sitzt oder mit einem Haustier oder einer Sonnenblume. Nur die Intensität, mit der du als aufmerksamer Beobachter wahrnimmst, ist unterschiedlich.

Es heißt: *...liebe deinen Nächsten wie dich selbst.* Wenn du dich aber nicht selbst lieben kannst, wie soll das deinem Nächsten gegenüber besser gehen?

„*Sprich Gutes über Jeden*" (Babaji)

Frage: *Hat das nicht eine bessere Energie, anstatt des negativ formulierten Nicht-richten sich positiv auszudrücken, zum Beispiel gut von anderen denken?*

Vielen Dank, das ist ein ausgezeichneter Verbesserungsvorschlag, den ich in Zukunft wieder mehr beachten will.

Das Gut-von-anderen-reden ist ja eine ganz schwierige Aufgabe in unserem Alltag. Das Kritisch-sein kommt um so leichter in dein Denken und Sprechen, je stärker dein Ich vom betreffenden Thema beeinflusst und ‚getroffen' wird. Es sind ja meistens nur ganz bestimmte Lebensbereiche, in denen du *noch nicht* losgelassen hast, in denen etwas ‚Für-dich-Schmerzliches' steckt, in denen du keine Kritik verträgst oder überempfindlich reagierst (natürlich sind es am Ende nur deine versteckten Ängste). Oft ist es das zu schnelle emotionale Reagieren, kurze Zeit später denkst du ja schon wieder anders. Da haben inzwischen deine Gefühle, die Herzensgefühle, innerlich interveniert.

Es gilt hier auch die Verhaltens-Formel e^3: Solches an sich selbst zu *erfahren*, bringt dir *Erkenntnis*, und du musst dich jetzt *entscheiden*, zu einem *Selbstverbesserer* zu werden. Mein Kobold *Schalk* ruft jetzt dazwischen: „*Wer die Welt verbessern will, muss bei sich selbst anfangen.*" Tatsächlich findest du bei den Weltverbesserern fast nur solche, die die anderen oder viel anderes verändern wollen, bloß nicht sich selbst – *...man ist ja wer!* Aber lass uns schnell wieder bewusst schöpferisch denken: Wenn du an andere denkst, denke immer positiv, denke liebe- und verständnisvoll, *...denke gut!* Sie sind ja ebenso erwachende Seelen wie du. Vielleicht bist du ihnen bloß um eine Nasenlänge voraus.

Ist solches Denken nicht möglich, aus welchem Grund auch immer, dann lasse es ganz sein. Nimm dich heraus, beobachte nur, schau zu. Gib es notfalls ab und segne es. *Babaji* lehrte: *Sprich Gutes über jeden. Kannst du kein Lob für jemand finden, so lasse ihn aus deinem Leben gehen.*

Dich selbst in deinem Verhalten, deinen Reaktionen und Gefühlen ‚verbessern‘ zu wollen, kann allerhand Neues, vielleicht auch Unangenehmes aufdecken, das du vermutlich früher immer schnell verdrängt und gut überspielt hast.
Verändern ist gut und wichtig,
***verbessern* aber ist einfach ‚besser‘.**

Verbessern hat Schöpferqualität, und du solltest keine Gelegenheit im Alltag auslassen, solche kleinen Verhaltensdefizite an dir zu erkennen und zu verbessern – denn dann erst stimmt es: vom Selbstverbesserer zum Weltverbesserer.

Erlöse deine Emotionen in dir selbst

Was machst du, wenn du in einem Konflikt einfach mit deinen Emotionen wie Angst, Ärger, Groll, Enttäuschung und ähnlichen nicht zurechtkommst, ebensowenig wie zum Beispiel mit deinen Herzenskräften wie Liebe, Mitgefühl und Seelenschmerz? Der Konflikt sitzt so tief, dass du in Abhängigkeit obiger Energien keinen klaren Gedanken mehr fassen oder nicht einschlafen kannst? Deine Gedanken wirbeln immer im gleichen Kreis. Die Klarheit, um ohne Werten und Bewertung den Seelen-Prozess durchzustehen, gelingt auch nur zeitweise. Alkohol und jegliche Form von Ablenkung ist deiner nicht würdig, und das In-die-Stille-gehen hätte mehr bringen können.

Ich selbst bin eine recht ausgeglichene und friedfertige Waage, nicht dezimal, sondern als Sternzeichen. Ein persönlicher Konflikt ließ mich nachts aufwachen und ich erschrak ob meines heftigen Herzklopfens, das geradezu raste. Nachdem ich das autogen etwas beruhigen konnte, schlief ich wieder ein, um aber bald von der gleichen Attacke geweckt zu werden. Diesmal hatte ich aber eine klare Eingabe dabei: *Bring diese Energien, die dich nicht ruhen lassen, in dein Herzzentrum, und übergib sie dem dort herrschenden Licht zur Transformation.*

Gedacht, getan! Es war ein prompter Erfolg, und zwischenzeitlich habe ich diesen Energien-Erlösungsprozess mehr und mehr verfeinert und modifiziert. Das geht so:

Zuerst musst du die unbeherrschten Gedankenenergien einsammeln, dann versinkst du in eine immer tiefer gehende Entspannung mit Hilfe des Ausatmens, um dadurch in den sogenannten Alpha-Zustand[26] zu kommen – ein anhaltend tiefes und emotionsloses Entspanntsein. Das alles spielt sich noch an deiner Körperoberfläche ab, danach ‚fährst‘ du visuell mit einem mentalen Fahrstuhl in dein Inneres, in dein Allerheiligstes, dessen Lichtkräften du die Erlösung deiner wirren Gedankenkräfte überlässt – *du lässt geschehen und gibst ab*. Im Praktischen läuft es folgendermaßen ab (Übung 2):

1. beobachtest du – im Sitzen oder Liegen –, was gedanklich mit dir vorgeht, und dann sammelst du alle deine Gedanken zu einem Energieball oder Knäuel; auch alle Emotionen und Gefühle, alles, was dir energetisch geschieht im Inneren wie im Außen, was dich belastet oder dir gut tut, was dich traurig macht oder erfreut – einfach alles. Gib den Befehl: *...alle diese Energie aus der letzten Stunde!* Stelle sie dir als Energiefäden vor, hell, dunkel, farbig, grau..., wie du willst. Und dann zusammengeknüllt wie ein Schneeball, der aber aus klar erkennbar verschiedenen Fäden besteht. Den legst du auf deine Brust, im Sitzen drückst du ihn daran.

2. beginnst du nun das Entspannungs-Zählen in Verbindung mit immer tieferem Ausatmen. Entspanne alle Muskeln, auch die des Gesichts. Dann atmest du ein mit einer gedachten Dreizehn, langsaaaam ausatmen mit der Zwöööölf, einatmen mit der Elf und langsaaaam ausatmen mit der Zeeeehhhn, und so fort. Tief ausatmen dabei, immer tiefer und auch die Ziffern mit einer immer tiefer klingenden Stimme denken, die dabei immer schläfriger werden soll. Das letzte bewusste Ausatmen dieses Entspannungsprozesses ist dann die Nuuuuuuull, ganz tief und auch in der gedachten sonooorigen Stimme wooooohlig schwingend.

3. siehst du dich nun – falls du noch nicht eingeschlafen bist – in einem Fahrstuhl, so schön, wie du dir einen in dein Haus einbauen würdest. Mit der Kugel aus Gedankenenergiefäden in der Hand, gleitest du sanft immer tiefer in deine Mitte, tiefer, tiefer, bis du durch einen kleinen Ruck weißt, dass deine Fahrstuhlkabine in deinem Herzzentrum, dem Allerheiligsten angekommen ist, und

4. kommt jetzt der erlösende Moment: Die Fahrstuhltüre geht auf, und eine alles überstrahlende Lichtfülle flutet dir entgegen, und du siehst, wie sich deine Gedanken-Energien-Kugel auflöst und zu einem N i c h t s wird. Du bist jetzt frei!

Wenn du also in einem Konflikt steckst, den du nicht sofort lösen kannst, beherrschen und fesseln dich deine Emotionen, Gefühle und Gedanken, Gedanken, Gedanken. Du willst sie aber so in den Griff bekommen, dass sie deine schöpferischen Vorsätze – *zuzuschauen* und *geschehen-zu-lassen* – nicht wieder und wieder behindern. Dazu verweise ich nochmals auf folgende fünf mentale Steuerungsverfahren:

- *Meditation* und *Einkehr* in die Stille, vor allem die Gedankenstille, holen dich aus deinen heftigsten Anbindungen;
- achte auf deine *vollständige Aufmerksamkeit in deinem Tun*, um einen inneren Abstand zu erlangen;
- erlöse die dich belastenden Energien i n deinem *Allerheiligsten* (Übung 2), oder
- erlöse sie durch dein *bewusstes Danken* für ihren herausfordernden Dienst an der Entwicklung deines Seelenweges, oder
- versuche, an der dich belastenden Situation etwas zu *verändern*.

Die ersten drei Verfahren wurden bereits ausführlich geschildert, das vierte, *das bewusste Danken*, bekommt wegen seiner neu erkannten Bedeutung für die heutige Zeit ein eigenes Kapitel weiter hinten im Buch. Je nach deiner Stimmungslage und deiner Betroffenheit kann dir das eine Verfahren mehr helfen als das andere, oder alle oder mehrfach hintereinander. Setz dir dabei das Ziel *...ich gebe ab* und *...ich will!*, experimentiere und lasse dann geschehen.

Verändere deine Situation

Nun gibt es aber noch einen weiteren Weg, endlich frei zu werden für ein friedvolles Geschehenlassen in festgefahrenen Konfliktsituationen (das fünfte Verfahren): Sei Schöpfer einer Situationsveränderung. Mache dich frei von deinen Emotionen (mit einem der vier mentalen Steuerungsverfahren auf der vorangegangenen Seite), und in diesem ‚reinen‘ Zustand dann: *Höre in dich* auf plötzliche Ideen, Ahnungen, Einfälle oder Eingaben, bei denen du ein gutes bis sehr gutes Gefühl hast, und realisiere sie sofort. Durch diese *Veränderung der Situation* selbst, was dann oft überraschend leicht und glatt vonstatten geht (das Ganze ist ja durch plötzliche Ideen, Einfälle oder Eingaben von oben oder innen *geführt*), verändern sich auch die dazugehörigen geistigen Energien, die dich ungewollt beherrschten oder fesselten.

Sehen wir uns das noch etwas genauer an. Bei jeder Konfliktsituation musst du entscheiden: Kann ich hierbei etwas verändern oder ist-es-so-wie-es-ist. Es geht also um dein Aktiv/Passiv-Sein. Wenn du erkennst, dass du in Passivität ausharren sollst, in Tun durch Nichts-Tun, in Beobachten und Anschauen, in Geschehenlassen, dann tue das. Lasse alles Aktivsein sausen. Akzeptiere!

Wenn dir das nicht so leichtfällt, dann richte deine Aufmerksamkeit auf deine herzzentrierten Gefühle – was du spürst bei deinem Beobachten und Anschauen. Wie fühlt sich das an? Fühlst du dich dabei leichter, schon fast befreit, schon fast neutral, ja eigentlich...! Als ehemaliger Württemberger sage ich: *...mit einem guten Viertele Rotwein...*, aber da meinen die Übergenauen, so etwas helfe dir nicht weiter. Ich gestehe, ich habe es schon mit und ohne probiert, und habe mich jeweils sehr gut gefühlt dabei – du musst dein Problem nur vorher abgeben, nach oben oder nach innen, wo erfahrungsgemäß die neue Lösung s c h o n p a r a t l i e g t und nur noch auf deinen Abruf wartet und wartet... Wie du längst weißt: Es muss nämlich zuerst die r i c h t i g e R e s o n a n z aufgebaut werden, die richtige Frequenz, damit Konflikt und Konfliktlösung zusammenfinden können.

Das heißt eben auch, dass du als irdischer Schöpfer – wie der kosmische – ausharren musst, bis die Zeit da ist, bis etwas ausgereift ist. Da hilft es nicht, nachzuhelfen. Etwa wie jener Landwirt, der nachts aufs Feld ging, um an den Halmen seines Weizens zu ziehen, damit er früher als die Kollegen ernten könne. *Aussitzen* klingt zwar nicht gerade ‚göttlich‘, aber es bedeutet *Akzeptanz* und ist oft die beste Momentlösung, wenn sich nichts verändern lässt.

Nun stellst du dir dich sicher mehr als einen aktiven Schöpfer vor, der erschafft und kreiert und nicht aussitzt. Das ist trotzdem gleichwertig, den Unterschied beschert dir ja die jeweilige Situation, in die du sicherlich nicht ohne dein Zutun geraten bist. Wenn du dahingegen den Mut aufbringst, in die Gesamtsituation einen *neuen Handlungsaspekt* einzubringen, damit vor allem etwas Eigenes und Persönliches, möglicherweise sogar etwas *Unerwartetes* zu kreieren, kann sich durch diese Veränderung die schon parat liegende Lösung schneller ankoppeln.

Babaji empfahl: *...sei originell – sei erfinderisch – ahme nicht nach – sei stark – sei aufrichtig.*

Wenn du das mit akzeptierendem Nichtwerten und mit selbstloser Liebe arrangierst, kannst du dir mit hoher Erfolgsquote anschließend auf deine Schöpferschulter klopfen.

Im Freundeskreis habe ich eine hochspirituelle Partnerschaft erlebt, die für uns Außenstehende in einen unerwarteten Tiefpunkt stürzte. Einige der Ursachen waren klar und von beiden eingebracht, aber da gab es noch andere Umstände, die jeder für sich zu klären suchte und darauf auch je nach Egobeteiligung weiter beharrte. Das Sichprüfen und das Loslassen waren wichtig und das Nichtmiteinanderreden so nützlich wie schmerzlich.

So vergingen Tage des Sichwehtuns – natürlich von beiden ungewollt. Wie *‚er'* mir verriet, hatte er morgens beim Aufwachen die Eingabe: Gehe sofort mit einem Blumenstrauß zu ihr, und verändere dadurch den Ist-Zustand – er tat es also intuitiv sicher und mit einem sehr guten Gefühl für die *bewusste Veränderung der Situation*. Wie ich hörte, war das Ergebnis überraschend: Auch *‚sie'* hatte zwischenzeitlich ihre Emotionen ent-‚wertet', es kam zu einem angenehmen und sehr offenen Gespräch, und die verbissene Verspannung war erst einmal gelockert. Die zuvor schwierige S e l b s t f i n d u n g in diesem Prozess ist durch mehr Ausgewogenheit leichter möglich geworden. Am Ende hat ehrliches gegenseitiges Sich-bedanken für das gemeinsam Erreichte auch zu einer erhöhten gegenseitigen Akzeptanz geführt.

Geistige Energien sind unerschöpflich

Frage: *Auch beim Geschehenlassen wirkt doch irgend etwas. Was für Energien sind denn das?*

Auch du hast dich freiwillig mit einem bestimmten Lebensplan in diese Erfahrungsebene hereingebären lassen. Das Wissen darüber wurde aber bei deiner Geburt aus dem Gedächtnis gelöscht, und nur dein Herzzentrum und die Körperzellen deines feinstofflichen Mentalkörpers können sich noch des geplanten Programms erinnern. Wenn du es zulässt, können beim *Zuschauen*, beim *Geschehenlassen* oder noch besser: beim *Auf-sich-zukommen-lassen* deine intuitiven Kräfte auf solches vorhandenes Wissen zurückgreifen. Ich wiederhole die Voraussetzungen, das heißt die Quellen, die deiner Intuition samt Gedanken zur Verfügung stehen:

- Deine Herzenskräfte aus deinem Allerheiligsten sind so rein, reiner geht es nicht;
- deine Zellerinnerungen oder deine Körperintelligenz stecken voller einstmals ‚erfahrener' Weisheit, und
- deine geistigen Helfer und Engel aus dem Lichtreich sind die liebevollsten und geduldigsten Partner in deinem ganzen Erdenleben.

Über die beiden ersten Themen, die Herzenskräfte und die Zellerinnerungen habe ich Vorträge gehalten und gebe sie in den nächsten Buchteilen wieder.

Bei den Gedankenenergien, die nicht auf Seelenprogramm-Informationen zurückgreifen können, handelt es sich um geistige Energien, die mit deinem FREIEN WILLEN zu tun haben. Damit sie im Sinne deines Lebensprogramms für dich etwas tun können, musst du vorher bewusste Entscheidungen getroffen haben, in deren R e s o n a n z du dann geführt werden kannst. Diese Erwartungen nach deinen Entscheidungen nennt man eben geschehen lassen oder auf-dich-zu-kommen-lassen.

Der andauernde Ruf deiner reinen Seele klingt sicher so: *...lass doch endlich geschehen! Nimm heute noch an, was dir dargereicht wird! Pack jetzt dein Geschenk aus! Und lass dich führen!*

Lasse dich einfach führen

Geistige Energien, die in deinem Leben innere und äußere Führungen übernehmen dürfen, führen zu bestimmten Geschehnissen, welche die meisten Menschen als *komische Zufälle* registrieren und fast immer ohne Dankeschön annehmen. Die geistigen Energien können dich zum Beispiel mit Stimmungen und Gefühlen ‚führen'. Mit Euphorie, Enthusiasmus, Überzeugung, sicherem Gefühl und Stärke, aber auch mit Ängsten, Hemmungen, Ekel oder Zögern. Herzklopfen (freudiges wie solches durch einen Schrecken ausgelöst), Erschaudern, Gänsehaut, Frösteln, Schlafstörungen, Magenkrämpfe, Durchfall und vieles mehr sind eindeutige Körpersignale, die dir etwas sagen möchten. Sie möchten dich zum Beispiel daran hindern, jetzt zu diesem Zeitpunkt etwas zu tun, was nicht gut ist für dich oder dein Projekt. Es kann aber auch sein, dass es überhaupt nicht im Sinne deines Lebensprogrammes ‚stimmt' und du Zeit bekommst, es nochmals zu überdenken. Oder das Gegenteil: Deine Begeisterung fegt alle deine Unsicherheiten vor dir weg, oder deine Verliebtheit überflügelt dein ungeschicktes Zaudern.

Diese Ahnungen, Impulse, Intuitionen, Träume und Visionen mit Führungs-Charakter kommen aus *drei verschiedenen* Geistesebenen zu dir: aus deinem eigenen Inneren, aus deinem Familienbewusstsein im Lichtreich und von geistigen Wesenheiten aus dem gleichen Lichtreich, energetisch vorstellbar zwischen einem Schutzengel und dem Schöpfer selbst dimensioniert. Also, vergiss eines nicht: *Du bist niemals allein.* Achte aber darauf, dass inzwischen jegliches Gefühl des Getrenntseins-von-Gott in dir gelöscht ist – *Gott* oder *Christus* ist in dir!

Brenne das in deine mentale Denk-und-Fühl-CD-Rom ein! Erst dann kannst du dich so weit öffnen, dass du *das Sich-führen-lassen* aus allen drei Ebenen wahrnimmst.

Die erste Energieebene, die *in dir selbst* oder *deinem Inneren*, stellt sich so dar: Wie immer auf unserer dualen Erfahrungsebene, haben wir wieder zwei verschiedene mentale Vorgänge. Der erste meldet sich stets aus deiner Gefühlsebene, dem Herzen, und der zweite Vorgang kommt aus deiner Bewusstseinsebene und ist ein lebenslanger Zwang, aufgrund deines FREIEN WILLENs Entscheidungen treffen zu müssen – solche für dein Seelenheil auf deinem Lebensweg oder einfach grundsätzlich: Entscheidungen *für* oder *gegen* »Alles ist Gott«.

Dich führen zu lassen von deinen G e f ü h l e n , wenn sie aus dem Herzen kommen, ist sehr schwierig in unserem heutigen Leben – aber eigentlich war das schon immer so. Verlacht werden kann noch erträglich sein, doch von schmerzhaft gedemütigt bis hin zur psychiatrischen Behandlung oder der Sekten-Zuordnung gibt es hunderte von Möglichkeiten, wie das entgottete Umfeld mit dir verfahren kann. Das beste Beispiel dafür ist ja unser *Heiland* selbst, der aufgrund seiner gelebten Friedfertigkeit lieber das Kreuz auf sich nahm, um dafür seine vollkommen reinen Ideale ungeschmälert zu leben und zu lehren.

Denn die Gefühle aus dem Herzen, die dich als Schöpfer deines Lebens führen wollen, sind die *absolute Wahrhaftigkeit*, die *Freude am Sein*, die *selbstlose Liebe*, die *unerschütterliche Friedfertigkeit* und das *Eins-sein-wollen-mit-Gott* – allesamt nicht ‚aktuell‘ in der heutigen Zeit. Sie kommen direkt aus deinem Herzen.
Sie sind die einfachsten, direktesten und besten F ü h r e r in deinem Leben.

Sie sind rein, sie sind heilig und sie sind vor allem d u s e l b s t – sie sind deine Individualität und deine Einzigartigkeit. Es gibt nichts Besseres für dich. Es ist Gottvertrauen *zu d i r selbst*, zu dem *Göttlichen in dir* – zu »Alles ist Gott«.

Dein innerer Wissen/Nichtwissen-Dualismus

Die anderen Führungsimpulse aus deinem Inneren kommen aus deiner Bewusstseinsebene, weil sie *zuerst Entscheidungen* erfordern, die du lebenslang treffen musst:

**Wie gehe ich mit diesen Herzenskräften um,
die sich in mir melden, um mich im Außen richtig zu führen?**

Der Vorgang sieht folgendermaßen aus: Du trägst in deinem *Emotionalkörper*[41] eine uralte Korrelation des gnostischen[42] Begriffes *Licht/Schatten*. Dieses Aufeinanderbezogensein (Korrelation) kannst du dir vielleicht leichter als energetischen Zwilling vorstellen, der dich durch das ganze Leben begleitet. Das ist das Los, das du freiwillig auf dich genommen hast, um auf der dualen Erfahrungsebene leben zu können. Dieser innere *Licht/Schatten*-Dualismus zählt wohl zum *größten Konfliktverursacher* im irdischen Leben eines jeden Menschen. Seine innere Disharmonie, die du zwangsläufig aus Unkenntnis viel zu oft zulässt, öffnet deinem gesamten feinstofflichen Körperenergiefeld, auch *Aura* genannt, Tür und Tor für lichtlose und lichtscheue Fremd-Energien. Daher beschreibe ich dieses wichtige Energiespiel hier etwas ausführlicher.

Zuvor stelle ich aber klar, dass nach meiner Meinung der uralte gnostische Begriff *Licht/Schatten* in seiner Negativbewertung überholt ist. Der korrelierende Begriff zu Licht ist nämlich Lichtlosigkeit, also ein Zustand des Mangels mit entsprechenden Ur-Ängsten – da es aber keine Seele ohne einen Lichtfunken in sich gibt, kann man höchstens von einer *Lichtarmut* sprechen. Im Laufe der Jahrtausende wurden daraus aber bedrohliche Lehrmeinungen wie Schatten, Dunkel, Finsternis, das Böse und noch Schlimmeres. Diese ‚Lichtarmut‘ bekommt ja keine (Licht)-Energie mehr von Gott, sondern sie holt sich massenhaft Energien von uns Menschen, von unseren Gedanken, unseren Ängsten, unseren Emotionen, unserem Hass und vielem mehr und besitzt davon inzwischen ein unvorstellbares Potential. Aber prinzipiell sind es feinstoffliche Energien, die mit dir nur in Resonanz treten können, wenn du ihnen einen *Resonanzboden* bietest. Da dies ein Buch für die Neue Zeit ist, lasse ich das Bedrohliche des ‚Schattens‘ und der ‚dunklen Mächte‘ weg und formuliere es als ein *Defizit an Licht*, als Lichtarmut.

Bei einem gemeinsamen Erleuchtungsakt im Christuslicht mit *Hannelore* erklärte uns *Jesus* aber folgendes: *„Es gibt keine lichtlosen Seelen, alle sind Kinder Gottes und alles ist Licht. Es gibt aber Unwissende, also Wissende und Unwissende unter euch. Es gibt **n u r** Wissende und Unwissende. Alle Seelen sind gleich. Alle haben das Licht, aber sie erinnern sich nicht daran. Die Wissenden und Wahrhaftigen führen zum Erhalt, die Unwissenden zur Zerstörung.“* So bekommt das Zitat des *Heilands* im Neuen Testament *...denn sie wissen nicht, was sie tun* einen völlig neuen Sinn.

Dein innerer Dualismus Wissen/Unwissen ist keine Erbsünde oder sonst eine ‚Schuld‘, sondern ganz einfach ‚dein Sprung in die Zweiheit‘. Damit erschufst du neben *deinem lichtvollen Wissen* dein *eigenes lichtarmes Unwissen* in deinem Körperenergiefeld.

Und weil du bei deiner Geburt vergessen hast, dass auch das zum irdischen Lebensspiel zählt, fliehst du dein Leben lang vor deinem eigenen inneren Wissensdefizit. Konflikte oder gar Dramen entstehen nun dadurch, dass dein innerer Licht- und Wissens-Aspekt das geistige Gesetz des FREIEN WILLENs zu beachten hat, wohingegen sich der unwissende Zwilling davon einfach losgesagt hat. (Um dieses Schöpferprinzip besser verstehen zu können, musst du dir vorstellen, dass dein unwissender Seelenaspekt eigentlich ein Opfer bringt, denn er hat sich dabei von dem göttlichen Wissen und der Erinnerung getrennt, die du weiter untrennbar in dir trägst.)

Symbolisch lässt sich das (lustig vereinfacht) so darstellen: Auf der linken Schulter deines unsichtbaren Mentalkörpers sitzt als inneres Wissen ein *kleiner Engel* und auf deiner rechten Schulter ein *kleiner (unwissender) Dämon*. Der Engel darf dir natürlich nie etwas zuflüstern, was gegen die Liebe und gegen das Licht, also sein Wissen, verstößt und respektiert immer den FREIEN WILLEN (sonst wäre er kein Engel) – und das nennen wir Ge-wissen. Der Unwissende aber handelt lustvoll und stets gewissen-los und tönt sicherlich in beide deiner Ohren „*...tu's nicht, dein Herz sagt das Falsche! ...gib's auf, ...du hast doch Angst, ...du wirst dich blamieren*", wohingegen dein gewissen-hafter Engel sein Stimmchen eher flüsternd mit „*...tu das, was du fühlst ...verändere ...hilf! ...vertraue ...sei nicht ängstlich*" erhebt. Und das ein ganzes Leben lang, Tag für Tag, Situation für Situation.

Es heißt in einer Geschichte, dass bei der Heimkehr der Seele ins Lichtreich der *Dämon* immer lacht, wohingegen es dem *Engel* auch manchmal vergangen ist. Warum? Hat der Kleine mit der Fratze (?) in der Lebensbilanz der Seele ‚gewonnen', freut er sich, und der Engel ist traurig. Hat dahingegen der Engel in der Lebensbilanz der Seele mehr Erfolg gehabt und ‚gesiegt', kommt bei beiden Freude auf – denn dadurch wurde der lichtarme Unwissende in diesem Erdenleben endlich *erlöst* und darf nun auch ins Licht davonschweben. In der kurzen Geschichte lagen sich nun sogar beide in den Armen, liebten und bedankten sich für den Part, den jeder, so gut er konnte, mitgespielt hat. „*...pfui, wer hier noch von Schuld und Sünde spricht*", würdigt das sogar mein *Schalk*.

Somit ist das Sich-führen-lassen durch dein *Gewissen* der schwierigere Teil, aber auch der lehrreichere. Begriffe wie Gewissenhaftigkeit, Gewissensbisse, Gewissenskonflikte und Gewissenszweifel weisen auf die vielen Schwierigkeiten hin, dabei laufend Entscheidungen treffen zu müssen.

Du wirst begleitet

Führung aus dem L i c h t r e i c h kann beim Geschehenlassen oder beim Auf-dich-zu-kommen-lassen (wie erwähnt) energetisch aus zwei gesonderten Seelenverbindungen entstehen. Die eine ist die Verbindung deiner Seele mit den Seelen deines Familienbewusstseins, die dich aus der jenseitigen Dimension ähnlich einem Schutzengel zu führen versuchen. Dein *Familienbewusstsein* kennt deinen irdischen Lebensplan ganz genau. D u warst es ja, der diesmal den Mut hatte, in die Dualität der sichtbaren und unwissenden Welt hinabzusteigen, während der Rest der Familie dich aus ihrem paradiesischen ‚Wissen' geistig begleitet. Natürlich ist Führung und Begleitung nur energetisch möglich: immer liebevoll und hilfsbereit, oft aber bibbernd (*...hat er es nun endlich begriffen*), trauernd und weinend, zwischendurch aber sicher auch glücklich und jubelnd.

Vertrauen in Kräfte, die unsichtbar leiten,
helfen, die Brücken im Jetzt überschreiten.
Helfen, das Innen nach außen zu kehren,
stützen beim Fragen, helfen beim Lehren.
Brücken des Lichtes, Brücken des Werden
sind wahre Hilfe, helfen auf Erden.
Unsichtbar, unscheinbar in deinem Innen,
nehme sie an, du wirst Stärke gewinnen.
Öffne dein Herz, öffne die Türen,
Brücken mit Wissen wollen dich führen.   (Hannelore)

Solche Führung geschieht normalerweise unbewusst für den Erdling. Wer sich aber für sein irdisches Schöpfersein dieser Brücke zum Jenseits – bittend wie dankend – öffnet und geschehen lässt, den zeichnet eine unerschütterliche Bewusstheit, eine unerklärliche Weisheit, eine beeindruckende Sicherheit, eine heitere Gelassenheit und dadurch auch eine stabile Gesundheit aus. Der direkte Kontakt entsteht durch deine Intuitionen und dein Fühlen, das natürlich all-mählich dafür entwickelt werden muss. Bedenke: Als inkarnierte Seele bist du mit einem besonderen Anliegen oder gar freiwilligen Auftrag ‚ins Fleisch' ge-gangen. Und nun hast du deinen eigenen, einzigartigen Teil zu geben und ein-zubringen – deine Talente, deine Gaben und deinen Mut. Dieser Teil wird si-cherlich gebraucht, denn du hast dich ja noch mit weiteren inkarnierten Seelen verabredet, ihnen womöglich auch ein Versprechen gegeben.

Eine weitere Kontaktmöglichkeit zu deinem *jenseitigen Familienbewusstsein* ist die über Mediale, die sich meistens darauf spezialisiert haben. Hoch entwik-kelt ist dieser Spiritismus in England[43]. Der erste Kontakt ist meistens ein sehr ergreifendes Erlebnis – aber auch die späteren Séancen sind immer ein Wechsel-bad von Tränen und Lachen. Für die Jenseitigen ist es ein lang ersehnter Fest-tag, endlich zeigen zu können, dass die ganze ,verstorbene' Verwandtschaft *weiterlebt* – alle Seelen sind ja unsterblich – und *miterlebt*, was der irdische Fa-milienteil so treibt. *Hannelore*[44] zum Beispiel stellt sich als mediale Mittlerin zwischen den beiden Dimensionen zur Verfügung und meint: ...*nicht die sensa-tionellen Botschaften, sondern die herzensnahen, liebenden, klärenden Worte über das Jenseits sind wichtig. Trost und Vertrauen in das Leben vor und nach dem Tod können vermittelt werden.*

Für viele ist dieses Erfahren nicht nur etwas Neues, sondern auch noch ganz unverständlich. Das alte Germanentum und auch andere Religionen überhaupt kennen diese Ahnenverbindungen – obwohl auch dieser Begriff stark unter Missverständnissen leidet und aus unserer modernen Welt ganz verschwunden ist. Aber wer sich diesem alten Wissen wieder neu öffnet – und die ,drüben' jubeln dann dabei –, schließt sich durch sein Ahnen unge-ahnten Möglichkeiten an, wie ihm seine Ahnen im irdischen Lebensspiel beistehen können.

Bald fühlst du dich nicht nur begleitet, sondern du bekommst ein dankbares, wenn nicht stolzes Empfinden für ein ganz neues WIR. Ein WIR, das dich nie mehr alleine lässt; das dich eine *überirdische Wärme* spüren lässt; das dir das Gefühl gibt, dich kann jetzt nichts mehr umhauen. Dein jenseitiges Familien-bewusstsein fängt dich immer auf, wenn du dich auffangen lässt – mit ihren Liebesenergien und ihrem lächelnden, geduldigen Verständnis; und ihrer Dank-barkeit für deinen heftigen Job auf Erden.

Die dritte Energieebene, die dir mit Führungsfunktionen zur Seite steht, ist das Lichtreich mit seinen Engeln und Erzengeln, aber auch mit den hohen Mei-stern und Avataren. So wie der letzte Satz des *Matthäus*-Evangeliums das gewal-tige Vermächtnis des *Heilands* ausdrückt: ...*seid gewiss: Ich bin bei euch alle Tage bis zum Ende der Zeiten*[7], so gilt dies auch für die mächtigen Energien von *Mutter Maria*, vom *Christus-Bewusstsein* und von der *Großen Mutter* und dem *Großen Vater* und anderen mehr. Allerdings musst du dich diesen höchsten Lichtenergien sehr bewusst und klar öffnen und sie zulassen. Du musst dabei mit ihnen *in Resonanz treten* und ihre besondere Führung a n f o r d e r n, und du musst deinen Körper-Tempel so rein halten (was ja auch *Jesus* fordert), dass du dabei irgendwann in den Zustand der Erleuchtung kommst und im ständigen (?) seelischen oder mentalen Kontakt mit ihnen bist.

Der unsichtbare Spiegel

Achte bei all diesen Erklärungen zuvor darauf, w a s dir dabei deine jeweilige Situation sagen will. Ein bequemes Sich-führen-lassen gibt es nicht.

Alle Geschehnisse und Erlebnisse in deinem Leben generell, in deinem Alltag wie auch in den einzelnen Momenten, sind ein S p i e g e l deiner ureigensten Schöpfungen. Entweder als *Ernte* deiner *Saaten*, die du irgendwann in Form von Gedanken, Worten oder Werken ausgesät hast, oder als Manifestationen, in denen sich deine ursprünglichen Schöpfungsideen (alle Dinge um dich, wie auch die Menschen selbst, sind aus Urzeiten stammende e i g e n e Schöpfungsideen, wie du weißt) darstellen oder darstellen wollen; oder als Not- und Hilferufe deiner eigenen vernachlässigten Seele beziehungsweise deines *Allerheiligsten*; oder als Resonanzeffekt deiner inneren Unruhe, Disharmonie und Ängste. Achte darauf und analysiere, untersuche dich und deine Situationen aufmerksam, bevor du deine verstandesmäßige ‚Führung' abgibst.

Wenn du nun bewusst und achtsam Lebenssituationen und Momente studierst, jeweils etwas daraus lernen willst und darüber nachdenkst, was du daraus *erkennen* sollst, gibt es nur ein untrügliches und verlässliches Rezept, nämlich die Frage: ...wie f ü h l e ich mich in dieser Situation? Dein *Gefühl* (und nicht dein Kopf) ist der brauchbarste Indikator, der dich in Situationen, Konflikten und Erlebnissen berät, belehrt, warnt oder dir hilft. Das ist nämlich der einzige Weg, wie dir deine jenseitige Familie oder selbst höchste Geistführer beistehen können. Immer und ausnahmslos über deine klaren Gefühle und deinen *damit verbundenen* Verstand – und wenn du ihn von deiner Egozentrik befreist.

Allerdings ist es wohl als eine Kunst zu bezeichnen, dieses *Fühlen* mit der Zeit so zu perfektionieren, dass es für dich zu einem verlässlichen ‚Sprecher' wird, der dir jeweils im richtigen Moment das Richtige sagt.

Es gibt eine mächtige, lichtvolle Affirmation (man kann auch Gebet dazu sagen), die hier als Beispiel die höchste Energie überhaupt anfordert:

**Geliebter *Jesus Christus*,
ich will, dass dein Geist durch mich fließt.
Ich will dein Diener sein.**

**Ich will, dass dein Geist in jeder Zelle meines Körpers ist.
Dein Wille geschehe in mir.**

**Ich öffne mich nur deinen Kräften –
sie sollen gemäß deinem Willen in mir aktiv werden.**

Ich will, dass du mich führst und leitest.

Mit diesem Vertrauen – zu dir selbst wie auch zum Göttlichen – wird es dann möglich, deine Probleme zu Herausforderungen zu machen und selbst zu lösen. *„Hilf dir selbst, dann hilft dir Gott!"*, feixt hier mein *Schalk*. Aber es hilft dir loszulassen, was dich *unnötig* anbindet und festhält; oder es hilft dir, authentisch zu werden mit Hilfe der ureigensten Seelenkräfte – denn auch das *Christusbewusstsein* kann durch dein Allerheiligstes wirken. In einem spirituellen Text heißt es: *„...wie du schöpferisch und segensreich d e i n e A r b e i t vollbringen kannst."* Besser kann man es nicht ausdrücken. Schöpferisch sein heißt authentisch sein, ursprünglich, eigenständig, selbstbewusst – genau das, was dich als ‚Schöpfer' auszeichnen wird – wenn du es willst: *zu einem Diener Christi*.

Suche stets den Sinn ‚dahinter'

Du steckst zum Beispiel in einem Konflikt und versuchst, sowohl aus den betroffenen Emotionen deiner logisch erscheinenden Ratio als auch aus den schmerzlichen Gefühlen deiner Herzenswelt herauszukommen. Es geht ja immer und ausnahmslos um energetische Vorgänge, und das Freiwerden gelingt dir entweder durch loslassen und geschehen lassen oder durch Veränderung der Konfliktsituation (beides wie bereits beschrieben) oder, so das nicht möglich ist, *durch Veränderungen an dir selbst*. (Die *Macht des Dankens* in Verbindung mit Akzeptanz erkläre ich in einem gesonderten Kapitel.)

Nun kann es sein, dass all diese Vorgänge nicht wirksam werden oder viel zu wenig bewirken. Dann empfiehlt es sich, nicht zu resignieren oder alles zu bezweifeln oder doch wieder in Schuldzuweisungen zurückzufallen. Gehe dann davon aus, dass aus irgend einem noch nicht ersichtlichen Grund all deine mutigen und sicher auch lieb gemeinten Versuche *an dir* und mit deinen Schöpfertechniken scheitern sollen. Versuche dann, den *Sinn des Geschehens* zu entdecken. Denn viele schmerzliche Prozesse lassen sich weder wesentlich verändern, noch gänzlich abstellen, weil sie einen besonderen Zweck erfüllen müssen. Meistens bei dir u n d dem oder den Beteiligten.

Sinn-Suche heißt vor allem: ...gehe d u r c h die Situation durch, und lasse dich aber nicht auf die Auseinandersetzung mit ihr ein.

Dann kann es auch sein, dass es erst einmal um deine Akzeptanz geht, entweder grundsätzlich als Lernvorgang oder, so du schon auf dem spirituellen Seelenweg bist, es sich um eine Prüfung handelt. Dein Seelen-Evolutionsweg ist eine *Fortschritt-Spirale* in dein Innerstes, dein Allerheiligstes. Runde um Runde wird dein Bewusstsein klarer und klarer, um immer öfter in die Reinheit zu kommen, die für eine anhaltende oder dauernde »Resonanz mit Gott und Göttin« Voraussetzung ist. Sicher gibt es begnadete ‚Schnellwege‘ zurück in die *Einheit*, gibt es *Erleuchtungserlebnisse* und sogar *Christus*-Erfahrungen. Aber der normale Evolutionsweg der Seele geht von Prüfung zu Prüfung mit jeweils anschließenden Einweihungen. Jede neue Runde läuft nach der e^3-Formel ab: *erfahren* und *erkennen* und *entscheiden* und wieder *erfahren – erkennen – entscheiden* und wieder und wieder...

Dieser Prozess kann nun langsam oder schneller gehen oder sich darin abwechseln. Das Tempo bestimmst alleine du – ob als Hubschrauber oder als Rakete. Und der geistige Raketenbrennstoff heißt *Bewertungsfreiheit*. Freisein von der irdischen Bewertung ist der Schlüssel, und das heißt auch Freisein von den Anbindungen und Einmischungen deines ‚Ichs‘.

Jesus **fordert: ...***richtet nicht!*,
also urteilt und wertet nicht. Das ist das schwierigste Gebot für j e d e n Menschen, schwieriger als alle zehn Gebote *Mose*. Es ist weit schwieriger als die Aufforderung *...liebe deinen Nächsten...*, denn jeder von uns trennt sofort in solche, die man lieben kann und solche, die irgend einen ‚Makel‘ haben: Mundgeruch, Hautfarbe, Uniform und tausend andere Bewertungen. Das haben die professionellen ‚Stellvertreter Gottes‘ nicht anders gehandhabt, vom urchristlichen Anfang an und am Beispiel des Sklavenhandels: immerhin ‚rechtmäßig‘ bis 1888 – nach *Jesu* Kreuzigung.

Übe dich im Akzeptieren

Nun willst du es besser machen, auch wir alle, denn wir wollen eine Neue Welt, ein *Friedensreich im Außen*, herbeidenken – als irdische Gedankenschöpfer und *Lichtseelen* ‚im Fleische‘. Um in die absolute Bewertungsfreiheit zu kommen, gibt es nur ein einziges klares und treffsicheres bewusstes S e i n: die *Hingabe*, die *Demut*, die *Akzeptanz*. Das heißt, den Ist-Zustand einer nicht veränderbaren Situation hundertprozentig anzunehmen und zu akzeptieren – ohne zu meckern und zu mosern, ohne „*...ich will nachhause*“, ohne „*...in dieser Welt hält man es nicht mehr aus*“, ohne „*...warum immer ich?*“. Denn immer nur durch dieses ‚ohne‘ ist dein mächtiger Zustand der i n n e r e n Neutralität erreichbar. Und dieser ego-freie Seinszustand oder dieser Zugang zu der *Einheit mit der Seele* beinhaltet drei Wirkungsbereiche:

- *dich herauszunehmen* aus dem Äußeren, völlig loszulassen, Macht abzugeben, dich vom ‚Haben' zu trennen, um zu ‚Sein' (auch für eine Hingabe-zu-dir-selbst);
- *dich neu einzubringen* mit bewertungsfreier Liebe, dem göttlichen Prinzip der Hingabe für größere Aufgaben und Berufungen, dem Dienen Gottes und
- *dich führen zu lassen* als Teil deines neuen Daseins und einer größeren Ordnung (kosmischer Plan?), deren Kräften du dich freiwillig ‚unterwirfst', dich hingibst, sie akzeptierst und annimmst.

Hier versuche ich, achtsam zu formulieren, denn zu leicht könntest du bei einigen Begriffen dieses Textes ‚Alte Welt' entdecken, etwas, das wir ja inzwischen beide als behindernd ablehnen. Du kennst die Forderung nach *Demut* sicherlich aus kirchlichen Bereichen, wo sie geschickt in Worte, aber auch Zwänge, verkleidet, missbraucht worden ist. Demütigungen, Märtyrertum, Opferrollen und die Rolle des weiblichen Geschlechts, das jahrhundertelang im Namen der Demut zum Sich-unterwerfen angehalten wurde.

Beim genauen Hinsehen wirst du das aber auch in unserer Zeit wiederfinden, und zwar bei vielen der östlichen Meister und Gurus, die noch nach alten Ritualen *Hingabe* verlangen im Sinne des ‚Haarelassens'. An Tonsuren werdet ihr sie erkennen. Geschieht dies im bewussten Erleben der eigenen Ego-Befreiung, dann sollten wir dieser Hin-,Gabe' Ehrfurcht und Bewunderung zollen.

Demut darf für die Neue Zeit nicht mehr als ein definierendes Wort begriffen werden, sondern als eine *neue bewusste Lebensweise*. Diese basiert darauf, dass mit deinem neuen Wissen dein Ego überhaupt nicht mehr zum Zuge kommen kann, denn wenn du das »Alles ist Gott«, den gemeinsamen Ursprung aus der All-Einheit und trotzdem die Einzigartigkeit aller Existenzen für deine Zukunft zugrunde legst, bist du demütig. Wer diese Prinzipien in Liebe akzeptieren kann, *sich auch untereinander akzeptiert*, der drückt eine völlig neuzeitliche Demut aus – eine Neodemut.

Wohl wegen solcher Verständnismuster, die an den Begriffen *Demut* und *Hingabe* verhaftet sind, wurde mir beim Schreiben dieses Buches der modernere Begriff *Akzeptanz* (im Traum) eingegeben, der die gleiche Haltung im irdischen Zusammenleben darstellt.

Mein Kobold meint recht schalkhaft: *„Demut ist eine gemeine Sache: Wenn du glaubst, sie zu haben, hast du sie gerade verloren."*

Das Prinzip der Hingabe

Doch bleiben wir noch einmal im Resonanzfeld des bisherigen Prinzips der *Hingabe*. In meiner Einleitung hast du gelesen, dass durch die laufend zunehmende Lichtflut unserer Wendezeit das *Siebte Siegel* aufgebrochen werden konnte. (Zur Erinnerung: Das ist die Sprache der Offenbarung und besagt, dass bei einem bestimmten Bewusstseinszustand der Menschheit die letzte Versiegelung der Seelenentwicklung aufbricht.) Die höhere Schwingung bringt jetzt neue Verständnismöglichkeiten für unzählige Missverständnisse, darunter auch für das berühmteste Gebot der Christenheit: *...liebe deinen Nächsten, wie dich selbst.* Dass dies bis heute nur in geringem Maße verstanden und danach gelebt worden ist, sehen wir in unserem täglichen, nahen wie weltweiten Geschehen. Völlig umsonst scheint der *Heiland* seine Hingebungsfähigkeit in Form der Fußwaschung demonstriert zu haben. Denn es heißt: *...so sollt auch ihr euch untereinander die Füße waschen.*

Mit den neuen Geistesschwingungen und Meta-Energien wird auch ein neues Begreifen dieser *Christus*-Formel (liebe deinen Nächsten, wie dich *selbst*) möglich: Es geht nämlich hierbei um viel mehr: *Es geht um deine H i n g a b e.* Du – und alle wir Erdengeschwister mit dir – musst dich *Hier-und-Jetzt* wirklich klar e n t s c h e i d e n für die Hingabe-zu-dir-selbst o d e r die Hingabe-zu-den-äußeren-Dingen. Der äußere Übergang in die Neue Zeit, den viele auch Apokalypse nennen, wird entscheidend beeinflusst einzig und allein durch deine *Hingabe-zu-*»Alles ist *Gott*«. Diese Hingabe ist aber nicht mehr die der am Alten verhafteten Kirchensysteme (was wohl ein langer Umweg gewesen zu sein scheint), sondern sie ist der neue Schnellweg als *Hingabe-zu-dir-SELBST*. Es ist eine Hingabe direkt zu *deinem* Allerheiligsten.

Dies ist dann deine *Hingabe-zur-EINHEIT*, und diese ist ja als Einheit deines Allerheiligsten mit dem Schöpfer nie getrennt worden. Diese Einheit ist deine verlässliche und permanente *On-line*-Verbindung mit der Schöpfung und damit *deine Stärke und Macht in deiner Hingabe*. Das Prinzip der Hingabe im neuen Verständnis ist kein Opfer und hat nichts mit Schuld zu tun. Sich dem »Alles ist Gott« in diesem Verständnis *hinzugeben*, ist die völlig individuelle ,Direttissima' deiner Einzigartigkeit und deiner Größe, die du dabei dankend annimmst.
Sei irdischer Schöpfer in deiner Hingabe zum göttlichen Schöpfer.
Somit kann jetzt jeder Mensch auf Erden
seinen Gott v e r w i r k l i c h e n.

Was ich hier auf vielen Seiten erklären möchte, hat ein Erleuchteter wie *Pablo Picasso* (1881-1973) in wenigen Zeilen zusammengefasst:

Ich suche nicht, ich finde.
Suchen ist das Ausgehen von alten Beständen
und ein Finden von bereits Bekanntem.
Finden ist das völlig Neue!
Alle Wege sind offen und was gefunden wird, ist unbekannt.
Es ist ein Wagnis, ein heiliges Abenteuer.
Die Ungewissheit solcher Wagnisse können nur jene auf sich nehmen,
die im Ungeborgenen sich geborgen wissen,
in der Führerlosigkeit geführt werden,
die sich vom Ziel ziehen lassen
und nicht selbst das Ziel bestimmen.

Du kannst diesen hochqualifizierten Willensprozess der *Hingabe* – wie dieser große Futurist – aber auch als *Selbst-Findung* oder *Selbst-Verwirklichung* erkennen. Den Hintergrund dazu bildet ja dein *Höheres Selbst* und Allerheiligstes. Die Verwirklichung der göttlichen Kräfte und Impulse aus deinem Allerheiligsten sowie das Einswerden dieser reinsten Energien in dir bedeuten jedoch *Einschränkung* und *Freiwerden* zugleich. Einschränkung bedarf es im Sinne von Bewusstwerdung und ‚Reinheit‘ (in vielen irdisch-menschlichen Verhaltensweisen) für ein entsprechendes ‚klares‘ *Sein*.

Auch Gleichmut ist Mut

Freiwerden wiederum gibt es dabei von einem einschränkenden ‚Ich‘ mit seinen Bewertungen, die dein Einswerden mit deinem ‚Selbst‘ blockieren. Freiwerden erfährst du dabei auch von allen erdenklichen Anbindungen einer modernen Zivilisation – deine bisherige Hingabe-zu-den-äußeren-Dingen, deinem Haben. Du hast auch die Freiheit, *deinen* Gottes-Dienst auf *deine* Weise, *deine* Erfahrungen und *deinen* Wissensstand zu *leben*. Diese Freiheit klingt nach *Halleluja* und schmeckt nach Einheit mit »Alles ist Gott«.

Durch deine *individuelle Selbstlosigkeit* kommst du dann zu deiner einzigartigen *Selbstfindung* und endlich auch zu deiner höchsten *Selbstverwirklichung* – die lebenslange Aufforderung deines Allerheiligsten. Deine Selbstverwirklichung, die on-line direkten Gottes-Anschluss hat und in völliger »Resonanz mit Gott-und-Göttin-in-dir« ist, lebt nun kreativ die fünf Herzenskräfte (Wahrhaftigkeit, Freude, Liebe, Friedfertigkeit und Einheit). Du lebst sie im Sinne größten R e s p e k t e s vor den Herzen und Seelen der Mitmenschen – da du inzwischen wertungsfrei geworden bist – und genauso mit größtem Respekt vor der alles verbindenden Natur.

Nun ist dieses *wertungs-frei gewordene Leben* in der göttlichen Ordnung natürlich nicht nur zu bewundern, sondern auch ernsthaft anzustreben. Es unterliegt aber wie alle Bewusstseinsstufen auf der irdischen Erfahrungsebene eigenen Prüfungen und Einweihungen – für diesen hochqualifizierten Bewusstseinszustand auch besonders einfallsreiche und tiefgreifende. Denn der *Demut* steht der *Hochmut* an der Seite, wie es die letzte Versuchung *Jesu* in der Wüste symbolisiert – *Demut, Gleichmut, Hochmut.* Der Hochmut ist sehr, sehr eng verbunden mit diesem höchsten Berufungsweg aller Erleuchteten, Eingeweihten und charismatischen Gottesdienern, und die lichtarmen, unwissenden Energien werden dabei zu brillanten Verführern und Prüfern.
Wenn du dir diese Polarität wieder in einem Dreieck vorstellst, dann liegen die beiden Gegensätzlichkeiten *Demut* und *Hochmut* in den beiden unteren Ecken. Auf dieser Erfahrungsebene müssen beide er-lebt werden. Kommen sie aus den polaren Ecken heraus in die polfreie Mitte, kann sich diese spirituellste Energie (Demut gleich *Jesus*, Hochmut gleich *Luzifer*) nach ihrer letzten Prüfung auf Erden erheben zur Spitze, dem gottähnlichen *Gleichmut* der menschlichen Gefühlswelt. Mein Kobold *Schalk* frotzelt dazu: *„Ist ja Spitze! Ihr werdet also doch noch alle spitze!"*
Natürlich werden wir das. Ich behaupte: Durch die neuen lichteren Meta-Energien der Wendezeit hat sich bereits so viel schon beschleunigt,
dass niemand mehr durch die oft schmerzliche *Demut* gehen muss,
wenn er gleich den Sprung direkt in den *Gleichmut* bewältigt.

Über Gleichmut als »innere Neutralität« findest du noch ein eigenes Kapitel.
Andererseits betrifft dich das Dreieck *Demut, Gleichmut, Hochmut* schon viel früher als erst kurz vor deinem Erleuchtungszustand. Dieses Dreieck begleitet j e d e n geistig Erwachenden und trägt die banale Bezeichnung *Alltag.* Dann heißt die polare Ebene am Boden des Dreiecks – Runde um Runde auf deiner Rückkehr zur Göttlichkeit – links: *gelebtes Ego* und rechts: *gelebte Göttlichkeit.* Die Dreiecksspitze schmückt sich dann mit einem kleinen Heiligenschein, der *Klarheit* bedeutet – neutral, frei von Gegensätzen, wertungsfrei und (fast!) göttlich. *DU SELBST!*

Vorsicht!

Du kennst jetzt die Spielregeln des Gedankenschöpfers. Und im Hintergrund steht das Wort MACHT, anfänglich nur schwach zu ahnen, doch mit der Zeit immer mächtiger. Somit heißt es Vorsicht mit dem Machtausüben durch Gedanken und mit Gedanken. Denn es sind mächtige Kräfte.

Daher ist es wichtig, seine Gedanken zu beobachten und zu prüfen.

Alle Gedanken, die n i c h t aus dir selbst kommen, sind Gedanken-Macht a n d e r e r.

Eigentlich ist es somit das ganze Leben, das sich in deine Gedanken einmischt, Familie, Beruf, Politik, Religion, Presse, Werbung und tausend andere Dinge und Interessens-Gruppen – alle haben *Interesse*, dich schon auf der *innersten Ebene* deiner Gedanken zu beeinflussen.

Lerne aufmerksam das *Prinzip der Schöpfung* aus diesem Buch. Mache aber daraus deine e i g e n e Technik – lass dich auch nicht von mir ‚manipulieren‘, **sei du SELBST!**

Manipuliere auch du nie andere mit deinen Gedankenkräften!

Wenn du mit den Herzenskräften aus *deinem* Allerheiligsten arbeitest, sind garantiert nur d e i n e Kräfte, *deine* Gedanken und *deine* Gefühle ‚im Spiel‘.

Dann ist die Macht, die daraus entsteht, in Verbindung mit der All-Macht.

»Alles ist Gott«.

Dritter Teil

Du lebst deine Herzenskräfte

Das Wissen hinter dem Denker

Dieser Teil des Buches ist den geistigen E n e r g i e n gewidmet, die jedes menschliche Geschöpf untrennbar in sich verankert findet – die permanente Anbindung an die ursprüngliche All-Einheit. Einige nennen es Gottesfunken oder inneres Licht oder reine Liebe, doch es ist immer feinstoffliche Energie. Es geht jetzt nicht um die innere Stille oder innere Ruhe oder innere Harmonie oder innere Einheit wie bei den Mystikern. Denn das Gegenteil ist angesagt: Es geht hier um die gewaltigen göttlichen K r ä f t e – also Energien aus der ursprünglichen All-Einheit –, die der Mensch in sein Erdenleben m i t b r i n g t. Es geht um sein irdisches göttliches E r b e, durch das er unzerstörbar mit der All-Einheit verbunden ist – eben mit »Alles ist Gott«. Der Mensch ist nicht nur »in *Resonanz* mit Gott-und-Göttin-in-dir«, sondern er ist auch effektiv *energetisch verbunden*.

Man nennt den Menschen ein *ambivalentes Wesen* und meint seine Doppelwertigkeit, sein duales Wirken auf unserer Erfahrungsebene, seine zwei Naturen, seine Korrelation und Dualität. Es ist im Inneren die göttlich-geistig-spirituelle *Seeleneinheit* und im Äußeren die egozentrisch-selbsterhaltende *Körperlichkeit*. Und es ist daher zugleich auch das schon erwähnte *Fühlen/Denken*- oder *Gefühl/Intellekt*-Duell des irdischen Lebens-Kampfes. Wenn du an die vorne dargestellten Schöpfungsgeschichten zurückdenkst, dann erinnerst du dich, dass du ein Teilaspekt der göttlichen All-Einheit bist, der einstmals freiwillig die vermeintliche Getrenntheit durch Gottesferne erleben wollte – und du erlebst sie heute noch. Dieses Einstmals und Heute hat im Lichtreich keine Bedeutung, auch wenn es Millionen von Erdenjahren wären. Denn in der anderen Dimension der Einheit gibt es keine Zeit, da ist dementsprechend das, was wir als Vergangenheit, Gegenwart und Zukunft empfinden, ebenfalls *Einheit* und *Ewig-gegenwärtiges Jetzt*.

Mit dem einstigen Sich-Lösen von der All-Einheit bedurfte es des Bewusstwerdens des mutigen Teilaspektes. Dadurch formte sich eine Energie zu dem, was in Deutsch ICH und in Latein EGO genannt wird. Und so entstand das Ambivalente des Menschen: die ursprünglichen und mitgebrachten göttlichen Kräfte des Herzens und die Energien des Ichs, die sich erst im immer größeren Abstand von der ursprünglichen All-Einheit bilden konnten. Und seitdem stehen sie sich mehr oder weniger kraftvoll gegenüber, aber nicht mehr ,spielerisch', wie es einstmals geplant war. Und dieses Zwillingspaar *Herz/Ego* verselbständigte sich dann immer mehr und wurde immer ungleicher und zu immer mehr möglichen Gegensatzpaaren. Es wurde zu *Ungeformtem und Form* und zu

Wissen und Unwissen und zu *Licht und Lichtarmut* und zu *Engel und Dämon* und zu *Himmel und Erde* – und inzwischen zu tausend anderen Polarisierungen, die sich als Nuancen im ‚Spiel der Teilaspekte' tummeln. Dabei sind diese ‚Polaritäten' nicht wirklich konträr, sondern eigentlich K o r r e l a t i o n e n, also Gegensätze, die miteinander stets in Wechselbeziehung stehen – bewusst oder unbewusst. Und damit hat sich die Erdenmenschheit im allgemeinen abgefunden und nennt dieses schon lange ernst gewordene Spiel ‚Leben', mit einem gottfernen Ego, das grundsätzlich von Trennung und versteckten Ängsten ‚lebt' – je mehr Ego, desto mehr innere geheimgehaltene Ängste.

Bevor wir uns jetzt gründlich mit den fünf göttlichen Herzenskräften befassen können, müssen wir uns die gewaltigen Energien des menschlichen Egos näher ansehen – im Normalfall spricht man von einer ‚mental geprägten Persönlichkeit', im schlimmsten Fall von ‚Ich-Sucht'. Dabei fallen noch zwei weitere Gegensätze auf. Zum einen sind nämlich die göttlichen Energien als Herzenskräfte noch in ihrem *un-geformten* Zustand, was man als *rein* bezeichnet, wohingegen die Energien des Ichs durch den gesteuerten Intellekt bereits *Form* angenommen haben, in die Polarisierung gegangen und damit in eine niedriger schwingende Frequenz ‚transformiert' und umgewandelt sind.

Zum anderen aber hat das Ich mit seinem Ego-Denken schlechte Karten gegen das Wissen und die Weisheit, die *hinter* dem ‚Denker' wohnt. Was ich hier Herz nenne, ist im spirituellen Verständnis dein *Höheres Selbst* oder dein *Allerheiligstes* und ist durch seine erhalten gebliebene Verbindung mit der All-Einheit permanenter Träger der höchsten Weisheit. Es liegt nur an deinem Sich-daran-erinnern, welches das machtsüchtige Ich möglichst perfekt zu verhindern sucht, denn: Sowie du an dein inneres Wissen kommst, schon als *gefühlte Resonanz* und mehr noch als *Sich-erinnern*, bricht der Same der Erleuchtung, den jeder Mensch in sich trägt, auf und *innere Stärke* formiert sich dabei. Diese *Macht der Herzenskräfte* schwingt dann viel höher, klarer und reiner, als es die noch so mächtige Ichheit verkraften könnte.

Für die göttlich reinen und ungeformten Geisteskräfte in deinem Herzen gibt es nur ein einziges Hindernis, um in deinem Leben wundervoll wirksam zu werden: Das ist deine Ratio, dein Intellekt, der mentale Ernährer deiner Ichheit mit seinen Ängsten. Deshalb muss ich zuerst zu diesem besonderen Schwerpunkt einiges aufklären – wobei es nicht Sinn dieses Buches ist, bekanntes Wissen über das Ego neu aufzuwärmen. Doch im Umgang damit hat unsere Zeiten-Wende auch hierbei neue Erkenntnisse gebracht.

Überwinde den Drachen

Das ‚Ich‘ wird erstaunlicherweise in mehreren Kulturen als Drache dargestellt, und das bekannteste ‚Bild‘ im katholischen Abendland ist der *Heilige
Georg*, der mit seiner Lanze den Drachen *überwindet*. Das Schlüsselwort ist
hierbei ‚überwinden‘ und es bedeutet *ignorieren* und *darüberstehen*. Es geht nicht
mehr um das *Bekämpfen des Egos* im Sinne klösterlicher Exerzitien, körperlicher
Kasteiungen, morgenländischer Askese oder ein Leben in ‚Sack und Asche‘ oder
darum, sich von Heuschrecken zu ernähren (wobei das biblische Wort *Heuschrecken* ein Übersetzungsfehler aus dem Aramäischen ist und richtig *Johan-
nisbrot* heißt). Das Ich ist ein natürliches und notwendiges Verhaltensinstru-
ment, solange es nicht die Herrschaft in deinem Leben an sich gerissen hat und
dieses kontrolliert und steuert – als lebenslanger Ego-Trip. Sowohl als domi-
nanter Impulsgeber wie auch als empfindliches Kontrollorgan wird in beiden
Fällen immer dein V e r s t a n d benutzt.

Betrachte einmal den täglichen Wirrwarr deiner Gedankengänge, wenn du
versuchst, in die Stille zu gehen, einfach einmal auszuspannen. Ohne irgend eine
besondere Verhaltenstechnik wird dein Kopf nicht still, das heißt: dein Denken
wird es nicht. Man sagt, die Gedanken eilen hin und her, aber Tatsache ist vielmehr, dass du permanente Selbstgespräche oder Dialoge führst. Beobachte dich
einfach. Du redest und redest und redest – alles mit dir selbst. Die meisten von
uns sind unfähig, das Denken anzuhalten. Zwanghaft? Wer zwingt dich tatsächlich? Schon eher krankhaft, aber wir sehen es nicht so, weil fast jeder an dieser
Krankheit leidet.

Du bist so erzogen worden, stolz auf deine Denkfähigkeit zu sein. Doch
durch dein redendes Denken oder denkendes Reden-mit-dir-selbst *beschäftigt*
dein Kopf sich und dich. Er nimmt sich so wichtig – für alle wahrscheinlich
unbewusst –, dass er sich mit (sinnlosem?) Analysieren, Zerstückeln und Fragmentieren seinen Tätigkeitssinn erhält. Dieses Gesetz funktioniert wie in der
Politik: *Divide et impera!* (Teile und herrsche!) Denn diesem absichtlichen
Dauerfragmentieren deines verstandesmäßigen Intellekts steht das Eins-sein, der
Zustand der *Einheit* gegenüber. Eine gewaltige Polarität, aber doch eigentlich
eine Korrelation, denn die beiden sind aufeinander bezogen wie die beiden
Hirnhälften, die trotz Trennung nebeneinander liegen – *Ratio* und *Emotio*.

Und damit sind wir wieder bei unserem Thema »in Resonanz mit Gott-und-
Göttin-in-dir«. *Einheit* ist Gottheit – »Alles ist Gott«. Dieser unvorstellbaren
Machtfülle steht dein Ego trotzig, exzentrisch und übermütig gegenüber – mit

Hilfe des ‚missbrauchten' Verstandes. *Fragmentieren* und *Getrenntsein* sind die nihilistische Grundlage unserer ‚Welt von heute' (vermeintlich, denn ‚Göttliche Einheit' lässt sich nicht wirklich zersplittern). Wohingegen die Krönung deines spirituellen Weges, die *Erleuchtung*, die ‚Welt von morgen' ist. Erleuchtung – so lehren die fernöstlichen Religionsphilosophien – ist ein Zustand von *Einheit* zugleich mit *Frieden*. Solche Einheit

- versteht sich sowohl mit dem *Leben* und all seinen Erscheinungsformen auf Erden, also in deinem Äußeren,
- versteht sich aber auch mit dem *Sein* und der Einheit mit dem Göttlichen, deinem Allerheiligsten in deinem Inneren.

Solange du dich überwiegend mit deinem Ego-Denken identifizierst, gebraucht *es* dich – für seine kontrollierenden Machtspiele. Dadurch kann es immerzu Einfluss nehmen auf dein göttliches Seinwollen, und das sind deine *ungeformten* und *reinen* Herzenskräfte. Genaueres dazu sehen wir später.

Frage: *Warum sprichst du vom Verstand, als wäre er irgend ein Organ in uns?*

Ist er auch, aber ein energetisches. Anstatt Organ muss es dann aber *Feld* heißen, manche sprechen von einem bioenergetischen Feld. Noch treffender wäre aber der Begriff *Instrument*. Nehmen wir als ein sehr ähnliches Beispiel dein Gedächtnis. Wenn du versuchst, dich selbst zu ‚empfinden' und wie *alt* du dich dabei fühlst, wirst du wahrscheinlich feststellen, dass du dich erstaunlicherweise immer ohne ein *bestimmtes Alter* fühlst. Du kommst aber nicht umhin, auch festzustellen, dass mit zunehmendem Alter dein Gedächtnis nachlässt. Du suchst nach Worten oder Erinnerungen oder dem verlorenen Faden, und dabei unterscheidest du sehr richtig zwischen *dir* und *deinem Gedächtnis*. In die Technik übertragen, ärgert sich zum Beispiel der Fahrer über sein alterndes Auto. Wärst du wesensgleich mit deinem Auto – also wärst du selbst dein Auto –, könntest du Mängel niemals bewusst registrieren. Ein Gerät kann sich niemals selbst empfinden. So haben Du und dein Gedächtnis ein Verhältnis wie der Fahrer mit seinem Auto.

Stell den Gedankenstrom ab

Drachenkampf symbolisiert das Überwinden und das Darüber-stehen über der Ichheit, dem Drachen. So wird der *Heilige Georg* bildlich auch dargestellt –

über dem Drachen stehend. Und wie geht das praktisch? *Darüberstehen* kannst du dir so vorstellen, dass du deinen Gedankenstrom, die Energie deines Ego-Verstandes, unterbrichst – die Sicherung abstellst. Du nimmst damit dem Denken deine für es so wertvolle *Aufmerksamkeit* und kommst damit heraus aus deinem polaren Empfinden voll Spannung. Dabei gibt es wieder die beiden Schritte, die du schon auf deinem Weg zum Gedankenschöpfer kennengelernt hast: die *Meditation* (die ich nicht mehr zu erklären brauche) und das *bewusste Im-Jetzt-sein*. Mach dir einfach ganz intensiv den gegenwärtigen Moment bewusst. So löst du deine Aufmerksamkeit von den Emsigkeiten deines Kopfes, und das gibt dann *dir* die Macht, die *er* vorher hatte.

Das *Überwinden* des verstandesmäßigen Ego-Drachens verstehe ich als ein *Sich-befreien.*

Du kannst dich von deinem Intellekt und deiner Ratio befreien,
indem du in eine Beobachter-Position gehst –
und damit heraus aus der Polarität.

Das ist der gleiche Befreiungsweg, wie du ihn auch schon auf dem Weg zum Gedankenschöpfer kennengelernt hast. Wenn du Gedankenströme als Selbstgespräche erkannt hast, fange an – so oft du kannst –, auf diese ‚Stimmen' im Kopf zu *hören.* Sei als *Beobachter* gegenwärtig, *aber ohne Wertungen.* Es ist das gleiche Spiel, das du schon bisher kennengelernt hast: sich befreien und frei werden durch A b s t a n d. Höre deiner Gedankenstimme zu, und du kannst es schaffen, dir sowohl des Gedankens bewusst zu werden *als auch* dessen, dass du deine Gedanken nun beobachtest.

Dieses Freiwerden von deinen mentalen Prägungen ist das notwendige Freiwerden für *dein Fühlen.* So kommst du raus aus der Polarität und hinein in die Einheit mit deinem Allerheiligsten. Und der Lohn für diese Verstandesbefreiung ist *dein neues Bewusstwerden:* nämlich die Freude des Seins, du kannst die ganze Welt umarmen, und du strahlst Harmonie und Frieden auf dich und andere aus. Der Lohn kann noch reichlicher sein, wenn dir bewusst wird, dass die neue innere Verbundenheit weit mehr Lebensfreude, Vitalität und vor allem viel mehr Lebensqualität ermöglicht als deine Egozentrik. Die Heil-Praktikerin *Hannelore* empfiehlt da einfach: ...*geh tanzen und lachen, und bald siehst du zehn Jahre jünger aus.*

Deine *Gefühlswelt* bietet ein Mehrfaches
als deine rationale *Intelligenz-Welt.*

Denn der Intellekt will nur *planen und erzielen* und *planen und übertreffen* und die *inneren Ängste verstecken* und so fort. Da die Wendezeit eine *Zeit des*

Fühlens ist, öffnest du dich endlich diesen neuen phantastischen Energien, und weiterer Lohn steht dir ins Haus dadurch, dass sich somit auch die Schwingungen deines g e s a m t e n Körperenergiefeldes erhöhen – das bedeutet immer auch im Außen Erfolg und Gesundheit.

**Dein Kraftpotential liegt also in erster Linie in deinem *Fühlen*,
erst in zweiter Linie in deinem *Denken*
und zuletzt erst in deinen *Handlungen*.**

Beachte die Reihenfolge: Das F ü h l e n und nicht das Denken ist die Startlinie in die Neue Zeit. Wenn du dir das Denken als Meeresoberfläche vorstellst – da ,kräuseln' gewaltig erscheinende Wellen –, liegt darunter aber der ruhige, unvorstellbar tiefe Ozean des Fühlens. Auf dich übertragen, kannst du erahnen, welche unermessliche Kraft in dir wohnt – nachdem du sie erkannt hast und sie z u l ä ß t.

Mein Kobold *Schalk* ächzt hier dazwischen *...wehe, wenn sie losgelassen!*

Dein Verstand als Instrument

**Eigentlich ist der Verstand ein n e u t r a l e s Instrument,
das von b e i d e n Gegensätzen gesteuert werden kann:
den Herzenskräften o d e r dem Ego.**

Das Beispiel der Drachenträume im nächsten Kapitel zeigt das klar auf. Das Problem des heutigen Menschen ist es, dass er sich mehr denn je mit seinem Verstand und der Ratio identifiziert. Doch sobald du diese *Identifikation mit deinem Verstand* als das dir Unbewusste erkennst, trittst du aus ihr heraus. Das läuft natürlich in dir auch u n b e m e r k t ab und schließt dabei auch deine damit verbundenen Emotionen ein. Der für mich große Erleuchtete und spirituelle Lehrer *Eckhart Tolle* schrieb das Buch »Jetzt! Die Kraft der Gegenwart«[45] und folgendes zu dem Moment des Loslassens von der missverstandenen Verstandes-Identifikation:

Du wirst g e g e n w ä r t i g. Wenn du gegenwärtig bist, kannst du dem Verstand erlauben, so zu sein wie er ist, ohne dich in ihm zu verwickeln. Der Verstand an sich ist nicht gestört. Er ist ein wunderbares Werkzeug. Die Störung beginnt, wenn du dein Selbst in ihm suchst und ihn fälschlicherweise für das hältst, was du bist. Dann wird er zum Ego-Verstand und übernimmt die Macht über dein ganzes Leben.

Andere Forscher und Geistesfreunde, die sich auch schon lange mit der ‚Last' des menschlichen Verstandes befassen, erklären: Der menschliche Intellekt hat (hauptsächlich wegen seiner verschleierten Ängste) schlichtweg Akzeptanz-Probleme, die das Herz niemals hat. Das Herz kann a k z e p t i e r e n, die bekannteste Herzenskraft ist die Liebe, und Liebe kann alles akzeptieren. **Deine Ichheit sucht Abgrenzung, dein Herz sucht Verbindung.**

Dein Ego weiß genau, dass es nur eine ‚mentale Schau' ist und nur ‚Show' macht – Ego-Power –, denn es kennt sehr wohl seine Defizite: seine leidenschaftlich ausgelebte, Leiden schaffende Emotionalität, welche seine Gefühlsarmut und die verheimlichten Ängste kaschiert. Es kennt seine Ich-Sucht und seinen Ich-Trieb. Und wenn das Ego ‚spüren' könnte, dann würde es spüren, dass sein kluger mentaler Kopf heute inzwischen von gestern ist und somit ‚out', nur noch Vergangenheit – wohingegen dein *Herz* immer Präsenz, Hier und Jetzt erfüllt. *Die gesamte geistige Energiezufuhr deines Lebens kommt ausschließlich aus deinem Herzen.* Das ist für viele unglaublich, aber wahr.

Die beiden Mächtigen: Herz und Ego

Das messbare Energiefeld des Herzens kann bis zu sechzigmal stärker sein als das des Gehirns (ZEIT●PUNKT 53). Die Herz-Energie ist so viel mächtiger als das mentale Denken, und sie ist deine eigentliche und wahre Power-Zentrale. Das weiß dein Intellekt natürlich, der ja *keine* Eigen-energie besitzt. Er muss stets deine verschiedenen Herzenskräfte heruntertransformieren – das geht am besten mit Zweifel, Misstrauen und Angst –, und mit seiner dann niedrigeren Eigenschwingung kann er seine Macht, die Ich-heit und die Ego-zentrik wieder aufbauen, und das für eine möglichst spannungs-reiche Polarisierung. Je mehr Spannung entsteht, desto mehr Energie bekommt er ab. Damit kann er dann genügend Blockaden errichten, um jede Höherentwicklung der ‚Seele' energetisch zu verhindern. So ist jeder von beiden, dein Herz wie dein Ego, mächtig auf seine Art – mit entsprechenden Momenten und Stimmungsbildern, die schwächen oder verstärken können.
Göttliche Energien müssen ebenso *fließen* wie alle Energien. In diesem Falle als die strömende Verbindung von Gott zu Mensch und wieder zurück – zirkulieren hin und her seit Anbeginn. Doch das eigensüchtig orientierte Denken mit seiner Blockadetechnik zieht sich seinen Energieanteil davon ab. Lasse mich zur besseren Veranschaulichung etwas übertreiben: Der mental veranlagte Mensch als Egozentriker wird so zum Gottes-Räuber. Die göttliche Energie, die nicht

zum Ursprung z u r ü c k f l i e ß e n kann – via Gebete, Liebe, Hingabe –, wird schlichtweg zur Energieverschwendung. Zurückgehalten vom Ego, wirkt diese *de-formierte* und langsamer schwingende Energie destruktiv und gar zerstörerisch. Der Egozentriker als Gottesräuber ist gefräßig und saugt förmlich die Herzenskräfte auf, um sie nach *seinen Mustern* um-geformt wieder von sich zu geben, abzustrahlen und sich dabei *stark zu fühlen* (was Wunder, bei den heimlich versteckten Angstgefühlen ‚im Bauch‘).

Und mein Kobold *Schalk* zeigt *cool* mit dem Finger darauf: „*...dieser Diebstahl ist die Norm in unserer heutigen Zufalls-Gesellschaft – das ist Massenraub.*"

Wenn du dabei wieder an deinen inneren Zwilling *Licht/Lichtarmut* denkst, erkennst du, dass mit diesem zweipoligen Spielen jeweils der Lichtaspekt *oder* die unwissende, lichtarme Seite des Lebens gefüttert wird. Das gilt in deinem Inneren wie auch im äußeren Geschehen – also esoterisch wie exoterisch. Und wohin du, das heißt zu welcher der dualen Seiten du deine Herzenskräfte fließen lässt, hängt von d e i n e n Entscheidungen ab – deinem FREIEN WILLEN. Erinnerst du dich an die kleine Geschichte mit dem unsichtbaren *Engelchen* und dem *Dämon* auf den Schultern deines feinstofflichen Mentalkörpers? Dein Gewissen oder deine Gewissenlosigkeit? Es ist eigentlich ein schöpferisches ‚Spiel‘ – mit den beiden. Aber die Konsequenzen, die so ein ethisches Energiespiel mit sich bringt, können einerseits erlösend oder andererseits verheerend sein.

Und damit sind wir beim *Tun* und *Handeln*, der letzten Station nach dem *Fühlen* und *Denken*:
- Dem *verstandesmäßigen* Handeln steht
- das *intuitive* Handeln gegenüber (das *...aus dem Bauch heraus*).

Beachte bitte, dass es sich hierbei nicht um wirtschaftliche Entscheidungen in der Geschäftswelt handelt (auch da könnte es oft förderlich sein), sondern um zwischenmenschliche Verhaltensweisen. Es geht um das Herz und/oder den Kopf deines Gegenübers, eines Mitmenschen. Der ‚Bauch‘ beim intuitiven Handeln ist natürlich dein Herz mit seinem Allerheiligsten oder dem *Christusbewusstsein*. Dieses schwingt logischerweise höherfrequenter als das mentale Denken und hat auch höhere Erkenntnisse – nämlich aus seinem höheren Sein. Es überzeugt durch *Weisheit* statt *Wissen*.

Um diesen möglicherweise langen Umwandlungsprozess allmählich immer stärker in deinem Leben zu verankern, kommt wieder die Forderung nach dem *Loslassen*. Denn der intuitive Weg muss ohne die vielen ‚Sicherheiten‘ des Verstandesdenkens wachsen – überwiegend exoterische Sicherheiten (im Außen) wie zum Beispiel alle Abstufungen des *Habens*, aber auch vermeintliche Sicherheiten und Versicherungen, an die du schon immer *glaubst*, nicht nur kirchliche. Der intuitive Weg muss durch Loslassen ‚offen' sein für Neues, wie es die Wendezeit anbietet.

Diese wiederum führt erst zu einer Wende, wenn *das herzbezogene intuitive Handeln des Einzelnen*, also von dir und mir, *auch g e l e b t* wird. Erst dann kann es in das holographische kollektive Energiefeld eingehen – zur Erhaltung des Gleichgewichts oder irgendwann sogar als Übergewicht gegenüber dem heute überproportionalen Ego-denken und der globalen Egomanie.

Dein Ego ernährt sich von deinen Emotionen

Außer der katholischen Darstellung der Ichheit oder des Egos als schrecklicher Drache (mit *St.Georg*) gibt es noch die aus der Mythologie der Mayas, die Drachenprägung IMIX. Das ‚Erscheinungsbild' dieses Drachens hat von vornherein auch ein lichtvolles Muster neben dem polaren Muster der Lichtarmut. (Wegen dieser Dualität entsteht bei mir selbst jedesmal die Vorstellung eines zweiköpfigen Drachens.) Ich werde später aufzeigen, dass dieses duale Erkennen und Annehmen genau der Weg ist, das mentale Ego zu einem wertvollen Freund auf dem Weg deiner Selbstfindung zu machen.

Die Beschreibung[46] der Lichtmuster der Maya-Drachenprägung lautet im einzelnen (gekürzt): *...das ihm hochwertige Potentiale jener Schöpferkräfte vorrangig anbietet, die in der großen Bandbreite des ‚weiblichen', kreativen, expandierenden Antriebs eingeordnet werden können.[...]In diesem energetischen Spektrum wirken auch Kräfte, die jedes Beginnen grundsätzlich unterstützen. Sind die Kräftepotentiale [...] im Lebensvollzug in Balance, wirken sie in der Persönlichkeit mit mächtiger Initialkraft. [...] Tatendrang ist hier ebenso als Potential zu Hause wie auch die Neigung unterstützt wird, sich unentwegt um seine Umgebung kümmern zu müssen.*

Die Beschreibung der Schattenmuster der Maya-Drachenprägung lautet folgendermaßen:

...entstehen Formen, die mächtig ego-geprägt sind. Stark materiebezogene Prioritäten können sich in den Vordergrund drängen, wie auch die Tendenz, alles bestimmen und beherrschen zu wollen. Ein Zerflattern durch Immer-wieder-Neues-Beginnen steht ebenso in der Zone des Potentiellen wie überhaupt eine Tendenz zum Unberechenbaren in Erscheinung treten kann. Unkontrolliertes Ungestümsein wie eine Neigung zur Aggressivität sollte nicht überraschen.

Auf der energetisch auffallend starken Atlantikinsel La Palma leben viele geistig Erwachende voller Visionen für eine Neue Welt, für ein mögliches Überleben und Zusammenleben in kleinen Gemeinschaften in der Zeit der Not und für evolutive spirituelle Konzentrierungen. Mindestens zwei große Visionen stehen daher nicht nur auf meiner *Jetzt-und-Heute-Liste*, sondern sind durch viele fundierte Gespräche hier und in Deutschland schon so manifestiert und ‚belebt‘, dass sich bereits spezialisierte Persönlichkeiten davon angezogen fühlen.

Doch es sollte vorerst anders kommen. Denn damit Vision zu einem Erfolg auf der irdischen Erfahrungsebene wird, muss die *Trinität* stimmen: Raum *und* Zeit *und* Partnerschaft. Nach einer ersten personellen, jedoch völlig schmerzfreien Trennung geschah es beim nächsten Planungstreffen, dass überraschend ein weiterer Rückzug Enttäuschung und Fassungslosigkeit aufkommen ließ – diesmal der sehr schmerzlichen Art. Als meine Gäste wieder in Deutschland waren, kam dazu eine nachträgliche Aufklärung durch folgenden Traum, den eine der Beteiligten zwischenzeitlich hatte. Da es sich um eine Fachkraft des Maya-Wissens handelt, nahm der Traum Bezug auf obige Drachenbeschreibung, und die Träumende nannte ihren Traum: *Im Land der Schattenmuster.*

Eine Gruppe von Menschen, die alle in unmittelbarer Beziehung zueinander standen, befand sich an einem Ort, an dem etwas Gemeinsames entstehen sollte. Einige von ihnen hatten ihr seelisches Gleichgewicht verloren, was sich bei jedem in verschiedenen Emotionen wie zum Beispiel Angst, Aggression, Unverstandenfühlen und Zerrissenheit zeigte. Alle diese Gefühlsschwankungen formten sich zu einer dunklen Wolke, die sich zu einem Drachen veränderte. Je ausgeprägter sich diese Emotionen äußerten, desto deutlicher zeichnete sich der Umriss des Drachens ab. Er wuchs mit steigenden Ängsten. Der Drache bewegte sich suchend zu den Menschen und schlüpfte in sie hinein und ernährte sich von ihren Emotionen. Dadurch brachte er Menschen und Situationen durcheinander und blockierte ihre Gemeinschaft und ihre Aufgabe.

Dein Drache kann sich anpassen

Bereits in der nächsten Nacht folgte ein weiterer Traum, den die Träumerin *Strahlende Auflösung* nannte:

Die Menschen zeigten sich nun in einem ausgeglichenen, angstfreien Zustand, der die Integration aller Gefühle und Emotionen beinhaltete, wodurch der Drache zu einer strukturierten, uneingeschränkten Stärke fand, die es ihm ermöglichte, sich aus dem polaren Verhalten zu entfernen. Somit ist das Schattenmuster des Drachens erlöst und stellt sich der Gruppe mit seiner umgewandelten Kraft zur Verfügung. Dadurch, dass die Menschen ins Gleichgewicht gekommen waren, konnte die

Gruppe entstehen und die Aufgabe gefunden werden. Jeder stand in seiner eigenen Kraft, und es wurde ein gleichwertiges Miteinander möglich. Hinzu kam, dass jeder in seinem Farbstrahl stand und der Drache die Farbe des Strahles annahm und somit integriert war. Alle Gruppenmitglieder brachten zum passenden Zeitpunkt ihre Fähigkeiten und die Kraft ihres Drachens ein, wodurch ein Zusammenspiel bestimmter Farbspektren entstand. So wurde mit viel Initiative die Aufgabe mit Freude und Leichtigkeit angenommen.

In dieser Traumfolge erkenne ich drei verschiedene Schwerpunkte, die aber nach dem Resonanz-Effekt zeitlich wieder perfekt zusammengeführt worden sind. Einmal ist sie eine erklärende Botschaft zu unseren geschilderten Visionen auf der Insel. Zum zweiten ist sie eine hochkonzentrierte Veranschaulichung des schöpferischen Umgangs mit dem Persönlichkeitsfaktor ‚Ich‘ oder Ego – allerdings in dem neuen, bereits veränderten bewussten Sein der Wendezeit. Und zuletzt kommt der Faktor *Angst* in dieser Verbindung mit dem Ego besonders klar zutage.

Diese Traumbotschaften sind jetzt zwei Wochen alt und kamen genau dann zu mir, als ich begann, meine Gedanken auf das Buchthema *Ego* zu konzentrieren. Genial wurde die wenig bekannte Symbolik des (zweiköpfigen) Maya-Drachens mit dem gerade bearbeiteten Kapitel *meines Buches* zusammengeführt – und das wiederum durch Spezialistinnen, die am *La Palma Projekt* beteiligt sein wollen und den nötigen Mut für eine große Vision mitbringen. Und dazu noch in einem Moment, in dem die energetische und daher resonante Verbindung dieser beiden Aufgaben überhaupt noch nicht erkennbar war. Der ‚Moment‘ war die Osterwoche, und genial nenne ich die Vernetzung des persönlichen Zusammengeführtwerdens des *Gottes-in-jedem-von-uns* von uns fünf Visionären, um zu *erfahren*, zu *erkennen* und zu *entscheiden*.

Mein *Schalk* im Nacken kichert und empfiehlt: „...schreib ins Buch: *erfahren, erkennen und ‚berichten‘. Andere Autoren erkennen und berichten, du brauchst ein bisschen länger und musst erst ‚am eigenen Leib erfahren‘.*"

Was musste erst wieder einmal erfahren werden, um erkennen zu können? Das Projekt-Beispiel betreffend, war es eine Prüfung der Beteiligten. Es wird etwas Gemeinsames entstehen, und die Partner wurden geprüft *„ob ihres seelischen Gleichgewichtes",* so erklärt es der erste Traum. Fällst du aus dem Gleichgewicht in die Polarität, dann fällst du in Emotionen, Leidenschaften und Ängste, die sich rechts und links von der gleichgewichtigen Mitte tummeln. Sie stören und zerstören damit das *Gleichgewicht* untereinander, die *Gleichwertigkeit* der Beteiligten, die *Gleichheit* der Vision, den *Gleichmut* der ausgeglichenen Mitschöpfer des Neuen.

**Wenn du aber mit deinen Gefühlen und Emotionen
in deiner *ausgeglichenen* Mitte bist, kann die Welt trotzdem polar sein,
weil du sie dadurch umwandelst, transformierst und integrierst
zu der Einheit »Alles ist Gott«.**

Geprüft wurde aber sicherlich auch die *Gelassenheit* des Geschehenlassens, denn sowohl *Säen* als auch *Ernten* braucht den richtigen Zeitpunkt, um die beste Qualität zu erzielen. Dann erst ist auch der ‚Segen' dabei, in den jede große Vision gekleidet ist, *wenn die Visionäre sich führen lassen.*

Gelassen-sein kommt von ‚lassen'

Und welchen Jubel drückt doch dann der zweite Traum aus:

- Die I n t e g r a t i o n aller Gefühle und Emotionen führt zur benötigten angst-freien Stärke,
- das Verlassen des p o l a r e n Verhaltens erlöst die Schatten-energie, die sich zu Kraft transformiert und
- g l e i c h w e r t i g e s Miteinander lässt die gemeinsamen Aufgaben mit Freude und Leichtigkeit lösen.

Was sagen uns die Drachenträume zu unserem wichtigen *Thema der Ichheit?* Sie zeigen generell auf, dass das menschliche Ego endlich auch anders zu sehen, zu bewerten und sogar anzuerkennen ist, wenn du auch bei ihm einen d u a l e n und korrelierenden Charakter voraussetzt. Um den Seelenweg der Erleuchtung zu gehen – den du heute auch den spirituellen Weg nennen kannst oder den Weg zu deinem *spirituellen Lichtkörper* –, wurde in den zurückliegenden Jahrhunderten das Ego grundsätzlich gedemütigt, bezwungen, verdammt und oft als das ‚Böse' angeprangert.

Diese Zeiten sind aber vorbei, deine Ichheit, dein Ego, ist ein wichtiger Teil deiner Individualität, deiner Einzigartigkeit, deiner Göttlichkeit. Entscheidend dabei ist d e i n Umgang mit dieser Energie, nämlich ob *sie dich* oder *du sie* beherrschst. Was sagen dir dazu die beiden Träume:

- Erinnere dich an den seelischen Zwilling *Wissen/Unwissenheit.* Den wissenden und lichvollen Part spielt das Herz mit seinen Kräften, und den lichtarmen, unwissenden Aspekt hat dein Ego übernommen, mutig – ‚ich' a l l e i n gegen alle, auch gegen Gott. Ego bedeutet stets, allein zu sein, mit keinem teilen zu müssen, sich an keinen anpassen zu müssen, niemanden mögen zu müssen und das Geheimnis seiner versteckten

Ängste ganz für sich behalten zu können. Ichbezogene Unwissenheit ist herrlich unverbindlich, und durch Nicht-Liebe ist das Ego niemandem etwas schuldig. Verlässt diese Ichheit aber zwischendurch der Mut, dann erheben sich die versteckten inneren Ängste, Panik kommt auf, und das Ego schlägt wild um sich.

- Die Lichtseite deiner Herzenskräfte weiß das alles und versucht, dem mutigen, aber völlig verbohrten lichtarmen und unwissenden Zwilling zu helfen und ihn am Ende zu erlösen.

- Das Ich muss nur n a c h g e b e n, seine Ängste zugeben und sich helfen lassen und kommt dabei wieder in die Zwillingseinheit. Die Grundformel heißt ganz allgemein: Ehrlichkeit – Zusammenspiel – Verbundenheit – Einheit. *Also nicht Auflösung, sondern Erlösung.*
  „Ein Spiel mit Happy-End", strahlt *Schalk,* mein Kobold.

Versuche, ins Gleichgewicht zu kommen

Der entscheidende Satz, der die Umkehrung im zweiten Traum gebracht hat, heißt: *a u s g e g l i c h e n e r und angst-freier Zustand der Beteiligten.*

Wenn die Ichheit aus ihrer ex-zentrischen Position (*...schon wieder ich gegen die ganze Welt!*) in das Zentrum und in die Mitte deiner Persönlichkeit ‚geholt' wird, hebt sich automatisch das polare Gegeneinanderwirken der beiden inneren Energien auf – die Gefühle des *Herzens* und die Emotionen des *Egos.*

Die Vorstellung mit dem Dreieck hilft auch hier wieder, aus der Gegensätzlichkeit zu kommen. Wenn du dir auf der unteren Ebene in dem linken Eck das *Herz* vorstellst und in dem rechten Eck das *Ego,* dann stehen sich die beiden Beherrscher deines irdischen Lebens polar gegenüber, und ihre ‚Spannung' – es ist ja alles Energie – hält dich flott in *Bewegung.* Kannst du diese Spannung in dir aber ausgleichen, kommst du in die ‚Ruhe', und du bist raus aus der Polarität. Dieses ‚abgehobene' Verhalten ist dann das Ergebnis in der Spitze unseres Dreiecks und drückt schon paradiesisch klingende Zustände aus: im *Gleichgewicht* sein, in beglückender *Harmonie,* in allumfassender *Liebe,* in der Yin-Yang-*Ausgeglichenheit,* in polaritätsfreier *Friedfertigkeit,* in göttlichem *Gleichmut* oder in der einst verlassenen *Einheit.* Im zweiten Traum wurde das alles mit dem Satz ‚*ausgeglichener und angstfreier Zustand der Menschen'* gemeint.

So sieht es auch *Karl,* der KI-Kampfkunsttrainer mit seinen japanischen Energieerfahrungen. N a c h g e b e n ist das beste Energiespiel! Damit wird *Spannung* aufgelöst, denn Spannung ist die Energie, die sich zwischen zwei gegensätzlichen Polen aufbaut oder hält. Unter Auflösung versteht er den *Ausgleich,* wie auch immer dieser je nach Situation aussieht, oder das *Neutralisieren* der Spannungen – beides als innere Arbeits- und Verhaltensweisen. Geradezu brilliant ist aber das *bewusste Nachgeben*, denn dann fließt die Energie wieder zurück an den Angreifer, den Kontrahenten oder den Konfliktverursacher.

Eine weitere wichtige Aussage hat der Traum vom Ego in Drachenform: Weder dein Ego noch die versteckten Ängste sind immer gleich stark vorhanden. Sie sind Meister des Versteckens – im Unbewussten, deinem Unter-Bewusstsein und deiner inneren Lichtarmut und Unwissenheit, um dann ur-plötzlich wieder in dein Tages-Bewusstsein aufzusteigen. Im Text des Traumes heißt es: *Alle diese Gefühlsschwankungen formten sich zu einer dunklen Wolke, die sich zu einem Drachen veränderte. Je ausgeprägter sich diese Emotionen äußerten, desto deutlicher zeichnete sich der Umriss des Drachens ab. Er wuchs mit steigen-den Ängsten, bewegte sich suchend zu den Menschen, s c h l ü p f t e in sie hinein und ernährte sich von ihren Emotionen.*

Das flexible Ego

Ich habe in mir selbst erlebt, dass mein Rest-Ego manchmal völlig ver-schwunden ist, sich aber bei anderen Gelegenheiten sehr wohl an meinen Emo-tionen beteiligt. So stellte ich in einer sehr offenen und heftigen Korrespondenz mit einer sehr spirituellen *Lichtarbeiterin* fest, dass in mir überhaupt kein Ego mehr reagierte, was mich zum Staunen brachte. Bald konnte ich mich aber da-von überzeugen, dass diese Freundin wahrhaftig in einer ‚praktizierten‘ Demut lebt – allerdings mit angstfreier innerer Stärke –, so dass sich diese Schwingung auch in mir spiegelt und ich in dieser Resonanz ebenso egofrei bleibe.

Begegne ich zwischendurch aber *Geistesfreunden*, die in manchen Ansichten anderer Meinung sind als ich, erlebe ich plötzlich wieder Ego-Emotionen. Nicht dass es dabei wirklich ‚falsche‘ Meinungen gäbe auf den vielfältigen Wegen ins Licht; alle sind richtig. Doch wenn einige Schlauberger noch in der Bewusstheit leben, ihr Weg sei der allein-selig-machende, dann muss nicht nur mein *Schalk*, sondern auch ich selbst sehr achtsam sein, dabei nicht in die sich in mir melden-den Emotionen und Leidenschaftlichkeiten zu geraten. Das Ego meines Gegen-übers spiegelt also das noch in mir latente Rest-Ego.

So kannst du erkennen, dass das Ego entweder ganz friedlich und manierlich sein oder heftig davongaloppieren kann. Je nachdem, in welcher oder wessen Resonanz du bist oder du dich begibst. Achte ab jetzt auf dieses Emotionsspiel und b e o b a c h t e, was mit dir geschieht. Meister im Sinne östlicher Lehren bist du, wenn du mit deinen Emotionen an langen Zügeln umgehen kannst –

sofern du nicht schon zwischendurch in deinen Yin-und-Yang-Gleichmut kommst und emotionsloser Betrachter der dich umschwirrenden Energien bist.

In meinem heutigen Ferngespräch mit der Ärztin *Amiyo* aus Köln habe ich diese oft unvorhergesehene Reaktion eines Egos angesprochen. Dabei habe ich meine Schilderung des angstversteckenden Ego-Drachens wiederholt, wie er sich verstärken und in die betroffene Person eindringen kann oder sich auch wieder zurückzieht oder sich sogar in Wohlgefallen auflöst. Ich meine ja, dass dies mit dem Gegenüber oder einer heftigen Situation oder einem besonders sensiblen Thema zusammenhängt und übertragbar ist – in Resonanz tritt. Nun hat *Amiyo* aber in fast zehnjähriger Praxis festgestellt, dass a u ß e r dieser *individuellen Erlebnisebene* auch noch zeitweilig eine *unbewusste kollektive* und eine *kosmische Ebene* mitwirken kann. Energien aus diesen Bereichen wirken dann wie Verstärker. Auch solche ‚günstigeren‘ und ‚ungünstigeren‘ Tage, magnetische Stürme, Vollmond, hoher beziehungsweise niederer Druck der Atmosphäre, Fön-Lagen und andere planetare Energien oder Konstellationen können dein Verhalten mitbestimmen.

Wir wissen, dass immer *zuerst eigene* innere Disharmonien und Spannungen – zum Beispiel verursacht durch dein Ego – vorhanden sein müssen. Aber genau dann können sofort energetische Verstärker aus den anderen unbewussten oder äußeren Ebenen in Resonanz treten und zu extremen, im nachhinein erschreckenden Pendelausschlägen führen – man versteht sich selbst nicht mehr. Dies ist besonders auffallend, wenn es um die Energien des Hasses oder der Angst oder der Macht geht – individuell und kollektiv.

Frage: *Kann da nicht auch das Ego perfekt mitspielen, wenn man von Liebe spricht?*

Das ist ja auch das Grundproblem der verschiedenen Christenheiten, sie wollen eine Religion der Liebe sein und wurden zu Systemen der Macht, und Macht ist immer Ego oder gar Egomanie. Aber schauen wir unseren eigenen ‚Balken‘ im Auge an, bevor wir auf die ‚Splitter‘ anderer zeigen.

Ich nenne die eine Form der Liebe *Beziehungsliebe*, weil dabei das Ego stets mit einbezogen sein will und meistens auch kontrollierend wirkt. Die reine egofreie Liebe ist und bleibt die *allumfassende Liebe*. An deiner Haltung gegenüber anderen kannst du ablesen, ob du ‚in Beziehung‘ oder beziehungslos liebst. Beziehungsliebe hat Ausschließlichkeitscharakter und lässt angstvoll keinen Raum für andere oder anderes. Sie ‚zieht‘ immer, gleicht einem Besitz, an dem gezerrt oder auch entzogen wird: *...wenn du nicht so wirst, wie ich will, kann ich dich* *nicht lieben.* Die allumfassende Liebe dahingegen schließt Liebe für andere oder anderes niemals aus.

In den Augen des Egos ist Liebe *quantitativ*, während die allumfassende Liebe *qualitativ* ist. Die Beziehungsliebe vergleicht Menschen und misst sie miteinander. Die reine Liebe schließt alle Menschen ein, obwohl du *nicht jeden* in der gleichen Intensität lieben kannst.

In dem Maß, in dem du andere Menschen a u s s c h l i e ß t, kannst du ablesen, inwieweit deine Liebe noch in Beziehung mit deinem Ich steht oder schon eine *heilige Liebe* ist. Oder anders ausgedrückt: wie sehr und wie oft du noch in der *Angst* liebst und lebst und wie sehr und wie oft du schon in die *Einheit* kommst – in das *Ich-Du-Wir*-Gefühl; wie oft du die eingebildete Liebe lebst und wie oft die reine Liebe.

Etwas vollkommen Neues (ohne ‚Ich‘)

Wir leben in der Wende-Zeit, und alles wird ‚umgeordnet‘ – zum Besseren, zum Lichtvolleren, zum Höherfrequenten und zum Ganzheitlichen. Dies entwickelt sich zugleich aus z w e i Richtungen folgendermaßen: Erstens ‚öffnet‘ das immer höher schwingende Licht immer mehr inkarnierte Seelen und bricht deren Versiegelung auf (Apokalypse). Zweitens ‚schwächt‘ sich durch diese frei werdenden Herzenskräfte der Energieraub der ich-süchtigen Lichtarmen immer mehr ab. Das emotionale und leidenschaftliche Pendel schwingt ruhiger und ruhiger, und immer stärker kann dann die Kraft des *Christus universalis* in die ego-beruhigte Zone der erwachenden und sehnsüchtigen Seelen – die individualisierten Teilaspekte aus der ehemaligen All-Einheit – einfließen. Wenn nämlich erst die *Sehnsucht* geweckt ist, ist eine gewaltige feinstoffliche Kraft mobilisiert, die der Liebe beisteht, wieder in die Einheit zu kommen. Schon im Stofflichen vollbringt die Sehnsucht-sich-Liebender wahre Wunder, im Feinstofflichen ist diese Macht nur zu erahnen.

Betrachtest du dir in diesem kosmischen Prozess den Umgang mit deinem Licht/Lichtarm- beziehungsweise Herz/Ego-Zwilling, so stellst du fest, dass dabei Gewaltiges geschehen kann. Betrachte aber stets mit innerem Abstand. Und betrachte aus einer neuen Sicht, die so grundsätzlich noch nie dagewesen ist: *Herz und Ego als Einheit*, als ‚eineiige‘ Zwillinge und nicht mehr als geistige Gegenspieler. Dabei zeigen sich zwei Verhaltenswege:

- *Die Einkehr nach innen*, wenn Herz-Verstand und Ego-Verstand sich harmonisieren, sich gegenseitig lieben und umarmen, wenn dein operatives Ego mehr und mehr loslässt und der (heimlichen?) Sehnsucht nach innerem Frieden und harmonischer Einheit immer öfter nachgibt, wenn dein stets angstfreies Herz mit dem inzwischen angstfrei gewordenen Ego gleichschwingt und wenn dein Verstand selbst entscheidet, aus der Polarität raus und in die All-Einheit rein zu gehen (»Alles ist Gott«) und

- *die Rückkehr nach außen*, wenn das Ego mit seiner einzigartigen, jetzt aber liebenden und von Ängsten befreiten Individualität aktiv an der Rückkehr zur Einheit, dem Gottes-Dienst des Herzens, beteiligt werden kann. Wenn dein Ego zu dir sagen kann: *...dein Wille geschehe.* Wenn es sich führen lässt, wenn es sich all-eins fühlt mit der ganzen Schöpfung (»Alles ist Gott«). Wenn du sagen kannst: *...die ehemaligen eigensüchtigen Qualitäten meines Egos dienen mir jetzt in Liebe. Ich stehe meiner Seelenentwicklung nicht mehr im Wege. Ich kooperiere, ich gehe mit mir/dir.*

Daraus ergeben sich die neuen Erkenntnisse:
- Wenn dein Ego keine geheimen Ängste mehr verstecken muss, wird es zu einem mutigen Mitarbeiter des Allerheiligsten, und
- wenn dein Ego im Dienste des Allerheiligsten steht, hilft es dir, innerlich stark zu werden. *Ein dienendes Ego bringt wahre Stärke.*

Erstaunlich ist auch für mich, dass ich mit dieser Sichtweise – wie man mit seinem Ego auch umgehen kann – meistens ganz alleine dastehe, obwohl ich spüre und inzwischen auch weiß, dass es heute so funktioniert. Um so erstaunter war ich, als ich durch die befreundeten Maya-Spezialistinnen auf die schon dargestellte IMIX-Drachenprägung der Maya-Mythologie stieß. Dieses Volk kannte schon immer diesen selbstbewussten Umgang mit dem Ego, um in sein Gleichgewicht zu kommen. Ich zitiere nochmals *Kössner* mit seinem Textausschnitt über das Lichtmuster des Ego-Drachens: *...Sind die Kräftepotentiale [...] im Lebensvollzug in Balance, wirken sie in der Persönlichkeit mit mächtiger Initialkraft. [...] Tatendrang ist hier ebenso als Potential zu Hause wie auch die Neigung unterstützt wird, sich unentwegt um seine Umgebung kümmern zu müssen...*

Gelingt dir dieser Wandel ebenso, wird er zu deinem persönlichen seelischen Quantensprung, und mein *Schalk* streckt dir die Hand entgegen: „*...willkommen im Klub der Erleuchteten.*" Dein Ego hat *zugestimmt*, dass es befreit (erlöst) werden konnte. Ich hatte mir schon einmal Notizen dazu gemacht im Jahr der letzten Olympiade und diesen Erleuchtungs-Prozess mit dem langen und konsequenten Training der Olympioniken verglichen. Nur Willensstärke, Ausdauer und Zielstrebigkeit führen zum Medaillensegen, denn – auf unsere Seelenebene übertragen – kann sich deine Ichheit bei diesem ‚Lebensspiel' gleich alle drei göttlichen Medaillen holen, die der Olymp zu vergeben hat:

Bronze: Sieger aus der Selbstsucht in die *Selbstfindung*,
Silber: Sieger aus der Emotionalität in die *Friedfertigkeit*,
Gold: Sieger aus der Polarität in die *Einheit*.

Vor dem Zieleinlauf gibt es aber noch eine beachtliche Hürde. Jeder Egoverstand ist seine e i g e n e Gedankenschöpfung aus uralten Zeiten. Er war und ist ein archetypischer Pfeiler der menschlichen Individualisierung und der Evolution des *homo sapiens*. Diese fundamentähnliche Prägung kann nicht von ‚außen‘ und mit ‚Gewalt‘ aufgebrochen werden. Das Ego und sein Intellekt können nur selbst und durch den FREIEN WILLEN die Entscheidung ihres Lebens treffen: *...ich will nachgeben! Dein Wille geschehe! ‚Ich‘ misch mich nicht mehr ein!*

Darüber gibt es sehr viel Fachliteratur, und Worte wie Scham und Demut stehen im Vordergrund. Dabei wollen aber viele Programme religiöser und esoterischer Herkunft dein Ego immer noch ausgrenzen oder gar ‚abtöten‘. Aber muss das heute noch so sein?

Umarme deine Ichheit

Die Neue Zeit schwingt h ö h e r. Sieh dein Ego wirklich als persönlichen Freund, als deinen cleveren Partner und möglicherweise als mehrfachen Lebensretter an. Nimm ihm aber seine Macht, seine Vormachtstellung! Probier es mit reiner Liebe, b e f i e h l dein Ego in das Licht, so wie es in der folgenden Anrufung vorgeschlagen wird[47].

Menschliches Ego, ich liebe dich. Ich danke dir für deinen Dienst und die Erfahrungen, durch die ich hier auf Erden lernen konnte. Aber jetzt ist es an der Zeit, dass mein Heiliges Christ-Selbst und meine Gott-Gegenwart die Führung über meinen physischen, ätherischen, mentalen und emotionalen Körper wieder übernehmen. Durch die Kraft Gottes, die ICH BIN, befehle ich dich in das Licht und befreie dich durch Liebe!

Oder spanne dein Ego mit seiner Cleverness ein in deinen Alltag auf der materiellen Erfahrungsebene *als Partner*, da wo es immer schon kompetent war. Eine Bekannte, die sehr klug und sehr stark ist, musste sich von ihrem Partner in ihrem Betrieb trennen. Sie musste nun, weil sie ihren Betrieb alleine weiterführen wollte, auch den materiellen Arbeitsbereich bewältigen, wollte aber partout ihre spirituelle Karriere nicht aufgeben. Im Gegenteil, sie wollte dem Betrieb jetzt ihre höherschwingende Prägung geben, dabei aber auch alle existentiellen Erfordernisse selbst erfüllen. In diesem esoterisch/exoterischen Zwiespalt, diesem Auf und Ab zwischen Metaphysis und Physis ihrer Solo-Tour, half sie sich folgendermaßen: Sie legte drei Blätter an, wie sie mir mitteilte.

Auf das erste erfasste ich: Das und das will ich erhalten und behalten und schöner gestalten und zu meiner Zukunft machen. Liebes Ego, übernimm du diesen Arbeitsbereich und trage mit deinem Können dazu bei, dass wir zusammen weiter existieren können und ein Vorzeigebeispiel für die Branche und die neue Zeit erschaffen.

Auf das zweite Blatt kam: Das und das kann W. mitnehmen, das werde ich sowieso ändern, das und das ist auch noch seines, und ich möchte es sogar aus energetischen Gründen aus dem Hause haben. Ich lasse es bewusst los als etwas Altes, damit Neues eintreten kann.

Und auf das dritte Blatt: Bei diesem und jenem kann ich mich nicht entscheiden und bitte um Führung von EUCH (ihr Höheres Selbst wie auch die geistige Helfer-Elite um sie herum, wie sie mir erklärte; A.d.A.), *was für den Betrieb und unsere Zukunft am besten ist.*

Und stell dir vor, es klappt Schritt für Schritt.

Dieses *Sich-vorstellen* soll nicht nur eine Redensart sein, sondern ist ein wichtiger Teil des Kreierens und des Schöpfer-seins – so wie ich es im zweiten Teil des Buches ausführlich dargestellt habe.

Ergänzt werden können solche Affirmationen noch durch die *Christus-Anrufung* von Seite 149. Dies sind aber nur Vorschläge, die du selbst variieren kannst und verändern und abwechseln. So ging es zum Beispiel mir selbst. Ich schwamm im Atlantik und habe dabei mit meinem Rest-Ego gesprochen, das bei der vorausgegangenen Energiemassage noch zutage getreten war. Die Therapeutin war mir schon bei der Auflösung behilflich gewesen, ich sollte aber weiter dranbleiben, die Auflösung zu vollenden. So kam es zu folgendem Selbstgespräch, das ich beim ruhigen ‚Liegen‘ auf dem Wasser – im Arm der *Großen Mutter* – führen konnte. Genauer gesagt, es war auf einmal aus mir gekommen:

Liebes Ego, wir haben jetzt fünfundsechzig Jahre zusammen gelebt und eigentlich haben wir uns ganz gut vertragen. Wir haben uns nur nicht immer richtig verstanden. Jetzt habe ich aber eine riesige Aufgabe vor mir und muss dich dazu loswerden. Ich bräuchte das aber nicht, wenn du dich dafür in Liebe umarmen lässt, ich dich bei mir behalte und du mir hilfst, meinen Gottesdienst gemeinsam zu bewältigen. Ich liebe dich!

Damit war das Sonnengeflecht meines Körpers endgültig frei, und bei der Energiemassage am nächsten Tag sah die Therapeutin die Farbe des *Christusbewusstseins* total in meinem Solarplexus (es ist der Pink-Farbton des Buchtitels). Was meinst du, wie da mein Kobold hüpfte, denn dieser *Schalk* war ja gar nicht gut auf mein unternehmerisches Ego zu sprechen und trällerte die Melodie: *„EGO ade, scheiden tut weh, aber das Scheiden macht, dass mir das Herze lacht...“* Da jubeln aber noch viele andere mehr bei dieser Verleihung der Goldmedaille ‚aus der Polarität in die Einheit‘. Da jubeln auch alle Zellen deiner energetischen Körpereinheit, und da feiern alle Wesenheiten mit dir mit, die dich auf diesem langen und mühsamen Seelenentwicklungsweg begleitet und geführt haben.

Eine Kölnerin, die dieses mein Erlebnis kennt, versicherte mir, dass sie dazu nicht ans Meer fliegen müsse. *„Geh mal bei Gelegenheit im Sommer im Rhein schwimmen! Das habe ich diesen Sommer oft getan. Es ist einfach göttlich, wunderschön, sich einige hundert Meter von dem ‚Strom‘ tragen zu lassen und sich vereint zu fühlen.“*

Die innere Sehnsucht

Frage: *Das klingt bei dir alles so einfach, aber an der Welt um uns herum sieht man, dass das doch gar nicht funktioniert. Was sagst du dazu?*

Aus der revidierten Schöpfungsgeschichte, wie ich sie in diesem Buch vertrete, weißt du, dass die Rückkehr in die All-Einheit, also von der ZWEI in die DREI, durch die *Sehnsucht* forciert wird. Die Sehnsucht des individualisierten Seelenaspektes, endlich wieder in die Einheit zu kommen. Der Evangelist *Lukas* schildert diese rührende Heimkehr im berühmten Gleichnis vom verlorenen Sohn (15,11-32).

Dieser Drang deiner Seele zur All-Einheit ist tief in ihr einprogrammiert, und in all den hunderten von Inkarnationen wollte deine Seele nichts anderes, als wieder Einswerden. Aber da war eben das Ego mit seinem Intellekt und seinen versteckten Ängsten. Es hätte sich aufgeben und freiwillig sterben müssen, denn es hat sich mit der Polarisierung identifiziert und lebt ausschließlich von den energetischen Spannungen des Polar-seins. Und das war früher eben dieser lange schmerzvolle Seelenweg der Askese, des Klosterlebens, der Demut und der Hingabe alten Stils. Wie schon mehrfach erwähnt, ging dies in der zurückliegenden Zeit mit ihren niedrigen Schwingungsspektren wirklich nicht leichter.

Dein Ego wirkte immer *gegen* deine Seele mit ihren Herzenskräften und *gegen* die Erinnerungsfähigkeit, dass du eigentlich Gottessohn/-tochter bist. So entstanden in jedem Leben immer wieder Defizite, die deine Seele bewogen, abermals in die duale Erfahrungsebene zu inkarnieren – wieder und wieder ins Fleisch zu gehen. Nicht immer konnte die *Ernte* der *Saaten* (Gedanken, Worte und Werke) in einem Erdenleben eingebracht werden. Diese Defizite nennen Kirchensysteme dann *Karma*, *Erbsünde* oder ähnlich klingende *Schuldbegriffe*. In

Wirklichkeit will aber dein göttlicher Seelenaspekt weiter nichts, als sein *irdisches Schöpferspiel* spielen. Das Ping-Pong der inneren und äußeren Energien, der Herzenskräfte gegen die Emotionen deines Intellektualismus – *aber als Spiel.*

Doch im Laufe der Zeit (Jahrtausende!) steigerte sich die seelische Sehnsucht nach der Heimkehr immer mehr. Jetzt in der *Wendezeit* endlich wird es möglich und leicht gemacht. Jetzt sind seit dem letzten Polsprung rund dreizehntausend Erdenjahre vergangen, und der Höhepunkt mit dem Zyklusende naht. Durch die laufenden Frequenzerhöhungen der Meta-Energien, vor allem der Photonen mit ihrer Lichtfülle, werden immer mehr Seelen frei (Apokalypse = Enthüllung) und erfüllen sich endlich ihre Sehnsucht nach Eins-sein – »Alles ist Gott«. Und das heißt ganz einfach: *„EGO ade…"*

Da es im Lichtreich kein irdisches Zeitmaß gibt – es ist nur ein *ewiggegenwärtiges Jetzt* ohne Vergangenheit und Zukunft –, kann auch ich hier im Buche kurz um rund zweitausend Erdenjahre zurückblenden. Bei den keltisch-germanischen Runen gibt es die Rune *Teiwaz*, zu der *Ralph H. Blum*[48] erklärt: *Dies ist die Rune des spirituellen Kriegers. Sein Kampf richtet sich immer gegen das eigene Ego. Und dies sind seine Kennzeichen: Er erdet seinen Willen durch Handeln, doch er bindet sich nicht an bestimmte Resultate und ist sich stets bewusst, dass es im Grunde darum geht, sich selbst nicht im Wege zu stehen und den göttlichen Willen durch sich fließen zu lassen.*

In dieser Rune verkörpert sich die Kraft der Unterscheidung, eine schwertgleiche Qualität, die es ermöglicht, das Alte, Tote und Überflüssige zu erkennen und zu entfernen. Doch gleichzeitig entsteht in ihr das Wissen, dass das Universum immer das Recht auf den ersten Zug hat.

Wie ist das bei uns Menschen: Wenn man längere Zeit verreist war, bringen Herzensmenschen doch ein Präsent mit bei ihrer Rückkehr. Das gilt auch bei der Heimkehr zur *Großen Mutter*, zum *Großen Vater*. Unabhängig davon, dass damit ganz sicher auch in der All-Einheit Freude bereitet wird, ist ein solches Mitbringsel geradezu ein MUSS. Das wissen alle religiösen Systeme seit ihrer Entstehung und sprechen von einem *Opfer*. Davon sind die Heiligen Schriften aller Religionen übervoll, und es war eben früher kein höheres Verständnis dafür vorhanden, als von blutigen oder anderen äußeren Opfern zu sprechen.

Doch heute sieht auch das ganz anders aus. Eine befreundete mediale Therapeutin hatte eine Vision in der Nacht (vor Sylvester 2001): *Keine Rückkehr zu Gott ohne Gabe. Es muss stets das EGO des Heimkehrers sein, etwas anderes will Gott nicht!*

Also doch ein Opfer, aber ein rein feinstoffliches, ein inneres. Das Opfer, aus der Polarität a u s z u s t e i g e n, denn ohne Ego kommt jede Gegensätzlichkeit in die Ruhe, ins Zentrum der Energien, in die Null-Energie. Ein ‚Opfer‘, das kein Opfer ist, das *friedvoll* macht und *gesund* und *heil*, wie es der *Heiland* meint und alle und »Alles ist Gott« *eins werden* lässt.

Dein Allerheiligstes

Nachdem du nun von dem inneren Zwilling *Licht/Lichtarmut* und *Wissen/Unwissen* den lichtarmen Freund kennengelernt hast, der den *Homo sapiens* zu seiner Einmaligkeit in der Schöpfung geführt hat, sehen wir uns jetzt den göttlichen, lichtvollen und sich erinnernden Zwilling an. Denn um direkt »in Resonanz mit Gott-und-Göttin-in-dir« zu kommen, musst du über dein *inneres Herzzentrum* Bescheid wissen. Die Liste der verschiedensten Namen dafür ist lang, denn bekannt ist es in allen Religionen, im Altertum und vor allem jetzt im Aufbruch der Neuen Zeit, dem *New Age* unserer Wendezeit.

Aktuell sind die Begriffe *Höheres Selbst*, Geistselbst, Inneres oder Wahres Selbst, ICH BIN, ICH-BIN-Gegenwart, *Christus*-in-dir, Über-Ich und Überseele, Gottes Funke im Menschen, der Göttliche Aspekt, Schöpfungsaspekt, das Göttliche Herz, *Gott*-in-dir, deine Göttlichkeit, das Reich-Gottes-in-dir, der Heilige Geist, die Heilige Monade, Atma, *Buddhas* Natur, der Innere Logos (Wissen), der Grenzenlose Geist sowie alles was auf die Ursprünglichkeit hinweist: Ursprüngliches Herz, Geist oder Ebenbild, aber auch das Mystische Einssein mit Gott und die Innere Vollkommenheit zählen dazu. Der Psalmist nennt es *den geheimen Platz des Allerhöchsten*, und ich nenne es inzwischen schon im ganzen Buch *das Allerheiligste*.

Es ist kein Organ, sondern Energie und Essenz. Und daher kannst du es dir am leichtesten vorstellen, wenn du an die sieben Chakren[49] denkst, jene Energiewirbel, welche deine vier Energiekörper miteinander verbinden – das gesamtheitliche Energiefeld jedes Menschen. Es gibt die drei unteren, Mutter-Erde-bezogenen Chakren und die drei oberen, geistig-spirituellen. Die harmonisierende Mitte zwischen beiden bildet das Herz-Chakra. Aber diese nur für mediale Erdengeschwister sicht- und messbare Energie der Chakren hat bereits ‚Form‘ und Farben (Schwingungsfrequenzen) angenommen.

Dahingegen ist die göttliche Essenz als Energie aus der Tiefe des menschlichen Herzens mit all seinen vielfältigen Bezeichnungen noch *un-geformt* und *form-los*. Diese Energie aus der All-Einheit kennt auch weder Zeit noch Raum, sie ist noch *ursprünglich*. Man spricht daher auch vom ,Geist vom göttlichen Ursprung' und davon, dass der *Geist Gottes* in dir lebt.

Dazu fällt mir ein Gespräch ein, das ich mit einem jungen Priester hatte über solche esoterischen Kenntnisse. Er hält das Thema *Chakren* für Wichtigtuerei, da diese ja für den nicht-medialen Gläubigen unsichtbar sind. Dieser hat seine Vollbeschäftigung mit dem Alltag von Familie und Beruf, und für ihn heißt die praktische Seite der christlichen Lehre: *...Hauptsache im Herzen stimmt es!* Er hat völlig recht, das Herzzentrum stellt energetisch auch die Körpermitte dar – *als Harmonie der Mitte*. Zuerst müssen immer die eigenen Herzensgefühle (vor allem die Liebe) ,stimmig' sein, bevor an dem Ausgleich der unteren und oberen Energiezentren erfolgreich experimentiert werden kann.

Interessant ist, dass eine Drüse in enger Verbindung mit dem Herzzentrum steht, die Thymusdrüse. Sie wirkt mit am wechselseitigen Rückfluss der verschiedenen Herzensqualitäten. Diese Drüse wird heute allgemein wieder aktiviert, besonders aber durch die fünf Herzenskräfte, die aus deinem Herzen fließen. Sie stimulieren die Thymusdrüse und muntern sie auf. Ängste dagegen blockieren sie. Klopfe immer wieder kräftig auf dein Brustbein und wecke sie auf.

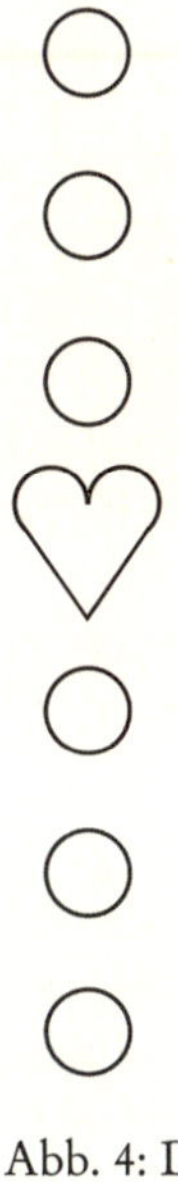

Die energetische Verbindung deines Allerheiligsten mit der Schöpfung ist on-line und untrennbar. Dadurch ist dein Allerheiligstes auch allwissend und schöpferisch, wenn du dich entscheidest, seine Weisheit und seine kreativen Energien auf der materiellen Ebene umzusetzen. Gottesebenbildlichkeit und Vollkommenheit können ,realisiert' und durch menschliches Schöpfertum manifestiert werden. Immer schon, aber heute sehr viel leichter. Es wurde zu einer Hot-Line. Mit dieser direkten Energieverbindung wirst du auch auf unserer dualen Ebene zum w a h r e n Schöpfer. Der japanische Forscher *Dr. Masaru Emoto* spricht von *Hyperkommunikation*: Alles entspringt einem Urgrund und kommuniziert miteinander. »Alles ist Gott«.

Abb. 4: Das Herz
zwischen den Chakren

Schöpfersein heißt also,
dich in diese Hyperkommunikation einzuschalten
und den u n g e f o r m t e n Energien des allerheiligsten Urgrundes
d e i n e individuelle Energieform zu geben.

Damit kann das Allerheiligste seine rechtmäßige Rolle als Führung und endgültige Autorität an Stelle des Egos ü b e r n e h m e n.

Herz ist Trumpf

Unter ‚Form' sind feinstoffliche Schwingungen, Wellen und Rotationen der verschiedensten Frequenzen zu verstehen. Dieses Formgeben geschieht gedanklich in deinem Mentalkörper, denn du bist ja ein Gedankenschöpfer – und es gibt keine Schöpfung ohne gedankliches Vorspiel.

Feinstoffliche Energien, die dir wie a l l e n a n d e r e n Menschen im körpereigenen feinstofflichen Energiefeld (das Quartett von Körper-Seele-Geist-Licht) zur Verfügung stehen, habe ich schon mehrfach erwähnt. Außerdem hast du wie jeder von uns noch das *Zellgedächtnis*, zusammen also

1. die göttlich-reinen und unbegrenzten *Herzenskräfte*,
2. die erstaunlichen Kräfte der *Körperintelligenz* (KI) und
3. die meist schmerzlichen Energien des *Zellgedächtnisses*.

Nur die Herzenskräfte sind noch im göttlichen ungeformten Zustand, die beiden anderen Energien haben in ihrer Wirkungsweise bereits einen entsprechenden d u a l e n Charakter angenommen. Nur die Herzenskräfte haben schöpferische Qualitäten und sind durch ihre Reinheit die kraftvollsten dieser drei Energiearten. Daher hat auch das ganz besondere Thema *Herz* von alters her einen unermesslichen Stellenwert im menschlichen und zwischenmenschlichen Erdenleben. Schnell hätten wir ein ganzes Buch damit gefüllt. Lasse mich trotzdem einige Schwerpunkte zitieren, die verschiedene Sichtweisen aufzeigen.

Im Heilungsprozess wirkt das Herz wie ein Magnet, der alle blockierte Energie anzieht und in positive Qualitäten verwandelt. Das Herz ist so mächtig, dass es die körperlichen, emotionalen und mentalen Aspekte des Menschen wieder völlig ins Gleichgewicht bringen kann. Anstatt gegen unkontrollierbare und übermächtige Gefühle und mentale Zustände anzukämpfen, können wir unsere Energie darauf verwenden, das Wirken der Herzenskraft zu verstehen und in jeder Situation seine volle Stärke einsetzen.

Die Herzenskraft ist die Kraft in unserem Körper, die das Herz über dreißig Millionen Mal pro Jahr schlagen lässt – die überhaupt wichtigste Antriebskraft des menschlichen Körpers. Auf mentalem und emotionalem Gebiet ist sie das Tor zur Intuition. (ZEIT●PUNKT 53[(66)])

Die Art allumfassenden Denkens vom Herzen her ist euer wahrer Führer zu eurer Seele. Lernt, euch diesem Potential zu öffnen. Herz-Logik existiert, um euch zurück zum Schöpfer zu geleiten – weg von ungeheuerlichen Dingen wie verschlimmerndem Zorn, Verwirrung und Chaos, die eure planetare Gesellschaft züchtet. Diese Emotionen sind lediglich die letzten Versuche einer finsteren, einengenden Welt, euch zu kontrollieren. (Update durch *Shaldan Niddle* vom 21.8.2001, www.paoweb.de)

Wer immer in Zerstreuung lebt, wird fremd im eigenen Herzen. (*Adolf Freiherr von Knigge*)

Willst du dich selber erkennen, so sieh, wie die anderen es treiben. Willst du die anderen verstehen, blicke in dein eigenes Herz. (*Friedrich von Schiller*)

Das Evangelium ist so klar, dass es nicht viel Auslegens bedarf, sondern es will nur wohl betrachtet, angesehen und tief zu Herzen genommen sein. Und es wird niemand mehr Nutz davon bringen, denn die ihr Herz stille halten, alle Dinge ausschlagen und mit Fleiß dreinsehen... Darum, willst du allhier auch erleuchtet werden, göttliche Gnade und Wunder sehen, dass dein Herz entbrannt, erleuchtet, andächtig und fröhlich werde, so gehe hin, da du stille seiest und das Bild tief ins Herz fassest, da wirst du finden Wunder über Wunder. (*Prof. Dr. Martin Luther*)

Christus ließ den Beweis für den Göttlichen Funken im Herzen des Menschen erbringen. So ist es nicht einmal mehr eine Glaubensfrage, ob wir das Göttliche in uns tragen, sondern einfach eine Herzensangelegenheit – für jeden Menschen, wo und wie er auch immer lebt. (*Geka Schröder-Strohmeyer*[50])

Unaufhörlich strömt Liebe aus dem Herzen, wenn man sich öffnet. Die Gabe des Heilens kommt aus dem Herzen, die des Sehens, die des Nehmen und Gebens; die der Sexualität; die der Körperpflege; die des Lachens; die der Freude; die des Musizierens; die des Genießens – alles sind Gaben. Und wenn sie von Herzen gelebt werden, strömt die Liebe unaufhörlich. Denn, auch wenn unser Verstand nicht daran glaubt und oft zweifelt: Im Herzen wohnt die Seele, im Herzen wohnt Gott. In Jedem. So strömt die Liebe unaufhörlich bei allem, was du von Herzen tust. So erreicht alles, was du von Herzen gerne tust, Gott. (*Hannelore*)

„*Folge der Religion deines Herzens*" (*Babaji*)

Die Religion des Herzens ist wie ein helles Feuer, das auch unsere Vernunft er-
leuchtet – so wie wir es zulassen, und nicht geblendet und verwirrt sind durch die
bekannten Irrlichter und Abgötter, die das Denken des Herzens lähmen und mit
dem Stacheldraht unseres kalten Intellekts ersticken. Wenn wir immer und immer
wieder hören, man sehe nur mit dem Herzen gut, das Wesentliche sei für die Augen
unsichtbar – dann ist dieses Sehen nichts anderes als die Geburt des Lichtes, des
Christus in uns. Und wenn es uns so bewusst wird, dass unsere eigene kleine Welt,
der Mikrokosmos, der wir sind, aus dieser Quelle erleuchtet wird, verstehen wir
auch, warum die Gnostiker von Weltreligion sprechen. Denn soll es nicht allen
Menschen so gehen? Das Paradies des Herzens – Glück, Friede, höchste, da unver-
gängliche Freude und Erfüllung. (K. Bilau in »Pulsar« 10/2001[51])

All das Wissen, um ein friedvolles, glückliches und liebevolles Miteinander
zu erleben, liegt tief im Herzen jedes Menschen *verborgen*. Es ist aber an der
Zeit, dass sich jeder von uns daran *erinnert*. Leider findet diese Erkenntnis im
derzeitigen *oberflächlichen* Zeitgeist keine Unterstützung – die Fitness des Denkens und des Körpers stehen in höherem Ansehen. Aber diesem gewaltigen Pol
des *äußeren Habens* steht der mächtige Pol des *inneren Seins* gegenüber. Dem
materiellen Un-Geist steht die spirituelle Energie der Neuen Zeit, des *Christusbewusstseins*, gegenüber – den Licht-losen das globale Energiefeld unzähliger
Lichtarbeiter, Lichtkinder und *Lichtdiener*.
Die Stimme deines Herzens ist immer *rein*, ist reines Licht.
Wenn du diese Stimme verstehst, ihr die Führung überlässt
und danach lebst, wirst du und dein Leben heil –
aus innerer wie aus äußerer Sicht.

Die gefürchtete Selbstzerstörungskrankheit unserer Zeit, der Krebs, kann einem Herzen nichts anhaben – es bleibt heil. Selbst bei all den Erdengeschwistern, die davon keine Ahnung haben und ihr Leben egozentrischen Motiven
opfern. Man kann das Herz reparieren oder auswechseln, aber es wird sich niemals selbst zerstören.

Im Herzen rein sein ein Leben lang,
wie die Kerzen rein sein, rein wie Gesang,
wenn du b i s t, was du bist – ein Licht voller Kraft –,
werden dir ganz leicht Sehen und Hören verschafft.

Mit reinem und weißen Herzen im Innen
bringt dich das Dunkle nie mehr von Sinnen.
Bleib aufrecht, bleib stark wie ein Sonnenschein,
denn die Wärme des Herzens entscheidet allein.

Lass Dunkel vorbei, nimm von d e i n e m Licht
und hülle dich ein, verdränge es nicht.
Mit reinem Herzen reiß Beschränkendes ein!
Du wirst dann empfangen – denn du bist nie allein. (Hannelore)

Du erschaffst deine Wirklichkeit

Alles, was in deinem Allerheiligsten wirkt, ist stets ungeformte und damit noch r e i n e Energie aus der All-Einheit. Ungeteiltes, göttliches *Christusbewusstsein*, das wie in der All-Einheit noch raum- und zeitlos in grenzenloser Fülle IST. Wenn diese ungeformte Energie aber in deine duale Lebens-Ebene kommt, hat sie sich geteilt und ‚Form' angenommen, das heißt: Sie wurde zu feinstofflichen Energien wie zum Beispiel *Gefühlen* oder *Emotionen* ge-formt. Dies macht der Verstand deines Mentalkörpers, der anhand deines FREIEN WILLENs immerzu entscheidet, ob deine ungeformte Herzens-Energie mehr als *reine Bewusstheit* oder mehr als *egoistische Ichheit* in der äußeren Welt umgesetzt wird.

Die menschliche *Bewusstheit* und die menschliche *Ichheit*
sind Schöpfer ihrer e i g e n e n W i r k l i c h k e i t e n,
die ständig neu erschaffen werden.

Hat sich dein Verstand mit seinem FREIEN WILLEN für die *reine Bewusstheit der Herzenskräfte* entschieden, führt dies durch klares Herz-Denken zu Intuition und zu Herzensgefühlen. Diese melden sich dann als Wahrheit und Klarheit, als Freude und Kreativität, als selbstlose Liebe, als Harmonie und innerer Frieden oder als Eins-sein-mit-allem und »Alles ist Gott« – um lediglich einige Beispiele aufzuführen.

Entscheidet sich dein Verstand mit seinem FREIEN WILLEN für den Gegenpol, die Ansprüche deiner *ego-orientierten Ichheit*, dann führt das damit verbundene Ego-Denken zu einem eigenwilligen Intellekt und tritt als Emotion in deine Körperlichkeit. Gegenbeispiele zu den oben genannten Gefühlen sind dann: Rechthaberei, Freudlosigkeit, Egoismus, Friedlosigkeit und Angst.

186

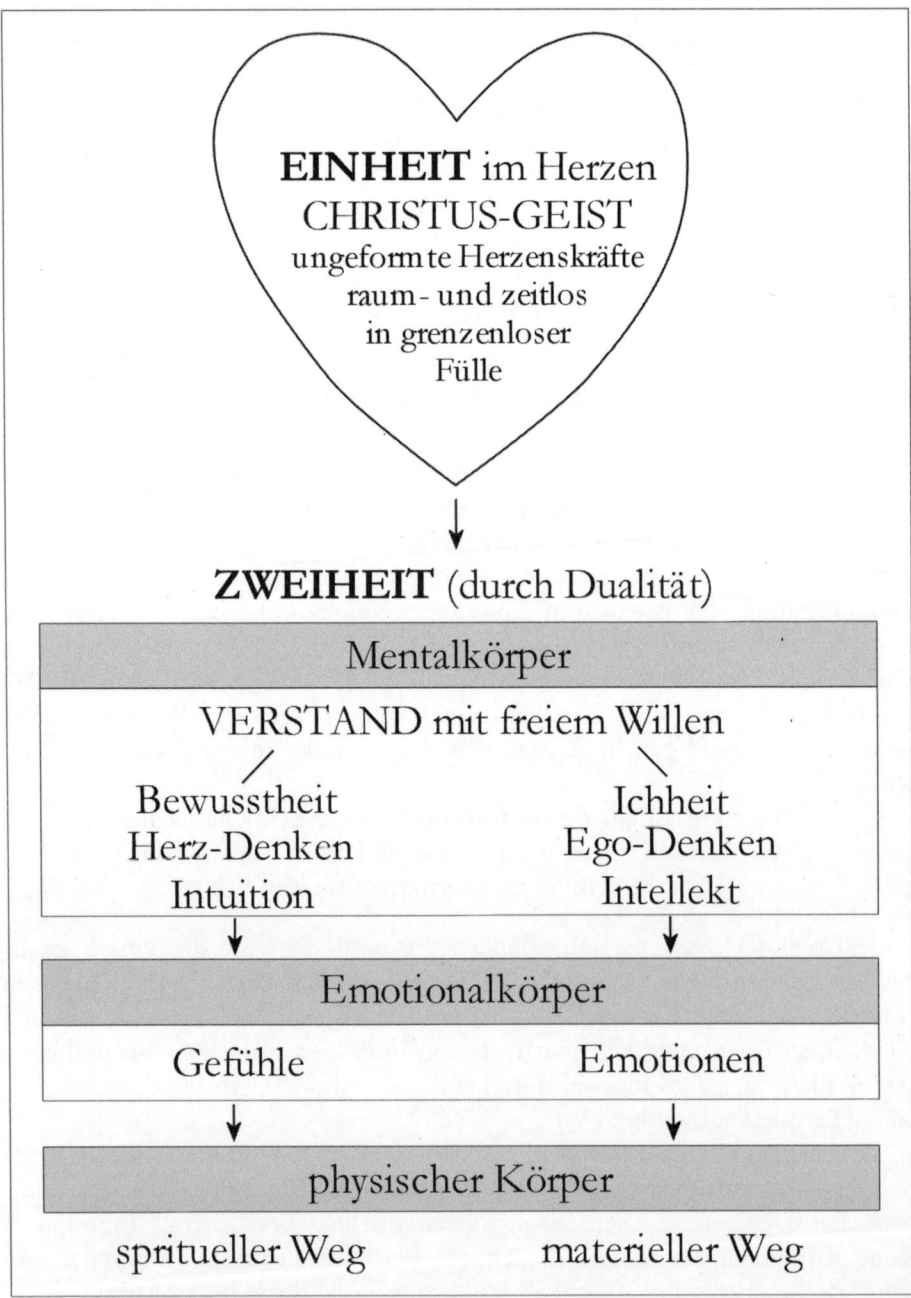

EINHEIT im Herzen
CHRISTUS-GEIST
ungeformte Herzenskräfte
raum- und zeitlos
in grenzenloser
Fülle

ZWEIHEIT (durch Dualität)

Mentalkörper

VERSTAND mit freiem Willen

Bewusstheit / \ Ichheit
Herz-Denken Ego-Denken
Intuition Intellekt

Emotionalkörper

Gefühle   Emotionen

physischer Körper

spritueller Weg   materieller Weg

Abb. 5: Der Weg der un-geformten Kräfte in die Dualität

die fünf un-geformten **Herzenskräfte** (Gott-in-uns)	**Mentalkörper** Verstand Freier Wille	**im menschlichen Kollektiv:** veränderte und gegensätzlich gewordene Energie-Formen in unserer Welt
Wahrhaftigkeit	Bewusstheit	Wahrheit, Klarheit *Michael* mit dem Schwert, *Shiva*, der Zerstörer Querköpfe, Spinner, Querulanten
	Ichheit	Rechthaberei lässt keine Kritik zu Sturheit, Fanatismus
Freude des Seins	Bewusstheit	Exstase, Lebensfreude Musik Tanzen, Kreativität
	Ichheit	Freudlosigkeit, Einsamkeit, Leere Seelenschmerz, Suchtmittel (Alkohol, Drogen)
allumfassende Liebe	Bewusstheit	alles umarmen Therapeut, Heiler, Priester
	Ichheit	Nicht-Liebe, Egoismus, Angst, Leid, Seelenschmerz, Schmerzkörper, Hassliebe
unerschütterliche Friedfertigkeit	Bewusstheit	Harmonie, Neutralität, Unio mystico in-der-Mitte-sein, Meister sein
	Ichheit	Friedlosigkeit, Sehnsucht nach Frieden und Einssein
Sehnsucht	Bewusstheit	Eins-sein mit der All-Einheit Alles ist Gott Angstfreiheit - Gottvertrauen
	Ichheit	Alleinsein - Depressionen - Ängste

Abb. 6: Der Weg der fünf Herzenskräfte in die Dualität

Auf Seite 186 zeigt die Abbildung 5 den prinzipiellen Weg der Trennung deiner Herzenskräfte in zwei gegensätzliche (sich aber trotzdem bedingende) Polarisierungen, die dein Verstand mit der gottgegebenen Möglichkeit des FREIEN WILLENs bedienen kann. Erinnere dich bitte an die Geschichte mit dem *kleinen Schutzengel* auf der einen und dem *kleinen Dämon* auf der anderen Schulter deines Mentalkörpers. D u bestimmst, was d u willst. Unsere duale und polare Erfahrungsebene mit den oft äußerst zaghaften Herzensgefühlen und den oft äußerst dominanten Egoismen und Selbsterhaltungstrieben aber, pendelt permanent zwischen diesen beiden inneren Gegensätzen. In tausend verschiedenen Abstufungen, Stimmungen, Erkenntnissen, Ängsten, Ausflüchten, Unklarheiten und Missverständnissen – und das ein Leben lang. Man nennt das den seelischen Entwicklungsweg.

In der Abbildung 6 sind nun die fünf *un-geformten* Herzenskräfte in der linken Spalte dargestellt. In der mittleren Spalte gehen die *un-geformten* Herzenskräfte durch deinen feinstofflichen Mental- und Emotionalkörper, wo sie sich in die dualen Gegensätze teilen und sich dabei *ver-formen*. In der rechten Spalte sind Beispiele aufgeführt, welche Verformungen der ursprünglich reinen Energien deine Ichheit zuwege bringt.

Dabei wird auch aufgezeigt, dass du zwischen den extremen Polseiten noch eine ‚Mitte‘ hast. Das ist das Geschehen, das aus dem *Ausgleich* deiner polaren Reaktionen entstehen kann, aus deiner emotionslosen *Klarheit*, deiner wertungsfreien *Wahrnehmung*, aus dem Yin und Yang deiner *Empfindungen*, aus deiner Akzeptanz des *Geschehenlassens* und aus deinem *Vertrauen* zu deiner Einzigartigkeit, deiner Göttlichkeit.

Es sind fünf Herzenskräfte

Frage: *Wieso sprichst du dauernd von fünf Herzenskräften, wo doch allgemein klar ist, dass die Liebe unsere Herzenskraft ist?*

Die Lehre *Jesu* durchziehen nach meiner Ansicht fünf Grundthemen. Fünf ethische Schwerpunkte, für deren absolut bewusstes Leben und Erleben er die Kreuzigung auf sich nahm – ein unerschütterlich Friedfertiger wird sich eben nicht wehren. **Erstens** trat *Jesus* stets für die reine Wahrheit und Wahrhaftigkeit ein, *...er ist in die Welt gekommen, von der Wahrheit Zeugnis abzulegen.* **Zweitens** lautet eine der häufigsten Aufforderungen der Evangelien (griech.: *Frohbotschaft*): *...freuet euch!* Wie auch der Hinweis des *Heilands ...wenn ihr nicht werdet wie die Kinder* – die noch unbeschwert Lebensfreude versprühen und ausdrükken. **Drittens** ist die allumfassende und selbstlose Liebe jedem klar (*liebe deinen Nächsten wie dich selbst*), **viertens** sind die unerschütterliche Friedfertigkeit und der innere Frieden überhaupt die höchste Forderung im Neuen Testament: *...selig sind die Friedfertigen, denn sie werden Kinder Gottes heißen* und **fünftens** verweist er mit seinem *...ich und der Vater sind eins* auf die Einheit mit dem Schöpfer und an anderen Textstellen auch auf das Eins-sein mit allem, denn »Alles ist Gott«.

Diese fünf Forderungen erkannte *Jesus* – in seiner eindeutigen Botschaft an die Erde – als optimale Lebensprinzipien in der irdischen Materie.

Diese fünf Kräfte r u h e n in jeder inkarnierten Seele, in jedem menschlichen Herzen und wollen von jedem g e l e b t werden.

Ja, sie *müssen* gelebt werden, um die uralte und unstillbare Sehnsucht deiner Seele nach »Rückkehr zur Göttlichkeit« und damit in die ehemalige All-Einheit auszudrücken – sie müssen wieder die Führung in deinem Leben übernehmen. Damit dieses ‚Spiel des Lebens' aber nicht zu leicht ausfällt – es war ja ein freiwilliger Übermut jeder Seele, sich vor Jahrmillionen durch Eigenschöpfungen von der göttlichen All-Einheit zu entfernen –, erfordern die unvorstellbar hohen Schwingungen des Lichtreiches *Vollkommenheit*. Jede Seele, die heimkehren will, braucht ihre V o l l k o m m e n h e i t von einstmals.

Dieser kannst du dich aber nur nähern durch ein viel *bewussteres Sein*, durch die hohe Qualität der *Reinheit deiner Empfindungen* und das *praktische Leben* deiner fünf Herzenskräfte im Sinne des *Heilands*: *...folget mir nach!* Dabei bedarf jeder dieser seelischen Entwicklungs-Schritte deiner täglichen, eindeutigen E n t s c h e i d u n g e n. Herzenskräfte sind Energien, und Energien sind immer zugleich Schwingung, Bewegung, Fluss. Lasse also strömen. Strom ist Energie.

Deine Herzenskräfte sind d e i n e ganz besonderen Ströme deines Lebens und führen dich ‚göttlich'.

Wir leben in der Zeiten-*Wende*, und die lichtvollen Energieerhöhungen dieser Zeit *wenden* unter anderem auch die gesamte Seelenentwicklung – *weg vom Kollektiv*, hin zum Individuellen und Persönlichen. Die erwähnten fünf Herzenskräfte sind ungeformte Energie aus der All-Einheit und somit eigentlich Kollektiv-Energie. Du und jeder andere Mensch muss nun als einzigartiges Individuum und irdischer Schöpfer diese Kollektivenergie u m s e t z e n und transformieren. Dies geschieht durch dein Leben und Erleben dieser Kräfte als die fünf Kollektiv-Ströme, welche die Führung deines zukünftigen Lebens übernehmen.

V o n   d i r gewandelt und gelebt und schöpferisch ge-formt,
gehen deine Herzenskräfte danach wieder ein
in das Kollektive der lebendigen *Großen Mutter Erde*

– die Erde als materielle Gebärmutter deines Körpers und deiner Erfahrungsebene. Lasse das Schlagen deines Herzens sich mit dem Herzschlag der Erde
vereinigen, damit so wieder ein einziger Rhythmus pulsieren kann (*Alba Maria*).

Die *Große Mutter Erde*

Frage: *Ich höre so oft Begriffe wie Mutter Erde, Gaia und schamanisch leben.
Müssen wir das Irdische nicht endlich loslassen, um unseren Lichtkörper entwickeln zu können?*

Im Gegenteil! Der Mensch ist ein Geschöpf des Planeten Erde. Die lebendige *Große Mutter Erde* ist die Gebärmutter allen Lebens, das die Schöpfung kre-
ierte. Auf jener verhängnisvollen Genesis-Formel (die auf die außerirdischen
‚Götter' der Sumerer zurückgeht): *...macht euch die Erde untertan*, basieren
heute mehr denn je ‚erlaubte' brutalste ‚Vergewaltigungen' von Erde, Wasser
und Atmosphäre, den aktiven Lebensräumen der *Großen Mutter Erde*.

Alternativ und komplementär orientierte Therapeuten, Heiler oder andere
‚Seel-Sorger' stellen immer öfter fest, dass ihre Patienten immer weniger ‚geer-
det' sind. Dies ist nicht nur ein spirituelles Manko von geistig Erwachenden, die
nicht schnell genug in den ersehnten ‚Stand der Erleuchtung' kommen können.
Dies ist leider auch ein zunehmender Zustand der ver-technisierten Lebenswei-
sen (vorwiegend der Stadtmenschen) durch Fernsehsucht, beherrschende Com-
putertechnologien, Mobilfunk, unnatürliche Ernährung, synthetische Beklei-
dung und ‚isolierende' Böden und Schuhwerk (mit Gummi- oder Plastiksohlen)
und vieles anderes mehr. Immer mehr Menschen verlieren ihre E r d u n g –
äußerlich wie innerlich.

Mensch-sein-im-Gott-sein heißt Verbundensein mit Allem-was-ist.

Wahre und bewusste Spiritualität ist das geistige Verbinden, Verknüpfen und
Vereinen deiner Herzenskräfte mit der *Großen Mutter Erde* und ihren Ge-
schöpfen. Es ist dein tägliches All-eins-werden mit gesunder Natur, dankender
Natürlichkeit und liebender Erdenhaftung.

Erde dich immer wieder bewusst in Liebe und Dankbarkeit! Du verlierst dabei
nichts von deiner ehrlichen, anhaltenden Ausrichtung nach spirituellem Wachstum. Du g e w i n n s t dabei nur, weil erst durch die gleichzeitige Erdung der

lebensnotwendige E n e r g i e f l u s s aus deinem Allerheiligsten im vollen
Maße in Gange kommt. Und dann erst kommst du in deinen klaren und auch
ver-klärten Bewusstseins-Zustand: *Gott-sein im Mensch-sein* – »Alles ist Gott«.
**Ungeformte Energie aus der All-Einheit
kommt über dein Allerheiligstes in dein Leben.
Durch deine individuelle Art, diese Energie als Herzenskräfte
schöpferisch zu l e b e n, gibst du ihr deine persönlichen fünf ,Formen'.
Diese gehen dann in die Kollektivenergie der *Großen Mutter Erde* ein
und bestimmen ihr Energiefeld mit.**

Folgende Erkenntnisse ergeben sich aus dieser »Resonanz mit Gott und
Göttin-in-dir«:

- Du als ,aufrechtes' Wesen bist der T r a n s f o r m a t o r der göttlichen
Energien (aus der All-Einheit), die durch dein Herz in den Boden der
Großen Mutter Erde strömen;
- du als ,aufrechte' Brücke zwischen dem ,Kosmischen Schöpfer' und der
„*Großen Mutter Erde*" v e r b i n d e s t die Energieströme und entlässt
sie aber wieder als d e i n e Schöpfungen aus deinem Allerheiligsten;
- du als individueller Schöpfer auf der irdischen Ebene bist damit der bewusste oder unbewusste M i t g e s t a l t e r des irdischen Kollektivs
und der planetaren Menschenrasse, und
- du als *heute* lebender S c h ö p f e r bist der schöpferische Mitgestalter
der *kollektiven Zukunft* des Planeten Erde in dieser Übergangsphase, bis
unsere gesamte Erdumlaufbahn im reinen Photonenlicht des Plejaden-
Rings[52] eingetaucht sein wird. (Da dieses Licht die hohe Schwingung
des untersten Himmels hat, der fünften Dimension, spricht man auch
vom *Friedensreich* oder *Goldenen Zeitalter* und einem Zeitpunkt ab dem
Jahr 2012.)

Der *mentale Weg* der un-geformten Energie aus der All-Einheit geht zuerst
durch deinen feinstofflichen Mentalkörper, der von deinem Verstand geprägt
ist. Durch deinen *gottgegebenen FREIEN WILLEN* musst du mit deinem Verstand i n j e d e m Augenblick deines irdischen Lebens e n t s c h e i d e n,
und zwar folgendes:

- **Die Entscheidung in deinem *Inneren*:** Gehst du *mit Gott* **oder** *ohne
Gott* (erinnere dich an den *kleinen Schutzengel* und den *kleinen Dämon*
auf der Schulter deines feinstofflichen Mentalkörpers),

- schenkst du deine *Hingabe* deinem *inneren Sein,* deinem *Höheren Selbst* und deinem inneren Wachstum **oder** dem *äußeren Haben* (Hingabe-zu-den-äußeren-Dingen) mit seinen Ablenkungen und seiner Vermassung.

- **Die Entscheidung in deinem äußeren** *Hier-und-Jetzt*: Lebst du es ohne Mitwirkung deiner Herzenskräfte **oder** bist du durch das Leben deiner Herzenskräfte ein *wertvoller irdischer Mitschöpfer.*

Die freie Energie

Frage: *Was kann der moderne Mensch unter ungeformter göttlicher Energie verstehen?*

Alles und Nichts! Solange diese Energie nicht in die Materie, unsere sogenannte dritte Dimension oder unsere duale Erfahrungsebene eingeströmt ist, können wir sie nicht wahrnehmen – sie ist ja *formlos.* In unsere materielle und duale Erfahrungsebene kommt sie aber auf zwei Wegen, einem *äußeren* und einem *inneren.*

Erstens gibt es den äußeren ‚Weg‘, den diese form-lose göttliche Energie auf der irdischen Ebene als angenommene ‚Form‘ geht, und sie ist seit alters her bekannt als L i c h t, vereinfacht ausgedrückt: als Sonnenlicht. Spirituell gelten Sonnen als Transformatoren für das Licht aus den göttlichen Dimensionen, dem Lichtreich.

Licht allgemein ist eigentlich ein Energiebündel, das durch seine Schwingungsintensität und seine verschiedenen Frequenzen variiert und sich fortwährend bewegt, verändert, beschleunigt und entwickelt, also für uns irgend eine sichtbare, fühlbare und messbare Form hat. Dabei ist vieles davon noch nicht geklärt, und die Lichtveränderungen unserer Wendezeit geben neue Rätsel auf.

Die einfachste Unterscheidung ist dabei die duale: sichtbar und unsichtbar. Es ist einerseits die sichtbare und erwärmende und damit lebenserhaltende Sonnenenergie, die wir als Licht lieben. Man kann sich dabei auch vorstellen, dass dies der männliche Schwingungsanteil dieser Energie ist.

Dahingegen wird der unsichtbare und subtile Teil der Sonnenenergie seit Jahrtausenden als *göttliche Liebe* angenommen, ist herzerwärmend und wird als weiblicher Schwingungsanteil empfunden (dass ‚göttliche Liebe‘ außerdem auch als *Christusliebe* oder *-bewusstsein* zu uns kommt, erläutere ich später).

Es gibt aber noch ein weiteres ‚äußeres' Erscheinungsbild der in den göttlichen Dimensionen *formlosen Energie*, das erst heute wieder entdeckt wird: die sogenannte *Freie Energie*, auch Nullpunkt-Energie genannt, die man endlich als absolut umweltfreundlich versucht, praktisch umzusetzen. Es sind allerdings bisher nur solche Erfinder, die dabei ihr Leben riskieren, daran zu forschen und zu arbeiten. Die mächtigen Erdölmonopolisten verhindern logischerweise diesen ‚Fortschritt' beziehungsweise entwickeln die aufgekauften Patente bewusst nicht weiter. Diese Energie ist im religiösen, esoterischen und spirituellen Lebensbereich schon längst bekannt als Heiliger Geist, als Prana, Chi, Qi, Ki, Od, Orgon, Vril, Plasma, PSI, Äther, Photonen, Reiki, Tachyonen oder (allumfassend) Lebensenergie und anderes mehr. Ich wiederhole: Die Sonnenenergie und die Nullpunktenergie sind die beiden äußeren diesseitigen Erscheinungsformen der göttlichen Energien, die aber im sogenannten Jenseits ohne (Schwingungs-) Formen unbegrenzt vorhanden sind.

Zweitens kommen die *ungeformten göttlichen Energien* auch noch auf einem *inneren Weg* zu uns Menschen – man spricht somit auch vom *inneren Licht*, und das tritt über den Geist oder die Seele oder das Herz in unser Leben und damit in die äußere Erfahrungsebene. Das ist nun das Hauptthema dieses Buches, **denn über unsere Herzenskräfte treten wir am schnellsten und am direktesten in Resonanz mit dem Göttlichen.**

Rein technisch spricht man heute von Humanenergetik. Aber das klingt schon wieder so lieblos, denn es geht mir nicht um das wissenschaftliche Aufarbeiten einer neuen Theorie. Es geht einzig und allein um den Bereich, der unsere Herzen anspricht, unser Gefühlsleben, unsere Freude, unsere Liebe und unsere Friedfertigkeit – alles von Herz zu Herz.

Von meinem Herzen zu millionen anderen, gleich-gesinnten Herzen draußen in der herz-losen Welt. Weltweit in Resonanz mit LIEBE, denn: »Alles ist Gott«.

Freudige, liebende und friedfertige Herzen im menschlichen Mikrokosmos, der die höherschwingenden Herzen im Makrokosmos jubeln lässt. Das Zeitalter des Fühlens ist angebrochen! Du weißt es inzwischen: Das alles ist weiter nichts als ein gigantisches menschliches Spiel mit gigantischen göttlichen Energien – Humanenergien oder Herzenskräften.

Das Wissen, mit technischen Energien umzugehen, haben wir Menschen heute alle. Wir müssen nur bereit sein anzuerkennen, dass der Umgang mit den *unsichtbaren und subtilen Energien*, die aus dem Lichtreich über unsere Herzen in unser irdisches Leben treten, wieder zu unserem Lebensinhalt wird. Es wäre so einfach, wieder in Resonanz zu treten mit dem Licht in uns, dem *Christusbe-*

wusstsein. Nur damit ändert sich in unserer herz- und lichtarmen Welt – die aber jetzt in der Wende-Zeit bereits zunehmend herzlicher und heller wird – etwas wirklich Entscheidendes.

Sehen wir uns jetzt diese fünf Herzenskräfte im einzelnen und genauer an.

Die (r)eine Wahrheit

Die Herzenskraft *Wahrhaftigkeit* kann die schmerzhafteste der reinen göttlichen Herzenskräfte sein. Die Wahrheit trägt einen *Janus*-Kopf mit zwei Gesichtern in entgegengesetzte Richtungen: nach innen und nach außen. Wahrheiten, die *dich selbst* betreffen, können sehr schmerzhaft sein – wenn dein Ego überhaupt ein Erkennen zulässt. Denn nur die Wahrheit *in reiner Herzensqualität* führt zur Erkenntnis, und nur Erkenntnis lässt dich auf deinem seelischen Evolutionsweg weiterkommen, höher schwingen, bewusst(er)leben und klarer ‚leuchten‘. Das Erkennen der tatsächlichen Wirklichkeit, maya-frei und ohne Illusionen, ist ein entscheidender Schritt zu deiner Erleuchtung und zur Entwicklung deines *Lichtkörpers*. Nicht umsonst schwingen die Wahrheitskämpfer, wie der *Heilige Michael* der Christen und der Gott *Shiva* der Hindus symbolisch ein Schwert, mit dem abgetrennt wird – die schöne Illusion von der tatsächlichen Wirklichkeit.

Natürlich gibt es eine *Göttliche Wahrheit.* Davon immer ‚etwas‘ in deinem Innersten zu erhaschen, muss eigentlich dein höchstes Ziel sein. Gib deinem Allerheiligsten den Auftrag, dass du der *Göttlichen Wahrheit* möglichst nahe kommen willst und es dich führen soll. „*Wer aber die Wahrheit t u t, der kommt zu dem Licht, damit offenbar wird, dass seine Werke in Gott getan sind.*"(*Joh.* 3,21)

Dein Ego-Denken und dein Intellekt werden aber alles tun, was dich auf deinem Rückweg zu dieser Vollkommenheit (und damit zu deiner Göttlichkeit) behindert und blockiert. Dabei kannst du nur sehr schwer unterscheiden, was *wirklich* Wahrheit ist und was *deine* Wahrheit ist. Je nach Klarheit des Bewusst-Seins kann deine Wahrheit immer wieder variieren, kann durch neue Erkenntnisse morgen schon anders aussehen – und das ist völlig in Ordnung so.

Wer durch die Gegend rennt und verkündet: *...das ist die einzige Wahrheit,* der begrenzt sich und seine Anhänger. Auf der dualen Ebene kann es keine ‚einzige‘ Wahrheit geben. Viel wichtiger ist es, dass du das, was du als deine Herzenskraft ‚Wahrheit‘ fühlst und erkennst, auch hundertprozentig l e b s t, statt es nur zu verkünden. Mein *Schalk* regt sich auf: „*Nicht gackern! Eier legen!*"

Das ist das, was uns der *Heiland*, welcher der Welt das Heil bringen wollte, vorgelebt hat. Denn zu behaupten, irgend etwas sei die einzige Wahrheit, bedeutet zugleich, irgend etwas anderes zu verurteilen. Damit geraten wir wieder in die *Bewertung* und die Nicht-Liebe der Alten Zeit und vergessen dabei, unsere göttlichen Herzenskräfte *in ihrer reinen Form* strömen zu lassen.

Die Wahrheitsverkündung nach außen, also dem anderen gegenüber, ist etwas sehr, sehr Sensibles. Wer verträgt wirklich die ‚volle Wahrheit'? Wer hat das Recht, mit ‚seiner' Wahrheit zu belasten, zu verletzen? Wieviel Seelenleid wurde schon dadurch angerichtet, dass eine ‚Wahrheit' ‚gefühl-los' ausgesprochen worden ist? Im Spanischen gibt es ein Sprichwort, das sagt: *Gefühle kannst du nicht durch Wahrheit kurieren, sondern nur durch Gefühle.* Und mein *Schalk* meint: „*Wie wahr!*"

Verzichte am besten auf die (nach außen getragene) *Äußerung* ‚Wahrheit'. Bemühe dich dahingegen ausschließlich um solche Wahrheit und Wirklichkeit in *deinem bewussten* S e i n und *deinem bewussten* T u n, die aus *deinem* Herzen kommt, die also aus *deiner* inneren Klarheit geführt und gestärkt wird. Lasse dein *Wahrhaftig-sein* zu einer Herzensangelegenheit werden.

Freude lässt die Liebe schwingen

Freud und Leid ist eine wohlbekannte Lebenspolarität, und es sind eigentlich nur die Naturreligionen diejenigen, die zu diesem Gegensatzpaar ein ‚natürliches' Verhältnis haben. Alle anderen Glaubenssysteme, vorneweg der Buddhismus, konzentrieren sich auf das Leidvolle des Erdenlebens – leider meist auf Kosten der dabei abgewerteten Lebens-*Freuden*. Keine unter den Weltreligionen stellt aber die Frohbotschaft *...freuet euch!* so klar in seiner Lehre heraus, wie das neutestamentarische Christentum, und trotzdem haben später die mächtigen Männer-Systeme der Theologie ihren Gläubigen ‚Freude' und ‚Frohsinn' gründlich verbrämt – als empfohlene Geringschätzung der physischen Welt mit ihrer Materie. Aber auch unsere äußere Welt hat sich der *menschlichen Lebensfreude* angenommen und sie *herkömmlich als bloß konsumaktive ‚Unterhaltung' missverstanden und total vom Kommerz vergewaltigt und ausgebeutet (Dr. Claudius Kern*[21]*).*

Die neuen, weiblich geprägten Schwingungen unserer Wendezeit aber, die Meta-Energien, *beleben* mit ihrem Spüren und Fühlen die gesamte Sinneswelt und vermitteln dir dabei Freude und Wohlbehagen – bis hin zu einem neuen körperlichen Wohlergehen. Eine lebensbejahende Bewusstseins-Stimmung begleitet dann dein spirituelles Erwachen, und die zugelassenen Herzenskräfte weiten dein Seelenenergiefeld aus. Du kannst mit der Bewusstheit so spielen, dass das Leben Spaß macht und ein Fest der Freude wird. Heiterkeit und Freude sind auch ein Ausdruck deiner *geistigen Freiheit*, und diese wiederum schenkt dir den inneren Abstand, immer mutiger deine Herzenskraft *geschehen zu lassen* und dem ‚Spiel‘ zuzusehen. Erinnere dich an die unverfälschten Kräfte deiner Kindheit! An deine verloren gegangene Natürlichkeit!

Hannelore empfindet dieses Kind-sein als einen Lichtkörperprozess und rät: *Leuchtet, aber bleibt auf dem Boden. Seid Kinder und strahlt, seid aber auch Erwachsene und handelt. Werdet nicht arrogant, hochnäsig und eingebildet, sondern leuchtet e i n f a c h und gebt ab.*

Jesus lässt uns dabei nicht im Unklaren: *...wahrlich, ich sage euch: Wer nicht das Reich Gottes annimmt wie ein Kind, der wird nicht hineinkommen.* Spielende Kinder sind Bündel freudvoller Energie – reiner Herzens-Energie. Sie sind lebendig gewordene Freude. Für sie ist jeder Moment ‚in-Ordnung‘ und wird akzeptiert. Die noch unverfälschte Herzenskraft der Kinder kommt aus ihrer bedingungslosen *Hingabe an das Lebendigsein*, aus einer sorglosen Natürlichkeit und aus ihrem ungebremsten Ur-vertrauen.

Bei Kindern ist die Waffeltüte mit einer tollen Eiskugel das *Happy-End* eines ‚schwierigen‘ Prozesses, den die Erwachsenen zum Beispiel Abendessen nennen. Feiere auch du immer wieder kleine Happy-Ends auf deinem Weg des Freude-zu-lassens, und belohne dich dann selbst mit einer dicken Eiskugel. Mein *Schalk* meint: „*...aber bitte mit Sahne!*"

Lebendiges Genießen lässt dich *deine* Lebensfreude wieder spüren und lässt dich sprühen – schön, beglückend und befriedigend. So tröstete mich eine Freundin, die meine spirituelle Entwicklung kennt: *Lasse die Funken wieder sprühen – jede Berührung mit dem eigenen Gottesfunken sorgt durch das Gefühl der Freude dafür, dass du dich ent-decken willst, also mehr Freude erfahren willst, dass du dein ‚be-decktes‘ Sein ent-deckst, auf-deckst.*

Jemand hat das Leben als ekstatischen Freudentanz gelobt. Es tanzen nicht nur unsere Körperzellen, alles in der Natur schwingt in diesen Frequenzen. Höre die Vögel singen, beobachte das Aufgehen einer Blütenknospe, die Schmetterlinge fliegen, die Bienen beim Honigsammeln, ja den gewaltigen Freudentanz und ‚Aufbruch‘ des Lichtes beim Sonnenaufgang. Alles, alles das ist F r e u d e! »Alles ist Gott«.

Eine Freundin schrieb mir: *Freude ist der Ausdruck der Schöpfung, die sich auf dem Hintergrund der Liebe zeichnet...* Dieser Hintergrund ist still. Er ist als Liebe immer da – auch wenn graue Wolken dieses ‚Bild‘ verschleiern und trübe aussehen lassen. Die ‚gezeichnete' Freude ist dann rein und bleibt von den ‚Farbklecksen' und ‚Schmierereien' der äußeren Welt unberührt.

Der innere Freudentanz aus deinem Allerheiligsten jubiliert immer. Bringe diesen Jubel immer wieder in deinen Alltag, und erlebe, wie sich dabei Müdigkeit, Lustlosigkeit und Traurigkeit wieder in Schwung und Tat-Kraft, Lebenslust, und damit immer mehr Freude und Lachen umwandelt. So lasse auch du zur Freude deines Umfeldes deine ‚kindlich-unbeschwerte' Freude zu einer ansteckenden Herzensangelegenheit werden.

Werde ein liebender Gott

Die Liebe, die als reine Herzenskraft in dein Leben treten will, ist die Triebkraft für dein irdisches Wirken und dein verantwortungsvolles Schöpfertum. Diese Herzenskraft benötigt aber ein Leben in Offenheit, Herzlichkeit und Erfüllung. Inneres Licht und ein Strahlen deiner Persönlichkeit werden zu deiner *Lebensfrequenz*, wenn du sie immer öfter im Alltag zulässt. Diese stärkste Kraft des Universums ist unzerstörbar, dynamisch, heilend und kreativ für den, der auf sie vertraut – sie kann zur *Macht der Liebe* werden.

Daher vertreibt vollkommene Liebe jede Furcht, denn der Gegenpol zur *Liebe* sind deine *Ängste* (als Basis kann man die Trennungsangst im Sinne eines Kleinkindes ansehen, das Angst hat, die Liebe der Mutter zu verlieren). Liebe ist eine Energie, die auf unserer dualen Ebene (mit dem Ego als Gegenpol) nicht sich selbst genügt, sondern auf Erwiderung angelegt ist. Daher nimmt ungeformte reine Liebesenergie aus deinem Allerheiligsten immer duale und gegensätzliche Formen im Außen an. Und nur du als agierender Gedankenschöpfer könntest das *für dich* ändern. Daher: Zurück zur Liebe findest du nur, wenn du deine Ängste loslässt. Und analog: Zurück zur All-Einheit findest du nur durch das Frei-geworden-sein von Ängsten, Egoliebe und Nicht-Liebe.

Ein Missverständnis ist es sicher auch, dass aus Nächstenliebe Leidende und Opferrollen entstehen müssen. Der *Heiland* lehrt: *Liebe deinen Nächsten wie dich selbst*. Liebe also auch dein Glück und deine Lebensfreude und dann erst – aus *dieser* Schwingung heraus – deinen Nächsten. Die bedingungslose und selbst-lose Liebe, die du wie jeder andere suchst, findest du in dem Moment, wo du sie *zu verschenken* suchst.

Aus deinem Allerheiligsten gibt es unbegrenzten Nachschub – es ist für alle genügend da!

Ein grundlegendes Missverständnis *sich selbst* gegenüber ist ein unzulängliches S e l b s t w e r t g e f ü h l, das dann erst einmal in seiner Umgebung sucht und versucht, *geliebt zu werden.* Dies führt zu einem Leben ohne Eindeutigkeit und Klarheit und, so auch du manchmal davon betroffen bist, führt es zu äußeren Identifikationen, die hohl und leer sind – zu solchen, denen Herz und Liebe fehlt; oder anders gesagt: denen die Kraft deiner eigenen individuellen Herzenskräfte fehlt. Und warum fehlt diese Kraft? Weil du nicht den Mut hast, sie so zuzulassen, wie du sie f ü h l s t.

Die ‚Liebe' ist das größte aller Mysterien, und sie hier grundsätzlich zu behandeln, fehlt der Platz. Allerdings ist folgende Erkenntnis auch die Aufklärung eines elementaren Missverständnisses: Bei der vielfältigen ‚Auslegung' der Forderung *...liebe deinen Nächsten wie dich selbst* wird durch ein weitgehend unbewusstes Schuldgefühl die zweite Hälfte der Forderung unterbewertet: *...ich darf mich doch nicht selbst lieben, das ist doch dann Egoismus!* Mein Vorschlag ist, diese Liebesformel neu zu verstehen. Das alte Verständnis hat irgendwie nicht funktioniert. *Jesus* empfiehlt mit Recht den Maßstab *...an den Früchten werdet ihr es erkennen*, und die *Ernte der Liebe* von zweitausend Jahren Christentum ist viel zu mager.

Wenn du aber anstelle der *Liebe* von *Hingabe* sprichst, dann könnte der Grundsatz so heißen: Entscheide dich für die *H i n g a b e-zu-deinem-Selbst.* Dieses *Selbst* ist nicht dein ‚Ich' oder deine Ichheit, sondern dein Allerheiligstes mit den fünf unerschöpflichen Herzensströmen und in diesem Falle mit dem Strom der allumfassenden Liebe. *„Lasse deine Liebe strömen"*, und mache sie auf allen deinen vier Energieebenen – der spirituellen, der geistigen, der seelischen und der körperlichen – zu einer Herzensangelegenheit, zu genau d e i n e r ganz individuellen Herzenssache. Lasse dich davon führen!

Jede *Erlösung*, also der Ausgleich einseitiger Polarisierungen, findet durch Hingabe und Liebe statt – *nur durch Hingabe und Liebe.* Denke an die grundsätzliche Dualität deines inneren Zwillings *Licht/Lichtarmut*, die dich in deinem Energiefeld durch das ganze Leben begleitet, wobei der Lichtarme nur von *dir allein* erlöst werden kann – durch deine Entscheidung *für die Liebe.* Es gibt keine Erlöser von sonstwoher. Liebe umarmt den Lichtscheuen, durch diese Vereinigung entsteht eine sehr hohe Schwingung, die dann zur Erlösung und zum inneren Frieden führt. Wie hoch ist eine solche Schwingung? *Fühle* einmal ganz offen und ehrlich in dich hinein, wenn jemand zu dir sagt: *„Ich liebe dich!"*

Selig sind die Friedfertigen

Friede ist verinnerlichte Liebe. Verinnerlichen heißt akzeptieren, sich der Liebe uneingeschränkt hinzugeben, sie strömen zu lassen, ohne ein Echo zu erwarten, so dass daraus eine völlige Befriedigung entstehen kann – *der innere Frieden*. Angeblich hat der Friede die gleiche Schwingungsfrequenz wie die Liebe, ich meine, es ist aber eine harmonisierte Welle. Sie ist zur Ruhe gekommen und ist z u f r i e d e n.

Frieden im Herzen bedeutet auch *sich-zuhause-fühlen*. Nur im Herzen findest du vollkommenen Frieden. Im Herzen, als deinem Allerheiligsten, hast du dann Direktanschluss an die All-Einheit, und dieses *Einssein* heißt *Frieden*. In der Botschaft *Jesu* steht der Friede an höchster Stelle, ebenso bei der Aufzählung meiner fünf Herzenskräfte. Innerer Friede, *der Friede mit dir selbst*, ist das Ende der langen Reise durch die duale Erfahrungsebene – die innere Rückkehr zum Ursprung und zur All-Einheit. Der Zeitfaktor ist für solches Empfinden Nebensache, denn es sind anfänglich nur Momente. In der Geistesebene des Lichtreiches, mit der du dich in diesem Bewusstseinszustand verbindest, gibt es sowieso keine lineare Zeit, dort i s t alles immer jetzt und immer zugleich.

Als unerschütterlich Friedfertiger, der du durch deine Herzenskraft der Liebe das Verbundensein-mit-dem-Leben lebst, spürst du eine S e h n s u c h t. Die Sehnsucht nach dem Zuhause, dem verlorenen Paradies, der einstigen Einheit. So lässt auch der innerlich Friedvolle eine ‚Sucht' zu, s e i n e Sucht, seine Sehn-Sucht. Wenn sie erst geweckt ist, kannst du nie mehr von ihr lassen, denn es ist eben eine Sucht. In immer mehr Momenten und immer öfter wirst du dich sehnen und wirst du fragen, warum muss ich hier bleiben? Wann darf ich endlich gehen? Wann darf ich wieder heim?

Du hast gesehen, erlöste Liebe bringt inneren Frieden. Gebende Liebe in der Beziehung von Mann und Frau hat auch in der engen und intimen Verbundenheit einen sehr hohen spirituellen Charakter. Das göttliche Prinzip der Hingabe, ohne die solche Liebe nicht möglich ist, führt dich direkt in eine Befriedigung in deiner Einswerdung, auch mit deinem Allerheiligsten. Liebesaustausch ist Schöpfung. Im irdischen Liebesaustausch brennt somit das Schöpfungsfeuer aus der kosmischen Dimension, und dabei kann dein Bewusstsein den *Christus* ‚erschaffen', kann ihm Zugang verschaffen in unsere Materie, in dein Leben. So wird dein *persönlicher Friede* zum *Friedensreich*. So wird die Selbsterlösung aller spirituell liebenden Paare summa summarum zu einem *kollektiven Sehnen* nach Frieden und dem Friedensreich. Und so wird eine solche spirituelle Vereinigung im Frieden zum gelebten Mikro-/Makrokosmos.

Das gebirt dann *jene paradiesischen Freuden*,
die den Menschen seit *Adam und Eva* vorenthalten worden sind.

Aus dem schönen Thüringer Wald kam folgender Kommentar dazu: *Das Dumme ist nur: Hast du den inneren Frieden erreicht, möchtest du <u>alles</u> tun, um ihn den anderen mitzuteilen. Das kann dich kurzfristig wieder aus dem Gleichgewicht bringen. Du verstehst dann manchmal nicht, warum ihn der andere nicht fühlt – er ist doch da! Du erkennst, wie einfach es wäre, und tust alles, um ihn zu vermitteln.*
Ich jedenfalls reagiere manchmal zu schnell! Mache mir tausend Gedanken, statt bei mir in meinem Frieden zu bleiben. Lasse mich ablenken von meinem inneren Frieden, um ihn anderen mitzuteilen. Ich versuche zu erklären, rechtfertige aber nur mich, da ich ihn schon gefunden habe. Das lenkt mich ab von dem, was wichtig ist: Ihn beständig zu halten!

Hier fehlt jetzt das Wort ‚*trotzdem*'. Über dieses charismatische Trotzdem kam ein wunderbares Gedenkwort zu mir, und ich habe es an das Ende des fünften Buchteils gesetzt (Seite 284) – für alle *Kinder des Lichts* und für alle, die *friedfertig* leben wollen. Meinst du nicht auch, dass die *Sehnsucht nach Frieden* – innen wie außen – die tiefgreifenste Herzensangelegenheit ist? Von *White Eagle* soll folgende wundervolle Definition des inneren Friedens stammen:

Es gibt nichts, was wichtiger ist, als in Frieden zu sein.
Frieden wächst aus den Wurzeln der Liebe.
Der Liebe zu sich selbst und allen anderen Lebewesen.
Dieser Frieden endet nicht, wenn Disharmonie da ist.
Er begleitet dich hindurch und wird Kraft und Stärke sein;
Eine Stärke, deren Wurzeln Liebe ist.

Werde eins mit allem

Im letzten Kapitel habe ich erkannt, dass die höchste Anforderung *Jesu* an das irdische Leben in der Dualität der Ausgleich a l l e r gegensätzlichen Kräfte ist: *durch den inneren Frieden und die Friedfertigkeit*. Nun demonstriert *Jesus* in seiner Lehre und seinem Lebensweg auf Erden noch etwas Grundsätzliches: *...ich und Gott, ...ich und der Schöpfer, ...ich und der Vater sind eins!* Fast vier Jahrhunderte lang haben sich die Kirchenväter rund um den Vatikan gestritten, ob *Jesus* ein *Menschensohn* oder der *Gottessohn* sei. Im 8. Jahrhundert fiel die ‚menschliche' Entscheidung, dass er *der einzige Sohn Gottes* sei.

Damit aber verlor dieser Lehrsatz des Menschensohnes *Jesu* (so bezeichnet er sich selbst im N.T.) „*...ich und der Vater sind eins!*" seinen eigentlichen Sinn. Denn er erklärt damit, dass wir a l l e als *Kinder Gottes*, als *Brüder und Schwestern im Herrn*, ‚eins' sind mit dem Vater. Er versicherte all seinen Zuhörern, dass ‚*der Geist des Vaters*' in ihnen lebendig sei. Keinerlei Trennung von Gott, dem *Vater unser*, und auch kein vermeintliches oder behauptetes Getrenntsein. Als Schüler des mystischen Ordens der Essener kannte *Jesus* deren Freitagabend-Kommunikation, die mit den Worten „*Der Himmlische Vater und ich sind eins*" begann. Das sprach jeder der Essener und nicht nur ein Gottessohn, und jeder fühlte sich ‚eins' *als Kind Gottes*.

Diese Einheit mit dem ‚Vater' ist das Einssein mit der All-Einheit, wie du sie aus der revidierten Schöpfungsgeschichte kennst. Diese Einheit mit dem ‚Vater' ist eine Bestätigung dafür, dass das Göttliche in uns ist (*...das Reich Gottes ist in euch*). Diese Einheit mit dem ‚Vater' ist aber auch das Einssein mit Allem-was-ist, nämlich mit der Schöpfung insgesamt. Und da wären wir auch wieder bei unserer Formulierung: *Große Mutter, Großer Vater*.
Durch diese Einheit mit dem ‚Vater' kannst du dich noch in eine weitere Dimension deiner Empfindungen hineinversetzen: In der Schwingungsebene des Lichtreiches und des Himmels, in welcher der Vater ‚wohnt', gibt es keinen Zeitbegriff, dort ist alles im *Jetzt* und *alles zugleich*. Somit ist durch die Einheit mit dem ‚Vater' und der (göttlichen) All-Einheit auch das menschliche Einssein ein *Alles-zugleich-sein*. Unvorstellbar und phantastisch zugleich – »Alles ist Gott«.

Ich nenne diesen feinstofflichen, energetischen Zustand ‚multidimensional'. Er v e r n e t z t *zeitlich* und *räumlich* die gesamte Schöpfung – Vergangenheit, Gegenwart und Zukunft, klein und groß, innen und außen, oben und unten, Kristall, Rose, Elefant und Mensch, Wasser, Erde, Luft und Feuer, Sonne, Mond und Sterne, die *Große Mutter*, den *Großen Vater* – und *deine* Schöpfungen mit den Schöpfungen des ‚Vaters'. »Alles ist Gott«.
So kannst du voll bewusst und schöpferisch das atlantisch-altägyptische Hermetische Axiom des *Hermes Trismegistos* optimal erfüllen: *Wie im Mikrokosmos, so im Makrokosmos.*

Die ganze Macht liegt in dir

Der Avatar *Meher Baba* tröstet auch dich:
Mit deiner Göttlichkeit eins zu werden, scheint dir so schwer. Es scheint dir unmöglich, wieder zu werden, w a s d u s c h o n i m m e r w a r s t. Dabei ist es nichts anderes als das W i s s e n um deine eigene W i r k l i c h k e i t.

Bevor wir uns weiter klar zu werden versuchen, welche gewaltigen geistigen Energien in einem voll-bewussten Erwachten bewegt werden können, erkläre ich die einfachste Energie-Übung, von der ich nach jahrzehntelangem ‚Lernen‘ selbst fest überzeugt bin. Es heißt heute, die wichtigste Nahrung ist das *Licht*, dann kommt die *Luft* und dann erst das *Materielle* aus Getränk und Speise[53]. Denn alle drei Ebenen führen beim E i n a t m e n dem Energiekörpersystem des Menschen auch die göttliche Energie zu, welche viele schon erwähnte Bezeichnungen besitzt wie Od, Orgon, Vril, Prana, Chi und andere mehr. Der altchinesische Philosoph *Lao Tse* wusste um dieses Lebensgeheimnis und lächelte: *...da sitzen die Weisen und grübeln über die Rätsel des Seins und das Weltengeheimnis: ich aber atme bewusst.*

Der A t e m ist eine physische wie auch spirituelle Versorgung in deinem Leben, deren Wert in unserem modernen ‚Außen‘ völlig unterschätzt wird! Wer sich aber intensiv damit befasst, erfährt sogleich, dass bei dem modernen Zivilisationsmenschen die Atmung eben erheblich reduziert und zu ‚flach‘ ist, unabhängig von der jeweiligen Luftqualität.

In einem Rebirthing-Prospekt[54] fand ich folgende Angaben über den allgemein völlig unbekannten Wert der tagtäglichen A u s a t m u n g: Die Entgiftung des menschlichen Körpers erfolgt zu rund 3% über den Stuhlgang, rund 7% über den Urin, rund 20% durch die Haut und rund 70% (!) durch das Ausatmen. Außerdem ist im Sinne dieser Atemtechnik ebenfalls zu trennen in einen *äußeren* Atemkreislauf der Körperentgiftung und einen *inneren* Atemkreislauf, der auf deinen Gesamtenergiekörper mit der feinstofflichen Energie *emotional reinigend* wirkt.

Die Eingeweihten aller Hochkulturen lehrten und lebten es: Bewusstes Atmen ist ein uralter Weg der Gesundheit und der Spiritualität. Auch meine Übung ist eine A t e m t e c h n i k, die auf zarathustrisches Wissen zurückgeht, aber durch tägliches Üben und innere Führung seine derzeitige Form erhalten hat. Sie hat eine ganz einfache Basis, die auf die neuen Meta-Energien unserer Wendezeit abgestimmt ist.

Diese Grundform kann aber von dir und jedem *individuell variiert* und an die weiteren Energieerhöhungen der kommenden Jahre angepasst werden. Sie kann auch ganz leicht in Bezug auf deine jeweiligen Lebensmomente, deine Stimmungen, deine Wünsche, deine Gefühle oder Visionen von dir selbst optimiert werden.

Grundübung (Übung 3):
Im Stehen oder im aufrechten Sitzen (auf einer Stuhlkante, damit die Wirbelsäule möglichst gerade ist) wird mit geöffneten oder geschlossenen Augen geatmet, je nach deiner momentanen Verfassung (*offene* Augen bedeuten offensiv, aktiv, selbstbewusst sein; *geschlossene* Augen wirken introvertiert für dein Dich-in-dich-versenken). Der Blick kann auf einen fixen Punkt oder auf ‚unendlich' gerichtet sein, sollte aber nicht umherirren.

Jedes *Einatmen* dauert maximal sieben Sekunden, geht nur durch die Nase, und du füllst den gesamten Brust-Raum wie einen Ballon so voll es geht, auch den unteren bauchnahen Teil – aber bitte gehe dabei mit deinem Körper sanft um (kein Hochleistungssport). Halte den Atem nicht an, sondern gehe gleich ins Ausatmen über.

Das *Ausatmen* dehnst du so lange, bis das letzte Quäntchen Luft, meist aus dem untersten Lungenbereich, rausgepresst ist – und zwar hörbar nur durch den Mund. Damit man beim Einatmen keine Gedankenkraft mit Sekundenzählen vergeudet, habe ich mir als Affirmation den sehr langsam gedachten Text gewählt: ...*so ein Tag, so wunderschön wie heute...*, was gut fünf Sekunden währt und dabei eine wunderschöne innere Schwingung erzeugt.

Es wird insgesamt nur dreizehnmal ein- und ausgeatmet (ich empfehle, es dafür mehrmals am Tag zu wiederholen). Die Zahl Dreizehn unterstützt die *Anima*, die weibliche Schwingung, ist mond-orientiert und gehört zu den prägenden Energien der *Neuen Zeit*. (Die Zwölf ist sonnen-orientiert, patriarchalisch und in den Zahlenkombinationen 24, 60, 72, 144 und so weiter verankert und ist Basis unserer ‚gefühllosen' Zeitrechnung und gehört in die *Alte Zeit*.) *Jesus* symbolisierte diese ‚heilige' Zahl bereits zum Auftakt des Fische-Zeitalters in seinem berühmten Abendmahl: Er war der Dreizehnte neben den zwölf Aposteln. Um wiederum frei zu sein vom Zählenmüssen, berührst du jeweils mit den Fingern einer Hand irgendwo nacheinander deinen Körper, bis die Dreizehn erreicht ist.

Das bisher Gesagte sind reine Routinen, die schon nach kurzer Zeit zur Selbstverständlichkeit werden. Nicht die Leistung zählt, sondern die Schwingung der Ruhe und Gelassenheit. Habe Geduld, Geduld und vor allem Geduld –

jeder muss auf seine eigene Art in seinen Rhythmus dieser Atem-Arbeit hinein-
wachsen. Entscheidend ist dabei – und die Intensität wächst mit der Routine –,
was du in dem kurzen Prozess des Einatmens und dem längeren des Ausatmens
v i s u a l i s i e r s t. Über deine Vorstellung bestimmst du, welche Gedanken du
mitfließen lässt und wohin du die ausströmenden geistigen Energien l e n k s t.
Folge dem Atem mit deiner Aufmerksamkeit, während er in deinen Körper ein-
und ausströmt – sicher wirst auch du erst mit der Zeit zum Schöpfer. Ö f f n e
dich dabei grundsätzlich dem Göttlichen-in-dir – öffne dein Herz, deine Poren,
deine Zellen.

Wegen der sehr vielen verschiedenen Atemtechniken, mit denen seit etwa
siebzig Jahren weltweit immer bewusster experimentiert wird, nenne ich diesen
Atemprozess die *Dreizehneratmung*.

Atme deine Herzenskräfte

Je nach deinen Zielen, die du mit dieser Atmung erreichen willst, gibt es drei
verschiedene Bewusstseinsebenen, in denen du hauptsächlich tätig sein kannst
(ohne deine eigenen Intuitionen zu schmälern, die schon nach den ersten
Übungen einsetzen):
* Du bist *Transformator* der kosmischen Energien,
* du bist *Gedankenschöpfer* und Mitgestalter deiner Welt oder
* du übergibst deinem *Allerheiligsten* die Führung des Momentes.

Dabei kannst du deine Herzenskräfte (HK) einsetzen
zur Selbstfindung: der inneren Stärkung,
der inneren Ruhe,
als Selbst-Reinigung (Licht/Lichtarmut),
als Unterstützung der Selbst-Heilung,
als Selbst-Schutz und
zur Erweckung neuer Qualitäten – und

zum Dienen: Aussenden der HK in den Kosmos,
Aussenden der HK zur *Mutter Erde* und
Aussenden der HK irgendwohin.

1. Du bist Transformator ‚Kosmischer Energien':

Du empfindest oder weißt, wie sehr unsere Welt darunter leidet, dass sie nihilistisch, materialistisch und gott-los wurde; dass Manipulatoren die Menschen immer noch ‚einschläfern' und die Mächte der Unwissenheit immer hektischer um sich schlagen – Apokalypse ist angesagt.

Dann atmest du ein und aus wie bei der Grundübung, *visualisierst* aber beim *Einatmen* die *reinen Energien* der Engel oder des Photonenlichtes oder die weiblichen der *Großen Mutter Erde* oder der Liebe aus der All-Einheit oder ähnliches. Und du *atmest* genau diese reinen Energien *hinaus* in alle Welt, in das menschliche Kollektiv, in das morphische Feld oder an alle die Plätze, an denen du vermutest, dass Lichtseelen sehnsüchtig auf *transformierte* Energien warten. Setze deiner Phantasie keine Grenzen! Alles, was du aus r e i n e m Herzen tust, ist richtig.

Oder:

Du bist der *Transformator* zwischen Himmel und Erde, zwischen dem Schöpfer, der All-Einheit und der lebendigen *Großen Mutter Erde*. (Bedenke, dass das alles nur irdische Bilder sind.) Du liebst sie, und du fühlst und leidest mit der Schöpfung – mit den Bäumen und überhaupt der Tier- und Pflanzenwelt, ihrer Schönheit und ihrem liebenden ‚Dienst' am Menschen (der ‚Krönung' der irdischen Schöpfung).

Dann handle wie oben beschrieben, lasse dein Interesse, deine Liebe und Zärtlichkeit, deine Tränen wie deine Freude und Bewunderung für die Schöpfung bei jedem *Ausatmen* geistig mit-fließen. Du kannst das durch deine beiden Füße in die Erde visualisieren, denen du vorher viele, in den Boden wachsende Wurzelfasern zugedacht hast. Sei barfuß, wenn es das Klima zulässt, oder zumindest in Socken oder Schuhen ohne isolierende Plastiksohlen. Es würde bei der Mächtigkeit dieser Energien zwar genauso fließen, doch die Reinheit des Geschehens sollte möglichst immer angestrebt werden.

2. Du bist Gedankenschöpfer deiner Welt:

Das ganze Wissen aus dem zweiten Teil des Buches, mit seinen grundlegenden Erkenntnissen über deine Gedankenkräfte, darf jetzt in deine täglichen Schöpferübungen einfließen.

Beim *Einatmen* bleibst du bei der Grundübung, doch beim *Ausatmen* steht dir der ganze Schöpferreichtum an reinen Ideen und selbstlosen Gedankenkräften zu Verfügung. Hierbei kannst du auch Ziele, die du auf deiner *Jetzt-und-*

Heute-Liste stehen hast, visualisieren. Erinnere dich, dass du (außer an dir selbst) an niemandem und an keinem Zustand etwas verändern darfst – du schickst n u r Energien dorthin, Licht, Liebe, Dank, Verzeihung, Freude, Glücklichsein, Stärke, Mut, Ausdauer, Verständnis, viel Segen und derartig Tugendsames.

Atme deine Selbstfindung

3. Du übergibst deinem *Allerheiligsten* die geistige Führung zu deiner eigenen Selbst-Findung:

Jetzt kommen Energien nicht mehr von irgendwoher, sondern ausschließlich aus deinem Herzen, deinem Allerheiligsten. Dort sind es ungeformte, raum- und zeitlose und u n e r s c h ö p f l i c h e Energien aus der All-Einheit, die dir für deine Arbeit mit dem Dreizehneratmen zur schöpferischen Verfügung stehen. Es sind die mächtigsten feinstofflichen Energien, derer sich der Mensch als Krönung der Schöpfung bedienen darf und soll. Wenn diese Schwingungen rein und selbstlos sind, gibt es keine einzige Kraft, die diesen Geistesenergien standhalten kann! Die ganze Macht liegt in dir.

Dabei empfehle ich zu unterscheiden, ob du bei deinen Übungen diese Energien fließen lässt, um *bei dir selbst* etwas zu verändern oder ob du mit den Kräften deiner geistigen Macht einen *Licht*-Dienst übernimmst. Für dich selbst kann es zum Beispiel um *Selbststärkung*, *Selbstreinigung* und *Selbstheilung* gehen. Oder du willst etwas in dir erwecken, was du noch als ein *Defizit* empfindest. Oder du willst zu deiner *inneren Ruhe* kommen und zum *inneren Gleichgewicht*.

Alle deine Atemübungen, die sich in diesem Bereich der Selbstveränderung bewegen, haben gemeinsam, dass du beim *Einatmen* die bisherige Grundübung verlässt und du dabei visualisierst, dass die Herzenskräfte aus deinem Allerheiligsten i n d i r s e l b s t wirksam werden und sich in d e i n e m Brustraum ausweiten – vom Herz in die Brust. Text: „*...die unerschöpflichen Kräfte aus meinem Allerheiligsten strömen heraus...*" In diesem Falle wirst du dich wohl mit geschlossenen Augen leichter tun.

Ein Beispiel zur inneren Stärkung:
Du steckst in einem Konflikt oder hast schlecht geschlafen, oder man ist auf deinem Ego rumgetrampelt, du hast irgendwelche Schmerzen oder vergessen, den Lottoschein abzugeben, dein Bankkonto ist im Minus, dein Arbeitgeber hat schlecht geschlafen, der Frust von gestern hat dich wieder anhänglich an der

Bürotür begrüßt, oder du bist einfach ‚schlecht drauf' oder jede denkbare Situation, in der du Energie verloren hast oder verlierst und ein Energieschmarotzer in deiner Nähe sich deiner bedient: Visualisiere folgendes bei deinem langsamen und gründlichen *Ausatmen-in-dich-hinein*:

Einatmen: *„Die unerschöpflichen Kräfte aus meinem Allerheiligsten strömen heraus..."* und ausatmen: *„...in meine innere Stärke."* Einatmen: *„Die unerschöpflichen Kräfte aus meinem Allerheiligsten strömen heraus...* und ausatmen: *„...und erschaffen mein inneres Gleichgewicht", „...und erlösen meine Sorgen und Ängste", „...und tragen mich durch mein heutiges Problem."*

Wer mit sakralen Begriffen Schwierigkeiten hat, kann auch so formulieren: *„...meine unerschöpflichen Herzenskräfte strömen aus meinem Herzen... in mein inneres Strahlen." „Ich leite meine unerschöpflichen Herzenskräfte um... zu einer strahlenden Aura."* Wie bei diesen Beispielen kannst du bei deinen dreizehn Ausatmungen auch *Harmonie* oder *Gleichmut* oder *Sanftmut* visualisieren. Du kannst aber auch *Großzügigkeit*, *„...lockeres-Darüber-stehen"*, *Klarheit*, *schnelle Reaktionen* visualisieren oder *„...ich bin stark durch mein Leuchten!", „...ich bin stark durch meine Liebe!"* und so fort.

Du kannst auch visualisieren, was dir zu deiner jeweiligen Situation *intuitiv* einfällt. Du kannst es vorher auf einen Zettel schreiben, du kannst dreizehnmal das gleiche formulieren, und du kannst es schnell mal zwischendurch und überall *atmen*, denn es dauert komplett nur rund vier Minuten. Das ist nicht länger als eine Zigarette – die dir durch ihr Rauchen aber jedesmal nur einen Adrenalinstoß verpasst, welcher Reserven aktiviert, die dir zu einem anderen Moment fehlen werden.

Auch bei langen nächtlichen Autofahrten verhilft dir das Dreizehner-atmen zu einer **äußeren Stärkung**. Anstelle von Schokolade, Zigaretten oder Pausen mit fünfmaligem Rennen um das Auto, visualisierst du beim Ausatmen-in-dich-hinein *„Wachbleiben"* und *„klare Reaktionen"*, und du kommst gesund an deinem Ziel an.

Ein Beispiel für innere Stärke durch Geben:

Du hast das vage Gefühl oder du spürst es deutlich, dass dir bestimmte Mitmenschen in deiner Nähe deine Energie abziehen, dass sie dich fühlbar schwächen oder du dich un-wohl fühlst. Vor allem Menschen ‚ohne Herz' tun nach außen furchtbar stark und täuschen etwas vor, was sie bei sich (noch?) nicht zulassen – nämlich ihre eigenen Herzenskräfte. Du würdest ihre Nähe gerne meiden (als Selbstschutz), aber das geht nicht oder wäre nicht vorteilhaft für deine Situation. Dann gehe in deine innere Stärke (nämlich dahin, wo jene schwach sind), und g i b diesen Seelen reichlich von deinen Herzenskräften ab. Lasse es fließen, du hast davon im Überfluss in dir – unerschöpflich. Schicke ihnen Licht, Liebe, sogar Freude. Sei großzügig damit, und stelle dir vor, du seist ein Rolls-Royce-Fahrer, der keine Almosen gibt, sondern reichlich. Energetisch ist auch ganz wichtig, dass du immer *bedingungslos* gibst – einfach aus Liebe.

Das lässt sich alles wunderschön im *Ausatmen* visualisieren, allerdings geht die Energie im obigen Fall ‚in den freien Raum‘ (falls du nicht in der Nähe deines Objektes *atmen* kannst), und als mächtige Herzenskraft findet diese treffsicher ihr Ziel, wenn du es klar und eindeutig formuliert hast. Und du wirst mir nach einigen Versuchen zugestehen: *...man fühlt sich herrlich dabei.*

Als ich eines Morgens das Gegenteil davon erlebt habe – ich fühlte mich schwach –, habe ich nach dem Grund gefragt und erfahren, dass mir jemand oder etwas meine Energie abzieht. Sofort habe ich die Atemübung gemacht mit dem gedachten Auftrag: *„Die unerschöpflichen Kräfte aus meinem Allerheiligsten strömen heraus und fließen zu dem, der meine Energie braucht."* Wenn du dich auf so ein ‚Verschenken‘ vor dem Atmen vorbereitest, dann tu das weder im Frust (*„...wer schmarotzt da bei mir?"*) noch aus Angst (*„Hilfe, man verfolgt mich!"*), sondern verströme es aus Mitgefühl zu einer Seele, die energetische Hilfe braucht, eben deine Energie. Visualisiere dir ein Bild wie dieses: Ein kleines UFO schwebt im Weltraum, und die Energie geht ihm aus. Es ‚beamt‘ dann schnellstens seine Not ans Mutterschiff, und du ‚siehst‘ den Energiestrahl hin zum Kleinen, das dadurch gerettet wird. Lasse deine unerschöpflichen Herzenskräfte dahin fließen, wo sie benötigt werden. Diese Kräfte haben die höchsten Schwingungsfrequenzen und werden von allen niedrig schwingenden solange angezogen und eingefordert, bis *alle* und *alles* in der höheren Frequenz schwingt. Also gib reichlich, aber bedingungslos und neutral!

Ein Beispiel zur inneren Ruhe:

Bei der gleichen Art der *Einatmung* veränderst du nur deine Vorstellungen bei deinem langsamen und gründlichen *Ausatmen-in-dich-hinein*:

„Die unerschöpflichen Kräfte aus meinem Allerheiligsten strömen heraus und vereinen alles polare Geschehen in mir!", und nach dreizehn dieser Affirmationen hat sich in dir ein neuer Blickwinkel gebildet, der dich jede Disharmonie im Außen und an der ‚Oberfläche‘ in einer neuen inneren Ruhe angehen und betrachten lässt. Du kannst auch visualisieren: *„Die unerschöpflichen Kräfte aus meinem Allerheiligsten strömen heraus und gleichen alle Spannungen in mir aus."*

Ein Beispiel zur Verstärkung des inneren Lichtes:
Du stößt manchmal, meist in unruhigen Nächten und gar bei Vollmond, wieder unverhofft auf deine *versteckten inneren Ängste*, deine Sorgen, deine vermeintlichen Unfähigkeiten und Schwächen. Visualisiere dann: *„...ich s p ü r e meine Sicherheit und Geborgenheit"* oder *„...und lassen mich akzeptieren und angstfrei werden"* oder *„...und lassen mein inneres Licht alles überstrahlen."*

Ein Beispiel zur inneren Selbst-Reinigung:
Du hast bei Bekannten von deren seelischen und körperlichen Blockaden gehört, in einem Buch darüber gelesen oder erinnerst dich der lichtarmen Anteile, die jeder von uns in sich trägt (der Zwilling *Wissen/Nichtwissen* im ersten Teil des Buches). Du hörtest von leidvollen Zellerinnerungen (beschreibe ich im nächsten Kapitel), von dir noch unbewussten Zukunftsängsten oder von *Elementalen*, die deine Aura durchdrungen haben (beschreibe ich auf Seite 264ff); oder solchen, die aus alten, längst vergessenen Gedankenspielen noch in dir eingenistet sind oder von längst vergessenen, aber reichlichen Abspeicherungen in deinem Un- oder Unterbewussten (schreckliche Kindheitserlebnisse, Prüfungs- und andere Ängste, Davonlaufen, Liebesversagen, Schock, Traumata, Opfergefühle, Schuldzuweisungen, Unfälle und ähnliches). Ich hörte einmal dafür den Ausdruck *seelischer Müll*, wobei das etwas zu bagatellisierend wirkt, denn da kann auch schlimmer *Giftmüll* darunter sein, *Zeitbomben* und andere *explosive Energien*.
Bei der gleichen Art der *Einatmung* veränderst du nur deine Vorstellungen bei deinem langsamen und gründlichen *Ausatmen-in-dich-hinein*:
„...meine unerschöpflichen Herzenskräfte strömen aus meinem Herzen... und reinigen damit restlos meinen physischen Körper." Danach reinigst du deinen Ätherkörper, deinen Astralkörper und zuletzt deinen Emotionalkörper (dein am hellsten strahlender *Lichtkörper* bedarf keiner Reinigung). Oder alternativ: *„Die unerschöpflichen Kräfte aus meinem Allerheiligsten strömen heraus und erlösen alle Energien in mir, die nicht im göttlichen Sinne sind."* Aber das dreizehnmal und mindestens einmal täglich.

Ein Beispiel zur Unterstützung des Selbstheilungsprozesses:
Bei der gleichen Art der *Einatmung* veränderst du nur deine Vorstellungen bei deinem langsamen und gründlichen *Ausatmen-in-dich-hinein* und visualisierst zu deinem allgemeinen Top-Fit-Sein dreizehnmal:
„Die unerschöpflichen Kräfte aus meinem Allerheiligsten strömen heraus und geben meinem Immunsystem den optimalen Zustand." Natürlich kannst du diese deine unerschöpflichen Kräfte visuell zu jedem Organ schicken, das sowieso in

einer therapeutischen Behandlung oder Betreuung oder in einem Heilungsprozess steht. „*Die unerschöpflichen Kräfte aus meinem Allerheiligsten strömen heraus und heilen ...... restlos aus.*" oder „*...und lassen alle Zellen sich erinnern, wie sie jung und schön und gesund waren.*" Bedenke aber, dass dieses Heilwerden nicht dauerhaft anhalten kann, wenn du nicht die inneren Ursachen, die es für jede gesundheitliche Störung gibt, findest und veränderst.

Verlässlich verhindere ich seit langem mit der Immunsystem-Formel jede Erkältung, wenn ich sofort bei den ersten Anzeichen einer Verschnupfung oder eines Kratzens im Hals oder der Andeutungen von Schluckbeschwerden dreizehnmal *atme* – und nicht zimperlich, sondern kräftig dabei einatme.

Atme deinen Selbstschutz

Ein Beispiel für energetischen Selbstschutz:
Hierbei ist es empfehlenswert, auf zwei verschiedenen Wegen zu visualisieren: einmal, um in dein stabiles *inneres Gleichgewicht* zu kommen, denn dadurch bist du energetisch unangreifbar, und zum anderen, um deine *Aura-Außenhaut* zu stabilisieren und zu überstrahlen. Deine gesamte Kraftanbindung an die All-Einheit geht ausschließlich d u r c h dein Allerheiligstes, und du hast eigentlich keinen Bedarf an weiteren Energien aus dem Außen, so dass du dich vollkommen verschließen könntest.

Bei der gleichen Art der *Einatmung* veränderst du nur deine Vorstellungen bei deinem langsamen und gründlichen *Ausatmen-in-dich-hinein* und visualisierst zu deinem stabilen Ausgeglichen-Sein abwechslungsweise:

„*Die unerschöpflichen Kräfte aus meinem Allerheiligsten strömen heraus, führen mich in völlige Harmonie und schützen mich dadurch*" oder „*die unerschöpflichen Kräfte aus meinem Allerheiligsten strömen heraus und überstrahlen alles Störende von außen*" oder „*die unerschöpflichen Kräfte aus meinem Allerheiligsten strömen heraus und überstrahlen alles, was nicht im göttlichen Sinne ist.*"

Wir können sicher davon ausgehen, dass jemand, der mir bis hierher gefolgt ist, bereits über einen *Lichtkörper* verfügt. Ein Lichtkörper kann aber nicht nach außen hin verschlossen werden oder verspiegelt, wie es manchmal empfohlen wird. Mache das Gegenteil: Strahle, strahle, strahle! Verschenke dich – energetisch! Begrenze dich nicht. Segne den „*heutigen Tag*" mit den Kräften aus deinem Allerheiligsten.

Es kann bei Krankheits- oder anderen Konfliktfällen nötig sein, ein Optimum an innerem polarem Ausgleich u n d energetischer Abschirmung zu erzielen (denke zum Beispiel an ein Haus voller Kranker, ein Krankenhaus). Da bietet sich folgende Steigerung an: Stelle dich mit den Füßen auf eines der mächtigsten Symbole des Polaritätsausgleiches. Visualisiere auf dem Boden das *Yin/Yang-Symbol*, und stelle dir vor, du setzt den einen Fuß auf den schwarzen Punkt im weißen Teil des Symbols und den anderen Fuß auf den weißen Punkt im schwarzen Teil. Dann machst du die obige Übung wie beschrieben.

Auch unsere westliche Kultur hat ihr gewaltiges Harmoniesymbol, das *Keltische Kreuz*[55], also das gleichschenklige Kreuz im einenden geschlossenen Kreis. Die alten Germanen nannten es *Routhkreuz*. Hier stellst du dir vor, wie du deine Füße auf die beiden Schnittstellen setzt, an denen der Querbalken jeweils den Kreis berührt, und machst dann die oben beschriebene Übung.

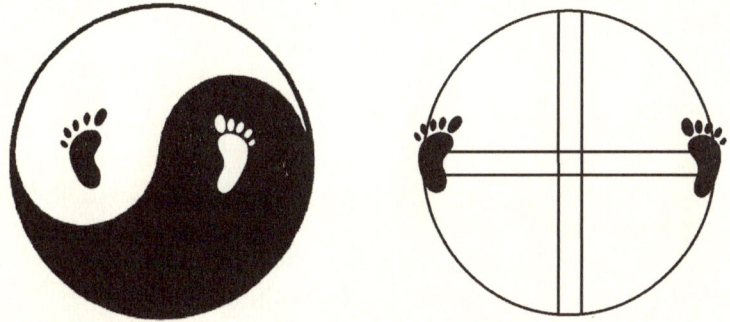

Abb. 7: Ausgleich der Polarisierungen – visualisiert oder aufgezeichnet

Ein Beispiel zur Erweckung n e u e r energetischer Qualitäten:

Es wäre ein weiteres eigenes Buch, wenn ich all die Defizite zusammentragen würde, die von der Erdenmenschheit in den nächsten Jahren unserer Wendezeit noch aufgearbeitet werden müssen. Die Menschheit muss dabei aus der langen Entwicklungsphase des *geistig-spirituellen Mangels* in die verloren gegangene *Fülle* und aus der *Unwissenheit* in ‚*gelebtes Wissen*' aufsteigen, damit das *Goldene Zeitalter* oder *Friedensreich* auf unserem Planeten entstehen kann. Dazu müssen noch viele kaum erkannte Energien ins Gleichgewicht und in das bewusste Leben eingebracht werden. Unter anderem ist das die schlummernde Energie der *Göttin Kundalini*, das *Mutter-Erde-Vermächtnis* des *Erdgottes Pan*, der göttlichen, reinen Farbenergien des *Sonnengottes*; sind das die weiblichen Rhythmen des *Mondes*, die Energien von *Licht und Klang*, die wiederentdeckten Riten *göttlichen Schamanentums*, der Umgang mit den *Energien der Zeit,* wie sie die Maya-Mythologie erkennen lässt, und die *neue Weiblichkeit* als schöpferische Liebesenergie, die Sexualität und Erleuchtung wieder in Einklang miteinander bringt und *Adam* und *Eva* wieder heimkommen lässt ins Paradies, das Friedensreich. Das sind nur einige Beispiele.

Animus und Anima

Ein weiteres Beispiel möchte ich ausführlicher darstellen: das richtige innere Verhältnis der *Anima* und des *Animus* in dir. Anima ist die weibliche und Animus die männliche Kraft in jedem Menschen, bei den Frauen muss energetisch die Anima überwiegen und umgekehrt bei den Männern. Jeder trägt beides polar in sich, jedoch selten im ursprünglichen Verhältnis. Meistens entsteht die Unverhältnismäßigkeit schon in der Kindheit, durch das Vorleben der Eltern und die innere Verbindung des Kindes, durch Liebe oder Ablehnung von Vater und/oder Mutter. Nach Berichten medialer ,Seel-Sorger' sieht es mit solchen weithin u n b e k a n n t e n Verhältnismäßigkeiten beziehungsweise Dominanzen von Anima oder Animus bei vielen, vielen Mitmenschen teilweise katastrophal aus.

In deinem Selbstfindungsprozess kann es nun sein, dass auch du erkennst, dass eine der beiden Kräfte ein Defizit in dir bildet und du so immer Schwierigkeiten hast und haben wirst, ins innere Gleichgewicht oder zu seelischer Harmonie und Frieden zu kommen – mit dir und mit anderen. Die Tiefenpsychologin *Phyllis Krystal* empfiehlt daher in ihrm Buch »Die inneren Fesseln sprengen«[56] sehr die bewusste **Erweckung von Anima und Animus.**

Überlasse die nähere Erforschung dieses Energiepaares in deinem jetzigen Leben deinem *Allerheiligsten.* Es kennt genau das richtige Verhältnis dieser beiden archetypischen und polaren, aber auch sehr mächtigen, Energien in dir. Ein *für dich richtiges Verhältnis* ist die optimale Voraussetzung für deine Lebensfreude, für die erfolgreiche Erfüllung deiner Lebensaufgaben, für beglückende Beziehungen, für stabiles Einswerden mit den Partnern, die du für deinen Lebensweg (vor deiner Inkarnation) vorgeplant hattest, und natürlich generell, um dein Lebensziel überhaupt zu erreichen. So empfiehlt es sich grundsätzlich, immer wieder einmal dem Allerheiligsten im Rahmen deiner täglichen Atemübungen den Auftrag zu geben: *...die für d i c h richtige der beiden prägenden Energien zu ,erwecken'. Das heißt, sie zu stärken und in das für dich richtige Maß zu bringen.*

Bei der gleichen Art der *Einatmung* veränderst du nur deine Vorstellungen bei deinem langsamen und gründlichen *Ausatmen-in-dich-hinein* und visualisierst dabei: *„Die unerschöpflichen Kräfte aus meinem Allerheiligsten strömen heraus und bringen Anima und Animus wieder in mein richtiges Verhältnis."* Wiederhole diese wichtige Basisübung immer wieder, bis dir dein Fühlen oder Situationen, die auf dich zukommen, die Beendigung signalisieren.

4. Du übergibst deinem Allerheiligsten die geistige Führung zu deinem selbstlosen Dienen und Danken:

Nachdem du jetzt die Grundregel des Dreizehneratmens kennst und schon routiniert handhabst, kannst du dir leicht vorstellen, dass diese Technik noch anderweitig und sehr vielfältig eingesetzt werden kann. Denn deine reinen Herzenskräfte sind unerschöpflich, und es gibt keinerlei Einschränkungen dafür – weder räumlich noch zeitlich.

Bitte oft um geistige F ü h r u n g, generell oder bei besonderen Problemen, also Herausforderungen. Es ist die demütigste Affirmation und die kopfloseste; du formulierst keine eigenen Vorstellungen mehr, sondern lässt geschehen und lässt dich führen. *„...Die unerschöpflichen Kräfte aus meinem Allerheiligsten strömen heraus, sie zeigen mir den Weg und führen mich richtig."*

Da die Herzenskräfte aus deinem Allerheiligsten kommen, sind sie direkt on-line mit der All-Einheit und können natürlich via deiner Schöpferkraft auch wieder dorthin zurückkehren oder können zirkulieren – d u r c h d i c h umgewandelt und individuell transformiert in *deine* Wahrheit, *deine* Lebensfreude, *deine* selbstlose Liebe, *deine* Friedfertigkeit und *deine* Sehnsucht nach *Einheit*. Die All-Einheit dankt dir sicher für deine Schöpfungsausweitungen.

Durch deine irdische Erwiderung der göttlich-kosmischen Energien zurück in die All-Einheit, aber auch zurück in das sichtbare physische und das unsichtbare metaphysische Universum, unterstützt du den *Kosmischen Frühling* in der Milchstraße, im All und du kannst zum *Homo galacticus* werden. Du kannst voll bewusst und schöpferisch das atlantisch-altägyptische Axiom erfüllen: *Wie im Mikrokosmos, so im Makrokosmos.*

D i e n e auf diesem Weg – mit den oben aufgeführten Formeln – dem Kosmos, der *Großen Mutter Erde*, dem menschlichen Kollektiv, und bedanke dich dadurch bei der Vielzahl der anonymen himmlischen Geisthelfer, vor allem bei der liebenden Engelschar.

Du kannst aber deine unerschöpflichen Herzenskräfte jedem Mitmenschen oder jeder guten, unterstützenswerten Sache auf der ganzen Welt d i e n e n d und selbstlos zukommen lassen. *„Die unerschöpflichen Kräfte aus meinem Allerheiligsten strömen heraus und heilen die Erde"* oder *„schützen alles Leben auf Erden"* oder *„bringen Harmonie und Frieden auf Erden"* oder *„verstärken das kollektive Wachstum"* oder *„führen zur Einheit aller Seelen"* – denn alles, was du aus r e i n e m Herzen visualisierst, ist richtig.

D a n k e auch auf diesem Weg deinen ganz speziellen Dank dafür, dass es dir besser geht als anderen, dass dir etwas Besonderes gelungen ist, dass du glücklich bist. Oder auch, wenn *einem anderen* Herz in deiner Nähe etwas ‚geschenkt‘ wurde oder ihm etwas besonders gelungen ist und es sich sicherlich nirgendwo bedankt – übernimm du es. *„Die unerschöpflichen Kräfte aus meinem Allerheiligsten strömen heraus, und ich gebe sie mit allergrößtem Dank wieder zurück – Große Mutter, Großer Vater.“*

Frage: *Wie hast du eigentlich angefangen, im Alltag zu üben?*

Morgens. Die ganz einfache Atmung mit der Formel *„so ein Tag, so wunderschön wie heute“*, und das hat sehr gut getan, spürbar, wie ein Vitamintrunk – auch heute noch. Ich hatte ja anfangs noch nicht viele Erwartungen. Dann aber wollte ich mehr und habe es dreimal auf den Tag verteilt. Es kann ja auch überall zwischendurch geatmet werden: auch am Parkplatz, wenn er einigermaßen saubere Luft hat. Für generell wichtig halte ich die ‚Stärkung‘ am Morgen und die ‚Reinigung‘ vor dem Zubettgehen. Das sind die Anfangsübungen, die sich dann immer leichter ausweiten lassen. Routine ist auch hier fast alles.

Das Bett ist für den Anfang kein idealer Platz. Ich empfehle unbedingt, anfangs im Sitzen oder Stehen zu atmen (außer im Krankheitsfall). Später kommst du in allen Lebens-Lagen direkt an deine Herzenskräfte, auch ohne Dreizehnerfolge des Atmens, einfach so. So etwas *Mächtiges-in-dir* bedarf keiner naiven menschlichen Regelungen – das gilt alles nur für den Einstieg und dein Erwachen. Hast du erst einmal einen Teil deiner inneren Stärke gefunden und kannst sie im Alltag leben, dann wirst du virtuos mit deiner *schöpferischen Göttlichkeit* umgehen. Grundsätzlich: Lasse dir auch später jedesmal vor dem Atmen ganz kurz die fünf edlen Kräfte in deinem Herzen durch den Kopf gehen: *die Wahrhaftigkeit, die Freude am Sein, die reine Liebe, deine Friedfertigkeit* und *dein Einssein-mit-allem*. Das schafft spontan einen Abstand zu deinem momentanen ‚Weh-weh‘ und erhebt dich in deine Betrachter-Position.

Ich hatte mir irgendwann im Garten einen überdachten Sitzplatz gebaut, wo ich atmen, träumen und die Welt verändern konnte. *„Wunschdenken!“*, meckerte mein *Schalk* anfänglich. Heute erlebt er ‚unsere‘ Erfolge mit, und er liebt mich und ich ihn.

„*Dein Herz am rechten Fleck*"

So heißt es im Volksmund, und du weißt, dass es richtig heißen muss:
**Dein Allerheiligstes hat wieder seine rechtmäßige Rolle als Führung und
endgültige A u t o r i t ä t in deinem Leben übernommen –
anstelle deines dominanten Egos.**

Sanftmütig und harmlos erscheinend, aber unvorstellbar mächtig wirkend,
lässt dich dein *Allerheiligstes* zum neuen Schöpfer »in Resonanz mit Gott-und-
Göttin-in-dir« werden. Erkenne dabei folgendes:

* Außer in den mystischen Bewegungen aller Religionen wurde das göttliche Einssein im Herzen n i e richtig erkannt und zugelassen – nämlich
als die schöpferische Partnerschaft mit der göttlichen All-Macht.
* Als Missverständnis wurde Gott mit seinen mächtigen geistigen Kräften
n u r im Außen, an der Oberfläche, gesucht und dabei Angst erzeugt.
* Durch das meist völlig vernachlässigte, jetzt aber aktuelle Sich-führen-
lassen entsteht die Ego-Freiheit für das F l i e ß e n deiner unerschöpflichen Herzensströme.
* Durch das richtige und persönliche Verständnis der geistigen Führung
entsteht ein neuer immerwährender K o n t a k t mit dir, und
* noch nie waren die lichtvollen und geistigen Energien auf unserem Planeten so h o c h s c h w i n g e n d, dass eben Verständnis und verantwortungsvolle Handhabung der Kräfte des Allerheiligsten jetzt immer
leichter möglich werden.

Erklären muss ich dazu noch, was ich mit der Formulierung ‚persönliches
Verständnis der g e i s t i g e n F ü h r u n g' meine. Grundsätzlich steht jeder
inkarnierten Seele die geistige Verbindung und der innere Kontakt zum
Lichtreich zu – mein *Schalk* meint: *...kostenlos, umweltfreundlich, rein biologisch
und mit Lebensgarantie.* Aber durch unser Verstandesdenken haben wir es
schlichtweg vergessen und durch unser Egodenken überhaupt nicht mehr zugelassen. Diese völlig individuelle und einzigartige F ü h r u n g s – T r i n i t ä t
jeder inkarnierten Seele besteht aus einem symbolischen Energie-Dreieck, das
du dir diesmal auf dem Kopf stehend vorstellen musst: An der unteren Spitze ist
dein Allerheiligstes. Dann kannst du dir links oben *deinen Schutzengel* visualisieren und rechts oben *dein Familienbewusstsein.* Sie bilden zusammen ein eng
miteinander verbundenes *energetisches* Dreieck – die Trinität, deren Energie
durch *keine Macht* der sichtbaren und unsichtbaren Welt gemindert werden
kann.

Lege dich dabei nicht fest, dass das Führen zum Beispiel von irgendwo ‚oben‘ (aus dem Himmel) kommt; das kann genauso *neben dir* sein und *in dir*. Ein englisches spiritistisches Medium saß einmal neben mir auf der Küchenbank bei *Conny* und *Dieter*, bei denen ich zu Besuch war. Sie fragte mich plötzlich, ob meine Mutter schon in der geistigen Welt sei, was ich bejahen konnte. Ich erhielt von ihr eine wichtige Botschaft und am Ende eine Umarmung von der medialen Dame. Sie wurde Stellvertreterin, denn sie erklärte mir dabei: „...*jetzt umarmt dich deine Mutter.*“

Und d a s ist dein göttliches Energiepotential auf Erden!
Du kannst stets darauf zurückgreifen,
denn du bist i m m e r damit verbunden.

Daher nämlich sind diese geschilderten und empfohlenen Übungen eigentlich ‚so‘ leicht. Vielen werden sie sogar viel zu leicht erscheinen – „...*das kann ja nicht sein!*“. Natürlich kann es! Du musst es nur z u l a s s e n (was dein zweifelndes Ego aber nicht will), du musst alte Vorstellungen loslassen, und du musst dieses (4 - 5 Minuten lange) *Atmen* dann aber auch r e g e l m ä ß i g durchführen. Erst die Ausdauer bringt es, wie eben sonst im Leben auch. Es geschehen dabei zwar auch Wunder, aber verlasse dich nicht darauf, dass du gleich mit einem solchen auf deinem neuen Schöpferweg begrüßt wirst. „*Per aspera ad astra!*“ galt schon im alten Rom, und der berühmte *Seneca* tröstete damit, dass man nur *über rauhe Pfade zu den Sternen* kommt.

Nur die Ausdauer stabilisiert

Zu deiner Lebensumstellung zählt die A u s d a u e r . Du kannst gravierende Veränderungen in dir und um dich nur erwarten, wenn du dauernd weitermachst, dranbleibst und nicht wieder vorzeitig aufgibst. Dein Ego, das ja gegen jegliche innere Veränderung ist, wird dir laufend gute Gründe liefern, *warum du* ‚so etwas‘ überhaupt nicht durchhalten solltest. Die Schwerkraft deiner Gewohnheiten belastet deinen neuen Schwung. Wo gibt es die Beweise? Den Garantieschein? Der erste Feind deiner Veränderungswünsche und deiner Ausdauer ist der *Zweifel*. Bei manchem ist es auch die Angst. Das Gegenteil von Zweifel und Angst ist Vertrauen und Mut – du musst dich entscheiden!

Das erste Anzeichen deiner Erfolge wird erfahrungsgemäß dein Wohlbefinden sein – du fühlst dich ‚besser‘, freust dich mehr, du lachst wieder öfter (nicht nur über blöde Witze), und irgend jemand sagt dir als erster: *...du siehst aber gut aus!* oder *...na dir geht’s doch gut!* oder *...du kommst wohl aus dem Urlaub.*

Eine Besucherin erzählte mir folgende Geschichte: *Ein Bauer suchte Wasser auf seinem Grundstück und fing an zu graben. Nichts! Er grub daneben weiter. Auch nichts! „Na, dann eben dort", aber auch hier ein Misserfolg. Und so grub er und grub, und das Grundstück bestand nur noch aus Löchern und Erdhaufen. Bis dann der Opa einmal vorbeikam, dies sah, den Kopf schüttelte und erklärte: Wenn du an einer Stelle tief genug gegraben hättest, käme schon längst Wasser.* Wie oft ist es dir schon so ähnlich gegangen, und wie oft wird es uns immer wieder passieren? Auch das Göttliche, unsere geistige Macht, unsere inneren Werte und unser Allerheiligstes finden wir nur t i e f i n u n s. Ausdauer und Tiefgang führen nicht nur beim Graben zum Ziel.

Neben der Regelmäßigkeit und Ausdauer gehört auch M u t zu solchen inneren Veränderungen. Vor allem aber Mut, der eigenen Wertung ins Gesicht zu schauen. Dies hilft uns, die inneren Fesseln zu sprengen und den großen Mut zu einem n e u e n v o l l e n L e b e n aufzubringen. „*Nur Mut!*", liebe Leserin, lieber Leser, es gibt zwei alte Sprichwörter: „...*dem Mutigen gehört die Welt!*" und „...*das Herz am rechten Fleck haben.*" Lerne dabei, die eigene Macht über dich selbst zu spüren!

Die Macht über *dich selbst* – deine Gefühle, deine Emotionen, deine Gedanken – wird dir gegeben, sie wird dir sogar geschenkt. Du kannst davon ausgehen, dass sie dir eigentlich *zurückgegeben* wird, denn du hast das alles ja nur vergessen. Du bist mächtig genug, um zum Beispiel zu bestimmen, *wo* und *wem* du dich anpasst und *wo* nicht und so weiter. Diese Machtspiele *mit dir selbst* bringen dir die wirk-liche Freiheit. Lasse auch nicht mehr von außen zu, was du nicht willst – auch kein Leid mehr, keinen Schmerz, keine billigen Schuldzuweisungen. Werde frei und werde unbequem. Dann bist du jedesmal ICH BIN.

Das meint auch der ‚goldene' Vyvamus, der uns 1989 gechannelt hat[36]: *Es ist wichtig zu erkennen, dass auch die Erde gerade ihre Macht ergreift. Das gibt euch Gewissheit, dass eure Entwicklung hin zur göttlichen Machtfülle gehörig abgestürzt ist. Wer die Macht allerdings ohne das Göttliche in ihr erringen will, wird ihrer niemals habhaft.*
Macht ist im tiefsten Grunde zwar immer göttlich, aber die göttliche Macht, von der ich spreche, geht durch das H e r z z e n t r u m.

Und an anderer Stelle: *Der elektrische Fluss ist ein wichtiger Teil des Herzbereiches. Die Verweigerung der eigenen Macht, des elektrischen Energieflusses, ist kein Kehlkopfwiderstand, wie man vielleicht glauben sollte, sondern im wesentlichen einer des Herzens. Ein tiefes Gefühl der Unsicherheit oder Minderwertigkeit, die Angst vor Machtmissbrauch sowie die Furcht davor, dass deine Machtvollkommenheit falsch aufgefasst wird, mag ihre Annahme blockieren.*

Häufig herrscht auch die Befürchtung vor, dass die physische Ebene gar nicht in der Lage ist, mit so viel Macht, wie sie dir zur Verfügung steht, richtig umzugehen, da die physische Ebene „weniger ist" als alles andere und die Macht hier nicht existieren kann; vielleicht ist auch die Menschheit deine Herzqualitäten gar nicht wert!
All das führt zu Blockaden bei der Annahme deiner Gottgleichheit.
Wahre Bescheidenheit besteht in der Fähigkeit zu erkennen, dass du im göttlichen Sinne jedem gleich bist, nicht größer und nicht kleiner als die anderen.

Hast du in diesem engen Sinne den Mut, deine Göttlichkeit bewusst herzuatmen? Ich mache es so: „*Die unerschöpflichen Kräfte aus meinem Allerheiligsten strömen heraus und lassen mich meine ursprüngliche Göttlichkeit wiederfinden.*" (Ganz einfach – und was mein *Schalk* dazu sagt, schreibe ich lieber nicht!)

Vierter Teil

Du lebst die Gegenwärtigkeit

Deine Stärke der Gegenwärtigkeit

Zwei berühmte Dominikanermönche des Mittelalters haben die Neugeburt des Deutschtums – heraus aus der lateinischen Weltmacht des Vatikans – eingeleitet: *Prof. Dr. Martin Luther*, unter anderem mit seiner Bibelübersetzung ins Deutsche, und *Prof. Johannes Eckhart*, der als *Meister Eckhart* der überragende deutsche Mystiker wurde. Er wurde mit seinen deutschsprachigen Predigten zu einem der gewaltigsten deutschen Sprachschöpfer[57]. Einer seiner Kernsätze lautete schon damals:

...denn der wichtigste Moment ist i m m e r j e t z t und der wichtigste Mensch immer jener, dem du gerade begegnest...

Das *Jetzt* ist ein Zeitbegriff. Als Zeit-Folge fällt dir spontan die Vergangenheit, die Gegenwart und die Zukunft ein. Und damit ist für die meisten von uns das Thema *Zeit* abgetan – Zeit hat ja sowieso heute niemand mehr. Doch das ist eben ‚relativ‘, denn Zeit hat jeder Mensch gleich viel: vierundzwanzig Stunden oder eintausendvierhundertvierzig Minuten oder zig-tausend Augenblicke *täglich*. Nur *scheinbar* reicht sie keinem.

Doch die Mystiker, Philosophen, Mathematiker und moderne Querdenker suchen bessere Verständnismodelle, um mit der *Zeit* sinnvoller umgehen zu können. Die geläufige Vorstellung ist die einfache *lineare Zeit-Achse*, eben Vergangenheit-Gegenwart-Zukunft nacheinander. Manche Erleuchtete sehen die Gegenwart als den einzigen wirklichen Zeitbegriff und sprechen von *polarem Zeit-E r l e b e n*: die Vergangenheit einerseits und die Zukunft andererseits als polare, gegensätzliche Illusionen.

So sieht es auch der praxisorientierte KI-Trainer *Karl*, für ihn ist das *Jetzt* der *Moment der Neutralität* im kraftvollen Frei-Raum zwischen Vergangenheit und Zukunft. Es gibt Philosophen, die stellen sich Zeit als eine *permanente Kreisbewegung* vor und kommen damit dem neuen, spirituell orientierten *holographischen Weltbild* ganz nahe. Ähnlich drückt sich auch die *Zeit-Vernetzung* des Maya-Kalenders mit seinen 13/20er Rhythmen aus. Am schwersten verständlich ist der Begriff *Ewig-gegenwärtiges Jetzt*, also eine Zeit ohne Vergangenheit und Zukunft, die ab der ‚fünften Dimension‘, dem untersten Himmel im Lichtreich, ewig ‚ist‘.

Um als irdischer Gedankenschöpfer verantwortungsvoll *Lichtdienst* einbringen zu können, geschieht das immer im *Hier-und-Jetzt*, i n deiner *Gegenwart*.
Es geschieht d u r c h deine Gegenwärtigkeit.
Dieser kommst du am nächsten, wenn du die *zeitliche* Gegenwart
und deine *körper-energetische* Gegenwart als wirk-liche Einheit,
also als W i r k l i c h ke i t ansiehst.

Das ist sehr philosophisch: Wenn du es fertigbringst, deine Vierkörper-Einheit (Körper-Seele-Geist-Licht) mit dieser übergeordneten Zeit-Einheit so zu synchronisieren, dass sie für Momente verschmelzen, bist du *metaphysisch* wie *physisch* in einem unvorstellbaren Kraftpotential. Versuche, es dir wieder als Trinität vorzustellen.

Dir ist sicher schnell klar, dass ,*Zeit zu leben*' immer nur im *Jetzt* sein kann. Deine Vergangenheit s e i unabänderlich (was eine Illusion ist), deine Zukunft s e i unbestimmt (was auch eine Illusion ist), aber deine Gegenwart i s t – jetzt! Leben ist das S e i n, das Dasein, das Jetzt-da-sein.

Womit musst du da sein? Wie immer, wenn es um etwas auf unserer bipolaren Erfahrungsebene geht: wieder dual. Zum einen *mental*, also mit deinem Geist, deinen Gedanken, deinen Gefühlen und zum anderen mit deiner physischen Körperlichkeit, die du als *Erdung* begreifen musst. Das erst ist dann *vollkommenes* Schöpfertum:

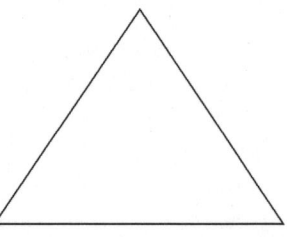

absolute Wirklichkeit
und Wirksamkeit (Stärke)

Gegenwärtigkeit in   Gegenwart als Zeit
der Vierkörpereinheit   Moment, Stunde,
                                        Tag usw.

Abb. 8:   Die Trinität der Stärke

bewusst schöpferisch mit deinen Gedanken g e g e n w ä r t i g sein und
bewusst schöpferisch i n d e r M a t e r i e t ä t i g sein,
im Alltag und im Alltags-Bewusstsein,
in deinem Beruf oder deiner Berufung.

Wenn du also etwas ,tust', gedanklich wie auch mechanisch, dann tu es im Bewusstsein des A u g e n b l i c k s. Es gilt dabei, die Bedeutung des Augenblicks zu erspüren. Einige meinen, das gehe am besten durch ein tiefes inneres Einbezogen-sein. Mir fällt es leichter, wenn ich eher einen gewissen inneren Abstand zu solchem Tun habe. Vielleicht ist das eine Frau/Mann-Empfindung – manche sprechen auch von Erkenntnis. Du solltest es als variabel ansehen. Im Zen-Buddhismus heißt es: „*Wenn ich gehe, gehe ich; wenn ich esse, esse ich; wenn ich schlafe, schlafe ich.*" Das versteht man unter Gegenwärtigkeit und gegenwärtigem SEIN. Denn wenn du zwei Dinge *gleich-zeitig* tust, kommt eines davon zu kurz – das hat jeder von uns schon öfters schmerzlich erfahren dürfen. Nur wer den Augenblick erfasst, hat die Chance, Herr über seine Zeit zu sein.

Ein spanisches Sprichwort fordert sogar:
Gestern ist Geschichte,
morgen ein Geheimnis,
heute ein Geschenk – für den, der die Gegenwart r u f t.

Um zur inneren Stärke zu finden, muss diese *Gegenwärtigkeit* bewusst, authentisch, wenn nicht gar offensiv d a s e i n. Du musst sie geradezu als eine Herausforderung auf dich nehmen. *Ralph Blum* [48] drückt sich bei seinem Runen-Symbolismus noch klarer aus: *Furchtlos, vollkommen auf sich gestellt und unvoreingenommen, zeigt der spirituelle Krieger absolutes Vertrauen im Kampf um Bewusstheit; er ist stets wachsam, da er weiß, dass es darum geht, w a h r h a f t im Augenblick zu leben.*

Auch in den Evangelien wird bezüglich deiner Zukunftserwartungen aufgeklärt: „...*Darum sorgt nicht für m o r g e n, denn der morgige Tag wird für das Seine sorgen*" und ebenso zu deinen Vergangenheitsanbindungen: „...*Wer seine Hand an den Pflug legt und sieht z u r ü c k, der ist nicht geschickt für das Reich Gottes.*" Und sicherlich erinnerst du dich der Passage über die Vögel unter dem Himmel, die sich nicht um das Morgen sorgen, sondern mit Leichtigkeit im *zeitlosen Jetzt* leben und die vom himmlischen Vater ernährt sind (*Matth.* 6,26 und *Luk.* 12,24). Dass mit diesen Lehren etwas absolut Grundlegendes und Radikales gefordert wird, ist nie wirklich begriffen worden. Denn kein menschliches Ego kann es zulassen, auf Planungen, Kontrollen und ähnliche innere Machtprinzipien zu verzichten – Prinzipien, die aus den Routinen und Sorgen der Vergangenheit kommen und mit denen man so ungestört seine Zukunftsängste ersinnen kann.
Dass dir mit diesen Lehren stattdessen ein spiritueller Zustand voller Lebendigkeit, frei von Zeit, frei von Problemen, frei vom Denken und frei von Altlasten g e s c h e n k t wird, ist leider so schwer zu erkennen. Gleichgültig, ob nun aus dieser (richtig verstandenen) christlichen Sicht heraus oder aus den Erkenntnissen, die ich hier vermitteln will – sowie dein Blick *nicht mehr* auf Vergangenheit und Zukunft gerichtet ist, wirst du selbst zum *Harry Potter* deiner eigenen V e r w a n d l u n g.

Nur das Jetzt ist lebendig

Nichts e x i s t i e r t außerhalb der Gegenwart. Es g e s c h i e h t auch nichts außerhalb der Gegenwart. Noch nie ist etwas in der ‚Vergangenheit' geschen – auch damals war es im *Jetzt*. Nichts wird je in der Zukunft geschehen – es kann dann auch nur im *Jetzt* geschehen.

Was du als Vergangenheit bezeichnest, ist eine in deinem Gedächtnis aufbewahrte Erinnerung an ein *früheres Jetzt*. Erinnerungen sind Abspeicherungen, die wir Gedächtnis nennen. Wenn dein Verstand sich einer Sache erinnern will, dann sucht er in einer der Gedächtnis-Dateien, und das geschieht dann *immer im Jetzt*. Die Zukunft sind deine Gedankenkräfte als Projektionen in eine ‚unreale‘ Zeit. Wird sie real, also kommst du in das Morgen, dann wird die Zukunft, das Morgen, zum *Jetzt*. Wenn du über deine Zukunft nachdenkst, tust du das *jetzt*. Somit kannst du jetzt ebenso behaupten wie ich:

Vergangenheit und Zukunft haben keine eigene Realität.

Mir erzählte ein Bekannter, der persönlich bei dem Avatar *Sathya Sai Baba* war, dass man sich dort folgendes erzählt habe: Bei einem seiner seltenen Interviews sei gesagt worden „*...das Gehirn der westlichen Menschen sei die meiste Zeit mit sinnlosen Dingen beschäftigt*" und er habe kopfschüttelnd geantwortet: „*Ständig!*" Von ihm soll aber auch eine wichtige Aussage für die Verständnisfähigkeit der westlichen Welt stammen: „*Nur hier und jetzt, nur in diesem Augenblick besteht die Möglichkeit der Kommunikation mit Gott.*" Und das heißt Schöpfer-sein.

Schöpfer-sein kannst du aber nur *jetzt* – ausschließlich und genau *Jetzt*! In diesem Moment, in dieser Stunde, heute! Wenn das Wort *morgen* in dir auftaucht, vergiss es. Dann bist du ein Träumer, aber kein Schöpfer.

Als Erkenntnis schrieb mir eine Freundin: *...ich will mehr und mehr üben, im ‚Jetzt‘ zu leben. Nicht in der Vergangenheit, nicht in der Zukunft. Dieses ständige Sich-Sorgenmachen will ich lassen.*

Das heißt: *Arbeitest* du bewusst und klar im Jetzt, dann *denkst* du auch bewusst und klar im Jetzt. Dann sind das klare und bewusste Kreationen und Schöpfungen, mit denen du *Gott*, oder wie du inzwischen besser weißt: die göttlichen Energien, aus deinem Allerheiligsten im Alltag manifestierst. Dieses Sich-auf-das-Jetzt-konzentrieren habe ich auch gemeint, wenn es in früheren Kapiteln darum ging, sich gedanklich aus seinen Konflikten herauszunehmen. Gleichgültig, ob es sich um gesundheitliche, wirtschaftliche oder Beziehungs-Konflikte handelt – sowie du gedanklich aus Vergangenheit oder Zukunft aussteigen kannst, wirst du zum Handelnden, kommst du wieder in die Gegenwart und damit in die G e g e n w ä r t i g k e i t – *deine* Gegenwärtigkeit; damit auch in dein Bewusstsein, was nichts anderes ist als b e w u s s t e s   S e i n . Und das gibt es einzig und allein im Jetzt – ohne Ängste und ohne die Zeitkrankheit

Hasten. Das gibt es nur da, wo du eigentlich immer sein solltest – als verantwortungsvoller, geistig erwachender Schöpfer. Mein *Schalk* schmunzelt: „*...ob nicht Sai Baba doch recht hat?*"

Aber jetzt wird das Ganze noch etwas komplizierter. Dieses bewusste ‚Sein' ist nur dann wirklich bewusst, wenn dir bewusst ist, dass das ‚du' bist und ‚nur du' einzig und allein. Denn du bist als irdischer Aspekt der All-Einheit einmalig und einzigartig – als ‚Ebenbild Gottes'. Erforsche einfach, wer du j e t z t bist und identifiziere dich mit n i c h t s aus deiner Vergangenheit oder deinen Zukunftsträumen. Alle deine Gedanken, als Erinnerungen oder als Träume, mögen kommen und gehen, aber du b i s t immer hier, genau jetzt, in diesem Moment. Es ‚ist' nur das, was authentisch ist und was wirklich ist. Alles andere ist energetisch vergangen, Vergangenheit, v e r g ä n g l i c h, veränderlich, illusionär, vielleicht phantastisch oder auch phänomenal. Und von all dem befreit dich das *Jetzt*. Es macht frei.

Versuche immer wieder, darin einzutauchen,
und du wirst für immer frei.

Suche den Mittelpunkt

Das Endziel aller Polaritäten und aller Schöpfungen außerhalb des einstigen Ursprungs ist die E i n h e i t, so wie alles Wasser der Welt am Ende immer im Meer mündet. »Alles ist Gott«. Zuvor muss aber jede Polarität und Dualität von uns Menschen – innen wie außen – ins Gleichgewicht, in Gleichklang, Harmonie, Frieden oder eben in die Einheit gebracht werden. In den orientalischen Religionen wird dieser Ausgleich der Pole über die Trinität versucht, und auch ich habe mehrere Beispiele im Buch am leichtesten mit Dreiecken darstellen können. Dem hat sich auch das Christentum angepasst und lehrt vieles, nicht nur das Gottesbild selbst, als Trinität. Diese göttliche ‚Dreieinigkeit' stellten aber die europäischen Druiden mit drei unbegrenzten Spiralen dar und schufen den M i t t e l p u n k t als *ihre Einheit*.

Diese antike menschliche Vorstellung kommt heute wieder immer mehr in den Vordergrund, denn sie symbolisiert viel klarer, dass alles, grundsätzlich alles zusammenhängt. Das Erkennen holistischer Zusammenhänge bringt uns viel schneller zu der Akzeptanz eines Alles-mit-Allem-verbunden-seins. Nur das führt auch zu einem verantwortungsvollen Schöpfertum. Da es sich immer um energetische Schwingungen handelt, ob kreisförmig, spiralförmig oder gewirbelt, gibt es stets einen Mittelpunkt – auch bei den feinstofflichen Energien des

Menschen. Und so hat alles *seinen* Mittelpunkt: der Mensch im Herzen (das Allerheiligste), in den einzelnen Chakren, in seinem Bewusstsein; genauso unsere Erde, aber auch die Zeit (im Jetzt), das göttliche Licht und alles andere auch.

Uns interessiert aber besonders *unsere Mitte*, unser Mittelpunkt und unsere z e n t r i e r t e Kraft. Du kannst dir dabei drei verschiedene Formen visualisieren:

- Wenn du dir *dich* als Mittelpunkt vorstellst, dann in der Form, wie auf einer Wasseroberfläche kreisrunde Wellen entstehen, wenn du einen Stein hineinwirfst. *So bist du als Gedankenschöpfer mit allem Sein energetisch verbunden*, bis hin zur Blume und zum Kristall, und kannst dich mental auch da hineinversetzen. Du kannst einen Teil deiner Gedankenenergien sicherlich fokussieren, aber nicht verhindern, dass sie wie beschrieben ihre Kreise ziehen.

- Wenn du dabei an deine Bewusstseins-Energien denkst, geschieht das auf ähnliche Weise. Deine kreisenden Energiewellen überschneiden und verbinden sich bei der Bewusstseins-Erweiterung immer stärker mit den ebenso kreisenden Bewusstseinsschwingungen der anderen. Dies gilt für beide Richtungen, sowohl auf der *horizontalen* Ebene in Verbindung mit den anderen inkarnierten Seelen als auch *vertikal* in die Höhen des Lichtreiches. So können immer mehr Seelen-Erfahrungen von anderen in die eigene einfließen und sich verbinden und zirkulieren und sich gegenseitig anreichern.

- Wenn du dir deine bewusstseinsmäßige ‚Vernetzung-mit-allem‘ in Richtung Himmel und Lichtreich vorstellst, kannst du erkennen, dass deine Frequenzen somit in das *Ewige Jetzt* vorstoßen. Dabei entsteht für dich nicht nur das Fühlen und Erkennen von *Alles-mit-Allem*, sondern auch noch das *Alles-zugleich*. Das sind dann nicht nur lebendige Momente (über die ich gleich schreiben werde), sondern es werden dann ‚*Heilige Momente*‘ deines Erdenlebens.

Dazu brauchst du aber keinen Heiligenschein, sondern Ruhe, Ausgeglichenheit und i n n e r e n F r i e d e n, denn dann kannst du *deinen* Mittelpunkt finden. Den Mittelpunkt, über dessen Schwingungen du dich mit *Alles-mit-Allem-und-Alles-zugleich* (oder »Alles ist Gott«) verbunden fühlst. Wenn du das immer wieder einmal schaffst, dann kannst du dir ‚vorstellen‘, wie sich die *Große Mutter* und der *Große Vater* fühlen. Denn s i e sind ja das ‚All-Bewusstsein‘ – Alles-mit-Allem-und-Alles-zugleich. *Einfach göttlich!*

Übrigens bezeichnet sich der Erzengel *Raphael* auch als der *Erzengel der ausgewogenen Mitte* (W.-M. Hulke).

Hannelore schrieb mir von ihrem idyllischen Reisberg in Thüringen: *...wenn ich in meiner Mitte bin, ist auch am Reisberg die mittige Kraft der Erde zu spüren. Dann ist sie überall zu spüren, denn überall kann man/ich Verbindung zum Mittelpunkt der Erde aufnehmen, dem Mittelpunkt der Natur und dem Mittelpunkt von allem. Und alle Kraft, ob auf La Palma, in Brasilien oder im Himalaya oder hier, kann nur aus der Mitte heraus kommen. Dem Ursprung. So ist immer das HIER dein persönlicher Kraftplatz – alles andere kreieren wir selbst. Mit zwei Beinen, Füßen auf der Erde stehen, mit den übergeordneten Chakren den geistigen Ursprung empfangen und das alles ins Herz aufnehmen – so finde ich meinen Mittelpunkt, meine Kraft, mein Sein. Unabhängig und frei. Und so stimmt das, was ich von jeher gesagt habe: Die Mitte in allem bestimmt das Wohlbefinden.*

Nimm dir wieder Zeit

Frage: *Wenn das Jetzt so mächtig ist, ist das der Grund, warum es immer mehr Ablenkungen für uns alle gibt? Lassen wir uns bewusst ablenken oder sind die Ablenkungen auch ein Teil von uns?*

Das Stichwort heißt dafür eigentlich: *erfüllende Momente.* Das sagt doch schon alles. Denke dabei an die Illusionsbilder des Fernsehens, die perfektesten Ablenker unserer Zeit. Beobachte einmal die neben dir sitzenden Ferngucker. Starren sie nicht manchmal wie in Trance versetzt in den Kasten? Sind nicht alle Bilder – und es handelt sich nur um energetisch erzeugte Bilder (ob Geschichten, Nachrichten oder Mit-teilungen, die du mit dem Erzeuger oder Manipulator ‚teilst‘) – unwirklich? Fütterst nicht auch du dein Gehirn mit fremden Energien, die du weder mit deinen Sinnen materiell spüren noch sonstwie nachprüfen kannst? Real ist, was im Jetzt vorgeht. Bei den Illusionsbildern des Fernsehens heißt das nichts anderes, als den Stecker zu ziehen und zurückzukehren in *deine reale eigene Welt.* Was existiert dann noch von deinem veränderten ‚Sein‘ und von d e i n e r Beteiligung an den ‚Mitteilungen‘, die dir Unbekannte ausgewählt haben? Je öfter du auf Dinge reagierst, die dich nicht unmittelbar selbst betreffen, desto öfter ignorierst du Dinge, um die du dich kümmern könntest. Daher klagen so viele Menschen, sie hätten keine Zeit mehr.

Mache auch einmal den *Ein-Monats-Test* und beweise dir, wer mächtiger ist: du oder die Magie des Manipulators im Fernseher. Erlebe in dieser Zeit, wie dir (anfangs unruhig, denn der Entzug ist ähnlich dem des Kaffees, des Rauchens oder des Alkohols) der plötzliche Umgang mit dem Jetzt vorkommt. Denn du bist frei geworden und darfst oder musst entscheiden, was du mit dem *Hier-*

und-Jetzt anfängst. Ideal ist es auf partnerschaftlicher Ebene, da können sogar neue Flitterwochen entstehen. Schade wäre es nur, wenn du die frei gewordene Zeit mit anderen Ablenkungen auffüllst – denn damit bereitest du deiner fein-stofflichen *Führungs-Trinität* nur Kummer und dein Ego jubelt weiter, inklusive des versteckten Angstkörpers, der über dein Ego in dein Leben einwirken kann. Denn die Führungsdreiheit hat sich sicher sehr viel Mühe gegeben, bis sie dich so weit hatte, dass du den Stecker gezogen hast.

Der polare Pendelausschlag von supertechnischer und lärmender und sitzender Fernsehabhängigkeit ist das Gegenteil: Bewegung in der Stille und Weite der Natur (vielleicht nimmt dich einmal ein Freund mit zum Ruderbootfahren?). Oder du kaufst dir ein Fahrrad, das teurer als der Fernseher ist, und dann wäre ja der neue Zeitvertreib wenigstens standesgemäß. Ich lebe jetzt schon seit über einem Jahr ohne Schüssel (damit empfängt man hier auf der Insel auch sämtliche zentral-europäischen Programme), und alles wirklich Wichtige erfahre ich von meinen Besuchern. Mein *Schalk* meint, *„es gibt ja noch die Buschtrommeln."*

Während ich das schreibe, fällt mein Blick auf meinen Wandkalender, und für diese Woche (24. KW) heißt der Leitspruch: *Wenn jemand sagt, er hat für etwas keine Zeit, heißt das nur: Es ist ihm nicht wichtig genug (Heinz Fischer)* [58]. Du siehst, das Fernsehen mit seinen Illusionsbildern ist nur *ein* Beispiel für diese Spiele, durch die du dich ablenken l ä s s t. Viel zu viele brauchen solche äußeren Ablenkungen, damit sie nicht nach-denken müssen, also *keine Zeit haben*, um nachdenken zu können – über sich selbst, ihre Gesundheit, ihre familiäre oder wirtschaftliche Situation, ihre Tätigkeiten, ihre Erfüllung, ihr Lebensziel.

All das hängt einzig und alleine von *deinen* Entscheidungen ab. Gib niemand anderem auf der Welt die Schuld. Schimpf nicht auf die Illuminati, die Manipulatoren, die Unwissenden. Wenn du dich nicht t e i l s t mit ihnen, sind deren Energien auch keine Mit-teilungen mehr für dich, die dich ablenken oder ängstigen können. Lasse dir deine Energien nicht durch fremde Konzepte rauben (auch nicht außerhalb des Fernsehens), sondern tauche in das *Hier-und-Jetzt*, und lebe deine wunderbaren Sinne *selbst* und täglich neu und authentisch.

Ich fand einmal ein un-schönes Wort: *die Unlebendigkeit*. Gemeint ist damit, dass du dein Leben nicht im Sinne von Selbst-SEIN leben kannst, wenn du dich fremden Schwingungsfeldern aussetzt und dich ablenken lässt. Diese lassen dann auch deinen Verstand allmählich sterben, irgendwann auch dein Herz. Und wenn du wieder zulässt, dass deine authentischen Herzenskräfte nicht mehr dein Leben bestimmen, übernimmt das selbst-verständlich dein Ego mit seinem Intellekt und seinen alten Gedächtnisabspeicherungen und Ängsten.

Und glaube mir, irgendwann wird dann in den nächsten Jahren auch das intelligenteste Ego nur noch zu einer transparenten EDV-Nummer. „*Heil Computer!*" Nur das Jetzt ist *lebendig*, und in dieser Energie bist du dann e r f ü l l t. Die heilend-schamanisch ausgerichtete *Hannelore* schrieb mir einmal: *...erfüllende Momente, die für mich auch sein können: den Kater streicheln, die Blumen gießen. Mit Patienten zu arbeiten, Vorträge zu halten. Das Holz zu sägen, ein Bild zu malen. Erfüllende Momente können beim Bügeln stattfinden genau wie beim Kochen. Es ist wirklich ganz e i n f a c h, wie Alba sagt und ich in der Schwitzhütte von mir selbst erfahren habe: Alles, was du von Herzen tust, ist richtig. Alles tue ich dann gerne – erfüllt von Liebe, wahrer Liebe.*

Wichtig ist noch folgende Überlegung, die *Seth* durch *Valanga* gechannelt hat[59]: Alle die Dinge, die du im ‚Bewusstsein des Augenblicks' tust, tust du auch für alle anderen Menschen, die dieses Bewusstsein noch nicht haben. „*Das heißt, durch e u c h s e l b s t verändert ihr das Ganze. Und je klarer ihr seid, je eher und je sicherer ihr in der Freude seid, desto früher kommt das ganze Wesen Menschheit in den Status, welcher der neuen Dimension den Anfang geben wird und die neuen Lebens- und Entwicklungsmöglichkeiten vorbereitet.*

Innere Neutralität ist am stärksten

Politische Neutralität bedeutet, *unabhängig* und damit *frei* zu sein. Innere Neutralität meint genau das gleiche, doch hierbei geht es um deine mentalen Energien und um deine Gedankenkräfte. Um zu deiner inneren Neutralität zu kommen, musst du Energien neutralisieren, unwirksam machen und ausgleichen. Denn Neutrales gibt es immer nur zwischen zwei Fronten, zwei Strömen, zwei Polen oder zwei Gegensätzen. Die Kunst, feinstoffliche Energien *unwirksam zu machen* und ‚auszu-gleichen' sind bewusste Aktivitäten, welche Gleichheit, Gleichmut, Gleichberechtigung, Gleichgewicht, Gleichstellung, Gleichwertigkeit und Gleichzeitigkeit erzielen möchten – je nach Situation und Gegebenheit. Der Alltag gibt den geistig Erwachenden sehr viele Möglichkeiten, ihre harmonischen Bemühungen zum Ausgleich polarer Zustände und ihrer Energien zu üben: durch bewusstes A u s g l e i c h e n unwirksam zu machen, zu neutralisieren.

Es ist ganz wichtig, dich von äußeren Energien *unabhängig* und *frei* zu machen und damit die Voraussetzung zu schaffen, zuerst zu einer *äußeren* Objektivität, Sachlichkeit, Vorurteilslosigkeit und Neutralität zu kommen. Erst dann kannst du dich ernsthaft bemühen, auch deine i n n e r e Neutralität anzustreben. Und das ist wieder das Thema der Gedanken, deines Denkens. Falls sich deine verstandesmäßige Ratio mit deinem intellektuellen Ego identifiziert, heißt es entsprechend *frei zu werden* vom gedanklichen Beurteilen, Bewerten und Kontrollieren. Damit sind wir wieder bei den Emotionen und Leidenschaften, wohingegen Empfinden, Wahrnehmen, Wahrhaben *neutral* ist, denn es kommt direkt aus dem Herzen.

Daher ist diese Neutralität immer nur *dein eigener Zustand.* Jeder hat ein anderes Empfinden dafür, somit ist sie nicht übertragbar und auch nicht verallgemeinerbar. Innere Neutralität ist sehr schwierig. Unsere allgemeine Erziehung erlaubt von klein auf nur die beiden Grundpolaritäten *aggressiv* oder *depressiv*, und kaum jemand kann mit der beschriebenen Neutralität umgehen. Ironisch meinte KI-Trainer *Karl* an dieser Stelle seines Seminars: „*...aggressiv und depressiv brauchen wir, damit wir funktionieren im Sinne des Systems und der Struktur.*"

Ich sehe vier verschiedene Wege – je nach Veranlagung –, um auf unserer polaren Erfahrungsebene doch immer wieder in neutrale Phasen unseres Denkens und Fühlens zu kommen – wichtige Zeitabschnitte des Alltags ohne Gedankenwirrwarr: in neutrale Gedanken-Leere (mein *Schalk* meint: „*...endlich ist gedankenlos was Gutes!*").

1. Stell dir vor, du willst jetzt direkten Kontakt aufnehmen mit deinem *Allerheiligsten*, das natürlich völlig formlos ist, also auch ohne Gedanken, Gefühle oder sonstige geistige Energien. Versuche, diese absolute Schwingungslosigkeit, Stille, auch Gedankenstille, Harmonie und Neutralität bewusst zu erzielen. Versetze dich dafür zuerst in eine unerschütterliche Friedensstimmung – Frieden mit der ganzen Welt und mit dir selbst. Erlebe deine Hingabe-zu-dir-Selbst. Und dann rutsche ‚hinüber' in diese andere Dimension der Gedankenleere, des Nichts, des Allerheiligsten, der All-Einheit. (Und wenn es nicht geschieht: Es gelingt mir auch nur selten.)

2. Etwas leichter erscheint vielen der Weg der *Meditation*, sofern diese auch die Gedankenfreiheit und -leere zum Ziel hat. Damit ist sehr sicher innere Neutralität zu finden.

3. Den Weg der Hingabe, der Demut und *Akzeptanz* habe ich schon auf Seite 151ff beschrieben. Das heißt, einen nicht veränderbaren Ist-Zustand so eindeutig zu akzeptieren, dass du *völlig frei* wirst von diesbezüglichen Gedanken, Emotionen und Gefühlen. *Akzeptiere einfach, aber bewusst!* Gleichmut und Gleichklang führen auch auf diesem Weg in dein Nichts, deine innere Neutralität.

4. *Vertrauen haben* zu dem »Gott ist Alles«, zu deinem Allerheiligsten, zu deinem Schutzengel oder wem auch immer – auch zu dir selbst, wenn du es fertigbringst. Neutral *bleiben* ist stark und bedarf solchen Vertrauens.

5. Mache dir keinen Stress aus solchen Übungen, hinterfrage nicht und mache einfach *etwas* davon – locker und ohne Stopuhr. Aber versuche es auch immer wieder. Es sind so viele Helfer da, bei jedem von uns.

Hannelore gab mir (als ,Sternzeichen Waage') als ganz besonderen Tip für die innere Neutralität das Bild einer Waage: *Gleich-gewicht und inneren Frieden erkennst du am Spiel der Waagschalen, denn auferlegte Dinge bringen dich aus dem Gleichgewicht.*
Gewichte sind: du musst, du sollst, du wirst gezwungen, Alltäglichkeiten, Weltgeschehen, Partnerschaften, Beziehungen, Finanzen...
Gegengewichte sind: Mut, Zuversicht, Lösungen, Liebe, miteinander tragen, alleine handeln...
Es muss sich die-Waage-halten: auflegen und ablegen. Gott und Göttin sind auf der einen Seite wie auf der anderen – wie Tag und Nacht. Die eine Seite ,Jetzt', die andere Vergangenheit/Zukunft.
Oft wird von unsichtbarer Hand das Gegengewicht aufgelegt. Manchmal dürfen wir selbst entscheiden, wieviel Gewicht wir auflegen lassen. Auch Waagen sind mal so, mal so (Dualität).
Und die schönsten, genauesten Waagen sind die, die sich ab und zu kontrollieren, reparieren und in Ordnung bringen lassen, Hilfe annehmen und gelernt haben, sich selbst wieder ins Lot, in die Waagerechte zu bringen.

Kennst du die neutrale Leere?

Frage: „*Wozu verhilft mir diese Neutralität? Ehrlich gesagt, erinnert sie mich etwas an den Fatalismus des Islam.*"

Das wäre fatal. Was die mystische innere Hingabe der islamischen Sufis *richtig* erkennt und erlebt – nämlich genau diesen Bewusstseinszustand des Nichts, der inneren Neutralität, die zum Einsseins mit *Allah* führt –, kann eben nicht auf dogmatische Lehrmeinungen für alle Gläubigen ausgedehnt werden. Aber Seelen, die freiwillig in den Islam inkarniert haben, wollen offensichtlich gerade diesen fatalistischen, aber tiefgläubigen Weg zurück in die All-Einheit gehen.
Für dich sehe ich vier Gründe, dich dieser Konsequenz der absoluten inneren Neutralität bewusst anzunehmen. Zum einen ist es diese Leere, dieses gedan-

kenfreie Nichts, das dich mit dem Mächtigsten verbindet, zu dem du als Erdenmensch Zugang hast: *zu deinem Allerheiligsten*, dem Gott-Göttin-Direkt-Anschluss. Es gibt keinen direkteren inneren Weg zum Göttlichen als durch diesen Bewusstseinszustand der völlig neutralen Leere. Wenn du dich da immer wieder ‚anschließen‘ kannst, wirst du zum dringend benötigten Schöpfer mit deinen Herzenskräften (Wahrhaftigkeit, Freude, Liebe, Friedfertigkeit und Einheit) und deinen kreativen Gedankenkräften.

Zweitens gehst du damit zugleich den spirituellen Weg *zu deiner ehemaligen Erleuchtung*, die nur ego- und bewertungsfrei zu erlangen ist und dann kannst du den Auftrag der Evangelien strahlend erfüllen: *...lasse dein Licht leuchten*.

Einen dritten wichtigen Grund sehe ich darin, *dass du* in diesem inneren Zustand der Neutralität nicht nur rein *körperlich ‚stark‘* bist, sondern dass das auch auf dein Immunsystem wirkt und du wieder zu deiner Gesundung findest. Gleichgültig, durch welche äußeren Eingriffe und Hilfsmaßnahmen du deinen Körper wieder ins Gleichgewicht bringen willst – heilen tut sich der Körper im Anschluss daran i m m e r s e l b s t. Und es gibt keine effektivere *mentale* Unterstützung dieser Selbstheilungsprozesse, als deine innere Harmonie und Neutralität – deine innere Stärke.

Und die vierte wichtige Tatsache stellt das Hermetische Axiom dar: Mikrokosmos gleich Makrokosmos – wie *oben* so *unten*, wie *innen* so *außen*. Je tiefer du eintauchst in deine Seele, desto näher bist du der Erde. Dieses mütterlich-schamanische Gleichgewicht der Erde verbindet *Licht-Geist-Seele-Körper* mit *Feuer-Luft-Wasser-Erde* und der verbindende energetische Fluss sind deine Herzenskräfte.

Das heißt: *dich einzubringen* für das menschliche Kollektiv,
für die *Große Mutter ‚unten‘* und den *Großen Vater ‚oben‘*,
damit für unsere Galaxis und damit für die Neue Zeit.

Durch dein gottähnliches Neutralsein kannst du dich mit deinen reinen Herzenskräften (Wahrhaftigkeit, Lebensfreude, Liebe, Friedfertigkeit und Einheit) bei Allem-was-ist einbringen. Du kannst dich mit Hingabe größeren Aufgaben und Berufungen hingeben und sie erfüllen – du kannst Gott direkt dienen. *Hannelore* führt in ihrem Seminarzentrum *Lebens-Licht-Quelle* Gruppen auch auf diesen Weg der Bewusstwerdung und Selbstfindung – *in Verbindung mit Allem-was-ist* – und beschrieb mir einen Teil dieses Prozesses mit ihren lebendigen, schamanisch-weiblichen Worten so:

...So werden wir hier sehr viel Berührungsarbeit leisten.
Sich selbst, den anderen, sich wieder trennen.
Vom anderen geliebt, berührt, gestreichelt werden,

jedoch auch sich selbst berühren, lieben und streicheln.
Wege in die Freiheit. Unabhängigkeit.
Wege, den Genuss zu genießen und die Momente zu leben. Im Bewusstsein, dass
jeder Moment ein Moment ist. Ob Leid oder Freude: Es bleibt der Moment und
mit Glauben, mit Vertrauen, wandelt er sich in Neutralität: zu dem ICH BIN.
Licht und Schatten, Dunkel und Hell, Frau und Mann, Verletzung und Hei-
lung, festhalten und loslassen, Aktion und Stille.

Meinst Du, jemand versteht meine Sprache? Es ist mir egal.
Wichtig ist, dass ich sie verstehe und dann Gottvater und Gottmutter ihr Werk
tun lasse. Über das Leid zur Freude, über die Krankheit zur Heilung, über das
Unbewusste zum Bewussten.
Pflege Deine Erde, dann pflegst Du auch mich!
Sei voller Freude, dann bin es auch i c h.
Genieße den Tag, dann genieße ich mit.
Wie i c h mich wandle, so wandle ich die Seelen mit.
Ich werde mich freuen, dann freut sich M. auch.
Ich werde glücklich sein, dann ist die Welt um mich herum glücklich.
Ich werde strahlen, dann strahlt alles andere mit.
Freiheit kennt keine Furcht.
Freiheit ist Transformation.
Freiheit ist natürlich. Natur. Du und ich sind es auch.
Drum bin ich natürlich: Mit Sonne und Gewitter.
Mit Tag und Nacht.
Mit Geist und Erde.
Mit alt und jung.
Und alles transformiert sich in eines: N e u t r a l i t ä t. Gott ist neutral!

Akzeptiere, was du nicht ändern kannst

Als aufmerksame Leserin und Leser habt ihr bereits bemerkt, dass ich in den verschiedenen Kapiteln als ,Höchstes' immer *das* anstrebe, was uns aus den Zwängen der jeweiligen Korrelation, Dualität und Polarität heraus bringt. Das bedeutet immer den energetischen Ausgleich der irdischen Gegensatzpaare, die sich aber in Wechselbeziehungen gegenüberstehen (korrelieren) und räumlich in die M i t t e der Gegensätze kommen können. Andere nennen es auch Zentrum, Herzzentrum (das Herzchakra liegt in der Mitte zwischen den drei unteren und den drei oberen Chakren) oder den Null-Punkt. Der Aus-gleich führt zu Harmonie, Neutralität, Gleichklang, Gleichmut, Gleichgewicht, Ausgeglichenheit, Befriedigung, Friedfertigkeit, Yin und Yang, der Lemniskate (liegende

Acht), dem keltischen Kreuz (gleichschenklig im Kreis), der Doppelspirale, dem Hexagramm, dem Medizinrad und vielen verschiedenen anderen Namen und Symbolen der apolaren oder polfreien Vollkommenheit.

Ich hebe das deshalb so hervor, weil noch sehr, sehr viele der geistig Erwachenden sich nur langsam an ihre Erinnerungen und ihr Wissen in ihrem Allerheiligsten und in ihren Körperzellen herantasten. Sie können sich dabei Umwege ersparen oder unnötige Erdlöcher, wie jener Landwirt auf Wassersuche. *Hinter-die-Dinge-sehen* und *gezielt-die-Mitte-suchen* **bringt dir innere Stärke.**

Energien dabei bewusst ver-mitteln und das ‚Höchste‘ dann vorrangig anstreben – das sind die neuen Wege für die Neue Zeit. Die Zeit drängt, und die weiter ansteigenden Geistesenergien erleichtern dabei geradezu Wunder für den, der mithält.

Zu Ostern hatte ich Gäste auf La Palma. Die kleine Gemeinschaft wurde aber jäh gestört durch das überraschende Ausscheiden eines Partners. Dadurch wären normalerweise leidenschaftliche Emotionen wie Zorn, Enttäuschung, Trauer und Verurteilung hin und her geflossen. Nicht diesmal. Bei meinen Besucherinnen blieben solche Reaktionen aus, ich selbst wurde reichlich getröstet und für den Aussteiger wurden Mantren gesungen und ihm Licht und Kraft geschickt. Was war geschehen? Die Damen erklärten mir: *„Wir sind im KI.“*

„Und was ist KI?“

„KI ist ein Zustand. KI ist absolute Neutralität, Eins-Sein mit dem Tun, Loslassen und Akzeptanz.“

Nun, gerade darüber schreibe ich jetzt schon mein drittes Buch. Und ich bin allmählich auch ganz gut darin, das anhaltend zu leben, worüber ich schreibe – nicht nur in den kleinen Situationen des Alltags, sondern auch gerade in den tiefgehenden Konflikten persönlicher Beziehungen. Aber diese Damen reagierten eindeutig besser als ich. Wie kommt man in den KI-Zustand?[69] Indem man bei *Karl* Erfahrungsseminare besucht und man erlebt, wie die *Energien der inneren Stärke* auch im äußeren Leben *sichtbar* funktionieren und zu *spüren* sind. In Kürze hatte ich das nächste Seminarwochenende in Süddeutschland und den Flug dorthin gebucht und lernte den Kampfkunsttrainer *Karl Grunik* kennen. *Karl* sagt zu seiner Arbeit: *Meine Seminare, die Energiearbeit, die ich mache, kommen ursprünglich aus der Kampfkunst. Schon seit meiner Jugend habe ich Judo, Karate und später Aikido gemacht. Mehr und mehr ging es mir dann dabei um die Energie, die damit zusammenhängt; ich nenne das jetzt KI-Arbeit. Je länger ich mich damit beschäftigte, desto unwichtiger ist der Kampfkunstaspekt geworden. Weil, wenn du wirklich im KI bist, du schon aus fünfzig Metern Entfernung oder lange davor weißt, was geschehen wird und vorher die Situation entschärfen kannst.*

Was stattfindet bei dieser Arbeit, ist nicht ein Üben von Techniken, sondern eine
Entwicklung der Persönlichkeit.

Das Entscheidende, was ich *erkennen* wollte, habe ich dort *erfahren*. Es ist
keine religiöse Lehre, es ist keine fernöstliche Philosophie, es ist Realität, Tatsache, Wirklichkeit. Alle die Empfehlungen dieses Buches, *deine innere Stärke*
durch innere Neutralität, inneres Gleichgewicht, Harmonie und Im-Frieden-
sein zu erreichen, können dabei auch als *körperliche Stärke* erlebt werden – an dir
selbst und an deinem Gegenüber. Deine innere Stärke kann sofort in eine körperliche, sinnliche Erfahrung umgesetzt werden. Dadurch wird gleichzeitig auf
der körperlich-seelisch-geistigen Ebene die unmittelbare Erfahrung der absoluten Wirksamkeit solcher spirituellen Gesetzmäßigkeiten zur Überzeugung.
Wenn du im KI bist, bist du in der Einheit, in deiner energetischen Ganzheit,
in deinem Gesamt-Bewusstsein, in deiner Vier-Körper-Einheit. Du fühlst dich
von oben bis unten g a n z. Das ist nicht nur ein spiritueller und innerer Bewusstseinszustand – Zustand des bewussten Seins –, sondern die s i c h t b a r e
Qualität deiner harmonischen, selbstbewussten und vertrauensvollen Persönlichkeit. Durch deine Stärke (weil du im KI bist) bist du im *Hier-und-Jetzt* und
damit in der Gegenwart und R e a l i t ä t. In der Realität sein heißt stark sein,
heißt neutral sein, heißt inneres Vertrauen besitzen und heißt zu akzeptieren,
wenn auch deine mentale Kontrolle Sturm läuft. Daraus schließe ich:
Das Aufgeben der K o n t r o l l e
ist die letzte und höchste Herausforderung auf dem Weg ins Licht
und auf dem Weg zu einem irdischen Schöpfer.
Überlagere die ‚Kontrolle' mit den Energien deiner Innerlichkeit,
und das sind dein *inneres Vertrauen* und eine *wertungsfreie Akzeptanz*.

Durch das Annehmen, das Akzeptieren, befreist du dich von der modernen
Übermacht deines Intellekts und seiner bewährten Kontrolle. Der allerwichtig-
ste Schwerpunkt deines Akzeptierens ist dabei der deines bisherigen Lebensweges – und deiner momentanen Lebenssituation. Akzeptiere ab sofort alles, was
bis gestern war – nämlich dein sogenanntes Schicksal. Bewerte dich nicht mehr
im Rückblick, akzeptiere was war, segne es notfalls oder bedanke dich bei den
vermeintlich ‚Bösen', durch die du herausgefordert wurdest und an denen du
gewachsen bist. Bitte um Verzeihung diejenigen, denen du der Spiegel in der
Rolle des ‚Bösen' warst und ‚mache gut', wo du das Gefühl hast, etwas gutma-
chen zu müssen – das kann aber auch auf geistiger Ebene erledigt werden. Aber
a k z e p t i e r e, und das führt direkt in deine Innerlichkeit, zu deiner inneren
Neutralität (empfiehlt *Karl*) und deinem inneren Frieden (fordert *Jesus*).

Frage: *Wenn wir alles Vergangene akzeptieren sollen, kann ich dann auch meine Schuldgefühle loslassen?*

Das ist sogar sehr wichtig. Wir ahnen ja normalerweise gar nicht, was sich in unserem Unbewussten alles abgespeichert hat und versteckt. Ich will jetzt nicht auf spezielle Behandlungsweisen eingehen, sondern nur auf die Emotionen der laufenden *Selbstbeschuldigungen* und solcher *Schuldgefühle*, samt der damit verbundenen und gut versteckten Ängste, die bei irgendwelchen Situationen in dein Bewusstsein emporsteigen. Hierbei kann sich jeder selbst helfen, wenn er kann und will. Das heißt, wenn er sie loslassen kann, sie als Altes und Vergangenes betrachtet und endlich a k z e p t i e r t, dass es so ist wie es ist. Denke an die Alt-Liste des Gedankenschöpfers. Entweder du schaffst es damit ganz, sie loszuwerden, oder zumindest bekommen solche Abspeicherungen keine Zuwendung mehr und damit auch keine weiteren erhaltenden Energien. Durch das Akzeptieren wirst du vergangenheits-frei für dein *Hier-und-Jetzt*.

Die heimliche Macht deiner Zellen

Wissenschaftler sind zu der Erkenntnis gekommen, dass in jeder einzelnen Körperzelle der gesamte genetische Plan des Wesens abgespeichert ist – zumindest hat man das im Bereich des Menschen und der Tierwelt bereits erkannt. Die Forschung in der Metaphysik dehnt diese Annahme auf den feinstofflichen Bereich aus und erklärt, dass außerdem ein Z e l l g e d ä c h t n i s vorhanden sei. So wie der erbgenetische Bereich der Zelle komplex und umfassend ist, ist es auch dieser ‚Erinnerungsspeicher‘ in seinem feindimensionalen Schwingungsbereich. Er kennt den irdischen Zeitbegriff nicht und hat daher ‚Eindrucksvolles‘ aus allen Inkarnationen deiner Seele gespeichert. Diese Gesamtinformationen, also die Erinnerung über alle zurückliegenden Lebens-Essenzen, sind bei manchen Forschern oder spirituellen Systemen Teil der sogenannten *Monade*, des übergeordneten Gesamtwissens deiner Seele. Die Monade beinhaltet auch die energetischen Prägungen der speziellen Leben in einem Volk, in einer Rasse und auf anderen Planeten.

Ich gliedere dieses Entschlüsseln der bislang unerkannten Kodierungen des Zellgedächtnisses zum einen in die schon heftig tobende Apokalypse (die Revolution der Seelen) ein. Zum anderen sehe ich es als Teil des wundervollen Geschehens an, das seit dem Aufbrechen des *Siebten Siegels* durch das *Christusbewusstsein* ermöglicht wird.

Wegen des grundlegenden Unterschiedes wiederhole ich: Bis jetzt kennst du als irdischer Gedankenschöpfer die göttlich ungeformten Energien aus deinem Allerheiligsten, denen du durch deinen Verstand deine spezifischen ‚Formen' gibst. Mit Hilfe der Entscheidung deines FREIEN WILLENs kann dein Verstand die *Herzensqualitäten* gedanklich in ‚Gefühle' (in den Alltag) transformieren, oder dein Verstand identifiziert sich mit deinem *intellektuellen Ego* und die beiden wandeln sie mit ihrem Denken in konträre ‚emotionale' Gedankenformen um. Das hast du im vorausgegangenen Teil des Buches kennengelernt und ist in den Abbildungen 5 und 6 schematisch dargestellt. Dieses *Wissen des Allerheiligsten* ist für deine Gedankenarbeit immer präsent, top-aktuell, ist Energie aus dem *Hier-und-Jetzt*, aus deiner Gegenwärtigkeit, ist unerschöpflich und immer gleich mächtig in seiner Göttlichkeit.

Ganz anders ist es aber mit dem ‚Wissen', das aus dem Speicher des Zellgedächtnisses kommt. Es handelt sich *grundsätzlich um Erfahrungen*, und die stammen aus der V e r g a n g e n h e i t. Diese gespeicherten zurückliegenden ‚Erfahrungen' waren stets energetische High-lights, Höhepunkte oder gewaltige Ausbrüche deiner Gefühle oder Emotionen. Das kann ekstatisches Erleben in allen Bereichen menschlicher Sinne und gelebter Momente sein, die dich deine Göttlichkeit hat irgendwann in deiner Inkarnationskette erleben lassen, auch dein Einssein-mit-Allem. Das kann man einfach als die *angenehmen* und *lichtvollen* Zellerinnerungen oder als *Körperintelligenz* zusammenfassen. Diese sind im Gegensatz zu den *unangenehmen* leichter an die Bewusstseins-Oberfläche zu bekommen – vor allem im KI-Zustand – als die ängstlich versteckten, schmerzlichen Zellerinnerungen.

Dazu ein kleines Beispiel aus dem Alltag von *Hannelore*, die einmal im Studio einer Künstlerin übernachtet hat und dabei von großen Figuren umgeben war: *Im Atelier war es ein Genuss, zwischen all den Geschöpfen zu schlafen. Ein Geschenk, denn die Naturgeister sprachen mit mir. Die Schattenseiten überfielen mich mal wieder. Und der riesengroße Pan erklärte mir, dass das Licht genauso groß ist. Es kommt nur darauf an, wohin ich schaue, wohin ich höre! Da ich mich daran erinnere, erinnere ich mich immer wieder anzunehmen: Gottes Hilfe. Ich habe mit dem Eintritt in dieses Leben ja schon „Ja" gesagt. Ich brauche mich nur daran zu erinnern! So ist folgendes passiert: Mein Zahnfleisch unter dem Schneidezahn wies heute morgen eine Eiterbeule auf. Ich dachte: Nein, nicht schon wieder! Und ich gab den Auftrag: Liebes Zahnfleisch, e r i n n e r e dich daran, als du heil, gesund und kräftig warst und bringe, ordne dich wieder in diesen Zustand zurück! Jetzt ist es heil. Zwei Stunden später. Das Geheimnis ewiger Jugend, Hannes, wenn Gott und Göttin es wollen. Erinnere Dich, wie es war, als Deine Augen strahlend,*

Deine Haut straff, Dein Körper gesund war. Nimm es an und lass das Licht von Gott und Göttin wirken.

In deinem Zellgedächtnis sind natürlich auch all die l e i d v o l l e n Erinnerungen zurückliegender Emotionen abgespeichert. Diese hatten immer etwas mit der damaligen Ichheit und dem Egodenken zu tun und den Emotionen, die entweder aus dieser verkopften Identität oder den schon damals versteckten Ängsten entstanden sind. Gespeichert sind nicht die Erfahrungen und Erlebnisse selbst, sondern stets deren *beherrschende Energien* wie Leid, Schmerz, Angst, Unfähigkeit, Schwäche, Schuldgefühle, Minderwertigkeit, Erniedrigung, Ohnmacht, Wut, Hass...

Dieses Wissen um solche unangenehmen Charakterqualitäten aus der Vergangenheit versteckt das Wesen Mensch zu gerne. Sehr tief im Unbewussten wird es vergraben und ist nur sehr schwer in das Alltags-Bewusstsein zu holen. Aber meist meldet es sich selbst, oft sehr heftig, da es ja immer wieder ‚Nahrung', also weitere energetische Emotionen *aus dem Jetzt*, braucht. Mein *Schalk* ergänzt: „*...um am Leben zu bleiben.*"

Kennst du deinen Zentralkonflikt?

Ich habe drei vertrauenswürdige Autoren gefunden, die sich mit diesem weitgehend unbekannten Seelenbereich auch therapeutisch befassen. *Phyllis Krystal*[56] belegt, dass dieses emotionale Energiefeld sogar Gestalten annehmen kann und nennt dieses den *inneren Feind*. Auch *Eckhart Tolle*[45] sieht in dieser Energie in ihrer leidvollsten Ausformung einen feinstofflichen Energiekörper und spricht vom *Schmerzkörper*. Dahingegen bezeichnet der Naturarzt *Dr. Reimar Banis*[60] diese innere Energiekonzentration als *Zentralkonflikt*. Er meint: *Der Zentralkonflikt ist nun zwar bei jedem Menschen vorhanden, aber in den allermeisten Fällen so gut versteckt, dass die wenigsten etwas von seiner Anwesenheit mitbekommen. Ganz im Gegenteil kann man sogar die Behauptung aufstellen, dass nichts so unbewusst ist wie der Zentralkonflikt! Warum verhält sich das so? Weil der Zentralkonflikt die g r ö ß t e n Ä n g s t e und am meisten gefürchteten Emotionen enthält, die der Mensch erleben kann. Das Schrecklichste und Unangenehmste wird am besten versteckt, weil es am meisten wehtut. Da jeder Mensch andere Ängste hat, gibt es unterschiedliche Zentralkonflikte.*

So sieht es auch *Krystal*, die den *inneren Feind* so skizziert: *Er ist eine Zusammensetzung all der Aspekte eines Menschen, die beständig gegen ihn und seine besten Absichten arbeiten... Er nimmt viele Formen an und kann männlich oder weiblich, jung oder alt sein... Gewöhnlich ist in diesem inneren Feind eine große Energiemenge gebunden, die für das tägliche Leben freigesetzt und verfügbar wird, wenn er besiegt ist.* So sieht es auch *Banis*, der von Vampirismus spricht und einem Energiestaubsauger, der einen Teil der Lebenskraft absaugt. *Tolle* meint: *Der Schmerzkörper besteht aus eingeschlossener Lebensenergie, die sich von der Ganzheit deines Energiefeldes abgespalten hat und durch die unnatürliche Identifikation mit dem Verstand zeitweise autonom geworden ist. Sie hat sich gegen sich selber und gegen das Leben gerichtet...*

Und an anderer Stelle: *Einige Schmerzkörper sind sehr unangenehm, aber relativ harmlos, so etwa wie ein kleines Kind, das nicht aufhören will zu jammern. Andere sind bösartige und destruktive Monster, wahre Dämonen. Einige sind körperlich, viele sind emotional gewalttätig. Einige neigen dazu, Menschen in deiner Nähe anzugreifen, während andere dich selbst, ihren Wirt angreifen. Dann neigst du zu sehr negativen und selbstzerstörerischen Gedanken über dein Leben. Krankheiten und Unfälle entstehen oft auf diese Weise. Einige Schmerzkörper treiben ihren Wirt in den Selbstmord.*

Das jahrtausendealte ‚Gnostische Prinzip' besagt, dass es innere und äußere feinstoffliche Energie-Probleme gibt, solange der Mensch in der dualen Materie lebt. Aber immer sind es z u e r s t die *inneren* Disharmonien, die es ermöglichen, dass *äußere* Kräfte aller Art und Fremdenergien einwirken können. Darüber schreibe ich ausführlich im Kapitel »Angst sperrt Gott ein«. Solange aber diese hier beschriebenen *eigenen* Zellerinnerungen nicht aufgelöst und möglichst erlöst sind, können sich verschiedenste zusätzliche Fremdenergien störend bei dir ansiedeln. Vorab erwähnt seien *Elementale* (eigene, form-angenommene Gedankenenergien), *astrale Wesenheiten* (Seelen aus der jenseitigen Dimension zwischen der materiellen Ebene und dem Lichtreich), liebevoll anhaftende *Seelen* aus dem jenseitigen Familienbewusstsein, öffnende *Symbole* am Körperenergiefeld und *technische Energien* aus unserem Umfeld. Sicher gibt es aber noch andere Resonanzeffekte. Es ist daher für die Betroffenen fast immer unmöglich, die eigentliche Herkunft solcher schmerzhaften Energieattacken zu lokalisieren, und dadurch können sich die leidvollen Zellerinnerungen so dauerhaft und heimlich verstecken.

Die innere Stärke und ihr Gegenteil

Zum ganz speziellen Thema *innere, versteckte Ängste, Unfähigkeiten und Schwächen* fasse ich meine eigenen, teilweise hautnahen Erkenntnisse folgendermaßen zusammen: Diese drei inneren Mangel-Energien sind für den Betroffenen stets ein bestgehütetes G e h e i m n i s, das man auch *die innere Maus* nennen könnte, denn oft ist kein Mauseloch groß genug, sich darin verstecken zu können (und eine Maus versteckt sich blitzschnell und lebt gern im Dunkeln). Gemeinsam haben wir alle unsere innere Maus, jedoch verschieden stark ausgeprägt, und verschieden ist auch der Umgang eines jeden von uns mit seinem inneren Geheimnis. Die meisten haben im Laufe ihres Lebens gelernt, einigermaßen damit klarzukommen, wenn sie sich ihrer Schwächen, Unfähigkeiten und Ängste *bewusst sind*. Zu einem Zentralkonflikt oder noch mehr wird es erst dann, wenn du dir dieser inneren Maus *nicht bewusst bist* oder wenn die kleine Maus gar nicht klein ist, sondern eher ein *Drache*, der ja dann erst recht sorgsamst und zutiefst im Inneren versteckt werden muss (den treffenden Begriff *Drache* übernehme ich aus der Maya-Mythologie).

Das eigentliche Problem ist wieder die Polarisierung *innere Stärke – innere Schwäche*. Kommt in einer Partnerschaft (private, geschäftliche oder in einem anderen Bezug) ein ‚Innerlichschwacher‘ an einen ‚Innerlichstarken‘, dann können unvorstellbare Spannungen entstehen. Ich wähle diesen Begriff *Schwacher* generell, gleich-gültig, ob da eine Maus oder ein Drache oder eine der tausend Zwischenformen am Wirken sind. Das gut verschnürte *Paket der Geheimnisse* kann ganz verschieden groß sein.

Die generelle äußere Reaktion des Innerlichschwachen neben einem Innerlichstarken ist (allmählich) entweder

- in den *Rückzug zu gehen* (nachgeben, anpassen, absondern), in eine ‚sichere‘ Postion, die ihn scheinbar unangreifbar macht, oder
- sein *Ego so aufzublähen*, dass selbst sein großes inneres Untier (der Drache) völlig versteckt werden und er als *Äußerlichstarker* auftreten kann, oder
- *fatal zu reagieren*: wenn das Ego keine Partnerschaft mehr zulässt, dann die Verbindung zu zerstören (die panische Form) oder allmählich zu resignieren (die verständnisvolle Form) – beides aber nur, damit das Geheimnis nicht aufgedeckt werden muss.

So behaupte ich: Hinter jedem aufgeblähten Ego herrscht Angst, pure Angst. Das kannst du verständnisvoll als Selbsterhaltungstrieb ansehen, meist wird es aber zur übertriebenen Kontrolle, um ja nicht..., zu durchgesetzter Dominanz, sensibler Kritikempfindlichkeit, empfindlicher Rechthaberei, schmerzlicher Abwertung des Stärkeren, herausgestelltem Aktivismus, zu Phantasien und Träumereien, abgehobenen Visionen – alles nur, um ja nicht in Gefahr zu kommen, dass das gehütete Geheimnis an den Tag und ins Blickfeld des anderen, des Innerlichstarken, kommt.

Man könnte es ‚Ironie des Schicksals' nennen, dass sich der Innerlichschwache trotzdem immer nach einen Innerlichstarken sehnt – natürlich nicht aus Schicksalsgründen, sondern weil sich dies die beiden vor der Geburt so ausgesucht haben. Sie wollen ja vermutlich irgend ein noch vorhandenes Seelendefizit in diesem Leben gemeinsam ausgleichen. Das einfachste wäre, die dabei entstehende schmerzlich bipolare Spannung mit Hilfe der mächtigen Herzenskräfte aufzulösen. Vielfach aber sucht der Innerlichschwache den starken Partner nur zum ‚Anlehnen' und um nicht selbst in seine Stärke gehen und für sich endlich geradestehen zu müssen, was nämlich kein leichter Selbstfindungs-Prozess mehr wäre. Denn kommt er tatsächlich der Entblößung seines Geheimnisses näher, können anfangs wildeste Attacken und Paniken aufkommen, wie sie weiter oben bei dem *Zentralkomplex*, dem *Schmerzkörper* und dem *inneren Feind* beschrieben werden.

Ich habe aber auch kennengelernt, dass solche irdischen Begegnungen oft nur noch seelische Abschlüsse früherer, zurückliegender Lebenswege sind. Der dabei ausgelebte schmerzhafte Erkenntnisprozess wird zu einer weiteren Stufe der Seelen-Reife, die für weitere größere Aufgaben in unserer Wendezeit benötigt wird. Sich-führen-lassen und Geschehen-lassen sind dabei meine besten Empfehlungen.

Akzeptieren und annehmen

Die drei Autoren *Dr. Banis*, *Krystal* und *Tolle* zeigen auch ausführliche, aber verschiedene W e g e, die zur Befreiung, Abtrennung, Auflösung und Erlösung der blockierenden Zellerinnerungen führen. Primär gilt, was ich im gesamten Buch vertrete: *Der Umgang* mit allen Energien der Lichtscheuen und Unwissenden, die uns selbst betreffen, muss heutzutage in Licht und Liebe geschehen – beide müssen reichlich fließen. Loslösen und auflösen heißt erlösen.

Oder etwas anders ausgedrückt: *Begreifen wir das tiefste Sehnen unserer Seele darin, wieder zur ursprünglichen Ganzheit zurückzukommen – so wie uns das alle spirituellen Meister zu allen Zeiten erzählt haben –, so bedeutet die Überwindung des Zentralkonflikts den wichtigsten und größten Schritt hin zur Ganzheit. Weder Meditation noch Gebete, noch Bücherstudium oder Therapien vielfachster Art kön-*

242

nen damit verglichen werden, wenn ein Mensch anfängt, seine seelischen Schattenseiten zu akzeptieren und die in ihnen verborgenen Potentiale zurück zu erobern.(Banis)

Zweitens darfst du keine Angst vor dem nächsten Schub haben, auch wenn der Schmerz furchtbar ist, denn die damit verbundene Angst ist die ersehnte aktuelle Nahrung dieser vergangenheitsbedingten Aspekte in dir, die den Schmerzkörper bilden. *Wenn du ihn beobachtest, sein Energiefeld in dir fühlst und ihm deine Aufmerksamkeit gibst, dann ist die Identifikation sofort gebrochen. Eine höhere Dimension von Bewusstsein ist eingetreten. Ich nenne sie Gegenwärtigkeit. Jetzt bist du der Zeuge oder der B e o b a c h t e r des Schmerzkörpers. Das bedeutet, er kann dich nicht länger benutzen, indem er vorgibt Du zu sein, und er kann sich nicht länger durch dich nähren. Du hast deine eigene innere Stärke gefunden. Du hast Zugang zur Kraft der Gegenwart gefunden.(Tolle)*
Wir haben gelernt, dass man sich dem Leben stellen muss, da es keine Fluchtmöglichkeit gibt, die von Dauer wäre, und weil es auf lange Sicht befriedigender ist, sich mit einer Situation zu konfrontieren, als beständig zu versuchen, ihr aus dem Weg zu gehen. Ebenso wurde uns klar, dass Alkohol, Drogen, Zigaretten, sogar Meditation, buchstäblich alles, was als Ausweg benutzt wird, die Wirkung hat, denjenigen, der sie benutzt, entweder für negative Gedankenformen zu öffnen oder ihn vom Leben abzutrennen und ihn in seiner unwirklichen eigenen Welt einzuschließen. In beiden Fällen hat der Betreffende den Kontakt zum Leben und zu anderen Menschen verloren. All diese Zustände sind Produkte des Egos... Seine Herrschaft kann nur allmählich beseitigt werden in dem Maße, in dem der Mensch bereit ist, immer mehr von sich der Führung des Höheren Bewusstseins zu übergeben. (Krystal) Dieses Höhere Bewusstsein bezeichne ich in diesem Buch als *Allerheiligstes.*

Als erste Schritte sehe ich aber unbedingt das von *Dr. Banis* empfohlene *Akzeptieren* und das von *Tolle* vorgeschlagene *Annehmen* und in der Gegenwärtigkeit endlich zu leben. Das Versteckte und Geheime zu gestehen und sich zu ‚entblößen‘, nimmt diesem gespeicherten Zellpotential sein bewährtes Versteckspiel – und das war es dann! Dein Allerheiligstes wartet schon lange auf diesen mutigen Moment und unterstützt diesen Weg auf das allervortrefflichste. Bedenke: Solange du irgend ein Geheimnis versteckt in dir herumträgst, bist du weder *ganz geöffnet* für die höheren Schwingungen noch bist du *ganz frei.*

Frage: *Es erscheint logisch, wenn es heißt: Wo kein Licht ist, herrscht Angst. Ich kenne aber Menschen auf dem Lichtweg, die ausgesprochene Egozentiker sind. Haben auch diese versteckte Ängste?*

Vielleicht haben sie Angst vor der Größe ihrer Aufgabe und ihrer Berufung, vor dem Loslassen all des Habens, um wirklich ‚sein‘ zu können? Das sind ja auch stets innerste Geheimnisse. Die Gefühle von *Unfähigkeit* und *Schwäche* (für *sich* gerade zu stehen, für seine Ahnungen, seine Qualitäten) sind Variationen der Angst. *Jesus* erklärt uns in seiner Abschiedsrede (*Joh.16,33*): *...in mir habt ihr Frieden, in der Welt habt ihr Angst!* Von allen Therapiehilfen, so kompetent und liebevoll sie auch von außenstehenden Partnern und Therapeuten geleistet werden, können keine ‚Heilkräfte‘ besser sein als die Liebe und das Verständnis eines geliebten und liebenden Innerlichstarken – wenn die zwei Schicksalsbedingten ihr gemeinsames Problem miteinander lösen. Jede Art von Widerstand löst dahingegen nur neue Konflikte aus.

Im ganzen Buch verweise ich immer wieder darauf, dass der Gegenpol der *Angst* stets *Licht und Liebe* ist. Zuerst braucht der Innerlichschwache *Vertrauen* zu seinem geliebten Innerlichstarken, dann schnürt er sein *Geheimnispaket* auf und *entblößt* sich rest-los und ist dabei schon einen Großteil seiner Ängste auf einen Schlag los – die Angst vor den Ängsten. In Verbindung mit den hohen Lichtenergien unserer Zeit und dem *Christusbewusstsein* und der neuen Weiblichkeit der *Großen Mutter* und den mächtigen Strömen aus den sich liebenden Herzzentren (Allerheiligsten) der beiden, kann auf diesem Weg zum Einswerden nur Segen entstehen.

Die Zeitlosigkeit des Ewigen Jetzt

Frage: *Mystiker und hohe Meister sprechen oft von der Illusion der Zeit. Wo hört die Gegenwärtigkeit auf und beginnt die Illusion?*

Zeit ist etwas wunderschön Subjektives. Zeit ist klar, solange du auf deine Uhr blickst. Wendest du aber deine Aufmerksamkeit davon ab, beginnt dein Zeit-G e f ü h l, und es kann sofort ein Zeit-Druck entstehen oder deine Zeit-Not beginnen. Dass du keine Zeit *hast*, ist Illusion, denn du hast. Du hast vielleicht Planungsprobleme – das kennen wir alle. Jeder hat genügend Zeit für das, was er gerne macht, was ihm am Herzen liegt, was er mag und liebt. Und das, was ihm ‚stinkt‘, das schiebt er vor sich her und hat überhaupt keine Zeit dafür. Sind solche Redewendungen nicht schon ein klarer Hinweis für dich, wie wir völlig emotional mit ‚unserer‘ Zeit umgehen? Da gibt es doch tatsächlich welche, die dir deine Zeit stehlen wollen! *Deine Zeit!* Wer verteilt wem *seine* Zeit? Wer nimmt sich *eigenmächtig* Zeit – für das: ja und für jenes: nein – und stöhnt trotzdem: *...ich habe keine Zeit!* (Mein *Schalk* erinnert mich soeben: *...der meist gebrauchte Satz von uns Rentnern lautet: „Ich hab‘ keine Zeit!“* Versteh ich nicht!)

Das Problem ist wieder unser falsches Verstandesdenken. Denn dein Verstand (der ja meist ich-süchtig orientiert ist) ist bei *seinem Denken* gezwungen, fast ausschließlich auf Erinnerungen aus der *Vergangenheit* oder Erwartungen in der *Zukunft* zurückgreifen zu müssen. Damit beschäftigt er sich und dich, und *dein lebendiger Moment* kommt zu kurz. Und warum sind Vergangenheit und Zukunft so wichtig auch im Augenblick?

Weil dir die Vergangenheit deine Identität gibt
und die Zukunft dir Erfüllung verspricht
(gleichgültig, was du erwartest).

Aber das sind typische Illusionen deines Egos. Nicht nur Mystiker sprechen immer schon davon, auch *Dr. Emoto* stellt bei seinen zeitlos wirkenden energetischen Wasserprogrammierungen top-aktuell fest: *„Es passiert das, was in der Vergangenheit passiert ist, im Prinzip in der Gegenwart, da es eigentlich keinen Unterschied zwischen Vergangenheit, Gegenwart und Zukunft gibt."*[(28)]

Illusions-frei, real, wirklich und gegenwärtig ist nur das *Hier-und-Jetzt*. Du kennst auch den Ausspruch *Zeit ist kostbar.* Damit versuchen die Manipulanten dir einzureden, du kommst finanziell zu kurz, wenn du dich nicht hetzen lässt. Kostbare *Zeit* ist *Haben*, der kostbare *Zeit-Punkt* liegt aber außerhalb der Zeit – im *Sein*, im Jetzt-sein, im Gegenwärtig-sein. Kostbar ist der *lebendige Moment* und das *Jetzt*, weil nur das *dein Leben* darstellt. Nicht das Zurückliegende oder das zu Erwartende. Denn auch im Vergangenen war dein Leben immer *im Jetzt*.

Und all jene, die ihr vertrautes und ‚lebensnotwendiges‘ Ego nicht so schnell umarmen, lieben und loslassen wollen, können durch ihr *Im-Jetzt-sein* und ihr *Gegenwärtigsein* ebenfalls Egodenken, Kopf und Gehirn zurücklassen. Sie können sich damit aus der Materie mit ihren dualen Spielen ‚erheben‘, zeitlos s e i n und göttlich f ü h l e n. Das verstehen die Mystiker unter *Ewigem Jetzt*.

Denn nichts existiert außerhalb der Gegenwart.

Auch wenn das *gestern* Eroberte und Geleistete die materielle Basis von *heute* ist – es ist von gestern und vergänglich. Der *lebendige* Augenblick kann durch ein solches Verstehen zum z e i t l o s e n Augenblick werden. Zeitlos im Sinne: *von Augenblick zu Augenblick*, nichts ist ‚dazwischen‘, *nichts* ist zwischen Fühlen und Denken und Handeln.

Dein Allerheiligstes nämlich ist völlig zeitlos und immer im Jetzt,
immer gegenwärtig und stets bereit,
dich zum Schöpfer-im-Sein zu machen.

Es ‚erhebt‘ dich über das Haben, das du natürlich weiter *haben* kannst, wenn du *darüberstehst*. Du bist dann dem Himmel ein wesentliches Stück näher. Denn die Dimensionen des Lichtreiches kennen keinen Zeitbegriff, man sagt uns, dort ist alles zeitlos und z u g l e i c h .

„Wir bewegen uns in der unermesslichen Gegenwart des JETZT. Zur selben Zeit durchdringen wir alle verschiedenen Zeiten, tauchen ein in das, was ihr als die Vergangenheit oder die Zukunft bezeichnen würdet, was in unserer Wahrnehmung jedoch ein einziger, lebendiger Moment der Stille ist.“(Ananda-Santorio)

Das ‚Zugleich‘ richtig zu begreifen und als *Synthese* zu leben, wird zu einem faszinierenden Spiel der Götter. Das Bewusstsein von *Jesus* erklärte uns (am 13.10.2002): *„Euer Zukunfts-Traum vermischt sich mit der Erfahrung der Vergangenheit und wird zur Gegenwart, zu Er-Leben; ihr träumt vom Paradies und einer besseren Welt, habt sie in eurer Erinnerung und könnt es j e t z t leben: ihr träumt von Jesus und Christus, die mit ihren riesigen Bewusstseinsenergien wieder kommen sollen, es schon waren in eurer Erinnerung und ihr h a b t d a s j e t z t.“* Er betonte, dass *...immer nur das Jetzt wirke, damit können wir Berge versetzen. Wir müssten im Jetzt handeln, nicht erst 2012, sondern jetzt schon. Damit lindern wir unser Leid, beschleunigen unser Freiwerden und bewusstes Erleben.*

Mit diesen Andeutungen aus dem Lichtreich möchte ich auf die für uns heute unvorstellbaren *Ausdehnungsmöglichkeiten* hinweisen, die unser Bewusstsein noch vor sich hat. Wir müssen jetzt noch nicht ‚verstehen‘, was aber in den nächsten Jahren sicherlich automatisch möglich sein wird. Jahr für Jahr kommt unser Sonnensystem zeitlich länger in den Bereich des Photonenlichtes, was die planetare Schwingung erhöht und die Apokalypse fortschreiten lässt. Diese *Revolution der Seelen* lässt immer mehr Mitmenschen – das heißt: deren Seelen – geistig erwachen, und die Gesamtschwingung des menschlichen Kollektivs erhöht sich mit diesen Energien mit. Auch hierbei sollten wir Gedankenschöpfer bei uns selbst hoch genug ansetzen und es als Frohbotschaft mutig annehmen:

**Du bist Gott! Erschaffe dich laufend neu –
aber nur in der Gegenwärtigkeit, dem Jetzt!
Bringe deine Vergangenheit und Zukunft in Ein-klang!**

Die Macht der Bejahung

Frage: *Das Wort Jetzt wird auch empfohlen als magische Affirmation. Ist das ein Ersatz für Amen?*

Das kommt aus der Kahuna-Lehre, die mit dem Höheren Selbst etwas burschikos umgeht und Befehle ausspricht – *Jetzt!* Auch das fernöstliche *OM* und das orientalische *Amen* sind gleichwertig und haben sich jahrtausendelang bewährt (oder nicht?). *Amen* heißt hebräisch „*Wahrlich!*" oder „*So ist es!*", arabisch heißt es „*Wir sind sicher!*". Doch dieses un-bewusste und zur Routine gewordene Gebabbel *Amen* hat endlich eine aktivierte Variante bekommen. Ich hörte von einer Glaubensgemeinschaft, die durch das Verdeutschen eine wesentliche Lebendigkeit in diesen Abschluss eines Gebetes, einer Affirmation oder bewusster Wünsche gebracht hat: „*...es IST!*"

Die bei all diesen Bejahungen entstehenden Schwingungen können heute radionisch gemessen werden und sind wirklich mächtig, einfach göttlich. Aber es kommt trotzdem wieder darauf an, *wer* diese Gebetsabschlüsse anwendet und *wie sie ‚gedacht‘ sind*. Gehe also bitte sehr achtsam und mit Bedacht mit diesen Formeln um – *Jetzt!*

Der Erfolgstrainer *Peter Kummer* hat sich eingehend mit dem machtvollen Thema bewusster Bejahungen befasst. In seinem empfehlenswerten Bestseller »Jetzt will ich's wirklich wissen«[61] erklärt er ausführlich eine weitere Invokation, die ich selbst schon lange als einen besonderen Kraftspender meines Alltags affirmiere und laut, oft sehr laut, spreche oder rufe: „*ICH BIN.*" Dies ist zugleich die Formel für dein ‚Jetzt‘ und für deine Gegenwärtigkeit. Als Gedankenschöpfer musst du nämlich schon bald von der Formel „*...ich werde*" wegkommen, denn das projiziert in die Zukunft. „*...Ich tue, ...ich will, ...ICH BIN*" sind dahingegen die Energien der Gegenwart und Gegenwärtigkeit.

Peter schreibt dazu in seinem Buch: „*Als Jesus einst sprach:* »Ich bin die Auferstehung und das Leben«, *war dies wohl eine der gewaltigsten Bejahungen, die in diesem Universum jemals ausgesprochen wurde. Mit* »Ich bin« *meinte Jesus nicht seinen Körper, seine äußere Gestalt, sondern die mächtige Gegenwart Gottes in seinem Inneren. Deshalb sagte er auch immer wieder:* »Aus mir heraus kann ich nichts vollbringen. Es ist der Vater in mir, das* »Ich bin«, *das diese Werke tut.*«"

Diese Bejahungen arbeiten mit deinem Unterbewusstsein, und ich zitiere drei der fünfzig »Ich bin«-Sätze aus seinem Buch: „*»Ich bin« die vollkommene Harmonie meines Denkens, Fühlens und Handelns.*" und „*»Ich bin« die allmächtig*

herrschende Gegenwart meines Lebens und meiner Welt." und *„»Ich bin« die vollkommene Beherrschung und Auflösung all meiner Ängste, Süchte und Anfechtun-
gen."*

Peter weist auch auf zwei weitere mächtige Bejahungen aus der Bibel hin, die
schon unzähligen Menschen in ihrer Not geholfen haben: der 23. Psalm *„der
Herr ist mein Hirte..."* (das war über ein Jahrzehnt lang auch meine wichtigste
Anrufung) und das *„Vater unser"*. Er erkennt dabei aber auch, dass diese wohl
gewaltigsten ‚Gebete' nicht via Unterbewusstsein, sondern ausschließlich durch
das Super- oder *Christus-Bewusstsein* wirken. Dieses *Superbewusstsein* nenne ich
in diesem Buch das *Allerheiligste*. *Saint-Germain* nennt es die *„mächtige ICH-
BIN-Gegenwart"*[(62)], und du erkennst, dass sich damit der Kreis schließt – es
geht immer um die gleiche Gesetzmäßigkeit, nach der j e d e r schöpferisch
wirken kann, wenn er reinen Herzens ist.

Die geistige Macht des FREIEN WILLENs

Jeder Teilaspekt, der sich vor Ur-Zeiten als schöpferische Seele für seine
Solo-Tour (Spiel der Götter) aus der All-Einheit entfernt hatte, nahm (als Got-
tesfunken, Höheres Selbst, *Christus-in-dir*, ICH-BIN-Gegenwart und andere
Bezeichnungen) sein *Erbe*, das ich das *Allerheiligste* nenne, mit in die Dualität.
Dabei behielt er auch noch seinen FREIEN WILLEN, um sich innerhalb des äo-
nenlangen Spieles ‚seinen Spielraum' zu erschaffen. Erinnere dich bitte an das
Beispiel des Flugzeuges: Vorzeitig aussteigen kann niemand. Aber die Online-
Verbindung mit dem Chef bleibt immer erhalten, und mit dem FREIEN WIL-
LEN kannst du manchmal wählen, aber musst i m m e r entscheiden, wie lange
zum Beispiel der Flug geht, wieviele Ehrenrunden und Warteschleifen du gerne
drehst und welchen Service du dir dabei erschaffst. Mein *Schalk* ist sich da sicher: *„...first class natürlich!"*

Erinnere dich bitte auch daran, dass die Sehnsucht deiner Seele die ‚treibende
Kraft' ist, wieder schnellstens heim in die paradiesische All-Einheit zu kommen
– möglichst ohne egobedingte Warteschleifen. Doch diese Sehnsucht musst du
ja erst tief in dir entdecken und dann auch noch zulassen. Aber du hast ja dazu
deinen FREIEN WILLEN. Dabei heißt das nicht, dass wir damit dem Willen
Gottes widersprechen wollen mit unserem FREIEN WILLEN – *„...um Gottes
Willen!"*. Vielmehr haben wir damit immer wieder die freie Wahl, die Vollkommenheit unserer selbstbewussten Seele anzustreben und dabei der starken inneren Sehnsucht nachzugeben.

Während der äonenlangen seelischen ‚Spielzeit' stehen dir tausende von Inkarnationen zur Verfügung, meistens auf unserem Planeten Erde. Dabei kannst du den Rahmen deines FREIEN WILLENs auf zwei Ebenen ausschöpfen. Einmal für Entscheidungen, bereits während die Seele noch im Lichtreich weilt, und zum anderen für die unendlich vielen Entscheidungen, wenn sie dann hier ‚im Fleisch' ist.

Entscheidungen im Lichtreich können folgende sein: Deine ‚heimkehrende' Seele erkennt im Rückblick auf dein vergangenes Erdenleben noch einige ethische Defizite, und deine *dir selbst* erteilte Lebensgesamtnote (es geht auch *ohne* ‚Richterengel') war gerade noch ‚befriedigend'. Also entscheidest du mit deinem FREIEN WILLEN, dass du erneut in einem gewünschten Land zu einer gewünschten Zeit in eine gewünschte Familie inkarnierst, damit du zu bestimmten Zeitpunkten mit bestimmten anderen Seelen aus deinem Familienbewusstsein oder von deinem Heimatplaneten zusammentriffst, um – und das ist der Sinn deines neuen Erdenlebens – jenes festgestellte ethische Defizit endlich zu bewältigen, ‚aus-der-Welt-zu-schaffen' und diesmal mit der Gesamtnote ‚sehr gut' nachhause zu kommen.

Durch diese bereits vor der Geburt, deiner neuen Inkarnation, getroffenen Entscheidungen ist nun dein ‚Spielraum' auf Erden eingeschränkt – du hast dir ja ein bestimmtes Ziel vorgenommen. Daher tauchen auch immer wieder spirituelle Aussagen auf, die meinen, der Mensch habe keinen *wirklich* FREIEN WILLEN (du weißt jetzt warum). Und – wie könnte es auf unserer dualen Ebene anders sein – fast alle Weltreligionen, aber auch fanatische Sekten, viele Gurus, elitäre Clubs, ‚überzeugende' Medienimpulse, die Regierung[63], deine Hausbank, dein Chef und andere mehr, nehmen dir *herzlich gerne* die innere Last deines FREIEN WILLENs mit seinen tagtäglichen leidigen Entscheidungen ab. Sie haben dich damit ‚im Griff'. (Mein *Schalk* fragt scheinheilig: „*...hast du als Mann die Ehefrauen mit Absicht vergessen?*")

Aber aus der Sicht, dass ja jeder von uns eben diesen seinen eigenen FREIEN WILLEN hat, muss es korrekterweise heißen: *Wir lassen es zu*, dass uns anderein-ihren-Griff-bekommen-oder-behalten-können.

Es liegt also einzig und allein an unseren eigenen Entscheidungen!

Durch unseren FREIEN WILLEN haben wir immerzu die W a h l, täglich, oft stündlich. *Und was wählst DU?* Jetzt könnte ich einige Seiten voll aufzählen, was uns laufend oder überraschend herausfordert und uns zu Entscheidungen auffordert. Zum Beispiel bezüglich deines Wohlbefindens: Entscheidest du dich für *Kreativität*, *Selbstvertrauen*, *„ICH BIN okay"* oder für *Verneinung, Angst und*

Selbstmitleid? Oder entscheidest du dich für *Vertrauen, Freundschaft, „WIR sind okay"* oder für *Kontrolle, Distanz, ICH weiß es besser* (wie du siehst, geht es wieder nur um Energien aus deinem Herzen oder aus deinem Ego)?

Nein, du solltest unbedingt bei allen deinen Entscheidungen *auf das Gesamte* und auch *auf den Sinn dahinter* achten. Nicht nur bei den großen Entscheidungen, auch bei deinen vielen kleinen, denn auch sie stellen die Schritte deines Lebensweges dar – Schritt für Schritt.

Somit heißen die G r u n d s a t z e n t s c h e i d u n g e n auch hinter allen kleinen Entschlüssen:

Herz *oder* Kopf,

Allerheiligstes *oder* Ichheit,

Liebe *oder* Angst,

Innen *oder* Außen,

Sein *oder* Haben,

Gott *oder* Materie.

Gehe stets in die Perspektive des Abstandes und des Überblickes. Fälle bei deinen täglichen Herausforderungen deine Entscheidungen als B e t r a c h t e r, nicht als Betroffener. Nur dann wird es zu einer *freien Wahl* mit deinem FREIEN WILLEN und wird zu deiner *geistigen Macht*.

Sei mutig und unbequem wie alle Mächtigen!

Lebe außergewöhnlich, un-angepasst, un-fassbar, un-möglich –

für die Augen der anderen!

Wenn du dich für das Leben und Erleben

deiner unerschöpflichen göttlichen Herzenskräfte e n t s c h e i d e s t,

dann wirst du ein neuer Mensch und führst ein neues Leben.

Nichts ist mehr so, wie es früher war.

Entscheide dich bitte ‚bewusst' – du tust es für uns alle.

Siehe das große Ganze

Durch das kosmische Prinzip *...wie im Mikrokosmos, so im Makrokosmos* entscheidest du laufend auch für das menschliche Kollektiv und das morphische Feld, das uns alle energetisch verbindet. Manche Wahl, die du triffst, reflektiert in der wundervollen oder in der leidenden Natur und/oder tritt in Resonanz mit der *Großen Mutter* und dem *Großen Vater*, das heißt: mit der gesamten Schöpfung, denn »Alles ist Gott«. Vergiss nie, dass du den FREIEN WILLEN hast. Niemand kann ihn dir nehmen, wenn du es nicht zulässt.

Entscheide dich bitte ‚bewusst‘ – was heißt das? Alles, was du mit möglichst viel Liebe, Mitgefühl, Ehrlichkeit, Vertrauenswürdigkeit, Lebensfreude, Friedfertigkeit und natürlich mit deinem inneren Gut-Gefühl e n t s c h e i d e s t, ist ‚richtig‘ für dich in dem Moment deiner Entscheidung. Da es aber eigentlich kein *richtig* und *falsch* gibt, kannst du nur sagen: *nach bestem Wissen und Gewissen und mit dem Abstand eines Betrachters ohne Emotionen.*

Gibt es wirklich kein ‚falsch‘? Nein, das ist menschliches Systemdenken, aber nicht das eines gottähnlichen Schöpfers. Wenn du g e g e n deine Gefühle entscheidest – aus welchem Grund auch immer –, bedeutet das lediglich eine Warteschleife auf deinem Seelenentwicklungsweg. Manchmal wird es für deinen ‚Seelen-Flug‘ ein angstvoller Looping oder eine turbulente Flugstrecke, und du entscheidest dann bei der nächsten Aufforderung durch dein Allerheiligstes ‚richtig‘, *also nach deinen Gefühlen.*

„Angst zu überwinden heißt: ein Risiko eingehen – im Vertrauen. Vertrauen ist in diesem Fall die Übung, sich selbst anzunehmen. Denn nimmst Du Dich an, nimmst Du Gott und Göttin an! Nur wenn Du Dich selbst liebst, liebst Du auch Gott und Göttin. Denn sie sind ja ein Teil von Dir!"(Hannelore)

Wenn du auch weiterhin k e i n Vertrauen zu deinen Gefühlen hast, und dein cleverer Kopf mit seinen Zweifeln ist stärker, dann kann es sein, dass deine Warteschleife leidvoll wird, sogar schmerzlich, du durch ein ‚Tal der Tränen‘ musst oder du vom Schicksal einige Schläge abkriegst. Das hat nichts mit Schulmeisterei oder Drohfinger meinerseits zu tun, sondern *ist immer die Ernte deiner eigenen Saat,* die immer von all deinen Entscheidungen und deinen nachfolgenden Gedankenschöpfungen abhängt – denn du hast *deinen eigenen* FREIEN WILLEN.

An noch eine Erkenntnis möchte ich an dieser Stelle erinnern, die uns eigentlich schon geläufig ist. Energetisch ist jede Entscheidung f ü r eine Sache im positiven Energiefluss und somit erheblich leichter, als jede Entscheidung *gegen* etwas, denn da existiert meistens noch eine Anbindung. Das ist das gleiche wie mit dem halbleeren oder halbvollen Glas – die gleiche Situation, aber zwei verschiedene Standpunkte. Entscheide dich, wann immer es möglich ist, f ü r eine Sache. Bei deiner Entscheidung *gegen* etwas vermeide es, dabei diesem oder demjenigen unbewusst deine Energie zu geben. Der leichteste Weg ist immer der aus der KI-Energietechnik: akzeptieren, ignorieren und als ‚aus und vorbei‘ behandeln.

Eine letzte Frage dazu: Ist uns klar, dass im irdischen Zusammenleben mit den vielen Entscheidungen auch der FREIE WILLE des a n d e r e n genauso zu beachten ist? Er hat ihn wie du, und das anzuerkennen, dazu gehört Liebe und Größe. Mein *Schalk* versichert: „*...kein Thema bei uns Lichtkindern.*"

„*Lass mich einfach in Frieden!*"

„*Es ist Zeitverschwendung, über den Frieden zu reden*", sprach der *Gott-in-ihr* zu *Eileen Caddy*, der Mitbegründerin der Findhorn-Gemeinschaft[64]. Und wie schon so oft synchron kommt auch heute wieder ein Telefax von *Hannelore*, das mit folgendem Gebet schließt:

...und so bitte ich um Unterstützung aller Engel im geistigen Raum, aller Engel auf Erden, um das zu verwirklichen und mitzuschöpfen, was Johannes und Hannelore wirklich wollen:

Den Frieden auf Erden und gleichzeitig im Universum.
Und ich habe eure Botschaft gehört:
Der Friede muss zuerst in mir sein!
Der Friede muss zuerst in dir sein!

Sehen wir uns jetzt einmal dieses weltweit ersehnte Thema *Friede* an. Bei einer Predigt hörte ich einmal, die Worte ,Friede' und ,friedfertig' kämen im Neuen Testament achtzigmal vor. Hast du das geahnt? Der kirchenorientierte *Frieden* beginnt jährlich schon mit der routinemäßigen Weihnachtsgeschichte und der ,Verheißung' für die Welt (oder ist es mehr ein immerwährender Hilferuf?): „*Friede auf Erden!*" Dass diese Formel tatsächlich wie eine *Affirmation* von allen Menschen dieser Welt zur Erschaffung des ersehnten *Friedensreiches* artikuliert wird, darauf komme ich gleich. Aber zuvor sehen wir uns noch die thematischen Unterscheidungen an, die energetisch von jedem von uns erkannt werden müssen, wenn du ,Frieden haben willst'. Denn Wort-Formulierungen haben verschiedene Frequenzen: den *Frieden um dich herum*, den *Frieden m i t dir* und den *Frieden i n dir*.

In zwei der von den christlichen Großkirchen anerkannten Evangelien gibt es dazu aber eine ganz wichtige und klare zusätzliche Unterscheidung. *Jesus* sagt nicht nur: „*...ich bringe euch den Frieden.*" Das wäre wieder zu schön – so ähnlich wie mit der Erlösung – Gott oder der *Gottessohn* oder andere mächtige oder opferbereite Avatare und Erleuchtete *bringen ihn uns*. ,Bringen' uns den Frieden! Das bringt so wenig, wie falsch eingesetzte Entwicklungshilfe: Der Mensch muss sich selbst helfen können, und er muss selbst zum Frieden *finden* und Frieden *halten*. Einmal heißt es deshalb *...anstelle des Friedens bringe ich euch das Schwert* und ein andermal *...anstelle des Friedens bringe ich euch Zwietracht.* Da aber *Jesus* offensichtlich ein totaler Gegner von Schwert und Zwietracht war, und er betont ...*selig sind die Friedfertigen*, fordert er uns mit solchen Formulierungen auf, genauer hinzuhören.

Das heißt, er fordert uns auf, *b e w u s s t* *friedfertig* zu sein. Wir können zum Beispiel auch *fried-voll* sein aus Bequemlichkeit, aus Angst, aus Charakterlosigkeit, Duckmäuserei, Duldung, Geliebtwerden und Schwäche, und das findet *Jesus* alles andere als ‚gut‘ und friedenbringend. (Natürlich dürfen wir die hier so ‚abwertend‘ Genannten für ihre Art, so zu sein, nicht verurteilen. *Jesus* würde sagen: ...*denn sie wissen nicht, was sie tun.*)

Dieses *missverstandene Friedvoll-Sein* kannst du aber besser verstehen, wenn du es mehr als Ohn-*Macht* ansiehst, denn das *Macht*-System aller Großkirchen benötigte eine langfristige Verschleierungstechnik (Verschleierung deiner eigenen Schöpferkraft), mit der man jede seelische Selbst-Entwicklung ‚zugedeckt‘ hat – seit man zurückdenken kann. Dabei werden von den lichtarmen und daher unwissenden Mächten viele Gläubige bewusst abgehalten, auch ihren FREIEN WILLEN, den jeder Mensch hat, einzusetzen. Und die Gläubigen haben keine Ahnung mehr, dass sie mit ihrer Schöpferkraft (*der Gedanke lenkt die Kraft*) und dem inneren Licht und dem Wissen des Allerheiligsten alles, aber auch alles Lichtarme, überstrahlen und damit *bewusst friedvoll* leben können.

Somit fordert *Jesus* von uns ein ‚Trennen‘ *mit dem Schwert* und *unter Zwietracht* – die Trennung zwischen solchem *passiven Geschehenlassen*, wie oben beschrieben und *aktivem Friedfertig-sein*. Das bedeutet ‚Stellung‘ nehmen, Verantwortung übernehmen und Entscheidungen treffen – symbolisch eine heftige Schwert-Arbeit *mit sich selbst*. ‚Zwietracht‘ heißt, nicht *einträchtig* das bequeme Mittelmaß zu leben, sondern eine Sache kritisch zu ‚be-trachten‘. Dazu sagt *Jesus*: „*Eure Rede aber sei: Ja, ja; nein, nein. Was darüber ist, ist von Übel.*" (*Matth.* 5,37)

Die christlichen Großkirchen brachten es fertig, auch diese Aussage *Jesu* – „*selig sind die Friedfertigen*" – völlig zu verwirren. Die Urchristen, welche die Lehre noch authentisch zu leben anstrebten, gingen für ihre *Friedfertigkeit* tatsächlich noch in die Löwenarena, auf die Scheiterhaufen oder ans Kreuz. Doch schon die ‚Abwertung‘ der christlichen ‚Urkirchen‘ zur römischen Staatskirche – die großen Verwirrer sprechen allerdings von einer ‚Aufwertung‘ des Christentums – führte zur Pflicht des Kriegsdienstes. Also war der *äußere Frieden* erst mal futsch! Und als dann die ‚christlichen Krieger‘ nicht mehr nur gegen ‚Heiden‘, sondern auch gegen Häretiker, Abtrünnige, Gnostiker, Sektierer und Reformer im christlichen Lager ‚kämpfen‘ mussten, war es auch um den *inneren Frieden* der Christen geschehen. Armer Herr *Jesus Christus*!

Aktive Friedfertigkeit

Aber ich habe einmal versprochen: „...*Jesus, du sollst nicht umsonst gelitten haben!*" Daher sieh dir jetzt das sehr wichtige Siebtes-Siegel-Thema *Aktive Friedfertigkeit* ganz genau an – es stellt eine von allen Menschen lang ersehnte Frohbotschaft dar.

Religiöse Traditionen und spirituelle Forschungen haben ergeben, dass es sich bei den göttlichen Energien *Licht* und *Liebe* um zwei Seiten der gleichen Medaille handelt – wie bereits dargestellt. Erinnere dich daran, dass sich der Erleuchtungsweg erst dann zu seiner Vollkommenheit erhebt, wenn er in der *allesumfassenden Liebe* gipfelt.

Nun zeigt dir aber die Lehre *Jesu*, dass die *unerschütterliche Friedfertigkeit* die allerhöchste Schwingungsfrequenz darstellt, die auf der Erfahrungsebene der Dualität zu erreichen ist. So wie Liebe stets einen Partner benötigt, um gelebt zu werden – zum Beispiel einen *äußeren* oder einen *inneren*: *...liebe deinen Nächsten wie dich selbst* –, so geschieht gelebte oder aktive Friedfertigkeit ebenfalls nach der Hermetischen Formel: *Wie innen so außen.* Übertragen bedeutet das: die Welten *außen* und das *Reich-Gottes-in-dir.* Genau darauf hat schon *Jesus* hingewiesen, wenn er erklärte: „...*meinen Frieden gebe ich euch. Nicht gebe ich ihn euch, wie die Welt ihn gibt.*" (*Joh.* 14,27)

Der äußere Frieden ist der ‚Frieden der Welt': in der globalen Welt des Kriegsgeschreis, in der Welt der Familien und der Partnerschaften, in der Berufs-Welt, in der Geschäftswelt, in der Unterhaltungswelt. Dringend nötig wäre es natürlich, auch hier mehr Frieden zu haben, doch die Evangelientexte erwähnen eben einen Frieden, den *Jesus* ausdrücklich *nicht* gemeint hat – bewusst, denn er kannte ja die gnostische Regel:
Jedes äußere menschliche Problem muss zuerst auf der inneren, der geistig-seelischen Ebene gelöst werden.

Also sehen wir uns den *inneren Frieden* einmal an, denn dabei *bist du selbst* dein ‚Partner' und das Gegenüber. Und das ist schon schwer genug, denn hierbei stößt du auf die eigenen Widerstände, die wiederum mit äußeren vernetzt sein können: solche der Familie, des Berufs, der Karriere und so weiter. Aber vor allem liegen die eigenen Widerstände in dir selbst, in deinem Ego-Denken, deinen versteckten Ängsten und in deinen *Abhängigkeiten.* Letztere erkennst du bei kritischer Betrachtung zu gerne als ‚Selbstschutz' vor Veränderungen. Extreme Beispiele der Verhinderung solcher Selbstfindungs-Prozesse sind Alkohol und andere Drogen. Noch weiter geht die Psychologin *Lynn Grabhorn*, wenn sie erkennt: Unser Bedürfnis nach *emotionellem Schmerz*, um uns überhaupt *lebendig zu fühlen*, ist die allergrößte Sucht, die die Menschheit kennt.

Darüber hinaus habe ich ausführlich über die meisten ‚Hindernisse‘ auf dem Weg zum *inneren Frieden* in meinem Buch »Jesus 2000, das Friedensreich naht« geschrieben, und auf dem Markt werden darüber ausreichend andere Bücher und Seminare angeboten.

Dass *Jesus* zu Recht von *Schwert* und *Zwietracht* spricht, möchte ich mit einigen Hinweisen unterstreichen. In meinem schon erwähnten Buch beschreibe ich nämlich detaillierter die sogenannten sieben Ursünden: Hochmut, Stolz und Eitelkeit – Trägheit – Neid und Eifersucht – Zorn und Jähzorn – Wollust – Gier – Geiz. Dies sind sieben archetypische Triebkräfte, *die dich* beherrschen können, anstatt dass *du sie* beherrschst. Auch hier hast du wieder das typische Missverständnis: unsere *Unaufgeklärtheit* über unsere schöpferischen Möglichkeiten, mit solchen Energien richtig umzugehen. Es handelt sich auch hierbei immer *nur* um energetisches Geschehen in deinem Seelenbereich, das nicht richtig verstanden und gehandhabt wird. Du hast den FREIEN WILLEN, dich mit dem ‚Schwert‘ selbst zu befreien und dich davon zu erlösen.

Wenn die *Liebe* und die *Friedfertigkeit* sich umarmen, bedeutet das *Erlösung*. Aber diese Höchstfrequenz irdischen Lebens musst du selbst erringen – *Jesus* oder Avatare oder Meister können sie dir weder bringen noch schenken oder verkaufen. Aber durch die energetischen ‚Techniken‘ der geistigen Gesetze des Resonanzeffektes und der Affinität kann sich der Einzelne dabei selbst helfen. Durch deinen FREIEN WILLEN kannst du dich selbst be-freien vom Einfluss der lichtscheuen Mächte, die dich perfekt an deiner Seelenentwicklung zu hindern versuchen. Und dabei ist deine gedankliche Schöpferkraft ein schwertähnliches Instrument, mit dem du zuerst für dich und dann für die große weite Welt ‚kämpfen‘ darfst.

Friedfertig kämpfen? Ja, es sind stets Energie-Kämpfe, und dein Schwert könnte auch *Liebe* sein, strahlendes *Licht* und *Verständnis* – oft braucht der andere, auch wenn es deine Seele selbst ist, nur mehr Toleranz, ein paar Streicheleinheiten, ein Nachgeben, verständnisvolle Worte oder einen tiefen Ein-Blick.

Das globale Friedensspiel

Bei aller Theorie bietet ein Energie-Spiel, das ich jetzt vorschlage, ein brillantes Bei-spiel, welche M a c h t mit geistig-seelischen Energien erzeugt werden kann. Es ist ein energetisches Experiment, das im ersten Moment nach Maus-Elephant aussieht, wobei der Koloss aber danach der Hilfe und Liebe und Erlösung bedarf.

Angenommen, auf unserem Planeten leben sechs Milliarden Menschen. Wenn du jeden einzeln fragen würdest, was ihm lieber ist: Krieg oder Frieden, dann bekämst du ganz sicher sechs Milliarden überzeugte Friedens-Wünsche. Und angenommen, du musst immerhin alle möglichen Kriegstreiber, Waffenhändler und die Aktionäre der Waffenindustrie samt Bankensysteme (mein *Schalk* meint: *...es soll ja sowas geben!*) von den sechs Milliarden Friedensbekennern wieder abziehen. Wieviele das wirklich sind, weiß natürlich niemand (sie würden ja auch alle pro forma *für* den Frieden stimmen), aber wenn du weltweit unsere Bevölkerung um 6.000.000 ‚Tiefdunkle‘ und Kriegsabhängige reduzierst, bleiben immer noch ernsthafte 99,9 Prozent der Menschheit übrig, die *Frieden und Friedfertigkeit wünschen.*

Und schon allein dieses gewaltige energetische *Wünschen* hilft weiter. Das ist reines, optimales Energiegeschehen und würde bei Millionen von Lesern, die sehn-süchtig nach Frieden rufen, zu einer *Friedensbombe* werden (mit der Kraft einer Atombombe – einer energetischen natürlich). Der Energie-Meister *Michael Barnett* nennt das „*playing with energy is playing with dynamit*".

Angezogen von dieser gewaltigen, friedvollen Explosion von Friedens-Wünschen, wirken natürlich auch mächtige geistige Energien aus der Transzendenz und dem Lichtreich mit. Dazu schreibt die mediale *Maya Storms*[65]: *Die Energie, die über die Erde verbreitet wird, wird sich in dem Maße verdoppeln wie wir die Energie auf Erden freisetzen durch die Liebe!* Und an anderer Stelle: *Christus v e r d o p p e l t das Licht mit dem Licht, das wir auf Erden aufbauen. Wir haben es deshalb selbst in der Hand, die Transformation für eine bessere Welt zu beschleunigen. [...] Es ist nötig, dass die Lichtwesen jetzt mehr und mehr anfangen zusammenzuarbeiten, nicht nur in der unsichtbaren, sondern vor allem auch in der sichtbaren Welt.*

Nun habe ich zu Anfang dieses Kapitels gezeigt, dass die Frequenzerhöhung der reinen Schwingungen des *Lichtes* in der *Liebe* mündet und *beides zusammen* zuletzt – als verinnerlichte Liebe – in *Friedfertigkeit* einfließt. Also sind bei dieser weltweiten *Friedensaktion* alle göttlichen Voraussetzungen zur Vollkommenheit aktiviert, und eine noch nie dagewesene energetische Licht-Liebe-Friedens-Welle geht damit um die Welt.

Dagegen stehen nun die angenommenen 0,1 Prozent der Menschheit, die bei dieser weltweiten Friedensaktion ihre Macht verlieren werden, auch wenn hinter ihnen hunderttausende ‚Abhängige‘ stehen. Diese Schwingung ‚Abhängigkeit‘ solltest du nicht nur im Äußeren, also wirtschaftlich, sehen, sondern auch geistig-seelisch. In ihrem Energiebereich sind sie nämlich *von u n s abhängig.* Nur von uns erwachten und wissenden und liebenden Lichtseelen erhalten sie Hilfe,

Umarmung und letztlich die Erlösung, die sie suchen (und der *Schalk* hält mit: *...wetten dass?*).

Deshalb hat die ‚unwissende' Seite berechtigte Angst vor der Aufklärung der Massen – vor allem über die seelisch-geistigen Energie-Gesetze wie deine Herzenskräfte – und deren *friedvoller Mobilisierung*. Eine alte Weisheit sagt uns: Alle vereinigten Mächte der Hölle können mit all ihrer vereinigten Energie nichts ausrichten gegen den kleinsten Gedanken, der sich in Übereinstimmung mit *Gottes Plan* befindet. Das beste Beispiel haben wir Deutsche selbst schon der Welt gegeben und demonstriert, wozu *Friedfertigkeit* fähig ist – genauer ausgedrückt: welch gewaltige Energie in den Schwingungsbildern von Freiheit, Sehnsucht und Träumen steckt. 1989 haben Hunderttausende mit den Energien ihrer Kerzenlichter und ihrer Herzenslichter die trennende Todesmauer überwunden.

Zurück zu unserem Friedens-Experiment, das durch die beschriebenen Affirmationen zum *Friedens-Sieg* führt. Feiere am besten gleich jetzt (Sekt kaltstellen), nachdem du deine Friedfertigkeits-Gefühle *bewusst hinausgeschickt hast*. Wir alle, die daran beteiligt sind, können im nächsten Jahrzehnt nochmal feiern – wenn wir festgestellt haben werden, dass die schlimmsten prophezeiten Kataklysmen und Weltkriege der Wendezeit bis zum Jahr 2012 energetisch ‚besänftigt' wurden.

Dazu gibt es doch tatsächlich eine zeitgenaue Aussage in einem der gechannelten Plejadierbücher:

Die Einladung zur Kosmischen Party

Ich bin Satya, die Hüterin der Bibliothek von Alcyone.
Ich bin hier, um euch dabei zu helfen und euch auf die
K o s m i s c h e   P a r t y
vorzubereiten,
die zur Wintersonnenwende am 21.12.2012 stattfinden wird.
Bis zur Eröffnung der Party habt ihr die Möglichkeit,
zu entscheiden, wie ihr das Chaos beherrschen wollt
und niemand wird euch verurteilen...

Nun denn – unsere soeben im Kollektiv manifestierten Friedens-Energien lassen uns dann mitjubeln, und mein *Schalk* meint es diesmal sogar sehr weihnachtlich: *Friede auf Erden und den Menschen ein Wohlgefallen.*

Fünfter Teil

Du bist frei

Angst sperrt Gott ein

Dein Allerheiligstes mit seinen mächtigen Energieströmen, so wie ich es dir hier vorgestellt und dich mit den fünf unerschöpflichen Herzenskräften vertraut gemacht habe, ist das *Christusbewusstsein* oder *Gott selbst* – die *Große Mutter* und der *Große Vater*. Ihr Bewusstsein ist in dir wie in jedem anderen Mitmenschen auch. »Alles ist Gott«. Dabei ist es gleich-gültig, in welcher Form du dir GOTT vorstellst, das habe ich schon am Anfang des Buches geklärt. Diese deine Herzens-Energieströme sind so gewaltig, *raum- und zeitlos und unerschöpflich*, dass du dich selbst, deine Umgebung und die ganze Welt damit versorgen kannst. Und nur d i e s e wollen dich – ab jetzt – durch dein neues, authentisches Leben führen.

Was hindert dich daran, dich führen zu lassen? Was hindert die Menschen seit Jahrtausenden daran, das zu leben, was sie mit ihren unerschöpflichen Herzenskräften s p ü r e n?

Die Abbildungen 5 und 6 (auf den Seiten 186/187) zeigen es deutlich, und den Umwandlungsprozess, der dabei abläuft, habe ich erläutert. Zur Erinnerung: Es ist deine Ichheit, dein Ego, das in deinem Leben m i t r e g i e r t. Und jedes Ego ist ein ‚berechtigter Aspekt der Unwissenheit‘, der an jedem Leben auf der irdischen Erfahrungsebene beteiligt ist. Es hat möglicherweise auch in deinem Lebens-Spiel die Hauptrolle übernommen und will dir beweisen, dass es Gott gar nicht gebe und dass du von diesem ‚alten Hut‘, mit dem die Menschheit sich immer wieder zudecken lässt, endlich befreit werden solltest.

Dein Ego mit seinem Intellekt und seiner Ratio ist davon zutiefst überzeugt und will eigentlich nur dein Bestes damit: Du sollst frei werden von solchem religiösen Gehemmtwerden und inneren Anbindungen (im Interesse irgendwelcher Manipulatoren natürlich) und endlich egozentrisch alles konsumfreudig genießen und zügellos ausleben, was Spaß macht. Und das war's dann, denn für dein Ego gibt es ja auch kein Leben nach dem Tode. Diesen Lebenspart des Egos spielt es mit den beiden Instrumenten, die ihm zur Verfügung stehen und die es meisterlich beherrscht. Das eine ist der menschliche *Intellekt*, den du bereits kennst und der nicht verwechselt werden sollte mit dem Verstand.

Das zweite Instrument des Egos sind die Ä n g s t e, der Gegenpol nicht nur der Liebe, sondern rundweg aller fünf Herzenskräfte. Wie schon erklärt, ist Angst zu verstehen als Trennungsangst (von Gott), wie bei einem Kind vor einer möglichen Trennung von der Mutter. Über die aberhundert Formen der verschiedenen menschlichen Ängste gibt es hunderte von Fachbüchern und tausende von Therapeuten, und die Hauptunterscheidung heißt *physische* Angst (du könntest von der Leiter fallen) und *psychische* Angst, die ich in meinem weiteren Text meine.

Psychische Ängste, also die *depressiven* oder die hinter einem aufgeblähten Ego *versteckten Ängste*, spielen sich in waghalsigen Therapierungs-Versuchen ab. Sie pendeln zwischen Befreiungsseminaren und Psychiatrischen Anstalten oder zwischen Erleuchtungserlebnissen und seelenlähmenden Pharmaka – in einer Spannbreite fast so wie zwischen *Gott-als-Mensch* und *Tier-als-Mensch*. Mein *Schalk* meint dazu: „*...und auf einen Fall von Befreiung kommen drei professionelle Angstmacher.*"

Angstgepeinigte, die Therapie suchen, stellen aber nur die Spitze des Eisberges dar. Die unbewussten und die bewussten, aber ‚betäubten' Ängste von so gut wie allen Erdengeschwistern bilden das unerkannte Gros. Das moderne übliche ‚Betäuben' kommt aber von keinem Therapeuten, sondern besteht hauptsächlich aus Selbst-Betäubung. Leicht und bequem mit einem generellen Z u v i e l von allem im Leben – dem Gegenteil der innerlich und seelisch ersehnten Natürlichkeit: zuviel Ablenkung, zuviel Wohlstand, zuviel Essen, zuviel Alkohol, zuviel Sexualität und noch viel, viel mehr ‚zuviel' in unserer sogenannten Ersten Welt.

Angst ist zugleich die Ursache für alle K o n f l i k t e – bis hin zu Weltkriegen. *Seelische Ängste* sind die Ursache vieler Krankheiten, in deren Bild sie aber nicht immer erkannt werden. Und *sorgsam versteckte Ängste* sind die Ursache von zuviel Härte, Unmenschlichkeit, Gewalt, Dominanz und unvorstellbar vielen anderen Masken – schamlos gelebte Ichsucht in (oft sogar herausgestellter) Gott-losigkeit und bequemem Nihilismus.

Angst haben aber immer mehr gerade jene, die ihre Macht auf Erden *ohne Gott* aufgebaut haben. Die Manipulatoren haben Angst davor, dass die schlummernde Masse irgendwann doch aufgeklärt wird, und dann ist es zuende mit ihrer Macht. Daher sind alle Informationsmedien global zu hundert Prozent in ihren Händen. *Angst* haben natürlich auch die einzelnen Machtgruppierungen untereinander, und unvorstellbare *Angst* haben sie alle davor, dass durch Magnetfeldveränderungen unserer *Großen Mutter Erde* die EDV weltweit ausfällt. Dann ist jeder Mensch wieder Mensch und keine EDV-Nummer mehr. Ich bin fest davon überzeugt, dass da der milliarden Jahre jungen *Großen Mutter Erde* etwas einfallen wird, was sie von ihrem ‚Schnupfen' wieder befreit.

Innere Ängste sind die Ursache der gewaltigsten Seelenmanipulation, die es für uns Menschen gibt. Wenn deine Ängste (als Gegenpol der Herzenskraft Liebe) deine feinstofflichen Energien aufspalten und ins Un-gleichgewicht bringen, ist auch deine A u r a löchrig oder gestört oder durchlässig und ungeschützt. Die Aura ist das menschliche Gesamtenergiefeld, es ist feinstofflich und daher nur für medial veranlagte Menschen sichtbar. Es ist energetisch fest geschlossen, solange du im inneren ‚Gleichgewicht' bist. Wenn also deine vier in sich verbundenen Energiekörper – dein spiritueller, dein Mentalkörper, dein Emotionalkörper und dein sichtbarer Körper – als strahlendes Körperquartett in Harmonie, innerer Einheit und Neutralität ‚leben', *ist deine Aura unverletzbar.* Keine fremde Energie kann von außen in dein eigenes, persönliches Körperenergiefeld eindringen. Im Gegenteil, als verantwortlicher Gedankenschöpfer lernst du bald, auch davon bewusst abzugeben.

Deine Aura kann aber auch ‚undicht' oder zerrissen sein – zeitweise durch Stimmungen oder dauernd durch Konflikte. Sie kann ‚Löcher' haben durch Gesundheitsprobleme oder äußere Angriffe. Dann aber können Fremdenergien in dich eindringen, oder du ziehst solche als Resonanz an, je nachdem, welche Konflikte und Ängste dein seelisches Gleichgewicht stören.

Und das ist heute ein sehr wichtiger Aspekt. Denn wenn du das Buch bisher aufmerksam gelesen hast, kannst du davon ausgehen, dass du schon einen gut entwickelten *spirituellen Körper* aufgebaut hast, und das ist *dein Lichtkörper.* Dieser ist aber nicht mehr mit einer energetisch ‚stabilen' Außenschicht abzugrenzen und abzuschließen. Er strahlt u n b e g r e n z t nach außen ab und *lässt sein Licht leuchten* (wie es der *Heiland* fordert). Das ist eine ganz wichtige und elementare Grundsatz-Erkenntnis.

**Somit bist du schon oder kommst du ab jetzt
in eine neue Energie- und damit neue Lebenssituation,
die n u r n o c h aus *deiner inneren Stärke* heraus bewältigt werden kann.
Wenn du das verantwortlich und selbstbewusst und gedankenschöpferisch
annimmst und lebst, lebst und erlebst du »Gott-und-Göttin-in-dir«.**

Frage: *Welche Fremdenergien können uns etwas anhaben? Zum Beispiel der Mobilfunk?*

Der natürlich auch! Über Energien, die uns aus dem modernen Industrieleben stören und solche, die ‚natürlich' schon immer mit unserem Planeten verbunden sind (Erdstrahlen, Verwerfungen und andere) gibt es inzwischen immer mehr vertrauenswürdige Aufklärung, wenn man danach sucht. In beiden Bereichen müssen darüber aktuell orientierte Spezialisten gehört werden.

Es gibt aber zwei in der Öffentlichkeit kaum bekannte mächtige Potentiale von feinstofflichen Energien, die sich bei einer gestörten Aura ankoppeln oder die in eine nicht dicht strahlende Aura eindringen können und wollen.

Das eine sind Energien aus dem sogenannten A s t r a l r e i c h, einer energetischen Seelendimension im ‚Himmel‘, die in der Esoterik *Vierte Dimension* genannt wird und die in der christlichen Kirchenlehre als *Fegefeuer* bekannt ist.

Das zweite Potential sind *manifestierte Gedanken-Energien*, die, sobald sie eine feinstoffliche *Eigenform* und *Dichte* angenommen haben, E l e m e n t a l e genannt werden.

Die ‚armen‘ Seelen

Das Astralreich in Kurzform beschrieben: Die einfachste Aufteilung des ‚Himmels‘, also des Jenseits, geht von sieben energetischen Dimensionen mit fließenden Übergängen aus. Unsere irdische, materialisierte und *duale Erfahrungsebene* ist dabei die ‚Dritte Dimension‘ und energetisch mit der ‚Illusion von Raum und Zeit‘ gekoppelt. Die weiteren höherfrequent schwingenden Geistdimensionen sind feinstofflich und unsichtbar.

Somit ist die vierte und nächst höher schwingende Dimension dann die *Astralebene*, die nicht mehr zeitgebunden ist. Mit der fünften beginnt die *Licht-Dimension*, sie ist der unterste ‚Himmel‘ und ist bereits völlig raum- und zeitfrei. Nach der sechsten ist die siebte Dimension wieder die einst frei-willig verlassene All-Einheit.

Aus dem Islam ist diese Einteilung am bekanntesten, der siebte Himmel ist dessen höchster, in den aber auch die verliebten Christen immer wieder einmal einschweben. Ausführliche Darstellungen dieser ‚Himmelsebenen‘ des Lichtreiches habe ich in meinen ersten beiden Büchern zusammengefasst, dabei auch den geistigen Aufstieg der Seelen und des unsterblichen Geistes nach dem Verlassen ihrer irdischen Körper.

In der astralen Ebene halten sich die von der irdischen Materie frei gewordenen Seelen so lange auf, bis sie sich von einem Engel in die fünfte Dimension, das raum- und zeitlose Lichtreich, ‚führen‘ lassen. Solange sie dazu nicht bereit sind – Zeitbegriffe gibt es auf dieser Ebene nicht mehr –, bleiben sie unter ihresgleichen, das heißt, zusammen mit den Seelen, die die gleiche Seelenfrequenz haben. Gleiches zieht Gleiches an. Manche finden es ‚himmlisch‘ unter Gleichen, zu sein, für andere ist es das Fegefeuer oder gar die Hölle. Das alles sind aber nur feinenergetische Bewusstseins-Zustände.

Auch die Astralebene soll in sich siebengeteilt und energetisch abgestuft, aber miteinander vernetzt sein. Die Stufen unterscheiden sich durch ansteigende Schwingungsfrequenzen, und die in der Schwingung niedrigste ist unserer irdischen Frequenz (der Dritten Dimension) am nächsten und ähnlichsten. In diesen untersten Bandbreiten tummeln sich nun Seelen und Geistwesen, die noch sehr erd-gebunden sind und nach ihrer Trennung vom fleischlichen Körper noch nicht loslassen können oder wollen. Die katholische Kirche nennt sie ‚arme Seelen‘ und fordert immer wieder auf, für sie zu beten. Das ist wichtig und richtig, denn dann erinnern sie sich wieder an ihr Licht und können aufsteigen.

Alle, die zum Beispiel noch energetisch an ihren vergangenen irdischen Lustspielen ‚hängen‘ – an Ruhm, an Macht, an Geld, an Sex, an Rauschmitteln, aber auch an Hass, an Rache, an Vergeltung, an Schmerzverursachung, an Abhängigkeit und vielen anderen menschlichen ‚Lastern‘ –, suchen sich *verletzte* und daher *eintrittsfähige* Auren von gleichschwingenden, resonanten Erdenmenschen. An solche können sie sich anhängen, ankoppeln oder in sie eindringen. Energetisch leben sie ‚schmarotzerisch‘ von dem irdischen Partner und treiben ihn zu Lästerlichkeiten an, die solche Seelen in ihrem Astralkörper ‚weitererleben‘ wollen.

Zum Thema »die Geister, die wir riefen« schrieb mir einmal eine Expertin: *...aber es gibt auch Geister, die ungebeten zu uns kommen und dann Einlass finden, wenn wir extrem geschwächt beziehungsweise gänzlich ‚knocked out‘ sind. Beispiele sind Ohnmacht durch Unfall, Schock, Vollrausch (wie Alkohol und Drogen jeder Art). Die Besetzungen sind hartnäckig und gehören zur Auflösung in fachmännische Hände.*

Ich behaupte aber weiter: Ohne Resonanzeffekt, also irgend eine verbindende *innere Gleichartigkeit der beiden* – der Seele in der dritten und der Seele in der vierten Dimension –, kann k e i n e Besetzung zustande kommen.

Es gibt auch Seelenverbindungen, die aus Liebe und Anhänglichkeit zu irdischen Vätern, Müttern oder Geschwistern bestehen bleiben – also innerhalb des ‚himmlisch-irdischen‘ Familienbewusstseins. Das betrifft auch während der Schwangerschaft umkehrende oder abgetriebene Seelen. Solche Familien-Seelen haben überhaupt nichts mit irgend welchen niedriger schwingenden Astralverbindungen zu tun.

Was dann früher bei solchen Besetzungen mit brutalem Exorzismus ausgetrieben wurde, wird nach dem heutigen Verständnis immer öfter *mit Verständnis und Liebe erlöst.* Durch verschiedene religiöse und spirituelle Prozesse können diese Seelen und Wesenheiten *ins Licht geschickt* werden. Für diese Zusammenarbeit mit dem Himmel sind die allerbesten ‚Partner‘ die Engel. Denn ein solcher Prozess geschieht einzig und allein durch die Macht der Liebe, und dann vollzieht er sich leicht – im göttlichen Sinne.

Unsichtbare Gedankenformen

Das zweite riesige Potential von Fremdenergien, die sich in den Auren von uns Menschen tummeln können, wollen oder müssen, sind die sogenannten gedanklichen E l e m e n t a l e. Dies solltest du nicht verwechseln mit Elementar-Wesen und Naturgeistern. Diese sind feinstoffliche Wesenheiten, die dir als Mensch, aber hauptsächlich der Natur, also der *Großen Mutter Erde*, dienen und niemals am menschlichen Energiefeld anhaften.

Anders die Elementale, die *Dr. Rudolf Steiner* Phantome nannte. Das sind Energien deiner Gedanken, Emotionen, Wünsche oder Vorstellungen. Da diese feinstofflich sind, haben sie ihre unsichtbaren Formen beibehalten – zumindest die Form eines Energiefeldes. Je nach ‚Ursprung‘ gibt es dämonische, unharmonische und harmonische Elementale. Sie entstehen dadurch, dass jeder deiner Gedanken mit seiner Energie dem *Gesetz der Wiederholung* unterliegt: Gedanken, die du aussendest, bleiben trotzdem mit dir verbunden und kehren wieder zurück.

Ich habe bereits empfohlen, sich das Gedankenaussenden nicht nur fokussiert wie einen Strahl vorzustellen, weil es laut Physik gar keine ‚Strahlen‘, sondern nur verschiedenfrequente Schwingungen oder verschiedengeformte Wellen gibt. Stelle sie dir lieber als Wellenkreise vor, wie sie entstehen, wenn man einen Stein in einen ruhigen Weiher wirft – unabhängig von deiner gedanklichen Konzentration auf einen resonanten Punkt. Alle deine Gedanken bleiben dabei mit dir als ihrem Schöpfer verbunden. Sie können bei ihrer Rückkehr aufgelöst werden oder nicht weiter beachtet, und dann bekommen sie keine nennenswerte Bedeutung, sie bleiben un-bedeutend.

Werden sie aber bei ihrer Rückkehr weiter genährt und mit Leben gefüllt, nehmen sie eine immer dichtere und die ‚gedachte‘ Form an – erinnere dich der Gedankenschöpfungen im zweiten Teil des Buches. Entstehen daraus materielle, *physische Schöpfungen* –, zum Beispiel Liebesbriefe, Kartoffelsalat oder ein Erdbeerbeet –, dann siehst du sogleich, was entstanden ist und was du erschaffen hast – und kannst darauf stolz oder beschämt sein.

Anders bei den immateriellen und *metaphysischen Schöpfungen* deiner Gedankenkräfte: deiner Liebe oder Angst, deiner Freude oder Trauer, deinem Kleingeist oder Großmut, deiner Sparwut oder Gebefreudigkeit und so weiter – natürlich auch niederen Begierden. Diese Elementale sind nur fühlbar und nicht sichtbar und sind entsprechend dämonisch, disharmonisch oder harmonisch – wie eben der jeweilige Schöpferzustand war. Und der ‚Schöpfer‘ ist in deinem feinstofflichen Mentalkörper entweder dein *Herz*-Denken oder dein *Ego*-Denken (wie in Abbildung 5 dargestellt).

Solange du ein harmonisches und stabiles Körperenergiefeld hast, schwirren ungewollte Elementale ebenso um deine Aura herum oder haften ihr lediglich (lauernd) an. Anders ist es, wenn du dich selbst deiner Gedankenschöpfungen *öffnest* – durch deine i n n e r e Sehnsucht, deine *Jetzt-und-Heute*-Liste oder dein phantasievolles Wunschdenken – oder du durch Instabilität, Krankheit, Disharmonie und Ungleichgewicht *ungewollt geöffnet bist* und dich dadurch eine ‚gestörte‘ Aura umhüllt. In diesem Falle setzt sich das Elemental in deinem Emotionalkörper fest und wird irgendwann ein Teil von dir. Im schlimmsten Fall können das auch dämonische Elementale sein.

Die meisten der Elementale entstehen aber durch dein *alltägliches Sosein*, von dir unbeachtet. Deshalb sind es meist unkoordinierte oder unharmonische, überwiegend harmlose Energien. Doch in der Summe können dich auch diese stören oder bei inneren Konflikten deine Disharmonie verstärken.

Eine befreundete Therapeutin schrieb mir dazu über diese feinstofflichen Energien, die alle nur aus Defizit und Mangel entstehen, wobei getarnte Ängste pauschal als ‚Nicht-Liebe‘ erscheinen. Sie meint damit sowohl die von uns selbst erzeugten als auch die Energien, die dann von außen zusätzlich in Resonanz treten können. Bei uns *Lichtkindern* (*„Wo viel Licht ist, ist viel Schatten.“*) kannst du direkt darauf warten, wie lichtarme und lichtscheue Energien versuchen, sich ‚entwicklungshemmend‘ an deinem strahlenden Körperenergiefeld festzubeißen.

Dunkle Energien sind nichts anderes als niedrig schwingende Energien.
Nach dem Einheitsgesetz der Schöpfung ist alles, was **mit** *Liebe einhergeht, hochfrequent und hochschwingend, lebendig, beweglich, eben Leben.*
Alles, was **gegen** *Liebe handelt, ist niederfrequent und langsam schwingend, lähmend bis hin zu Unbeweglichkeit oder Tod.*
Wenn wir also negativ denken, dann gehören dazu auch und vor allem **destruktive** **Gefühle,** *Selbstmitleid und falsch verstandenes Opfer-Rollen-Spiel, Angst (!!!!)*
und jedes Gefühl des Mangels, der Glaube an Schuld, das Gefühl des Unwertes.
Aber auch **aggressive Gefühle** *wie Hass, Neid, Jähzorn kommen immer aus dem Gefühl des Mangels – werden eingesetzt, um etwas haben und erreichen zu wollen und sind ‚Objekt der Begierde‘ und Irrtum des Egos.*

In beiden Fällen, den lichtscheuen Energien von *innen* und denen von *außen*, gilt jedoch: Du kannst heute diese Energien mit deinen unerschöpflichen Herzenskräften erlösen, dich ihnen in deiner erkannten Stärke stellen, sie neugierig anschauen und sie verständnisvoll annehmen; den Tat-Bestand – sie sind da – einfach akzeptieren, nicht leugnen, nicht verdammen oder gar gegen sie (mit

Weihwasser) ankämpfen. Das schafft erneute Abwehr und niedrige Schwingungen der alten Art, was letztendlich zu deren energetischer Verstärkung führt.

Alle okkulten Wege wie Räuchern, Kerzenlicht, sakrale Musik und ähnliches müssen stets *zusammen* mit deinen reinen Herzenskräften und deiner Anteilnahme ‚zelebriert' werden. Denn ausschließlich deine Herzens-*Gefühle* wirken auf geistig-astrale Wesenheiten und Energien und be-wirken etwas Neues. Die lichtvollen Energien aus deinem Allerheiligsten schwingen hoch und entziehen ihnen den niederfrequenten Nähr-Boden, der sie (meistens durch ihre Unaufgeklärtheit) an Dingen oder Personen festhält. Sie kleben dann nicht mehr an uns fest, weil unser erhöhtes Schwingungsfeld sie resonanzlos und damit problemlos ‚frei gibt'. Wenn wir sie noch mit guten und hochschwingenden Gedanken und Gebeten heimschicken, sind wir sie für immer los.

Die unerschöpflichen Kräfte deines Allerheiligsten schützen am besten. Das betrifft auch alle äußeren Maßnahmen wie Talismane, Aufkleber, Formeln und Symbole. Diese sind nur zu empfehlen, wenn du sie in Verbindung mit dem Strömen deiner reinen Herzenskräfte einsetzt. Glaube nicht, dass rein technische Schwingungen wirk-lichen Schutz oder Heilung bieten können, wenn nicht deine persönlichen geistigen Energien wie *Liebe*, *Mut*, *Mitgefühl* und *guter Wille* mitschwingen. Grundsätzlich alle Maßnahmen aus *Angst* und *Abwehr* sind mit niedrigen Schwingungen wie *Verurteilung* oder *Verachtung* verbunden – so wirkt nun einmal das Affinitätsgesetz.

Es gibt auf dem esoterischen Markt viel Literatur und Seminarangebote, wie du dich von Fremdenergien befreien und/oder davor schützen kannst. Es sind zum Teil komplizierte Prozesse, Technologien, Kultisches, Symbolkräfte und ähnliches mehr, welche aber meistens an den wahren inneren Problemen der Betroffenen v o r b e i g e h e n. Mein *Schalk* flüstert mir zu: „...*da wird der Teufel mit dem Belzebub ausgetrieben!*" Gehe in deine innere Stärke, und du kannst das ganze Zeug vergessen. Die meisten dieser Systeme bringen dem Hersteller, Anbieter und Therapeuten eben dadurch dauerhaften ‚Umsatz', dass das gnostische *Licht/Schatten*-Prinzip – logischerweise – nicht klar genug herausgestellt wird:

Alle äußeren ‚Feinde' sind nur eine Reflexion dessen,
was d u bis dato in deinem I n n e r e n nicht erkennen kannst oder willst –
Ängste, Unsicherheit, Mangel, Scham, Schuldgefühle.
Aber das ist gut so, akzeptiere es, diese ‚Feinde' sind Spiegel für dich.
Lasse aber ‚dein Problem' nicht von anderen lösen – das wird nichts.

Natürlich kannst du dir dabei helfen lassen – von Diesseitigen und von Jenseitigen. Aber das ändert nichts daran, dass dies ein uraltes spirituelles Grundgesetz o h n e Ausnahmen ist – auch wenn sich dein Ego an allen möglichen Erfahrungen anderer festhalten will, die das Gegenteil davon behaupten. **Ohne innere, seelische Disharmonie kann keine äußere wirksam werden.** Wenn du das nicht erkennen w i l l s t, dann darfst du eben deinen Leidensweg oder die innere oder äußere Einsamkeit weiter gehen, bis du irgendwann dem Drängeln deiner Seele, nämlich deines Allerheiligsten, nachgibst und dann endlich dein Licht wirklich leuchten lässt.

Wenn du deine inneren Disharmonien, deine verheimlichten Blockaden und deine tief verankerten Ego-Anhaftungen noch nicht erkennen k a n n s t, dann wirst du ganz sicher so geführt, dass du einem ‚Seel-Sorger‘ begegnen wirst, der dich so begleitet und öffnet, dass du deine inneren Probleme *selbst* lösen und erlösen kannst und endlich in dein Gleichgewicht und deine Harmonie kommst. Als ‚Seel-Sorger‘ bezeichne ich solche *Lichtdiener*, die dir dabei als Therapeuten, Geistheiler, Erleuchtete, Schamanen, Priester, Engel oder Partner jeglicher Art zur rechten Zeit begegnen.

In einer Fernseh-Predigt habe ich einmal gehört, dass der logischste Gegenpol zur *Angst* das *Gottvertrauen* ist. Dem kann ich nur beipflichten. Wir sollten es nur etwas konkreter verstehen: das Vertrauen zu dem *Gott-in-dir* oder eben zu *deinem Allerheiligsten* mit seinen perfekten Herzensströmen. Das ist alles sehr leicht gesagt, und jene Predigt endete mit dem praktischen Vorschlag: *...lebe beides, deine Angst und dein Gottvertrauen* – es ist dann ein lebendiges Leben und ein sehr lehrreiches.

Die Reinheit der Absichten

Wie kannst du nun mit solchen schwer erkennbaren Energieformen – den inneren wie den äußeren – umgehen, um davon frei zu bleiben oder zu werden?

- Das wichtigste ist und bleibt deine eigene (göttliche und daher innere) Macht: dein Klarsein und natürlich die reine Liebe, die du in deinem eigenen Energiefeld wirken lässt. **Die Reinheit der Absichten macht dich all-mächtig.** Vermeide jede Angst, auch die vor Elementalen. Nimm deine unerschöpflichen Herzenskräfte – undifferenziert als Gesamtheit. Reinige und schrubbe damit deine Aura von innen. Falls du dir deine Aura schon recht groß vorstellst, so zwei bis drei Meter um dich herum, stelle dir eine Bürste aus der Autowaschanlage vor, mit der du deine Herzenskräfte wirken lässt. Genieße das innere Strahlen, das jetzt dein feinstofflicher Energiekörper dadurch bekommen hat.

- Das einfachste ist generell, in innerer Harmonie, Gleichgewicht und Gleichmut zu leben – *in innerer Neutralität*. Diesen Selbstfindungsweg habe ich ausführlich beschrieben – er wird dich lebenslang begleiten.
- Ziehe dich zurück und *gehe in die Stille*, vor allem die Gedankenstille. Vermeide jede Angst vor Elementalen. Wähle deinen inneren Zugang, und arbeite autark mit den neuen Lichtkräften der Wendezeit. Komme in dein absolutes Gleichgewicht ohne jegliche Emotionen, finde deine Neutralität und du befreist dich von den meisten solcher Elementale ganz automatisch und ‚zeitgemäß' (durch die neuen Meta-Energien).
- Beuge dem Ganzen vor, indem du *deinen negativen Gedanken* die Energie wieder e n t z i e h s t, bevor sie zu einem Elemental werden können. Werde deinem ehemaligen Gedanken gegenüber gleichgültig, hungere ihn energetisch aus, nimm Abstand und *betrachte* ihn aus einer erhöhten Position (Zimmerdecke?) als Verirrung. Bedanke dich bei ihm, dass er dir gespiegelt hat, dass du ja doch noch dieses oder jenes innere Defizit hast. Schreib es auf deine Alt-Liste und du bist es los.
- *Ramtha* hat folgende göttliche ICH-BIN-Aussage dazu gechannelt: *...wenn du aufhörst, deinen unharmonischen Gedanken durch dein Denken weitere Macht zu geben und dich zu Mir kehrst und Mir erlaubst, dein Denken zu leiten, dann werden sie sofort aus deinem Bewusstsein verschwinden und sich in Nichts auflösen, aus dem du sie durch dein Denken erschaffen hast.*
- Einer der erfolgreichsten inneren Wege ist die Zusammenarbeit mit deinem *Schutzengel*. Es gibt heute über den Liebesdienst der Engel reichlich Literatur. Liebesenergien einer ganzen Heerschar von Engeln sind zusammengefasst im *Engel der Gegenwart*, den du aber rufen musst (wenn du keinen anderen hast). Die *Erlösung-im-Licht* ist der wunderbare, gnadenreiche neue Weg der oft dringend erwarteten Befreiung. *Gib dich der Hilfe der Engel hin* anstelle mancher Angebote in der äußeren Esoterik. Die befreundete *Ursula Kreft* hat sich neulich dazu trefflich ausgedrückt, indem sie vom ‚esoterischen Kino' sprach: Nachdem man seinen Eintritt bezahlt und ein Happy-End vorgegaukelt bekommen hat, geht das alte Leben unverändert weiter.
- Es gibt hartnäckige Elementale, die dich wie Dämonen anfallen oder von dir Besitz ergreifen oder dich wie hypnotisiert fremdsteuern. Suche dann einen Heiler, der das Elemental *erlöst und ins Licht heimschickt*. Eigentlich sollte es ein ‚Seel-Sorger' im bereits beschriebenen Sinne sein, der mit den neuen Energien *erlösend* umgehen kann. Damit aber das gleiche oder ein ähnliches Elemental nicht erneut durch *deine* Resonanz in dich

fährt, musst du natürlich g l e i c h z e i t i g dein Denken und dein Leben entsprechend verändern und endlich deine innere Harmonie finden.

Frage: *Alle Menschen bringen doch ein Karma mit in ihr Erdenleben. Was nützt denn das Freiwerden von Fremdenergien, wenn karmische Vorgaben im Menschen selbst schlummern?*

Dieses Menschengeschlecht (laut *Steiner* die fünfte Wurzelrasse) hat sich nach dem letzten Polsprung vor rund elftausend Erdenjahren zu ihrem heutigen Bewusstseinsstand entwickelt, und jede Seele dürfte hunderte von Inkarnationen hinter sich haben – die meisten sicherlich auf unserem Planeten. Alle Seelen bringen aus diesen langen Zeiten mehr oder weniger karmische Rest-Aufgaben mit, deren ‚Aufarbeiten‘ oder deren Happy-End sie sich für dieses letzte Leben vor dem Eintritt in das irdische *Friedensreich* vorgenommen haben – jetzt! Manche Seelen bringen sogar Uralt-Lasten mit aus der davor liegenden Atlantis-Zeit – hat man ihnen wahrscheinlich so gesagt. Aber stimmen überhaupt solche Schuldzuweisungen? Stimmt das vor allem heute noch? Und stimmt das morgen noch für jemanden, der sich bewusst ‚ver-ändern‘ will?

Gehe pauschal (ohne Einzelfälle) davon aus, dass das alles nicht mehr stimmt. Ich behaupte, dass die jetzt inkarnierten Seelen ohne schwere Alt-Lasten in ihrer irdischen Endrunde angetreten sind, dem geistig-seelischen Höhepunkt dieser menschlichen Wurzelrasse. Heute noch von *persönlichem Karma* zu reden, sind für mich billige Ausreden, um sich nicht anschauen zu müssen, was *jetzt* und in den zurückliegenden Lebensjahren alles *nicht* im Sinne *deiner Empfindungen und Gefühle* – also den Signalen deines Allerheiligsten – geschehen ist und von dir *ausgesät* wurde. Das wiegt viel, viel schwerer. Werde daher achtsam und verantwortungsvoll *im Jetzt!* Vergiss den ‚Alten Kram‘ und lebe gegenwärtig! *Suche* keine Entschuldigungen aus der Vergangenheit, sondern *finde in dir* Lösungen, die dich frei machen.

Natürlich gibt es heute auch unzählige Inkarnierte, die sich völlig ohne karmische Aufgaben frei-willig in diese Wendezeit gebären ließen, um hier als *Lichtdiener* zu wirken. Sie leisten gleich-zeitig Mehrfach-Hilfe:
- die Schlummernden aufzuwecken und aufzuklären (...*wache auf und erinnere dich!*),
- die energetische ‚Macht des Lichtarmen und Unwissenden‘ auf den verschiedensten Wirkungsebenen auszugleichen (und diese ‚Freunde‘ schließlich im neuen Sinne zu erlösen) und
- mitzuhelfen, dem ersehnten irdischen *Friedensreich* Gestalt zu geben.

Bist du auch einer davon? An dem Platz, an den dich ,das Leben' geführt hat? Auch hierbei wird deine *Selbsthilfe mit Licht, Liebe und Engeln* im Vordergrund stehen und wird weiter und weiter zunehmen.

Du lebst in einer Welt voller Symbole

Symbole sind Sinn-Bilder, also ,Zeichen', die immer e t w a s dar-stellen, aussagen, aussenden, symbolisieren. Dieses ,etwas' sind stets Schwingungen und feinstoffliche Energien. Symbole sind so alt wie die Menschheit, sagt man, weil aus allen Kulturen verschiedenste Zeichen erhalten geblieben sind. Es gibt dabei welche, die auf allen Kontinenten zu finden sind, und du kannst davon ausgehen, dass diese dann von den alten Magiern, Priestern, Druiden und Schamanen – männlichen und weiblichen Geschlechts – medial und intuitiv empfangen worden sind. Sie sind somit göttlichen Ursprungs oder kommen von kosmischen Lehrern oder auch Eroberern aus dem weiten All. Alle Symbole w i r k e n durch ihre Eigenschwingungen und Frequenzen, und sie können, wie alle feinstofflichen Kräfte, immer positiv oder negativ eingesetzt werden. Sie wirken dann konstruktiv oder destruktiv, heilend oder störend, öffnend oder schließend, schützend oder zerstörerisch, religiös oder materiell.

Symbole gibt es nicht nur als Bild- und Schrift-Zeichen, symbolisch wirken auch alle dafür ,bestimmten' und gedanklich dafür programmierten Gegenstände und Formen und Klänge und so weiter. Alle Symbole sind immer bewusste Schöpfungen, die Energien bringen oder aussenden oder fließen oder zirkulieren lassen – und alles wie immer im positiven wie im negativen Sinne. Einige Beispiele sind: Mandalas und bestimmte Bilder, Firmenzeichen, Figuren, Gegenstände, Spielzeuge, Rosenkränze, Sternzeichen, Instrumente, Klänge und Melodien, Hymnen und Nationalhymnen, Mantren, Gesänge und Choräle, Formeln (in Naturwissenschaft und Technik), Kirchtürme und Minaretts, Glockenläuten, Verkehrszeichen und unzählige aus der gesamten Schöpfung, von den Geschlechtssymbolen bis hin zum vierblättrigen Kleeblatt, dem Glückssymbol aus der Natur. Symbol-Sprache nennt man es, wenn zum Beispiel in der Fernsehwerbung bewusst – ob passend oder nicht – Kinder und/oder Tiere eingesetzt werden, weil damit die energetische Verbindung zu deinem ,Gemüt', also deiner Gefühlswelt, geöffnet wird – und das geht dann an deinem möglicherweise kritischen Verstand vorbei.

Über Harmoniesymbole habe ich in meinem Buch »Bis zum Jahr 2012« berichtet und das atlantisch-altägyptische Symbol für Gott (das Auge im Dreieck) in diesem Buch erwähnt – mit dem Hinweis, dass auch dieses von den Lichtscheuen in ihrer Egozentrik wirksam eingesetzt wird. Sie haben es nämlich ‚wirk-sam' umprogrammiert und umsymbolisiert.

Bezüglich der zwei-deutigen Handhabung von gebräuchlichen Symbolen werde ich dich jetzt ‚einweihen', und wenn du es dir aufmerksam einprägst, wird es dich zu einer neuen Bewusstwerdung führen. Es wird dich bei *jeder Anwendung* zu einem Schöpfer werden lassen, wenn du willst: zu einem gewaltigen Schöpfer. Es geht um das Symbol des Kreuzes. Die Urform ist das gleich-schenklige Kreuz, also das Kreuz mit den gleich langen Balken. Zum energetisch mächtigsten Symbol überhaupt wird es dann, wenn es in einem Kreis einge-schlossen ist und damit die Energien der vier Schenkel vereint werden[55].

Du kennst nun am besten die christliche Anwendung, indem der Balken des Kreuzes nach unten verlängert ist. Das wird allgemein so anerkannt, weil es ja ein Erinnerungssymbol an die Kreuzigung *Jesu* darstellt. So, und damit sind die Gläubigen schon einmal energetisch ‚gefangen'. Statt der Gleichheit der *Christus*-Energien (gleichschenkliges Kreuz) wird die Anbindung ‚nach unten' an die Erde, an die Materie und deren Macht hervorgehoben. Aus dem gewaltigen Pfingsterlebnis – die Vergeistigung des Menschen durch die Lehre *Christi* – wird damit die Kraft nach unten transformiert, in die niederen Schwingungen der Materie.

Außerdem wird täglich das Kreuzzeichen rund um die Erde abermillionen-fach ‚gedankenlos' symbolisiert. Die Handbewegung von oben nach unten bringt dabei die göttliche Energie vom Himmel zur Erde, denn man stellte sich ja schon immer (wie im Märchen) vor, dass Gott irgendwo im Himmel auf ei-nem Thron sitzt. Diesen Energie-Zufluss von oben eliminiert dann jeder Kir-chenchrist sofort wieder, indem er ihn durch den Querbalken mitten durch-schneidet. So, wie man die negativen Energien des Bar- oder Strichcodes auf allen heutigen Industrieprodukten oder Preisaufklebern *löscht*, wenn man ihn mit einem Filzstift quer durchstreicht. Mein *Schalk*, der mich ja wirklich sehr gut kennt, schmunzelt da nur darüber: „...*wer seine mächtigen Kräfte aus dem Allerheiligsten dauernd strömen lässt, kann diesen ganzen Kram vergessen.*" Ich las in einer alten Schrift, dass deshalb auch (im Gegensatz zum Urchristentum) von der Romkirche die Kindstaufe eingeführt worden sei und beim Taufvorgang die Priester den bei jedem Baby angeborenen Ansatz des ‚Dritten Auges' mitten auf der Stirn mit dem querdominanten Kreuzzeichen verschließen.

»Deine Rückkehr zur Göttlichkeit« bedeutet also, dass du ab sofort nur noch ‚bewusst' umgehst mit dem energetisch mächtigsten Symbol, dem Kreuzzei-chen. Ob du dich dabei selbst bekreuzigst oder etwas oder andere damit segnest: Entweder bedeutet dein Querstrich in Zukunft *das bewusste Verteilen des kos-*

misch-göttlichen Energiestroms von oben in die gesamte Horizontale – also an alle Wesen und alle Geschöpfe und die gesamte Schöpfung – »Alles ist Gott«; oder – das ist mein persönlicher Schöpfungsgedanke dabei – *das ‚gleichmäßig' Verteilen des göttlichen Energiestromes aus* d e i n e m *Allerheiligsten nach außen* – wohin oder was immer man sich dabei auch vorstellt und visualisiert.

Sind Symbole gefährlich?

Das war nun ein Beispiel, wie sehr nicht das Symbol selbst wirk-sam ist, sondern die Energien seiner A n w e n d u n g. Der Anwender ist verantwortlich beim Umgang mit solchen Symbol-Kräften – ob er nun dabei Annehmender ist oder Absendender. Und merke: Keine Symbolik, keine Edelsteine, keine Zeichen, kein Anhänger, kein Kniefall und anderes können irgend etwas bewirken, *wenn die Seele nicht mitspielt!* Denn

Symbole sind Hinwendungen und sind Konzentrationen auf irgend etwas, was du vorhast. Tue es daher stets n u r m i t r e i n e m Herzen.

In diesem Sinne kann sich den geistig Erwachenden durch die mentale Technologie des R e i k i auch ein gewisses Gefahrenpotential öffnen. Der weltweite, inzwischen schon abklingende Boom solcher Ausbildungen mahnt zur Vorsicht. Durch bestimmte, meist mentale Symbole und durchgeführte Einweihungen ‚fordert' der Reiki-Praktikant dauerhaft das Einfließen *kosmischer Energie* durch sein körpereigenes Energiefeld an. Er öffnet sich dabei ein Energie-Tor, das nur schwer zu kontrollieren ist und energetisch wohl behütet sein muss. Es gibt Berichte aus den USA, dass immer mehr Praktizierende *nicht stark und rein genug* sind und arbeiten und sich dadurch *selbst* körperliche Leiden zuziehen.

Ich sehe bei solchen pauschalen Warnungen das mögliche Problem wieder *nur* in der A n w e n d u n g: Steht bei dem Fließenlassen kostenloser göttlich-kosmischer Energien (wie auch *Prana, Orgon* und andere) der Profit im Vordergrund, dann werden Schöpfer-Energien ‚tief-materialisiert' und missbraucht – mit allen möglicherweise dabei entstehenden Konsequenzen. Oder wenn es das nicht ist: Innere Instabilität oder Disharmonie des Praktizierenden ermöglichen kein Trennen mehr zwischen gewünschten göttlichen und ungewollten astralen Energien.

Meine persönliche Empfehlung heißt daher: Lasse die unerschöpflichen Energien *aus deinem Allerheiligsten* durch deine Hände strömen und dich auf Spendenbasis entlohnen. Oder suche dir – so du glaubst, solche Einweihungen zu benötigen – den richtigen Lehrer aus (durch vorausgehende Informationsgespräche und nicht nach der Preisliste). Die Reiki-Lehrerin *Hannelore* erklärte mir dazu: *Reiki-Symbole, aber auch jegliche anderen Symbole, nützen nichts, gar nicht, wenn du dich nicht mit der Christus-Energie, dem eigentlichen Ursprung Dr. Usui's verbinden lernst. Vorher und nachher rein sein in den Gedanken – das ist die Handhabung von Ritualen wie auch aller Symbolik. Und außerdem: Stell dir vor, dein Kind oder des Nachbars Kind fällt von der Schaukel. Du glaubst wirklich, erst die Symbole von zuhause holen zu müssen oder sie zu zeichnen? Wahre Liebe, wahre Hilfe fließt immer. Gott ist überall. Klopfe im Geist an und es wird dir aufgetan. Sag: Bitte hilf mir und es wird dir gegeben. Gedanken sind Macht – oft auch materielle.*

Wie findest du zur Selbstliebe?

Frage: *Eine gesunde Natürlichkeit und Einfachheit wird doch heute fast schon unterdrückt. Ist das nicht eine ganz besonders wichtige Einstellung des Einzelnen für die Zukunft von uns allen?*

Ganz sicher sogar. Früher gab es viel mehr die Einfachheit, das Schlichte, das Ungekünstelte, die illusionsarme Realität – auch ganz im Sinne von kindlichem Unverfälschtsein oder von natürlichem, un-technischem Geerdetsein. Jeder Mensch kann wieder glücklich werden, wenn er zur Einfachheit, zum wirklichen Sein, einem ungekünstelten Verhalten und seiner bescheideneren Natürlichkeit zurückfindet. Meine Generation hat noch den Wiederaufbau Deutschlands nach 1945 erlebt. Was wurde da mit einfachsten Mittel ‚geleistet‘ – technisch wie auch persönlich. Die Menschen mussten sich helfen, und das ging selbst-verständlich – man hatte noch sein Selbst verstanden.

Wir leben heute allerdings schon in der *Zeit der Demaskierung*, und das Ursprüngliche, Wahre und Einfache kommt wieder mehr zum Vorschein. Du hast – wie jeder von uns – genauso ‚naturferne‘ Angewohnheiten und Ablenkungen, die du als Illusionen erkennen sollst wie die Großen und Mächtigen, die unsere Zeit in eine ungezügelte Maßlosigkeit und gigantische Unnatürlichkeit ausufern lassen – industriell, ernährungsmäßig, gesundheitlich, im Sozialen, in unserem Anspruchsdenken und vielem anderen mehr.

Bei so gut wie all unseren Betrachtungen findest du wieder zwei verschiedene Sichtweisen des Wortes *Selbstliebe* (die Liebe zum *Selbst*): die Nüchternheit und die Natürlichkeit. Die (bislang nur kirchenseitig geforderte) *Nüchternheit* verstehst du am besten als ...*wieder den Kern der Dinge zu finden. Das Loslassen* von bequemen Ablenkungen ernüchtert, die *Klarheit* deines bewussten Selbst macht sehr nüchtern, und vor allem tut dies das *Freisein von Emotionen und Illusionen*. Es ist die *innere Nüchternheit*, die der inneren Neutralität gleichkommt, der kompromisslosen Hingabe und der freiwilligen geistigen Ernüchterung.

Da dieses Buch ausschließlich die individuelle Seelenentwicklung, also deinen spirituellen Weg, betrifft, geht es nur um deine i n n e r e n Wertigkeiten. Und die heißen dann Akzeptanz und Auf-dem-Boden-bleiben. *Akzeptanz dessen, was ist* – bei dir selbst und bei dem, was du nicht verändern kannst – als bejahende und lebensnahe Nüchternheit, Reinheit und Klarheit.

Als geistig Erwachender erkennst du aber inzwischen *deinen* spirituellen Seelenweg – dein Loslassen von irdischen Anbindungen, dein beglückendes Abgehobensein, dein erleichtertes Freiwerden von Äußerlichkeiten. Dabei entsteht aber die Gefahr, zu weit nach ‚oben‘ abzudriften und unrealistisch zu ‚schweben‘. Dies wäre jedoch lediglich ein W e c h s e l der Polarisierungen – was zuerst zu materie*be*zogen war, wird jetzt plötzlich zu materie*ent*zogen und zu abgehoben.

Wahre Spiritualität und klare Nüchternheit v e r b i n d e n aber durch *bewusste Erdung* diese beiden Pole ‚oben‘ und ‚unten‘ beziehungsweise innen/außen. Der ‚Ernüchterte‘ wird zur Brücke beider Energiepotentiale, und der bereits meisterlich Lächelnde spricht dann von einem strahlenden Regenbogen. Er verbindet die harmonischen Energien des *Lichtreiches* mit denen der *Großen Mutter Erde*. Ein Spruch drückt unseren materiellen Zeitgeist aus: „...du *hast* einen Körper, du *bist* aber kein Körper."

Weil *du dich* nicht mehr als Körper *fühlst*, geschieht es leicht, dass du hart zu ihm bist, oder du mutest ihm zu viel zu oder überlässt ihn zeitgeistigen Manipulationen oder miss-brauchst ihn zu irgendwelchen illusionären Sinnlosigkeiten. Auch wenn du ihn andererseits *nur (energetisch hochfrequent) liebst*, bleibt er etwas Abgetrenntes und Unvereintes – das Gegenteil von Einheit. Nur der fleisch-gewordene Gott, also der *völlig geerdete* und wieder *ernüchtert lebende* Mensch, lebt seine schöpferische Geist-Seele-Körper-Einheit.

Erden-leben und Körper-sein heißt daher auch:
deine reinen, unerschöpflichen Herzenskräfte ‚Fleisch-werden-lassen‘.

Lebe deine Natur

Das andere Verständnisbild ist *deine s p o n t a n e Natürlichkeit*. Durch viel zu viele Regelungen und Vorschriften kamen auch in die Religionen Unnatürlichkeit und die als Nicht-Liebe getarnte Angst. Das Ur-Christliche war ausgesprochen *spontan*. Spontanität ist *Authentisch*-sein, ursprünglich, individuell, lebendig, liebend und natürlich – einfach Freude s e i n. Ein Leben nach Vorschriften, Reglementierungen und Disziplinen, auch nach verwaltenden Computerprogrammen, ist nicht authentisch, nicht natürlich und nicht liebend. Es ist auch nicht mehr ,geerdet' und nüchtern. Es ist ein Leben mit mehr oder weniger Angstgefühlen – bewussten und unbewussten. Angst aber ist der Gegenpol zur allumfassenden Liebe. Und diese ist und war schon immer absolut *natürlich* und *ursprünglich* – ob von einer Mutter oder von Verliebten oder von Gott, der *Großen Mutter* und dem *Großen Vater*.

Es ist die spirituelle Grund- und Urnatur des Menschen, liebend zu sein, jedermann und alles zu l i e b e n und dabei Freude zu schenken. Auch lieben, *ohne sich dabei selbst zu vergessen* – wobei hier nicht von simplem Egoismus die Rede ist. Dein gesundes und dein immer stärkeres S e l b s t w e r t g e f ü h l hilft dir, dich an allem, was du erschaffst und erschaffen hast, zu erfreuen. Einen Teil davon abzulehnen, bedeutet, einen Teil von dir s e l b s t abzulehnen. Wenn es einen Aspekt deiner Schöpfung gibt, der dir nicht mehr gefällt, dann segne ihn und ändere ihn einfach. Triff eine neue Wahl und rufe eine neue Realität herbei – schöpferisch. Dazu schrieb mir – *„du hast den FREIEN WILLEN"* – eine Freundin:

Das ist für das neue Zeitalter so vorgesehen. Das kann aber nur eintreten, wenn der Mensch sich e r l a u b t, geliebt zu werden und zu lieben. Wobei wir wieder bei Ramtha wären: Der Mensch muss sich seiner W ü r d e (...ich bin es wert!) bewusst sein. Der Mensch hat seinen Wert verloren.

Solange er sich nicht für wert hält, das Höchste zu erfahren, hilft die ganze Aufklärung nichts. Das ist nur ein ,Herumgackern' über immer wieder neu gelegte Eier... Die Menschen legen mit ihren ,Gedanken' immer wieder neue Eier, hocken sich drauf und brüten sie aus... Es gibt aber nur ein Ei, das ausgebrütet werden sollte, das SELBST! Schmeiß alle anderen Eier aus dem Nest, brüte keine neuen Eier mehr aus – nur Dein ,EI' des eigenen Selbst.

Auf diesem Wege kommst Du an „*...liebe Deinen Nächsten wie Dich SELBST*" – das Höhere Selbst, dein Allerheiligstes, dein Neues Leben, eben d e i n Leben. Ich habe einmal gelesen:

Was ich dem anderen gebe, gebe ich mir s e l b s t,
was ich dem anderen vorenthalte, enthalte ich mir s e l b s t vor,
was ich dem anderen antue, tue ich mir s e l b s t an.

Wie schnell würde sich alles in Liebe verwandeln, wenn dieses Prinzip verstanden u n d angewendet würde. Doch wenn du meinst, das kann nicht sein, dann müssen wir uns aber schnellstens darauf einrichten, dass *reine-Liebeströmen-lassen* und *ich-liebe-mich-so-wie-ich-bin* wieder zu einem e r f ü l l t e n Selbstwertgefühl führen, das dir – und allen, die mit dir in Resonanz sind – wirkliche Lebensfreude erlaubt.

Aber für eine liebende *Lichtseele* kann das auch ein schmerzhafter Selbstfindungsweg sein, der durch so viele Enttäuschungen erst die Annahme des eigenen ‚Selbst‘ zulässt. So schrieb mir eine mutige Leserin über ihre ‚spirituelle Midlife-crisis‘, die sie während einer Fastenkur besonders tief an eigene ‚Wahrnehmungspunkte‘ kommen ließ, und rührte mit ihrem offenen Geständnis nicht nur mein Herz tief, sondern schreit den Schmerz so vieler *tapferer Kinder des Lichts* laut hinaus:

„Ich habe Anlehnung gesucht, sie nicht gefunden und gelernt, mich an mir selbst anzulehnen. Ich habe Gemeinsamkeit gesucht, sie nicht gefunden und anderswo gesucht. Ich wollte Sicherheit und habe sie nicht erhalten und darf sie nun im Vertrauen für mich selbst schaffen. Ich wollte mich nicht binden, wurde gefesselt und habe mich befreit. Ich wollte Zärtlichkeit, wurde gebraucht, weggeworfen und kann sie mir nur selbst geben. Ich wollte Zweisamkeit, wurde allein gelassen und lerne die Zweisamkeit in der Einsamkeit mit mir. Ich wollte so viel sagen und wurde geknebelt, so dass ich reden lernte. Ich wollte so viel geben; meine Familie nahm es nicht an, und so lernte ich, mir selbst zu geben. Ich bin Liebe, die niemand haben wollte, die ich meinem Selbst gebe. Ich wollte Gefühle, nie Schatten sehen und habe Schatten bekommen, Gefühle wahrgenommen und das Licht immer tiefer gesehen. Ich wollte helfende Hände, habe keine bekommen, nur immer selbst getan und dabei meine eigenen entdeckt: Selbsthilfe. Ich wollte angelächelt, gelobt, anerkannt werden und habe das Gegenteil bekommen: ausgelacht, getadelt, verachtet und dabei gelernt, mich selbst anzulächeln, zu loben, anzuerkennen. Ich wollte gestern Deine Stimme hören, um mich zu trösten, habe nur das Piepsen vom Telefax gehört und meiner eigenen Stimme gelauscht, die schön klingt. Ich möchte gerne in liebende Augen sehen; alle sind weit weg und so lerne ich, in meine eigenen im Spiegel zu sehen. Ich möchte die Seelen auf Erden strahlend und glänzend sehen und lerne dabei, selbst immer mehr zu strahlen und glänzen. Ich möchte, dass sie sich annehmen, über Ablehnung lächeln und lerne dabei, mich selbst anzunehmen. Ich möchte Veränderung – und kann mich nur selbst verändern."

Danke, wenn du nicht vergeben kannst

Wenn du schon andere Bücher über Selbstfindung, über Gedankenschöpfungen, Lebensveränderungen und mentale Techniken aufmerksam gelesen hast, wirst du feststellen, dass das wichtige Thema des *Verzeihens* und der *Vergebung* bisher fehlt. Ich habe es ans Ende des Buches gesetzt. Dies ist nämlich eine Forderung, die einem sehr leicht über die Lippen geht und nur selten wirklich funktioniert.

Eine Redewendung heißt: *...vergeben und vergessen.*
Meine Empfehlung dazu heißt aber: *...akzeptieren und danken.*

Was meine ich damit? Jemandem etwas zu vergeben, was ihm leid tut, geht ja meistens noch. Wenn man die Ehrlichkeit dahinter spürt, kann es sogar leichtfallen. Aber auch vergessen? Solange irgend ein schmerzlicher Vorgang nicht *vergessen* ist, erhält sich eine unsichtbare energetische Verbindung mit dem Schmerzverursacher. Das bleibende Problem dabei ist die Erinnerung. Erinnerungen sind Abspeicherungen in den Zellen – Zellerinnerungen, und die sind eingebrannt wie in eine CD-ROM.

Wenn du jemandem *vergeben* musst, dann hat er dir etwas angetan – sicher etwas Schmerzliches. Und da Leid und Schmerz immer mit unterschwelligen Ängsten verbunden sind, kann zwar *vergeben* und *verziehen* werden, aber kaum *vergessen.* Somit wird dadurch das geheimgehaltene Paket ,versteckte Ängste' noch etwas größer und zugleich auch dein gefürchteter *Zentralkonflikt.*

Da ich davon ausgehe, dass unsere Zeiten-Wende auch bei diesem Seelenentwicklungsprozess (vergeben und vergessen) Neues anzubieten hat, habe ich eifrig gesucht und in mich gehört und bin eines Tages zu folgender Erkenntnis gekommen: Wenn dir etwas *Schmerzliches* widerfährt, dann hat das immer etwas mit dir oder deiner Situation zu tun. Immer! Andere Autoren schreiben vom ,Spiegel', der dir damit vorgehalten wird, und ich erkläre es immer mit Resonanz, ganz einfach ,Resonanz'. Damit irgend eine Energie, auch eine feinstoffliche, resonieren kann (lat. *resonare:* zurücktönen), bedarf es grundsätzlich *zweier gleichschwingender* Dinge oder Situationen oder Personen. Somit schließen wir daraus, dass eine Sache um so wichtiger für dich persönlich ist, je schmerzlicher du sie empfindest. Diese Erkenntnis ist zwar schon ,gehobene' Esoterik, aber ein klarer spiritueller Grundsatz.

Wenn nun jemand diese unangenehme Rolle übernommen hat, dir ein geistig-seelisches Defizit zu ,zeigen' und es in dir – dank deiner Emotionen – aufzudecken, dann musst du ihm doch nichts vergeben und verzeihen? Du müsstest ihm ja eigentlich *dankbar sein*. Und zugleich auch deinem Schutzengel oder deinem Familienbewusstsein oder deinem Allerheiligsten – denn jemand aus dieser Führungs-Trinität hat ja bei deinem Gegenspieler etwas auslösen müssen, was allen dreien bei dir selbst nicht gelungen ist. Warum wohl?

Anstatt nun aus irgend einem Schuldgefühl heraus jemandem Vergebung nachzuschicken – ob er nun darum gebeten hat oder nicht –, kannst du einfach das Zurückliegende *akzeptieren* und dafür *danken* und dann natürlich viel leichter *vergessen*. Akzeptanz ist schon eine sehr beruhigende innere Basis, die loslässt und frei macht. (Mein *Schalk* feixt und flüstert: *„…jetzt kannst du schreiben: Kröte doch geschluckt oder Stein vom Herzen gefallen."*) Akzeptanz und Dankbarkeit liegen ganz eng beisammen, und Akzeptanz kann daher leicht in Dankbarkeit *gesteigert* werden, denn letztere hat nun einmal eine noch höhere Schwingungsfrequenz. Sie ist quasi die Bestätigung und ausdrückliche Annahme des Akzeptierten.

Wer es fertigbringt, *aus Liebe zu vergeben*, kommt damit in die höchste Schwingung. Denn dabei muss dir dein Kopf nicht mehr ‚erklären', dass da ja etwas ‚spiegelt' und etwas mit dir zu tun hat und irgend ein Problem existiert. *Vergeben* wird dann zu einer Liebeserklärung und zu einem ganz persönlichen Ausdruck einer verbindenden Liebe.

Die Macht des Dankens

Der innere Gott sprach zu *Eileen Caddy*[64]: *„Mit einem Herzen voll Lob und Dank kannst du dich in große Höhen erheben."* Das war 1986, seit etwa dieser Zeit habe auch ich mich bemüht, in meinen Gebeten anstatt *„bitte"* immer öfter *„danke"* zu sagen.

Beginne mit einem *„Danke"*:
Nimm zum Beispiel *den Morgen* eines neuen Tages. Höre in dich hinein, ob du dich nicht etwa vor etwas ängstigst, wenn du um etwas *bittest*, was an diesem Tag noch geschehen soll. Kannst du dich in deinen Gedanken oder deinem Gebet oder deinem Zwiegespräch mit …… wirklich frei halten von den Schwingungen einer unterschwelligen Angst? Einer Mangelsituation, die du hast? Von Erinnerungen, die dich belasten? Vom Gestern, als man dich verletzt hat? Nur ganz schwer, und dadurch kannst du eigentlich gar kein r e i n e s Bitte formulieren, von dem du möchtest, dass es optimale Voraussetzungen für *dein Heute* ‚erschafft'.

Gehe lieber aus dem *Bitte aus Mangel* in das *Danke der Fülle* und beginne deinen Tag damit, dass du dankst. Lasse dabei alles Gestrige und Zurückliegende hinter dir – du bedankst dich ja dafür – und beginne neu. Bedanke dich dafür, *dass du geführt sein wirst* und dass diese Energien um dich bleiben, den ganzen Tag. Bedanke dich dafür, *dass es dir besser geht* als Milliarden anderen – und ähnliche Erkenntnisse, die dich erheben, optimistisch machen und stark.

„*Danke*" als Gegenwärtigkeit:

Im Islam heißt es: *Danke immerzu!* Du kennst vielleicht die Herren mit dem Rosenkranz in der Hand. Perle für Perle heißt es: *Danke Allah, danke, danke...* Sicherlich laufen da auch eingefahrene Routinen ab, wer von den Gläubigen das aber *bewusst* macht, der ist eigentlich immer in der Gegenwart, im Jetzt. Eine uns unbekannte Seite des Fatalismus – frei von Vergangenheitsschuld und Zukunftsangst.

Danke täglich, danke für das, was du hast, und danke auch als gefühlvolle *Erdung.* Wir alle vergessen immer wieder die *Große Mutter*, wir sind im Religiösen ganz selbstverständlich vater-orientiert. Seit ich durch die Zusammenarbeit mit der Schwäbin *Hannelore* bewusst miterleben darf und muss, wie *gotterbärmlich* (das ist schwäbisch) der übliche Umgang der Menschen mit der *Mutter Erde* ist, erkenne ich immer mehr die Gefühls-losigkeit des modernen Menschen. Wie weit haben wir uns heute schon von *unserer lebendigen Natürlichkeit* wegbewegt? Von unserer eigenen und der uns umgebenden Natur? Da alles Energien sind, muss ich fragen: *Leben wir noch i n der Natur und i n der Natürlichkeit?* »Alles ist Gott« - also danken wir Allem!

Hannelore hat einmal gehört *...die Erde ist ein Paradies. Sie ‚war' es nicht, wie man euch erzählt, sondern sie ist es bis heute. Ihr ahnt nicht, wie traurig das Leben auf den dunklen Planeten ist, den grauen und farblosen. Liebt euer Paradies!* Das erinnert mich an ein Gespräch mit einem Oberschwaben, der am Bodensee lebt und für den diese Landschaft Alltag ist – Schulterzucken! Für andere ist es ein ersehntes Urlaubsziel.

„*Danke*" als Auslöser:

Dass du denen dankst, die dich durch dein Leben führen, ist klar – auch wenn du dieser liebenden Führung nicht immer gewahr wirst. Das lässt sich aber noch steigern. Unser Innerstes, das Allerheiligste und das Zellgedächtnis, wissen ganz genau, *was wir sind* und *wie* unser Lebensziel aussieht. Dieses unser Innerstes will ‚leben' und kann sich aber unter der Dominanz des weltgewandten Egos kaum selbst-finden. Durch das „*...ich danke jetzt für...*" aber, wird dem Materialisierungsprozess all dessen stattgegeben, was noch unentdeckt in dir vorhanden ist und schlummert. Das ist dann das dringende Geistigerwachen. Und das ist der leichteste Selbstfindungs-Prozess, der möglich ist – ob jemals ein ‚Ergebnis' erkennbar wird oder dieser Prozess uns lebenslang beschert bleibt, kann ich selbst noch nicht beantworten.

„Danken" mit segnen:

Das ist meiner Meinung nach die befreiendste Schwingung überhaupt, mit der man sich von Vergangenem trennen kann. Wenn du dem *Danken*, wie vorgeschlagen, eine ehrliche *Akzeptanz* vorausgehen lässt, dann veredelst du diese schon sehr hohe Schwingung noch um ein weiteres – um *die Kraft deines Segens*.

Als Rollenspiel könntest du dir das so vorstellen: Durch ein ehrliches Akzeptieren hast du tatsächlich alle Anbindungen ‚nach unten' abgeschnitten und bist frei geworden. Anstatt durch ‚bitte' nun von unten nach oben blickend (Gott ist ja nicht irgendwo ‚oben', sondern in dir), stehst du durch dein ‚Danke' wie auf der Theaterbühne deines großen ‚Spiels der Götter' und nimmst den Applaus des/der Losgelassenen entgegen. *Danke, danke, danke...* Verbeuge dich in Achtung – vor den anderen und vor dir selbst. Und aus deinem wunderbaren Gefühl heraus, dass du (in diesem Moment oder diesem Fall) Meister bist im Umgang mit deinen Gefühlen und Emotionen, du quasi in einem abgehobenen Gleichgewicht fast schwebst, schenkst du deinen Segen (der weiter nichts ist als Liebe) dem Rest der Welt. Genieße dieses ‚Spiel der Götter', und mache dich damit *wirk-lich und dauerhaft frei*. Es ist der schönste und reinste Weg des *inneren Loslassens* und völligen Verabschiedens innerer und äußerer Energien.

Loslassen durch *akzeptieren – danken – segnen*.
Wenn du es erst ein paarmal erlebt hast,
fühlst du, was echte und reine innere Stärke ist!

Bei einem ihrer *Christ-All* (Kristallsalz-) Fasten-Wochenseminare habe ich bei *Hannelore* das gemeinsam gesungene evangelische Kirchenlied – *Danke für diesen guten Morgen* – kennengelernt, in dem jede Zeile mit *danke* beginnt, achtzehn mal und mit großer Tiefenwirkung. Ein zeitloser und beruhigender Rundumschlag für unseren Alltag.

Fühle dich geborgen

Engel ist in unserem jüdisch-christlichen Raum der religiöse Begriff für geistige und übernatürliche Erscheinungen. Aus dem Alten Testament stammt wieder die Spaltung zwischen guten und bösen (gefallenen) Engeln, als wenn es das polare Denken der Erdenmenschen auch in den göttlichen und himmlischen Dimensionen gäbe. Die erdbesuchenden Außerirdischen anderer Planetensysteme mit ihren Zivilisationen im Altertum und in der Prähistorik sind verständlicherweise stets als *Götter* oder *Engel* angesehen worden. Dadurch sind all die schlechten Erfahrungen der Menschen mit ‚Jenen' aus dem vermeintlichen Jenseits entsprechend in den ‚mündlichen Überlieferungen' erhalten geblieben und verwirren heute noch nicht nur die christliche Lehre, sondern auch immer noch den neuen *Markt der Engel-Bücher*.

So gibt es zum Thema *Engel* ausgesprochen widersprüchliche Berichte. Denn die jeweiligen ‚Berichter' und der jeweilig geltende Zeitgeist haben vielfältigste Beschreibungen und Bräuche hervorgebracht. So versuche ich in diesem Kapitel ganz grob zu trennen zwischen *historischen Beschreibungen* der unvorstellbar riesigen und mächtigen Engel-Hierarchien, solchen Darstellungen, die uns heute *aus dem Engelreich direkt gechannelt* wurden und werden und dem *praktischen Umgang* mit dem Geführt-werden aus diesen Dimensionen.

Als zwei völlig gegensätzliche Verständnisebenen der *historischen* Aufarbeitung kann ich die beiden Sachbücher erwähnen: »Die Lehren der Essener« von *Dr. Edmond B. Székely*[67] und »Engel – die kosmische Intelligenz« von *Matthew Fox/Rupert Sheldrake*[68]. Die Essener (sprich *Esseener*) wussten genau, wie sie die Kräfte der Natur und des Geistes, die sie als Engel bezeichneten, in sich aufnehmen und ihrer in ihren täglichen Handlungen bewusst bleiben konnten. So entstand zwar ein sehr detaillierter und ehrfürchtiger, aber auch ein äußerst liebevoller Umgang mit ihren Engeln und deren Kräften – frei von Wertungen und Ideologien.

Anders im Buch von *Fox/Sheldrake*. Hier werden die Engel-Hierarchien in Verbindung mit den Kirchenlehrern *Dionysios* und dem *Heiligen Thomas von Aquin* wie auch der Mystikerin und Prophetin *Hildegard von Bingen* im theologisch-wissenschaftlichen Sinne auf ihre Aktualität überpüft. Das Wiedererwachen des allgemeinen Interesses für das faszinierende Engelreich wird als *neue Kosmologie* verstanden. Die physikalische Brücke zu einem modernen Verstehen bilden dabei die *Photonen*. Engel sind *Erscheinungen* und *Lichtwesen*, und mit den Photonen wird der veränderte Charakter des höherschwingenden Lichtes der Neuen Zeit bezeichnet – denn Photonen sind Elementarteilchen des Lichtes. Auf diesem Wege werden Erklärungen gefunden, wie diese Lichtwesen sich gedankenschnell bewegen können, zeit- und alterslos *erscheinen* und dementsprechend transparent, durchsichtig und masselos ‚sind' – *Energie aus dem ‚Ewigen Jetzt'* (*Sheldrake*). Die gleiche Energie bezeichne ich in diesem Buch ‚un-geformt'. Diese beiden Bücher sind brillante Darstellungen aus dem Bereich des Denkens und der Ratio und sind somit aber auch noch *Alte Welt*.

Der *praktische Umgang* mit Engelenergien ‚funktioniert' ausschließlich über das *intuitive Fühlen* und das *liebevolle Herz*. Denn eine Veränderung unserer Zeit kommt am leichtesten durch ein derartig geführtes Handeln und Tun (mit seinen vorausgegangenen inneren Entscheidungen). Das dabei auf Engel bezogene *Wissen der Neuen Zeit* kommt in den letzten Jahrzehnten direkt aus dem Engelreich selbst, nämlich medial empfangen oder gechannelt. Eine Vielzahl solcher Bücher über diese liebenden und hilfsbereiten himmlischen Wesenheiten und ‚Erscheinungen' sind neu erschienen. Über deinen Gefühlsbereich sprechen sie direkt deine Seele an, umgehen deinen Kopf und öffnen diese dem Vertrauen zum überirdischen und ‚himmlischen' Geführt-werden – zu einem neuen *Gottvertauen*.

Engel leben auch unter uns, vielleicht zu Millionen. Denn sie können menschliche Körper annehmen, um bestimmte Aufgaben zu erledigen. Früher hat *ihr Erscheinen*, das In-Erscheining-treten, schon viel bewirkt, heute bedarf es auch der *Tatkraft*. Und unsere Zeitenwende, der Auftakt zum Friedensreich, ist eine gewaltige Aufgabe, die jede Unterstützung braucht.

Das Engelreich ist aber ansonsten eine eigene Welt und hat mit der Welt der Menschen nichts zu tun. Wir, die göttlichen Teilaspekte, die zu schöpferischen Menschenseelen wurden, haben unser eigenes Seelenentwicklungsprogramm, um über zigtausende von Erdenjahren wieder in die ursprüngliche Vollkommenheit zurückzufinden – die Rückkehr zur Göttlichkeit. So etwas brauchen Engel nicht. Sie sind keine eigenwillig-schöpferischen, sondern in Liebe dienende Energien, die immer rein geblieben sind. Daher können sie auch M i t t l e r sein zwischen der All-Einheit und der verselbständigten Menschenwelt.

Wir reden von alters her von Schutzengeln, und zu leicht ordnen wir diese den Kindern zu, um ihnen damit bei ihren Ängsten zu helfen. Das ist völlig richtig, aber bezüglich der energetischen Macht der Engel eine verständnislose Abwertung.

Jede Menschenseele hat als ‚Betreuer' einen Engel, der sich gerne als Schutzengel ansprechen lässt. Er kann eng neben dir stehen, muss aber möglicherweise einen großen Abstand halten, wenn dein Körperenergiefeld disharmonisch, störend und niederfrequent oder gar zerfetzt ist. Da er nichts an dir verändern, sondern dich stets nur *begleiten* kann, ist er auf dein Dich-Öffnen und deine Resonanz angewiesen. Rufst du ihn in Liebe, hast du in ihm deinen besten Freund. Alle Seelen, die jetzt auf dem Weg ins Licht sind – im sogenannten

Lichtkörper-Prozess –, erhalten auch von seiten der Engel angeblich eine eigene (spezielle?) Führung. Mein *Schalk* meint: „*...wie bei den schnellen Autofahrern. Für die über zweihundert Stundenkilometern gibt es eine Schutzengel-Spezialeinheit.*"

Dein Umgang mit Engeln ist ein Seelenkontakt und ein Herzensweg. Schalte dabei deinen Kopf aus, vergiss Theorien und gehe in die Praxis. Übe, übe, übe und vertraue, liebe, lasse zu. Du wirst staunen, was sich da alles tut. Und sei ihnen dankbar. Das ist das einzige, was sie annehmen wollen und können: deine Liebe, deine Dankbarkeit und deine Anerkennung. Dann könnt ihr ein göttliches Paar sein – ein göttliches Seelenpaar. Vergiss dabei nicht, dass du deine eigene Persönlichkeit bist, eine Einzigartigkeit, und dein Engelkontakt somit auch völlig individuell sein kann und nichts damit zu tun hat, wie ‚man' mit der Engelwelt umgeht. Lasse dich einfach führen, wenn du in einem Spezialprospekt oder in einer Buchhandlung verschiedene Engelbücher siehst – triff deine Kaufentscheidung ohne Kopf und nur mit dem Herzen.

Wenn du dir dann etwas ‚Wissen' angeeignet hast: *lerne selbst weiter*, forsche, frage, glaube, vertraue und lasse geschehen. *Du* mit *deinem* Engel – andere haben ihre eigenen Erfahrungen, *du machst deine*.

Ein kleines Beispiel: Wenn es mir sehr wichtig war, habe ich schon oft die *mächtigen Engel der Wolken* gebeten, mir zu dem und dem Moment oder der und der Stunde das richtige Wetter zu schicken. Das hat eigentlich verlässlich geklappt. Wenn es das aber einmal nicht tut, dann hat es keinen Sinn herumzumeckern und zu drohen *...wenn das nicht besser klappt, liebe ich euch nicht mehr*, sondern darüber zu lachen, sich zu bedanken und zu erkennen: *...wer weiß, wovor ihr mich damit geschützt habt.*

Wenn wir einerseits von unserem irdischen ‚Schöpferspiel der Götter' sprechen, so gibt es auch ein *Engel-Spiel*. Engel sind nämlich ausgesprochen spielfreudige Energien, nicht nur die kleinen mit dem Pfeil und Bogen, die uns Glück und Freude bringen (auch wenn es dann manchmal nur eine Zeitlang anhält). Eine wunderschöne und erstaunlich perfekte Kommunikation mit den Engeln sind E n g e l k a r t e n. Davon gibt es verschiedene Systeme, welche deine jenseitigen Freunde nutzen, dir antwortähnliche Hinweise zu deinen Lebensfragen zu geben. Lasse dich führen, wenn du eines der verschiedenen Systeme aussuchst oder – was ich empfehle – warte ab, was auf dich zukommt.

Trotzdem

Die Leute sind unvernünftig,
unlogisch und selbstbezogen.
Liebe sie trotzdem.

Wenn du Gutes tust,
werden sie dir egoistische Motive und Hintergedanken vorwerfen.
Tue trotzdem Gutes.

Wenn du erfolgreich bist,
gewinnst du falsche Freunde und echte Feinde.
Sei trotzdem erfolgreich.

Das Gute, das du tust,
wird morgen vergessen sein.
Tue trotzdem Gutes.

Ehrlichkeit und Offenheit machen dich verwundbar.
Sei trotzdem ehrlich und offen.

Was du in jahrelanger Arbeit aufgebaut hast,
kann über Nacht zerstört werden.
Baue trotzdem.

Deine Hilfe wird wirklich gebraucht,
aber die Leute greifen dich vielleicht an, wenn du ihnen hilfst.
Hilf ihnen trotzdem.

Gib der Welt dein Bestes,
und sie schlagen dir die Zähne aus.
Gib der Welt trotzdem dein Bestes.

(Schild im Kinderheim Shishu Bhavan, Kalkutta)
gefunden in NATUR UND HEILEN 5/2001

Sechster Teil

Deine Rückkehr zur Göttlichkeit

Zurück in die Neue Zeit

Unsere Rückkehr zur Göttlichkeit bedeutet:

- Lasst uns das ‚Spiel der Götter‘ *weiterspielen*, aber die Spielregeln *über-prüfen* und das Spiel der Neuen Zeit und den neuen Schwingungen und dem neuen Tempo *anpassen*;
- lasst uns *zielgerechter spielen*, ausgerichtet auf die fünf unerschöpflichen Herzenskräfte und nicht auf die anderen vielfältigen Ziele der Ablenkungen;
- lasst uns »*in Resonanz mit Gott und Göttin*« sein, die jeder von uns als Erbe in sich trägt;
- lasst uns die Überfülle unserer unerschöpflichen Herzenskräfte nutzen, um *mehr zu geben* als zu empfangen;
- lasst uns die Reinheit unserer unerschöpflichen Herzenskräfte zu unserem *mächtigsten Schutz aufbauen* gegen alles auf der Welt, was nicht im göttlichen Sinne schwingt;
- lasst uns uns selbst finden und *unsere Einzigartigkeit* annehmen;
- lasst uns Spannungen – in uns und um uns – abbauen und ins Gleichgewicht, in Gleichklang, Harmonie und *in die Friedfertigkeit führen*;
- lasst uns immer wieder und *immer wieder danken* und uns selbst und einander als schuldlos ansehen;
- lasst uns nur im *Hier und Jetzt* spielen und liebevoll und freudig die Gegenwärtigkeit erfüllen und in Ganzheit denken und leben;
- lasst uns ohne Ängste die *Veränderungen annehmen*, die auf uns zukommen, sie kommen ja nicht grundlos;
- lasst uns *nie stehenbleiben*, sondern immer weiter und weiter spielen, wir halten sonst die anderen auf;
- lasst uns erkennen, dass wir energetisch mit allem verbunden sind, und *unsere Gedankenkräfte verantwortungsvoll nutzen* – »Alles ist Gott«;
- lasst uns unsere *wiederkehrende Weiblichkeit* bewusst annehmen, leben und erleben und uns dabei selbst nicht wiedererkennen;
- lasst uns durch unser Fühlen und unsere Gefühle *die Liebe-zu-allem* und zur mächtigen und liebenden *Großen Mutter Erde* voll Freude fließen lassen und spürend annehmen;
- lasst uns mit Mut erkennen, dass gerade ‚*Jetzt!*‘ der richtige Moment unserer Umkehr gekommen ist – zur *Rückkehr zu uns selbst*, und
- *lasst uns unser Licht leuchten lassen* und *ein Licht in der Welt sein*.

Frage: *Wie passt eigentlich seelischer Fortschritt, den wir alle wollen, zu deiner Betonung auf eine Rückkehr?*

Rückkehr ist das Stichwort für deine Selbst-Findung, das Höhere Selbst oder das Allerheiligste in dir, nämlich deine Göttlichkeit. Das ist eine Rückkehr aus dem Außen, von der Oberfläche in deine Innerlichkeit, denn das Göttliche ist ja in dir. Aber wir wissen inzwischen »Alles ist Gott«, und so musst du auch das *Außen*, die Natur als Schöpfung und die Natürlichkeit in deine Gedankenschöpfungen mit einbeziehen. Doch auch dabei gibt es nur eine einzige wichtige Betonung oder sogar Forderung: Z u r ü c k zum Einfachen, zum Natürlichen, zum Ursprung.

Der *Kosmos* macht es uns vor. Das griechische Wort *Kosmos* heißt Ordnung, das Wort *Chaos* heißt Unordnung, und beide Worte wurden damals ganzheitlich verstanden: *gottbezogen* – also ‚Ordnung mit Gott‘ oder ‚Unordnung ohne Gott‘. Die Trennung von Gott/Geist und Materie wurde erst im 17. Jahrhundert in Mitteleuropa vollzogen, und zumindest bis dorthin müssten wir wieder zurück. Aber der große Zyklus der anstehenden *Rückkehr der Seelen* wird uns aus dem Kosmos, der großen Ordung, in ‚kosmischen‘ Dimensionen vorgegeben. Dies ist das sogenannte *Platonische Weltenjahr*, wie ich es im Glossarium unter ‚Zeitenwende-Wendezeit‘ beschreibe und es Inhalt meines Buches »Bis zum Jahr 2012« ist.

Der Eckpunkt, der Wendepunkt, der ‚point of return‘, der alle dreizehntausend Erdenjahre auf die Menschheit zukommt, ist jetzt für uns multidimensional geworden: *galaktischer Höhepunkt* für unser ganzes Sonnensystem, *aktuelles Zeitgeschehen* für unseren lebendigen Planeten Erde (Rückkehr zur liebenden Schöpferin), die *Revolution der vernachlässigten Seelen* in unserem Innersten (Apokalypse) und damit die persönliche individuelle *Rückkehr zur Göttlichkeit* aller Menschen hier auf Erden, die dazu fähig und bereit sind.

Alles kommt uns heute schon schneller vor, es kommt uns aber auch intensiver vor, weil es für viele Geistigerwachte b e r e i t s rückwärts geht, wie uns erklärt wurde. Auf elftausend Erdenjahre kommen nach dem Wendepunkt ganze zweitausend. Die Hindus nennen das von alters her *Ausatmen* und *Einatmen Brahma's*. Stelle dir ein Gummiband vor, das sich dehnt und dehnt – auf einmal schnellt es zurück. Lang – kurz ist der Rhythmus, lang – kurz ist der Zyklus. Der Mediziner weiß: Ein Jahr Krankheit bedarf eines Monats der Heilung. *Jesus* erklärt uns *...tausend Jahre werden sein wie ein Tag*, und *Paulus* verrät uns in seinem Korintherbrief (15,51-53) ein Geheimnis: *...wir werden alle verwandelt werden, und zwar plötzlich, in einem Augenblick, beim letzten Posaunenschall...*

Frage: *Haben die vielen Menschen, die heute ausschließlich mit ihrer Selbster-*
haltung beschäftigt sind, die wirklich nötige und die nur eingebildete, überhaupt
eine Wahl, den spirituellen Weg zu gehen?

Der ‚Spirituelle Weg‘ ist ein *Seelenweg*, und du fragst eigentlich, welche Wahl
die Seele hat, wenn der Mensch mit seinem Kopf und seinen Alltagsproblemen
voll beschäftigt ist, keine Zeit hat, nachzudenken und seine Gefühle, die Sprache
seines Herzens, zuzulassen oder ernstzunehmen.

Das ist zuallererst eine ‚Wahl‘ der Seele. Denn sie weiß ja, was sie sich vor der
Geburt in diese Materie und Erfahrungsebene vorgenommen hat, wie ihr Lebensziel aussieht. Hat sie sich ein Leben in der Materie ausgesucht, das ‚jetzt‘
viel bequemer als zurückliegende ist, und will das einfach erleben und wird sicherlich noch oft in die Materie inkarnieren, dann ist ihr das ‚Erleben‘ mit Freud
und Leid wichtiger, und sie wird gar keine Resonanz zu diesem oder ähnlichen
Büchern, Gesprächen oder einem ‚Geschehenlassen‘ haben. Auch das ist gut so
wie es ist, und deren Allerheiligstes wird sicherlich in Resonanz mit millionen
Gleichschwingenden zu speziellen Eigenlösungen kommen. Ich las einmal in
einer gechannelten Botschaft, dass solche Seelen einfach in einem gewaltigen
Hologramm in eine andere Galaxie oder Parallelwelt umgesiedelt werden und sie
ihren Seelen-Entwicklungsweg weiter und weiter gehen können.

Hat sich *deine Seele* aber ein Happy-End der vielen Inkarnationen vorge-
nommen und ein endgültiges Freiwerden von weiteren Inkarnationswünschen –
zumindest auf dem Planeten Erde –, dann wird sie die große Chance und Gnade
nutzen, die ihr mit dem Erleben der Wendezeit und den Meta-Energien ‚jetzt‘
geboten wird. Und diese *deine Seele wird revolutionieren*, keine ‚Ruhe‘ mehr
geben und not-falls zu schmerzlichen Impulsen greifen, um sich endlich durchzusetzen – gegen deine versteckten Ängste und dein selbstsicheres Ego.

Denn deine Seele will z u r ü c k ins Licht.
Und dann musst du immer mehr und mehr l o s - l a s s e n.

Es wird alles neu geordnet

Das möchte ich zur großen, wichtigen Botschaft dieses Buches machen:
* **Lasse los,** damit du geführt werden kannst;
* **lasse dich führen,** damit deine Gedankenschöpfungen im Einklang mit
  der ganzen Schöpfung, der *Großen Mutter* und dem *Großen Vater* sind;
* **lasse dich führen,** damit du immer mehr zu *vertrauen* lernst und deine
  Ängste, auch die heimlich und zutiefst versteckten, bewusst loswirst;

- **lasse dich führen**, damit du deinen *erfüllten* (und einstmals ausgewählten) Platz zwischen *all den anderen aktiven Lichtkindern* findest und ihn mit Überzeugung einnehmen kannst,
- denn bereits jetzt und in den nächsten Jahren wird auf unserem Planeten
- **a l l e s   n e u   g e o r d n e t.**

In meinem Buch »Bis zum Jahr 2012« heißt der vierte Teil »Neue Erde und neuer Mensch«, und wie ich beschrieben habe, verändert sich vieles durch die *Transformation der aufgestauten Energien* von Erde und Mensch – nicht durch Vernichtung und Untergang von Erde und Mensch.
Inzwischen haben wir gehört: „...es wird alles neu geordnet!"

Damit bekommt der Einzelne einen noch höheren Stellenwert. Denn ‚geordnet' wird nach unseren Herzensqualitäten; der Reinheit unserer Gefühle; dem richtigen Umgang mit unserem Ego; dem Freisein von unseren versteckten Ängsten; dem Mut, unsere Gefühle zu leben; dem Vertrauen, uns führen zu lassen; dem Gefühl, mit Allem verbunden zu sein (»Alles ist Gott«), unser Licht leuchten zu lassen, dem Licht damit zum Sieg zu verhelfen und sicher noch nach sehr vielen anderen Kriterien mehr, die wir zur Zeit nur erahnen können – aber vielleicht morgen schon klarer sehen und einiges mehr erkennen.

Auch wenn die Schwingungen der neuen Weiblichkeit es uns erleichtern, mehr *Liebe* in unser Leben und unser Miteinander zu bringen, können wir zusätzlich auch unseren Verstand mit einspannen, und dieser kann leichter mit der göttlichen Energie *Licht* umgehen: das *eigene Licht leuchten lassen* und nicht unter den Scheffel stellen, *Licht in so viele Dinge bringen* und die *richtigen Stellen anleuchten.*
Sei ein ‚heller Kopf' und erhebe dich aus deinem Dahin-‚dämmern'.

Leuchte! – auch wenn du damit wie ein Licht bei Nacht die lichtsuchenden Insekten anziehst –, denke dir: „...das sind nur Motten" *und leuchte weiter!*
Beteilige dich an dem ‚Neo-Kosmos', die Neuordnung i n d e i n e r Umgebung, deiner Welt, vor allem in der Natur, mit der du immer verbunden bist (auch wenn dir dein Kopf etwas anderes einredet). Das Licht wird verwandelt und transformiert in der Natur, und du nimmst es hundert-fältig in dein Erdenleben auf: als feinstoffliche Energie, als Reinheit in allen Formen, als Lebensmittel, als Medizin, als Dienst der Elemente und Elementarwesen. Empfinde auch hier »Alles ist Gott«.
Sei Gedankenschöpfer und werde damit Schöpfer der Neuen Ordnung!

Lasse dich führen! Durch die Meta-Energien, die immer höher und reiner und klarer schwingen, kommt jeder auf seinen Platz. Lasse es geschehen. Nimm es an. Das kann aber n u r durch *Loslassen* geschehen. Schreibe eventuell deine *Alt-Liste* neu, denn du hast ja jetzt eine neue Perspektive, einen veränderten Standpunkt.

Sei Gedanken-Schöpfer und schreibe auch *deine Jetzt-und-Heute-Liste* neu. Schreibe sie ganz groß auf ein großes Blatt. Wenn du keinen Platz findest an der Wand oder dir noch der Mut dazu fehlt, lege sie unter dein Bett, aber schreibe sie

für die Menschheit,
für die ganze Welt,
für den Kosmos.

Es ist alles für uns vorbereitet,
wir müssen nur gehen und uns nicht weiter festhalten.
Denn die Rückkehr zur Göttlichkeit
ist ein ‚Spiel der Götter‘ ohne Ängste!

Viel Erfolg!

Euer Johannes

Eure Pannelore

Namenregister

Abraham 50, 78
Adam und Eva 85, 200, 211
Alba Maria 29, 190
Amiyo 173
Ananda 60, 61, 83, 84, 136, 245, 301
Anya 44
Babaji 104, 115, 122, 137, 138, 141, 184, 303
Banis, Dr. Reimar 238, 241, 242, 305, 306
Barnett, Michael 255
Benveniste, Jacques 91
Bilau, K. 184
Bingen, Hildegard von 281
Blum, Ralph H. 179, 223, 304
Brückmann, Udo 59, 302
Buddha 13, 61
Caddy, Eileen 251, 278, 305
Christus 72, 97, 98, 148, 149, 166, 177, 184, 193, 199, 236, 247, 298
Cicero 96
Constancius 50
Dietrich, Hannelore 21, 29, 30, 33, 48, 54, 56, 61ff, 67, 70, 71, 74, 75, 80, 81, 93, 95, 101, 109, 111ff, 124ff, 145, 147, 148, 183, 185, 196, 226, 229, 231, 232, 237, 250, 251, 273, 279ff, 299, 304, 306
Dionysios 281
Dürckheim, Graf K. 104
Eckhart, Meister 221
Einstein, Albert 99
Emoto, Dr. Masaru 91, 101, 181, 244, 302
Erdmann, Stefan 35, 299
Fischer, Heinz 228, 305
Fox, Matthew 281, 305
Georg, Hl. 162, 167

Grabhorn, Lynn 253
Grunick, Karl 117, 221, 230, 234ff, 305, 306
Hardo, Trutz 36, 300
Hermes Trismegistos 54, 201, 301
Holey, Jan Udo 49, 66, 132, 298
Hulke, W.-H. 226
Jackson, General 99, 302
Jakobus 44
Jan ➜ Holey
Johannes 40, 45, 59, 82, 194, 243, 253, 299
Jung, C.G. 78
Karl ➜ Grunick
Kern, Dr. Claudius 67, 195, 301
Knigge, Adolf Fhr. Von 183
Kössner, Johann 53, 55, 301, 304
Kreft, Ursula 268
Krystal, Phyllis 212, 238, 241, 242, 305
Kummer, Peter 246, 305, 306
Lao Tse 202
Lorber, Jakob 58, 83, 84, 301
Lukas 15, 178, 223
Lurker, Manfred 26
Luther, Martin 183, 221, 295
Luzifer 55, 155
Mätthäus 96, 137, 148, 223, 252, 299
Meckelburg, Ernst 86
Meher Baba 114, 202, 303
Michael, Hl. 104, 194
Müller, Brigitte 304
Mutter Erde 30, 111, 190ff, 205, 213, 260, 296, 298

Mutter Maria 52, 80, 148
Mutter, Große 29, 85, 78, 177, 179, 201, 275
Nestler, Hille 49
Newman, Kardinal 70
Niddle, Sheldan 183
Paulus 288
Picasso, Pablo 154
Ramtha 60, 124, 268, 297
Raphael, Erzengel 226
Rosegger, Peter 124
Rosenberger, Hubert 85
Sai Baba, Sathya 104, 224
Saint-Germain 104, 303, 305
Satya 256
Schiller, Friedrich v. 183
Schneider-Hahn, Irmingard 26, 299
Schröder-Strohm.,Geka 183
Seneca 123, 216
Seth 229, 305
Sheldrake, Rupert 281, 305
Shiva 194
Stanietz, Walter 300
Steiner, Dr. Rudolf 264, 269
Storms, Maya 255, 305
Székely, Dr. E. B. 281, 305
Tang, B.M. 74
Tappe, Nancy 49
Thomas von Aquin 26, 281
Tolle, Eckhart 164, 238, 241, 242, 303
Valanga 229, 305
Vinci, Leonardo da 114
Vyvamus 115, 217, 303
Wahl, Dr. Max 302
Walsch, Neale Donald 33
Wiedemann, Alexa U. 296
Wiedenbruch, Rudolf 304
Zarathustra 26, 39, 78, 303
Zeitlmair 53

Sachregister

»2012« 49, 191, 245, 256, 288, 290, 297

Affirmation 116, 130, 149, 203, 213, **246**, 251

Akzeptanz 126, 141, 151ff, 230, 233ff, 274, 280

All-Einheit 36ff, 42ff, 52, **159**, 174, 178ff, 189, 191, 213, 247

Allerheiligstes 22, 28, 64, 73, 94, 120, 122, 140, 142, 149, 154, 180ff, 197, 215, 232, 242, 266, 272

Alpha-Zustand 90, 139, **302**

Angst 42, 43, 49, 53ff, 65, 69, 82, 85, 102, 137, 145, 163, 165, 168, 172, 181, 185, 197, 215ff, **238**, 259ff, 265, 296

Anima/Animus 78, **212**

Apokalypse 60, 64ff, 68, 82, 95, 174, 179, 236, 295

Apostelgeschichte 58, 295

Astralreich 105, 262ff, 303

Atem 202ff

Aura 15, 260, 264ff, 303

Ausatmen 202

Bejahung 246

Beobachter ➤ Betrachter

Betrachter 46, 50, 70, 100, 126ff, 131, 242, 249

Bewusstsein 31, 119, 125ff, 150, 172, 195, 204, 222ff, 226, 235, 246, 262

Chakren 180ff, 304

Channel-Medien 295

Danken 104, 214, 277ff

Demaskierung 16, 82, 97, 122, 132, 273, 295

Dreizehneratmung 204

Dunkle Planeten 49, 53, 295

Ego, Ichheit 117, 120, 127, 134, 159ff, 165, 169, 172ff, **176**, 185, 240, 253, 259, 267, 296

Elementale 106, 264, 268

Elementarwesen 264

Engel 50, 67, 76, 132, 142, 146ff, 251, 263, 268, 280ff

Erbsünde 35, 145, 178

Erfahrungsebene 27, 32

Erinnern 32ff, 86, 122, 145, 160, 210, 237

Erleuchtung 18, 43, 47, 162, 175, 232, 300

Essener 201, 281

Familienbewusstsein 52, 143, **147**, 215, 263, 278

Fluorid-Missbrauch 305

freie Energie 192ff

FREIER WILLE 97, 100, 247

Frieden, innerer 226, 251ff

Friedfertige, -keit 199, 230, 253ff

fühlen/spüren 56, 66, 68, 69, 85, 95, **98**, 109, 110, 113, 120, 124, 131, 144, 149, 159, 164, 265

Führung, geistige 117, 144, 147ff, 213ff, 228

Gedanken 89, 92, 119, 156, 162, 222

Gedankenschöpfer 65, 90, 100ff, 132, 163, 176, 204ff, 221, 222, 226, 237, 246, 290

Gegenwärtigkeit 221, 245, 279

geschehen lassen 116ff

Gleichgewicht ➤ Gleichmut

Gleichmut 155, 169, 171, 206

Gnostizismus 39, 42, 77, 145, 184, 239, 253, 266, 302

Harmagedon-Schlacht 300

Harmonie, innere 120

Herzenskräfte 37, 73, 86, 97ff, 125, 136, 143, 160, 182, 187ff, 204, 228, 256, 274

Hingabe 152ff, 198

Hologramm, holographisch 86, 289, 302

ICH BIN 246, 268

IMIX 167, 175

Indigokinder 49, 296

Jetzt 133, 223ff, 243, 245ff ➤ Gegenwärtigkeit

Karma 94, 178, 268

Kataklysmen 30

KI 85, 117, 122, 142, 182, 221, 230, 234, 237, 250, 305

Kinder des Lichts 22, 59, 73, 276

Kinder, außergewöhnliche 68

Kollektiv 54, 81, 84, 127, 130, 167, 189ff, 249

Körperintelligenz → KI
Korrelation 132, 145, 160, 161, 233
Kreuz 135, 211, 234, 271, 304
Kristallkinder 49, 296
‚Licht leuchten lassen‘
→ Erleuchtung
Lichtkörper 18, 40, 48, 61, 122, 194, 210, 261, 300
Lichtkörperprozess 170, 196, 283
Lichtreich 22
Lichtwesen →Kinder d.L.
loslassen 66, 71, 75, 104, 131, 273, 280, 289
Manipulator, manipulieren 42, 52, 55, 156, 205, 228, 260
Mantras 302
Maya-Mythologie 53, 167, 175
-Kalender 221
Mental-Körper 146, 191, 261, 264, 303
Meta-Energien 22, 79, 99, 108, 153, 289, 291, 295, 296, 302
Metaphysik 236, 297
Mitte 129, 170, 181, **225**, 233
Mut 114, 115, 118, 154, 217
Mütterlichkeit 79, 80
Mystik, mystisch 26, 33, 96, 134, 135, 221, 244
Neutralität, innere 229ff, 268, 300
Offenbarung 82ff

Photonenlicht 78, 191, 245, 281, 297, 298, 304
Plejadenring 191, 304
Quantenphysik 84
Ratio 32, 52, 99
Reiki 272
Resonanz 13ff, 90, 94, 107, 130, 141, 143, 145, 148ff, 172, 193, 239, 254, 263, 276, 289
Saat uns Ernte 39, 52, 58, 76, 95, 114, 121, 149, 170, 178
Schicksal 92ff, 235, 241, 250
Schmerzkörper 238
Schöpfer 14, 38, 41, 65, 70, 73, 85, 97, **121**, 125, 133, 150ff, 181, 185, 191, 215, 235, 264, 290
Schöpfung 28, 34ff, 52, 70, 264
Schutzengel 52, 111, 143, 147, 191, 215, 268, 278
Seel-Sorger 21, 49, 190, 212, 267, 268
Selbstfindung 18, 44, 65, 70, 122, 142, 154, 206, 276, 288
Selbstheilung 209
Selbstliebe 63
Selbstwertgefühl 136, 198, 276
Shamballah 83, 298
Siebtes Siegel 53, 83, 84, 253
Sintflut 39, 54, 58, 296
Symbole 270ff
Talmud 92
Teufel 16, 42, 105
Thessaloniker 16

‚Trotzdem‘ 284
Übung 1 106
Übung 2 139
Übung 3 203
vergeben/verzeihen 277ff
Vertrauen 116, 123ff, 147, 188, 216, 231, 235, 250, 282, 290
Vipassana 133
Wassermann-Zeitalter 58, 85, 106, 297
Weiblichkeit, neue 27, 28, 78ff, 211, 290
Welt-Heilungs-Tag 77
Wendezeit 58, 61, 64, 82, 94, 108, 174, 179, 289
Yin und Yang 135, 171, 211, 233
Zeit 221ff, 227, 243
Zeitenwende 97, 189, 277, 288, 298
Zellgedächtnis 236, 277
Zentralkonflikt 238ff, 277, 296
Zweifel 17, 43, 75, 111, 115ff, 216, 250

Glossarium

Apokalypse (gr., *Enthüllung*) ist zu einem Drohwort in der Kirchenlehre verkommen, weil es zu gerne mit dem *Jüngsten Gericht* und einem *Weltuntergang* in Verbindung gebracht und Angst erzeugt wird. *Luther* fand diese ‚Offenbarung' so dunkel, dass er sie am liebsten aus dem Kanon der Heiligen Schriften herausgenommen hätte – und das wäre sehr gut gewesen. Um aus all den jahrtausendealten Mustern der Endzeit-Ängste herauszukommen, erkläre ich seit Jahren, dass uns gesagt wurde, die Apokalypse sei die ‚*Enthüllung' unserer Seelen, nämlich des göttlichen Aspektes in uns.* Das hat aber nichts mehr mit den zurückliegenden *äußeren* Angstbildern der verfolgten Urchristen zu tun. W i r müssen jetzt in den neuen höheren Meta-Energien *unsere Seelen-Enthüllung zulassen*, sonst kommt es zu einer *Revolution der Seelen*, wie ich es im Buch nenne.

Im irdischen Äußeren hat auch die *Große Mutter Erde* ihre Zellerinnerungen, will wieder ‚heil' werden und wird sich reinigen, um den Aufstieg in die Schwingungen des *Goldenen Zeitalters* zu ermöglichen.

Im menschlichen Äußeren, also um uns herum, wird die Energie des apokalyptischen Geschehens zu einer kaum endenden *Demaskierung* führen. Beobachte, was bereits bis heute schon geschah und nun immer intensiver ablaufen wird: eine gigantische Entblößung der zwar noch mächtigen, aber doch lichtscheuen Angstmacher dieser Welt (und teilweise auch außerhalb unseres Planeten).

Channel-Medien sind Menschen, die durch erhöhte und verfeinerte Sinne und Veranlagungen (6. oder 7. Sinn) direkten Kontakt mit Wesen oder Bewusstseins-Energien der jenseitigen oder überirdischen oder transzendenten Dimensionen aufnehmen können.

Channelling (engl., *Kanal sein*) kann jeder von uns ‚empfinden', wenn er tief genug in seine innere, gedankenfreie Ruhe gehen kann oder ‚erlebt' er, wenn er von einem der hohen Bewusstseine ‚angesprochen' (durch sehen, hören, fühlen) wird. Die Evangelien nennen dies *höhere Geistesgaben*, die es anzustreben gilt (Apg. 2,12,31). „*Trachtet nach der Liebe, bemüht euch aber auch um die Geistesgaben, am meisten jedoch darum, dass ihr prophetisch zu reden vermöget.*"(14,1) Sie warnen aber auch: „*...prüfet die Geister.*"

Dunkle Planeten soll es geben, die nicht annähernd so vom Lichte verwöhnt sind wie unser Sonnensystem, vor allem der blaue und wunderschöne Planet Erde. Es gibt unzählige Planeten, die lichtarm, grau und ohne Farben Erfahrungsebenen darstellen, auf denen die Seelen noch oder wieder lernen, zu beten und ihre Sehnsucht nach dem Licht zu ‚spüren'. Es sollen gigantische Dimensionen mit niederem Bewusstsein sein, die sich weiterentwickeln wollen (Schwarze Löcher? Schwarze Sauger?).

Wahrscheinlich gibt es neben reinen Licht-Universen auch Parallel-Universen der Lichtarmut, und die göttlichen Seelenaspekte können auf ihrem Seelenweg der eigenen Schöpfungen ü b e r a l l zeit- und grenzenlos ‚spielen‘, üben, lernen, leiden oder sich freuen, sehnsüchtig, aber auch rachsüchtig sein, weil sie ihr ‚Seelenschicksal‘ nicht begreifen.

So soll es außerirdische Energiekonzentrationen und Mächte geben, die neidvoll und in ihren unverändert niederen Schwingungen den ihnen paradiesisch erscheinenden Planeten Erde für sich erobern w o l l e n. Es wird ihnen zwar nie gelingen, aber mit *ihrer gewaltigen ‚Energie der Angst‘* beherrschen sie inzwischen wieder einmal fast die ganze Menschheit unseres Planeten. Die Gegenreaktion (der neuen Menschenrasse nach der letzten globalen Sintflut vor rund elftausend Erdenjahren) war die Entwicklung des *Egos* als individueller Selbstschutz und ‚Selbsterhaltungstrieb‘. Damit konnten und können unsere im Zellgedächtnis abgespeicherten Ur- und neueren Ängste (des Zentralkonfliktes) überdeckt, vor dem eigenen Tagesbewusstsein versteckt und vermeintlich stillgelegt werden. So werden unsere Ratio und der Verstand ‚frei‘ für die Leistungen des Alltags, doch andauernd ‚verschlingen‘ diese verheimlichten Ängste unsere Seelenenergien, von denen sich dann die Angstmacher ‚seelisch ernähren‘, die auf unserem Planeten inkarniert sind.

Wir brauchen davor aber keine Angst mehr zu haben, denn diese Menschen stecken selbst voller Ängste (sie sind ja Meister in diesem Schwingungsbereich), und zwar vor dem Licht, nach dem sie eine uralte Sehnsucht in sich versteckt haben. Somit kommen sie jetzt während der Wendezeit (mit den neuen Meta-Energien) in den Zwang, sich *entscheiden* zu müssen: den Weg mit uns *Kindern des Lichts* in die neuen hohen Lichtschwingungen mitzugehen und sich dabei selbst zu ‚erlösen‘ oder sich von uns miterlösen zu lassen; oder sie ziehen sich zurück, sie können unseren Lichtkörper nicht ertragen und bleiben weiter schmollend in ihren eigenen Ängsten stecken.

Kristallkinder ist eine der Bezeichnungen für hochentwickelte Seelen, die in unsere Wendezeit wie eine Invasion inkarnieren. Der Begriff *Indigokinder* ist zu pauschal und nur auf deren hohe Intelligenz ausgerichtet. Zu mir fand eine gechannelte Antwort von *Alexa Undine Wiedemann* (Adresse unbekannt) vom 14.11.2000, die beachtenswert ist, und ich zitiere hier einen Auszug daraus:

...Die Kristallwesen kommen aus der fünften Dimension. Es sind sehr hohe Wesen, die bei ihrer Inkarnation die größtmögliche Schwingungsfrequenz aufrechterhalten haben, die derzeit auf der Erde möglich ist. Sie strahlen kristalline Aurenstrukturen um sich herum aus und sind programmierbar auf das höchste göttliche Licht. Sie sind extreme Verstärker und Beschleuniger der Schwingungsfrequenzen. Sie werden das Schwingungsniveau der Erde erheblich anheben und verstärken. Es wird einen deutlichen Schub im Bewusstsein der Erdenmenschen geben und eine tiefgehende Reinigung fein-

stofflicher und physischer Zentren des Menschen. Die kristalline Struktur ist eine extreme Verfeinerung der menschlichen Physis.
Diese Kinder heben Naturgesetze auf und vollbringen Wunder. Sie erinnern die Spezies der Menschen an ihre absolute Göttlichkeit. Sie bewirken eine absolute Transmutation und Beschleunigung von Frequenzveränderungen.

Ich erlaube mir, folgendes zu einem besseren Verständnis zu ergänzen: Als ‚Wunder' bezeichnen wir ein Geschehen, das mit dem heutigen Verständnis vieler Naturgesetze nicht zu erklären ist. Das wird sich aber immer mehr verändern, und diese ‚Kinder' heben nur ‚scheinbare' Naturgesetze auf. Wir lernen dann gemeinsam, unsere Naturgesetze neu anzuwenden – was dann ‚kinderleicht' gehen wird, wenn wir uns mit ihrer Hilfe unserer ‚absoluten Göttlichkeit' immer besser erinnern können.

Metaphysik befasst sich mit physikalischen Vorgängen der immateriellen und feinstofflichen Art. Die griechische Vorsilbe *meta* bedeutet *über* und besagt in dieser Wortverbindung, dass es sich um übernatürliche Phänomene handelt.

Ramtha ist eine außerirdische Intelligenz mit tiefgründiger Weisheit und Liebe. *„Jetzt bin ich Teil einer unsichtbaren Bruderschaft, die die Menschheit sehr liebt. Wir sind eure Brüder, die eure Gebete und Meditationen hören und beobachten, wie ihr euch hin und her bewegt...*
Ich bin hier, um euch an ein Erbe zu erinnern, das ihr vor langer Zeit vergessen habt. Ich bin gekommen, euch einen erhabenen Blickwinkel zu vermitteln, von dem aus ihr zu erfassen und zu verstehen vermögt, dass ihr in der Tat göttliche und unsterbliche Wesen seid, die immer schon getragen und geliebt wurden von der Essenz, genannt Gott...
Es gibt keine andere Erlösung für die Menschheit, als sich ihrer Göttlichkeit bewusst zu werden. Ihr seid die Samenkörner dieser Bewusstwerdung... Wenn ihr das tut, Gedanke für Gedanke, Gefühl für Gefühl, Augenblick für Augenblick, werdet ihr wieder eure Größe, eure Macht und eure Herrlichkeit verstehen. Aus dem Buch »Ramtha« im In der Tat Verlag, 86971 Peiting, 1986.

Wassermann-Zeitalter nennt man den Äon von rund 2.160 Erdenjahren, der sich jetzt an den der ‚Fische' anschließt. Der Übergang kann nicht auf eine bestimmte Jahreszahl beschränkt werden, sondern ist ein langgezogener und milder Übergang von kosmischen Energien – ähnlich dem täglichen Sonnenaufgang, dem Licht des neuen ‚Tages'. Den Beginn dieser allmählichen ‚Zeitenwende' sehe ich im Ende des 19. Jahrhunderts (offizielles Ende des Sklavenhandels im Christentum) und den Höhepunkt der Zeitenwende im Ende des Jahres 2012, wenn das ganze Sonnensystem im *Photonenring* kreist, dem sogenannten *Wassermanngeist*.

Zeitenwende – Wendezeit sind die beiden Begriffe, die ich in meinen drei Büchern verwende, um auf den Bewusstseins-Quantensprung hinzuweisen, welcher der *Großen Mutter Erde* mit ihrer Menschheit wieder einmal bevorsteht. Alle 25.920 Erdenjahre hat unser gesamtes Sonnensystem eine ellyptische Runde gekreist und seinen Orbit vollendet. Alle rund dreizehntausend Jahre gibt es also einen ‚Knick‘ in der ellyptischen Umlaufbahn, und dieser bringt sicher jedesmal einen gewaltigen Umbruch auf unserem Planeten, der Polsprung genannt wird und Kataklysmen auslöst. Der letzte Polsprung war vor rund elftausend Jahren mit der ausgelösten, globalen Sintflut. Die letzten zweitausend Jahre nach dem Wendepunkt, dem ‚point of return‘, führen dann bei der Durchwanderung des gigantischen Photonenringes um die Plejaden zu *wesentlich höherfrequenten Lichtschwingungen* für einen neuen Zyklus (siehe auch **52** im Quellenverzeichnis).

Dieser Zeitabschnitt ist dann das *Licht-Zeitalter*, das *Goldene Zeitalter*, das ‚tausendjährige Friedensreich‘, das ‚*neue Jerusalem*‘ oder *Shamballah* und so weiter. Den Übergang mit den zunehmenden Lichtfrequenzen, den Meta-Energien, dem Wassermanngeist und dem *Christus*-Licht (zweites Erscheinen *Christi*) erleben wir in diesen Jahrzehnten mit all seinen Veränderungen. In meinen Büchern »Jesus 2000« und »Bis zum Jahr 2012« habe ich ausschließlich dieses Thema bearbeitet und eine Fülle von Quellenangaben zitiert.

Quellenverzeichnis und Anmerkungen

1   Die *Aura* wird ab Seite 260 genauer beschrieben.

2   Buch »Die Kinder des neuen Jahrtausends – mediale Kinder verändern die Welt« von *Jan Udo Holey* im Ama Deus Verlag, Fichtenau 2001

3   *Lebens-Licht-Quelle* (siehe Adressenliste)

4   Die spirituellen Kongresse im Hotel *Holiday Inn* in 41564 Kaarst werden veranstaltet von »DAR – Die Andere Realität« (siehe Adressenliste).

5   »Kleine Zeitung« Nr. 32, 12/01 von *Irmingard Schneider-Hahn*, 83115 Neubeuern, Holzham 27

6   Buch »Den Göttern auf der Spur – Gentechnik vor 400.000 Jahren« von *Stefan Erdmann* im Ama Deus Verlag, Fichtenau 2001

7   Bekannt ist der letzte Satz des *Matthäus*-Evangeliums, in dem uns *Jesus* sein größtes Vermächtnis hinterlässt: *...ich bin bei euch alle Tage bis ans Ende der Zeitalter.* Im griechischen Text ist eindeutig die Rede von ,Äonen', also Zeitaltern und nicht von einem ,Ende der Welt'. *Jesus* versichert uns klar und eindeutig, dass er b e i u n s ist. Er will nicht aus Ehrfurcht (Ehre, die aus Furcht heraus entsteht) geehrt werden, sondern uns ein Bruder des gleichen Vaters sein. Das habe ich ausführlich in meinem Buch »Jesus 2000« erklärt. Dazu passt auch das Zitat *Jesu* auf Seite 59 (*Joh.* 16,25) und die folgende aktuelle Eingabe, welche die obige Textstelle in der griechischen Übersetzung bestätigt: *„ICH BIN. Ich bin bei euch bis ans Ende aller Tage und Nächte. Das ist richtig. Jedoch: die Tage und die Nächte werden nie vergehen. Die Erde bleibt bestehen. Sie wird gereinigt. Und so bin ich bei euch: alle Tage und Nächte. Ewig!"* (*Hannelore* in der Nacht zum 14.9.2002)

Ich persönlich spreche *Jesus* als *meinen Freund und Bruder* an und spüre – mal mehr und mal weniger stark –, dass ich mit seinem gewaltigen Bewusstsein energetisch verbunden bin. Schon jahrzehntelang ist das auch *Hannelore*, und es ist für sie das Natürlichste, Gedanken mit ihm (im Traum wie im Alltag) auszutauschen wie auch Antworten und Trost zu erhalten (siehe Seite 66).

Auch in jenen Menschen, die als moderne ,Channel' seine Botschaften vermitteln dürfen, kommen *veränderte* Bilder aus ,seinem' Kanal, denn die uralte kirchliche Ehrfurcht ist zutiefst im menschlichen Zellgedächtnis verankert. Sein Bewusstsein ist so gigantisch und hochschwingend, dass seine reine Einfachheit auch von medialen Menschen selten erfasst werden kann. Daher kommen oft furchtbar süßliche und schwülstige Texte von *Jesus* zu uns. Sie sind sicher aus dem Bewusstsein *Jesu*, aber nicht so wie er es im sich verändernden H e u t e vermitteln will, sondern niedertransformiert in die Aufnahmefähigkeit des medialen, channelnden Menschen.

Allein der Begriff ,*Jesus von Nazareth*' ist schon verdächtig, denn diesen Ort gab es zu seinen Zeiten noch gar nicht! Im griechischen Text heißt es sowieso immer ,*Jesus, der Nazoräer*' (gr.: *Nazoraion*; mehr dazu steht in meinem Buch »Jesus 2000«). Alle geistigen Botschaften, die diese Tatsache nicht berücksichtigen, sind für mich grundsätzlich nur relativ beziehungsweise ‚menschlich' niedrigfrequent geworden. Genauso ist es vorstellbar, dass sein gewaltiges Bewusstsein von einem Medialen liebevoll und wohlmeinend nur ‚angezapft' wurde und bleibt somit ein Teilbewusstsein (des *Jesus*-Bewusstseins), das sicherlich schon irgend jemandem weiterhilft. Prüfe aber stets, ob es d i r weiterhilft.

8 Buch »Der Vollendete« von *Walter Stanietz* im Annapura Verlag, München 2000

9 Unter *außerirdischen Lehrern* verstehe ich reife ‚Seelen', die als (für uns unvorstellbar) hochschwingende Geistwesen aufklärende und belehrende Botschaften *channeln*. Es ist nur schwer möglich zu unterscheiden, von ‚woher' sie wirken, denn sowohl im Kosmos als auch im ‚Himmel' handelt es sich um höchste Licht-Sphären. Es heißt, dass noch nie so viele und hohe Wesenheiten und Energien auf die Erde eingewirkt haben wie in unserer Wendezeit, um die Seelen der Erdenmenschen zu wecken, sie zu ihren Erinnerungen zurückzuführen und energetisch zu ‚schubsen', ihr ‚Spiel der Götter' zu vollenden.

10 Den Begriff ‚freien Willen' stelle ich im ganzen Buch in Versalien heraus, weil er heute in der Wendezeit eine (für uns wohl unbegreifliche) *interdimensionale Wertigkeit* erhalten hat. Selbst ‚kleinste' Entscheidungen auf deinem Lebensweg sind – schöpferisch wertvoll – entscheidend für *deine* spirituelle Seelenentwicklung und damit *zugleich* für die des menschlichen Kollektivs. Du wirst bald erleben, wie du bei deinem Geführtwerden nach jeder ‚richtigen' Entscheidung mit einer nächsthöheren Anforderung, Herausforderung und Mutprobe konfrontiert wirst – oft Schlag auf Schlag. Nimm's an – für dich und »Alles ist Gott«.

11 Entnommen dem »Clubbrief« der DAR vom April 2001 (siehe Adressenliste). *Trutz Hardo* kann als bekanntester Reinkarnationstherapeut Deutschlands angesehen werden und stellt in diesem Clubbrief eine empirisch erfahrene Schöpfungsgeschichte vor.

12 gechannelt und zugesandt von einer befreundeten Ärztin aus Frankfurt (Adresse bekannt)

13 Als *Lichtkörper* bezeichne ich den *spirituellen Energiekörper*, der sich in unserer Wendezeit immer höherschwingend und immer heller strahlend wieder entwikkelt. Aber wir müssen dies zulassen und dafür ‚sorgen', dass er sich ent-wickeln und dauernd erhalten kann. Doch mit dem immer weiter ansteigenden Licht der Meta-Energien unserer Zeit wehren sich die konträren Energien der Lichtarmut (Schatten, Dunkelheit, Finsternis) und der Unwissenheit immer heftiger und versuchen, alle *Kinder des Lichts* (die Träger eines Lichtkörpers) zu attackieren und in ihrer Seelenentwicklung aufzuhalten und zu behindern. Das verstehe zum Beispiel ich unter der biblisch angekündigten *Harmagedon-Schlacht*, die bereits voll im Gange ist. Mit *innerer Stärke, innerem Gleichgewicht* oder *innerer Neutralität* bist du *erleuchtet*, und keines der lichtarmen oder -losen Energiepotentiale kann deinem Lichtkörper etwas anhaben. Entweder holen sie sich bei dir nur Lichtenergie (unbewusst, da ja nur ihre Seele sich danach sehnt, und dann kannst du deine ‚unerschöpflichen' Herzenskräfte munter strömen las-

sen), oder sie werden vor deinem ‚Lichte' fliehen. Unter ‚logisch' klingenden Argumentationen, Vorwürfen, Verachtungen oder Scheingefechten (die auch sehr schmerzen können) werden ihre unterschwelligen Ängste sie ihren Rückzug antreten lassen.

Der (für mediale Menschen sichtbare) *Lichtkörper* ist der wiedererlangte Bewusstseinszustand, den der *Heiland* mit „...*lasset euer Licht leuchten!*" oder die asiatischen Religionsphilosophien mit ‚*Erleuchtung*' fordern. Was ich im Buch als vierten, äußersten Energiekörper aufzähle, ist bei *Blavatsky* der sechste Körper.

14 Buch »Die Materielle Realität« von *Johann Kössner*, Eigenverlag in A-3860 Heidenreichstein

15 Die *Hermetik* ist die Lehre und sind Schriften des Altertums, die auf *Hermes Trismegistos* zurückgeführt werden. Sie wurde stets als Geheimwissen angesehen und ist in vielen Aussagen die Grundlage der meisten Religionen – was Wunder, wenn doch die kosmisch-göttlichen Gesetzmäßigkeiten immer die gleichen sind.

16 Der Grazer *Jakob Lorber* (1800-1864) hat ab seinem vierzigsten Lebensjahr bis zu seinem Lebensende das innere Wort empfangen, das zu einem einzigartigen Riesenwerk göttlicher Botschaften wurde. Damit empfing die Menschheit zum Auftakt der Zeitenwende eine wirklich umfassende Antwort auf ihre Fragen Woher, Wohin und Warum wie auch Klarstellungen biblischer Texte. Näheres bietet der *Lorber*-Verlag *F. Zluhan*, 74308 Bietigheim, Postfach 1851 an.

17 Erklärungen dazu auch unter 7. Ich kenne einen ehemaligen Theologen, der mir im Vertrauen gestand: „*Ich habe auf die ganze Lehre meines langen Studiums gepfiffen. Für mich besteht das ganze Evangelium nur aus dieser einen wichtigen Botschaft Jesu: Ich bin bei dir jeden Tag... und ich versuche, neben ihm so zu leben, dass wir Freunde bleiben können.*"

18 Buch »Das Ende der Endzeit – Aufstieg zur Göttlichkeit« von *Udo Brückmann* im Ama Deus Verlag, Fichtenau 1998

19 aus dem Magazin »Elraanis« 2/99

20 Zeitungsartikel von *Hannelore H. Dietrich* in der DAR Nr. 4/2001 (siehe Adressenliste)

21 *Dr. Claudius Kern* in der Zeitschrift »integrales« 2/2002 im elraanis-Verlag, Berlin

22 »Phoenix-Netzwerk«, Zentrale *Manuela Schindler*, 22880 Wedel, Wiedestr. 18 Tel./Fax: 04102-970370, www.phoenix-netzwerk.de

23 Buch »Bis zum Jahr 2012 – der Aufstieg der Menschheit« von *Johannes Holey* im Ama Deus Verlag, Fichtenau 2001. Kurzbeschreibungen siehe im Glossarium unter »Zeitenwende – Wendezeit« und unter 52.

24 Broschüre »Das Licht von Emmanuel«, empfangen von *Ananda*, im Eigenverlag 1998

25 Moderne *holografische* Lasertechnik ist nur namensgleich mit den tieferen Seinsordnungen jenseits von Raum und Zeit und ihrer energetischen Konzentration

und Wirkung. In diesem Sinne verstehe ich ein *Hologramm* als Bewusstsein, das ein Bild angenommen hat. Oder Bilder, die wir sehen wollen. Wenn wir uns vorstellen, wir würden in einem Kino räumlich im Film selbst mitleben, dann wäre das für unsere fünf irdischen Sinne ein *Hologramm*.

Dies gilt auch für die globale Energiehülle kollektiver *morphischer Felder*, nämlich Verhaltensfelder, mentale, soziale und andere organisierte Felder in Gesellschaften, Organismen usw., die alle die Fähigkeit haben, die Einbildung von Getrenntsein (»Alles ist Gott«) aufzuheben und Ganzheit wieder herzustellen (*Sheldrake*).

26   *Alpha-Zustand* ist ein bestimmter Rhythmus der Hirntätigkeit, der mit dem EEG gemessen wird. Zwischen hoher Hirnaktivität mit dem Wert von 21 (Beta) und dem niedersten im Tiefschlaf mit 0,5 (Delta) liegt der Idealwert 10 im Alpha-Bereich (7-14). Wissenschaftliche Untersuchungen haben ergeben, dass 90 Prozent aller Menschen auch beim stillen Nachdenken eine Hirntätigkeit aufweisen, die dem Messwert 20 entspricht. Dies ist aber erheblich zu hoch! Erst bei dem Wert um 10 sind die beiden Hirnhälften in ihrer Aktivität entspannt und ausgewogen. Wirken beide harmonisch zusammen, wird unser Denken kreativ und erfolgreich sein.

Dafür gibt es verschiedene Trainigsmethoden, die bekannteste ist die Silva-Mind-Control-Methode. Kontaktadresse: *The Silva Method,* A-4400 Steyr, Neubaustr. 26, Tel.: 0043-07252-45136, Fax: 451364, www.silva-meth.at

27   aus der Zeitschrift »raum&zeit« Nr. 119 9/10 2002 (siehe Adressenliste)

28   Buch »Wasserkristalle« von *Dr. Masaru Emoto* im Koha-Verlag, Almstr. 4, 84424 Burgrain, 2002

29   *Mantra(m)s* sind eine Vereinigung rhythmisch angeordneter Wörter oder Silben (Heilige oder Gebetsformeln), die, wenn sie laufend gesprochen werden, auf höheren Ebenen bestimmte Schwingungen hervorbringen. Oft sind Rhythmus und Betonung wichtiger als der Wortinhalt.

30   Über die karmafreie Realität, die besonders für die ‚Kinder des Lichts‘ durch das Licht der Meta-Energien (also die sich laufend erhöhenden Schwingungen) seit 1997 (?) entstand, berichte ich ausführlich in »Bis zum Jahr 2012«.

31   Der Schweizer Jurist *Dr. Max Wahl* bestätigt folgende Meldung aus dem Internet: „...es heißt, dass sich hinter den Kulissen immer mehr Widerstand gegen die ‚Neue Weltordnung‘ formiert. Ein interessantes Beispiel stammt aus dem Jahre 1999, als der oberste NATO- und US-General Wesley Clark den Befehl gab, die im Kosovo (Slatina-Flughafen) stationierten russischen Soldaten anzugreifen. Glücklicherweise verweigerte der englische General Jackson den Befehl mit den Worten: „Ich werde wegen Ihnen nicht den Dritten Weltkrieg beginnen.“ Als Antwort flogen kurz darauf drei US-Raketen aus drei verschiedenen Richtungen ‚irrtümlich‘ in die chinesische Botschaft in Belgrad. Interessanterweise ließen sich auch die Chinesen nicht provozieren.“

32   Bei einem Gespräch mit einem Ingenieur der Automobiltechnik über mögliche Langzeitbelastungen des Fahrers durch die immer vielfältiger eingebaute Elek-

tronik, erhielt ich folgende Antwort: *Der Kostenaufwand würde sich niemals lohnen, denn die wirklich belastenden Felder im Fahrzeuginneren bringen die vier Lautsprecher, ob leise oder laut gedreht.* Daher ist auch schon das Verkehrsfunkstand-by (auch ohne Ton) energetisch belastend.

33 *Saint-Germain* sehe ich als eine der großen Wesenheiten, die im Bewusstsein der *Weißen Bruderschaft* oder der *aufgestiegenen Meister* der Menschheit in der Materie beistehen, teilweise auch in Inkarnationen. *Saint-Germain* wirkt auch als Meister des 7. Strahls mit der lila Farbe im Wassermanngeist. Seine lila Flamme bildet für viele Reinigung und Schutz, und es heißt, dass er mit dem ‚Germanischen‘ in einer besonderen Verbindung stehe.

34 Die *Astral-Ebene* wird in der Metaphysik als die vierte Energiedichte-Dimension bezeichnet, also das Zwischenreich zwischen der polaren irdischen Welt und dem polaritätsfreien himmlischen Lichtreich. Das astrale Reich ist ausführlich in »Bis zum Jahr 2012« beschrieben. In diesem Buch hier gibt es eine Kurzform im Kapitel »Die ‚armen‘ Seelen« ab Seite 262.

35 Buch »Das Buch des Herzens« von *Meher Baba* im Param-Verlag 1989

36 Buch »AHA! Lexikon für Lichtarbeiter« von *Vywamus* im ch.falk-verlag, Seeon 1991

37 *Babaji* hatte in der Zeit von 1970 bis 1984 im indischen Haidakhan einen menschlichen Körper angenommen und wurde als *Mahavatar* und großer Weisheitslehrer verehrt.

38 *Karl Grunik* siehe Adressenliste unter N.E.T.Z.

39 Gemeint sind die beiden in der BRD und der Schweiz verbotenen und inzwischen auch ausverkauften Bücher von *Jan van Helsing*. In seinem Buch »Die Akte Jan van Helsing« berichtet er ausführlich über diesen erstaunlichen Vorgang.

40 Beschreibung und Adressenmaterial ist über die *Deutsche buddhistische Union* zu erhalten (80799 München, Amalienstr. 71, Fax: 089-281053).

41 Das menschliche Körperenergiefeld, die Aura, besteht aus verschiedenen feinstofflichen Feldern, die ineinanderfließen, aber für medial Veranlagte spürbar oder sichtbar sind. Die verschiedenen menschlichen Energiefelder unterscheiden sich durch ihre Schwingungsfrequenzen, die in dieser Reihenfolge ansteigen: sichtbarer Körper mit dem gleich großen unsichtbaren Ätherkörper, der weiter schwingende Astral- oder *Emotionalkörper* (auch Empfindungsleib), der noch größere Geist- oder Mentalkörper und der sehr große spirituelle oder Lichtkörper. Darüber hinaus sind noch weitere und viel höher schwingende Geistkörper möglich.

42 *Gnostizismus* ist eine religiöse Lehraussage, die auf die altpersische Erkenntnis des Licht-Schatten-Dualismus aufbaut (*Zarathustra*), und basiert darauf, dass (menschliches) ‚Wissen‘ (gr.: *Gnosis*) einem ‚Glauben‘ überlegen ist. Das gnostische Individual-Bekenntnis wurde immer schon von allen großen Glaubensgemeinschaften bekämpft.

43 Die DAR (siehe Adressenliste) veranstaltet Leserreisen auch nach Großbritannien, um den spiritistischen Kontakt zu ‚verstorbenen‘ Familienangehörigen kennenzulernen.

44 *Hannelore H. Dietrich* (siehe Adressenliste unter ‚Lebens-Licht-Quelle‘)

45 Buch »Jetzt! Die Kraft der Gegenwart« von *Eckhart Tolle* im Kamphausen Verlag, Bielefeld 2001

46 Broschüre »Der vierdimensionale Lebenscode« von *Johann Kössner* im Eigenverlag A-3860 Heidenreichstein

47 aus dem Buch »Lichtkörper-Bewußtsein« von *Brigitte Müller* bei Peter Erd, München 1998

48 Buch »Runen-Weisheit« von *Ralph H. Blum*, Wilhelm Heyne Verlag, München 2001

49 *Chakra* (Sanskrit: *Rad*): Bezeichnung für die feinstofflichen Energiewirbel, welche die menschlichen Energiekörper (materiell-seelisch-geistig-spirituell) miteinander verbinden und mit kosmisch-göttlicher Energie versorgen. Es gibt sieben Hauptchakren (siehe auch die Chakren/Herz-Darstellung auf Seite 181).

50 aus der Zeitschrift »Lichtweg – Briefe zur Lebensweisheit« Nr. 295 Winter 2001/2 in 31167 Bockenem, Seesener Str. 15

51 gefunden in »Pulsar«, Zeitschrift für Aktives Bewusstsein Nr. 10, Regenbogen GmbH, A-1080 Wien, Florianigasse 5, www.pulsar.at

52 Über die große Bedeutung des *Photonenlichts* schreibe ich ausführlich in meinem Buch »Bis zum Jahr 2012«. In Kurzform: Photonenlicht schwingt etwa fünffach höherfrequent, etwa wie unser heutiges UV-Licht, jedoch als interdimensionale Lichtenergie. Der sogenannte *Photonengürtel* oder -ring besteht nur aus diesem ‚Licht‘, und unser Sonnensystem soll in seinem vollen Ausmaß ab dem Jahr 2013 in diesem Lichtring sein. Es heißt, dieser Ring um die Plejaden umfasse im Durchschnitt fast ein Drittel der Größe unserer Milchstraße (ca. 30.000 Lichtjahre). Siehe auch im Glossarium unter »Zeitenwende – Wendezeit«.

53 In meinem Buch »Bis zum Jahr 2012« gehe ich ausführlich auf die Lichtwertigkeit unserer Nahrung im Sinne unserer Wendezeit ein (das ‚Ernährungskreuz‘ mit den zehn versch. Ernährungssystemen). Im Heft 35/2002 bringt die »Zeiten*Schrift*« (siehe Adressenliste) einen Bericht zu der heutigen (erschrekkenden) Nahrungsmittelsituation unter dem Titel »Der Trick mit dem Adrenalin« von *Rudolf Wiedenbruch*.

54 entnommen dem Rebirthing-Prospekt von »Sirius Dynamic«, 21224 Rosengarten-Klecken, Tel.: 04105-640556, www.SiriusDynamic.com

55 Das *Keltische Kreuz* ist gleichschenklig, und durch den verbindenden Kreis stellt es die völlige Harmonisierung dar, wird daher auch als *Weihekreuz* oder profan als *Radkreuz* bezeichnet. Es findet sich als *Griechisches Kreuz* (ohne den Kreis) in mehreren Religionen und Religionszweigen wie Johanniter und Malteser und auch als schamanisches Symbol nicht nur der keltischen Druiden oder der Germanen (*Routhkreuz*), sondern auch der Hopi-Indianer und der Mayas.

Manche nennen es auch das *Kosmische Kreuz* oder *Kreuz der Erleuchtung*, da es den *Christus universalis* symbolisiert, aber auch von den Zivilisationen des Sirius stammen soll.

56   Buch »Die inneren Fesseln sprengen« von *Phyllis Krystal* bei Econ, München 2002

57   gefunden im »Meyers Großes Taschenlexikon« 1992

58   *Heinz Fischer* ist österr. Jurist und Politiker und 1. Präsident des österr. Nationalrates; gefunden im »Leitspruch-Kalender« der Impuls-Kalender GmbH in 86577 Sielenbach.

59   gefunden im »Clubbrief« Mai/2002 der DAR (siehe Adressenliste); das Berliner Channelingmedium *Valanga* ist Kanal und Seminarleiterin für die deutsche Verbindung zu dem hohen Bewusstsein von *Seth*.

60   aus der Zeitschrift »CO'MED« 12/2001, CO'MED-Verlags GmbH, 65239 Hochheim, Schlossgasse 4. Die Adresse von *Dr. Banis* siehe Adressenliste.

61   Buch »Jetzt will ich's wirklich wissen« von *Peter Kummer* im Herbig-Verlag, München 2000

62   Eines der von *Saint-Germain* gechannelten Bücher heißt: »AUM - I AM - ICH BIN« von *Hans Gretler* im Starczewski-Verlag, 56203 Höhr, 1994.

63   Bezüglich des verheimlichten, aber gesetzlich erlaubten Fluorid-Missbrauchs zitiere ich aus der »Zeiten*Schrift*« 22/99 folgende Sätze: „...*Der wirkliche Zweck hinter der Wasserfluoridisation ist der, den Widerstand der Massen gegen die Beherrschung und Kontrolle und den Verlust der Freiheit zu verringern... Im hinteren Abschnitt der linken Hirnhälfte gibt es einen kleinen Teil von Gehirngewebe, das für die Kraft des Individuums, einer Dominierung zu widerstehen, verantwortlich ist. Wiederholte Dosen von verschwindend kleinen Mengen von Fluorid werden nach einer gewissen Zeit die Kraft des Einzelnen, einer Dominierung zu widerstehen,verringern, und zwar durch die langsame Vergiftung und Narkotisierung dieses Bereichs des Gehirngewebes...*"* Dies betrifft auch die Zahnpasten, verwende ausschließlich solche, die keine Fluorid-Zusätze beinhalten (mehr dazu in meinem Buch »Bis zum Jahr 2012«, Seite 430).

64   Buch »Herzenstüren öffnen« von *Eileen Caddy* im Greuthof Verlag, 79261 Gutach, 1989

65   Buch »Das letzte Siegel« von *Maya Storms* im Eigenverlag, 2000

66   Zeitschrift »Zeit · Punkt«, Westbahnhofstr. 10, CH-4500 Solothurn

67   Buch »Die Lehren der Essener« von *Prof. Dr. E. B. Székely*, Verlag Bruno Martin, Südergellersen 1988

68   Buch »Engel – die kosmische Intelligenz« von *Matthew Fox/Rupert Sheldrake* im Kösel-Verlag, München 1998

69   KI wähle ich als japanische Bezeichnung für die ungeformte Energie Qi oder Chi und als deutsche Bezeichnung für die gleiche Energie, die als Körper-Intelligenz (*Karl Grunick*) wirkt, wenn wir in völliger Neutralität und innerem Einssein sind.

Adressenliste

Dr. med. Reimer Banis
Rathausstr. 11
A – 6900 Bregenz
Tel: 0043-557458460

DAR – Die Andere Realität
Akademie für Esoterik e.V.
Conny und *Dieter Wiergowski*
45966 Gladbeck   www.GeistigeHeilungen.de
Tel.: 02043-28220, Fax: 28221   www.D-A-R.de

Peter Kummer
Motivation und Lebenshilfe
Strandbadstr. 2
78345 Moos-Iznang
Tel.: 07732-54132   www.peter-kummer.de

Lebens-Licht-Quelle
Hannelore H. Dietrich
Drosselweg 24
72379 Hechingen   email: info@lebenslichtquelle.de
Tel.: 07471-910220   www.lebenslichtquelle.de

N.E.T.Z: Neues Energie Trainings-Zentrum
Karl Grunick
Berginger Str. 34
94530 Auerbach
Tel./Fax: 09901-900930   e-mail: Karl.Grunick@t-online.de

raum&zeit
Die neue Dimension der Wissenschaft
Ehlers Verlag GmbH
Poazlgasteig 5
83623 Dietramszell
Tel.: 08171-418460   www.raum-und-zeit.com

*Zeiten*Schrift
Ein Kompass in bewegten Zeiten
Postfach
CH-6343 Rotkreuz
Tel.: 041-7981198, Fax: 7981190   www.zeitenschrift.com

Der Autor *Johannes Holey* über sich:

Bis 1998 war ich Unternehmer in einem renommierten Familienbetrieb und bekleidete Ehrenämter, unter anderem als Bankvorstand, bei der IHK und im Industrieverband. Trotz kommerzieller Auslastung (oder gerade deswegen) hatte ich im Jahre 1995 mein Erlebnis mit dem Jesus-Bewusstsein und begann mein erstes Buch (überwiegend nachts) zu schreiben (»Jesus 2000«).
Dieses Bewusstsein von Jesus begleitet mich bis heute weiter. Damals lernte ich, mein Managerdenken immer mehr auszutauschen in das ‚Michführen-lassen'. Zugleich wurde es eine Entwicklung vom Haben zum Sein.
Heute konzentriere ich mich als religiös-philosophischer Sachbuchautor und Vortragsreferent bevorzugt auf den laufend zunehmenden Bewusstseinswandel der Erdenmenschheit, der in einigen Jahren seinen Höhepunkt erreicht haben wird. Die Aufklärung der Zu- und Umstände, wie das heutige Menschheitskollektiv aus sich selbst und mit Unterstützung ‚himmlischer' und außerirdischer Energien und Wesenheiten seine seelische Evolution abschließen kann, ist mein dringendes Anliegen.
Ich lebe (überwiegend ohne Fleisch, Alkohol und Fernsehen) auf der wunderschönen und bereits höher schwingenden Atlantikinsel La Palma, pflege aber unverändert meine herzlichen Anbindung auch an Deutsch-Land.

Im gleichen Verlag sind von mir die beiden Bücher
»Jesus 2000 – das Friedensreich naht« und
»Alles ist Gott – Anleitung für das Spiel des Lebens« erschienen.

Im Studio des RiWei-Verlages sind die aktuellen Videos (jeweils rd. 60 Min.) der Vorträge
»Lass dich einfach führen«
»Gott ist in Dir und will gelebt werden« und
»Geistige Führung in der Zeit des Übergangs bis 2012« entstanden.

Mein Erdenkörper dient nun seit neunundsechzig Jahren bestens (Vorkriegsqualität!), und mit meinem Geist und meinem Herzen versuche ich, der Neuen Zeit und der Neuen Erde zu dienen – und lasse mich dabei führen!

www.johannes-holey.de

LEBENS-LICHT-QUELLE

Hannelore Dietrich
Drosselweg 24
72379 Hechingen
Tel.: 07472 – 910220
email: info@lebenslichtquelle.de

Hannelore H. Dietrich

Physiotherapeutin – Heilpraktikerin – aurasichtige Heilerin
Einzelbehandlungen – Gruppentherapien – Seminare – Vorträge
Geistige Heilweisen, Dorntherapie, Breuß-Massagen, u.a.
Kristallsalzfasten, Säftefasten

Sven Winkelmann

Fu Lung Pai-Kung Fu Junior Instructor – Tierheiler – Ta Mo Chi Gung
Selbstverteidigung und Selbstschutz für Frauen und Männer

Tel.: 0911 – 8017857
email: sven_winkelmann_25@hotmail.de

www.LebensLichtQuelle.de

Bis zum Jahr 2012 – Der Aufstieg der Menschheit

Johannes Holey

Die Zeit drängt...
wenn die Voraussagen stimmen,
daß wir bis Ende 2012 wieder
paradiesische Zustände haben werden –
auf unserer Mamma Erde und
ihrer zukünftigen Menschheit

Planet und Menschheit stehen heute am Beginn eines neuen Zeitalters, dem Wassermann-Zeitalter. Damit wird zugleich der Beginn einer neuen, höheren Schöpfung eingeleitet. Einer Schöpfung auf der Basis einer feineren Schwingungsfrequenz und der dabei entstehende Prozeß der Transformation ist bereits voll im Gange. Diese Schwingungserhöhungen werden in den Jahren bis 2012 stetig ansteigen und die Geschwindigkeit des Ablaufs der Umwandlung wird weiter rapide zunehmen.

Dieses Buch klärt auf
- Warum trafen viele Prophezeiungen bisher nicht ein?
- Was könnte aber davon bis 2012 doch noch auf uns zukommen?
- Was können wir und die Menschheit dabei noch verbessernd beeinflussen?
- Der Planet Erde hält den Dichterekord (den höchsten Grad der materiellen Dichte) und wird bis 2012 einen Bewußtseins-Doppelsprung durch die vierte in die fünfte Dimension bewältigen,
- dazu stehen der Menschheit neues kosmisches und göttliches Licht an dieser Multi-Schnittstelle kosmischer Zyklen-Enden zur Verfügung und
- das Wissen, das wir dafür benötigen, trägt jeder in sich.
- Praktische Anleitungen führen in eine neue zeitgemäße Lebensweise.

„Jeder, der dieses zusammenfassende Buch gelesen hat, bekommt einen top-aktuellen Überblick, der sich aus etwa achtzig Werken anderer Autoren und etwa gleichviele Berichte alternativer Forscher zur gleichen Thematik zusammensetzt. Und für jeden, der dieses aufklärende Buch gelesen hat, wird verständlich sein, was sich bei seinem seelischen Aufstieg in den höheren Schwingungsbereich vollziehen wird – in seinem Leben und in seiner Zukunft – und in welcher Form er mitwirken kann und muß, damit die kommenden Ereignisse anstelle von Ängsten Grund zur Lebensfreude bieten werden."
Jan Udo Holey alias Jan van Helsing

ISBN 3-9805733-7-0 • 20,30 Euro

ALDEBARAN-Versand
50670 Köln • Weißenburgstr. 10 a
Telefon 02 21 - 737 000 • Telefax 02 21 - 737 001

JESUS 2000 – Das Friedensreich naht

Johannes Holey

Der herausragende Film
„Die Passion Christi" zeigt uns
Jesus als Menschen eines kurzen,
aber unvorstellbaren Leides.
Das lenkt aber vom eigentlichen Sinn
seines Erdenlebens ab

Jesus war j a h r e l a n g „Heiland" und Lehrer eines völlig neuen Zeitgeistes: alle Menschen sind gleich... – Himmel und Hölle sind in uns... – Gott ist in uns... – ihr seid Götter... – was ich kann, könnt auch ihr und noch mehr...
Jesus schenkte die schon damals optimalen, aber elitär gehüteten Weisheiten und Lebensregeln der Essener der ganzen Menschheit.
Jesu ursprüngliche Lehre war und ist daher genial und wir können sie heute besser denn je – ohne die verschiedenen Kirchensysteme – in Liebe annehmen. Und zu neuem Leben erwecken – denn er versprach nicht umsonst: ...ich werde bei euch sein alle Tage...

Jetzt zu Beginn des Wassermann-Äons geht mit dem Orbit unseres Sonnensystems auch die Menschheit einem dimensionalen Bewußtseins-Sprung entgegen und benötigt dringend ein überzeugendes, modern interpretiertes Bild der gesamten Schöpfung und unseres freiwilligen Erdenlebens.
Dieses Buch, als intensive Analyse des Vergangenen, zeigt zusammengefaßt von der Gnostik/Esoterik des Altertums über die vielen Neuen Offenbarungen und solcher kosmischer Zivilisationen auf, was wir zu unserer Bewußtseinsentfaltung grundlegend verändern sollten.
Dieses Buch erscheint rechtzeitig zur Zeitenwende, die schon voll im Gange ist. Und es ermöglicht uns, den Meister Jesus hochaktuell zu verstehen: seine gelebten Prinzipien der Liebe, der Wahrheit und der Friedfertigkeit.

ISBN 3-9805733-0-3 • 17,40 Euro

ALDEBARAN-Versand
50670 Köln • Weißenburgstr. 10 a
Telefon 02 21 - 737 000 •Telefax 02 21 - 737 001

VIDEOS von Johannes Holey

Laß dich einfach führen

Die Gaben der inneren Signale wie des Spürens, der Intuition, des ersten Gedankens, Impulse, Träume und Visionen, Herzensgefühle wie z.B. das Gewissen, Ahnungen (im Herzen, im Magen, im Bauch, in ‚Urin') und vieles mehr helfen uns auf dem Weg unserer Selbst-Findung. Wir haben alles, was wir brauchen, i n u n s – wir müssen es nur geschehen lassen.
Johannes Holey erklärt Ihnen wie!

60 Min – 9,99 Euro

Gott ist in Dir und will gelebt werden

Wir müssen nicht ein Leben lang Gott im Außen suchen, sondern wir brauchen uns nur zu ‚erinnern'. Wer sich darauf einlässt und mutig immer besser damit ‚umgeht', **wird zu einem neuen Menschen.** Es ist die leichteste und schnellste Form, mit sich selbst und seinem Umfeld und seinem Alltag in Harmonie, in Gleichgewicht und inneren Frieden zu kommen.

60 Min – 9,99 Euro

Geistige Führung in der Zeit des Übergangs bis 2012

Man sagt, wir würden in der sog. ‚Endzeit' leben und der wirtschaftliche Niedergang, die auffallende Zunahme der Naturkatastrophen und das weltweite Grassieren alter und neuer Ängste können ja tatsächlich dafür passen.
Johannes Holey erklärt, was sich hier vollzieht und wie wir damit umgehen können.

60 Min – 9,99 Euro

Bezugsquelle:
Aldebaran-Versand – siehe nächste Seite unten

HÄNDE WEG VON DIESEM BUCH !

Jan Udo Holey/Jan van Helsing

HÄNDE WEG VON DIESEM BUCH !

Jan van Helsing

Sie werden sich sicherlich fragen, wieso Sie dieses Buch nicht in die Hand nehmen sollen. Handelt es sich hierbei nur um eine clevere Werbestrategie?

Wohl kaum. Wie Sie wissen, wurden zwei Bücher von Jan van Helsing aufgrund ihres brisanten Inhalts verboten. Und die etablierten Medien lassen auch kaum einen Tag verstreichen, ohne die Bevölkerung vor den Ideen des „gefährlichsten Sachbuchautoren Deutschlands" zu warnen.

Nun rüttelt Jan van Helsing erneut an einem Weltbild - an Ihrem! Daher ist der Rat: „Hände weg von diesem Buch!" durchaus ernst gemeint. Denn nach diesem Buch wird es nicht leicht für Sie sein, so weiterzuleben wie bisher. Heute könnten Sie möglicherweise noch denken: „Das hatte mir ja keiner gesagt, woher hätte ich denn das auch wissen sollen?" Heute können Sie vielleicht auch noch meinen, daß Sie als Einzelperson sowieso nichts zu melden haben und nichts verändern können. Nach diesem Buch ist es mit dieser Sichtweise jedoch vorbei!

Sollten Sie ein Mensch sein, den Geheimnisse nicht interessieren, der nie den Wunsch nach innerem und äußerem Reichtum verspürt hat, der sich um Erfolg und Gesundheit keine Gedanken macht, dann ist es besser, wenn Sie den gut gemeinten Rat befolgen und Ihre Finger von diesem Buch lassen.

Sollten Sie jedoch immer schon gefühlt haben, daß mit dieser Welt etwas nicht stimmt, sollten Sie die letzten Geheimnisse unserer "aufgeklärten" Welt interessieren und sollten Sie jemand sein, der es vom Leben noch einmal wissen will, dann ist das Ihr Buch!

Sagen Sie aber nicht, man hätte Sie nicht gewarnt! Denn Jan van Helsing wird Ihnen von Dingen und Ereignissen berichten, die Ihnen die Möglichkeit einräumen werden, Macht über Ihr eigenes Leben zu bekommen und die Kraft, andere daran Teil haben zu lassen. Und wer über Macht verfügt, der trägt auch eine große Verantwortung.

Daher sind Sie vor die Wahl gestellt: Möchten Sie auch weiterhin gelebt werden oder ist der Zeitpunkt jetzt gekommen, Ihr Schicksal selbst in die Hand zu nehmen?

Die Entscheidung liegt bei Ihnen!

ISBN 3-9807106-8-8 • 21,00 Euro

ALDEBARAN-Versand
50670 Köln • Weißenburgstr. 10 a
Telefon 02 21 - 737 000 • Telefax 02 21 - 737 001

UNTERNEHMEN ALDEBARAN

Jan Udo Holey/Jan van Helsing

Das allgäuer Ehepaar Karin und Reiner Feistle behauptet, schon seit seiner Kindheit von Außerirdischen besucht worden zu sein. Beide waren bis vor ein paar Jahren fest der Überzeugung, daß ihr „Fall" einer von vielen sei, wie sie nun langsam immer mehr an die Öffentlichkeit dringen, bei denen nachts Menschen von kleinen grauen Wesen mit großen Köpfen „entführt" werden und sich irgendwelchen „Untersuchungen" ausgesetzt finden.

Doch das änderte sich schlagartig, als Reiner Feistle zum erstenmal den Kommandanten des Raumschiffes, auf das ihn die kleinen „Grauen" gebracht hatten, zu Gesicht bekam – er war zwei Meter zwanzig groß, hatte blaue Augen, lange dunkle Haare und sprach deutsch (im Gegensatz zu den „Grauen", die sich telepathisch mit ihm verständigten).

Das ganze Szenarium der „Grauen" entpuppte sich als ein großes Tarnmanöver für die großen Besucher aus dem Sonnensystem Aldebaran, die der Menschheit auf der Erde in der kommenden schwierigen Zeit des Umbruchs hilfreich zur Seite stehen, jedoch noch nicht persönlich in Erscheinung treten wollen, da die Mehrzahl der Menschen momentan noch dazu neigt, sie zu „Engeln" oder „Göttern" zu erklären und dazu tendiert, diesen ihre Verantwortung zu übertragen.

Doch Karin und Reiner Feistle sind nicht die ersten Deutschen, mit denen die Aldebaraner Kontakt aufgenommen haben.

Unglaublich meinen Sie?
Nun, vielleicht sind Sie nach der Lektüre dieses Buches anderer Meinung.

ISBN 3-9805733-2-X • 23,30 Euro

ALDEBARAN-Versand
50670 Köln • Weißenburgstr. 10 a
Telefon 02 21 - 737 000 • Telefax 02 21 - 737 001

GEHEIMAKTE BUNDESLADE – ab Juli 2005

Stefan Erdmann

Was wissen Sie über die Bundeslade? War Ihnen bekannt, daß es sich hierbei um den bedeutendsten Kultgegenstand der Juden und Christen handelt? Doch was verbirgt sich in ihr, was genau ist sie? Waren die zehn Gebote darin aufbewahrt? War es eine technische Apparatur oder gar ein Gerät zur Kommunikation mit den Göttern?

Offiziell ist sie nie gefunden worden. Einige Quellen behaupten, sie sei spurlos verschwunden. Andere glauben, sie wird in Äthiopien aufbewahrt. Sogar in Jordanien, Südfrankreich und im Himalaja wurde sie bereits vermutet. Wieder andere behaupten, sie sei im Besitz einer geheimen Gesellschaft und wechselt seit Jahrhunderten regelmäßig ihren Ort.

Stefan Erdmann enthüllt in diesem Buch erstmals Details über einen geheimnisvollen Fund der Tempelritter im Jahre 1118, den diese aus Jerusalem nach Frankreich brachten und der die Grundlage für ihren unermeßlichen Reichtum wurde. Auf seiner Spurensuche traf er sich unter anderem auch mit Vertretern verschiedener Logengemeinschaften und fand erstmals Verbindungen zwischen den Templern, den Freimaurern, den Zisterziensern und der Thule-Gesellschaft. Diese Verknüpfungen waren die Grundlage für geheime militärische als auch wissenschaftliche Operationen und es wurde offenbar, daß das Grundlagenwissen für den Bau deutscher Flugscheiben während des Zweiten Weltkriegs, wie auch für das US-amerikanische Philadelphia Experiment im Jahre 1943 zum Teil aus Geheimarchiven der Zisterzienser stammte.

Auf seiner Suche nach der Bundeslade und ihren Hütern fand Stefan Erdmann neue, bisher unveröffentlichte und hochbrisante Informationen, die nicht nur weitere Hinweise für das sagenumwobene Atlantis und die weltumspannende Pyramidenkultur liefern, sondern die Spur führt direkt in die gegenwärtige Weltpolitik…

ISBN 3-9807106-2-9 • 21,00 Euro

ALDEBARAN-Versand
50670 Köln • Weißenburgstr. 10 a
Telefon 02 21 - 737 000 • Telefax 02 21 - 737 001

Stefan Erdmann

Band 1

Die historischen Hintergründe...

„Es ist egal, ob George W. Bush oder Al Gore Präsident wird - Alan Greenspan ist der Chef der Notenbank..." *las man vor der letzten US-Präsidentschaftswahl in der Süddeutschen Zeitung. Wer ist denn dieser Greenspan, daß er offenbar mehr Einfluß hat als der angeblich mächtigste Mann der Welt – der US-Präsident? Oskar Lafontaine war sich offenbar dieser unsichtbaren Macht bewußt, als er sich zu folgendem Satz hinreißen ließ:* „Die Weltpolitik wird von einem Hochfinanz-Imperium regiert."

Sicherlich sind die meisten Personen, die heute die Welt steuern, aus dem Wirtschafts- und Finanzbereich. Doch der wahre Grund, warum sie so mächtig sind und die Geschicke der Welt über unsichtbare Fäden lenken, liegt mitunter in ihrer Mitgliedschaft in Geheimlogen. Diese Logen hüten nämlich einige höchst brisante Geheimnisse, die teils Jahrtausende zurückreichen und deren Wissen den Globalisten diese ungeheure Machtausübung erst ermöglicht. Interessiert es Sie, worüber diese Logenmänner Kenntnis haben und was sie vor Ihnen verborgen halten?

Die Antworten auf diese und viele andere brisante Fragen präsentiert hier Stefan Erdmann in seinem Zweiteiler **Banken, Brot und Bomben**. Nach jahrelanger Recherche, vielen Reisen durch fünf Kontinente und einigen höchst aufschlußreichen Interviews mit Insidern enthüllt er in **Banken, Brot und Bomben** bisher unveröffentlichte Informationen, die das Wirken dieser Dunkelmänner in der Weltgeschichte nachweisen und ihr globales Spiel um die Neue Weltordnung – einer Weltregierung in Form eines modernen Sklavenstaats – dem Leser schlüssig erklären.

In Band 1 untersucht Stefan Erdmann nicht nur die erstaunlichen Parallelen zwischen Moses und dem ägyptischen Pharao Echnaton sondern auch von Tutenchamun und Jesus und zeigt die Wahrscheinlichkeit auf, daß beide Pharaonen zu Hebräern umgefälscht wurden, was nicht nur die Abrahamreligionen auf den Kopf stellen, sondern auch erstmals sinnvoll die Widersprüche im A.T. erklären könnte. In Band 1 führt er den Leser quer durch die Geschichte bis in die Gegenwart und zeigt damit auch die Verbindung der alten Kulturen und der Geheimnisse um die Personen Jesus und Moses mit den modernen Geheimgesellschaften der Freimaurer und Illuminaten auf.

ISBN 3-9807106-1-0 • 19,70 Euro

ALDEBARAN-Versand
50670 Köln • Weißenburgstr. 10 a
Telefon 02 21 - 737 000 •Telefax 02 21 - 737 001

DEN GÖTTERN AUF DER SPUR

Stefan Erdmann

Gentechnik vor 400.000 Jahren

Waren wir bisher der Meinung, daß die Frage nach der Entstehung des Menschen längst geklärt sei? Wenn ja, werden wir durch dieses Werk eines Besseren belehrt. Stefan Erdmann hat auf seinen Expeditionen durch sechs Kontinente, schwerpunktmäßig jedoch durch den afrikanischen, Entdeckungen gemacht, die sehr überzeugend darlegen, daß die ersten Kulturbringer der Menschheit einst von den Sternen kamen und genetisch in die Entwicklung auf der Erde eingegriffen hatten.

Auf seiner Suche nach Anhaltspunkten, die diese These unterstützen würden, hatte er Gebiete Afrikas besucht, die nie zuvor ein Weißer betreten hatte; traf dabei auf Menschen, von denen bisher kein Mensch wußte, daß sie überhaupt existierten; besuchte verborgene Täler, von denen bisher nur Mythen berichteten und stieß dabei immer wieder auf Hinweise, die einen Eingriff von außen bestätigten.

Auch wenn wir solch einer Annahme bisher noch skeptisch gegenüber eingestellt gewesen sein sollten, wird sich das nach der Lektüre dieses Buches geändert haben. Wie ein roter Faden ziehen sich Berichte über diese „Besucher" durch die Geschichte der Menschheit, und wir werden dabei unweigerlich mit der Frage konfrontiert, ob der Mensch wirklich die Krone der Schöpfung ist, wie es das Alte Testament lehrt, oder nur ein evolutionärer Fremdling, der sein Auftauchen der Laune einer Gruppe von „Göttern" zu verdanken hat?

Begeben wir uns mit dem Autor auf eine faszinierende und teilweise fantastisch anmutende Spurensuche durch die verschiedenen Kulturen dieses Planeten und erfahren dabei von Ereignissen, die der klassischen Archäologie nicht nur unangenehm werden, sondern diese teilweise gänzlich über den Haufen werfen. Seien wir auf die Überraschungen gespannt, die wir mit Stefan Erdmann auf seiner Zeitreise durch die Menschheitsgeschichte erleben werden und folgen wir ihm auf den Spuren der Götter.

ISBN 3-9807106-6-1 • 20,30 Euro

ALDEBARAN-Versand
50670 Köln • Weißenburgstr. 10 a
Telefon 02 21 - 737 000 •Telefax 02 21 - 737 001

ICH SPRECHE MIT TOTEN

Martina Krämer

ab JUNI 2005

Haben Sie schon einmal von Menschen gehört, die einen sechsten Sinn haben, welche die Zukunft vorhersagen und Dinge wahrnehmen können, die anderen verborgen bleiben?

Martina Krämer ist eine dieser Personen. Nach außen hin unterscheidet sie nichts von anderen Menschen, doch ist ihr die Gabe zu eigen, „mehr" zu sehen als gewöhnliche Menschen. Vor allem eine Fähigkeit ist bei ihr stark ausgeprägt: die Seelen Verstorbener zu sehen und mit diesen zu kommunizieren.

In diesem Buch erzählt uns Martina Krämer ihre Lebensgeschichte – die alles andere als gewöhnlich war – und erklärt uns, wie sie von ihrem Schutzengel zum Medium ausgebildet worden ist, was sie von Verstorbenen erfahren hat und mit dunklen Kräften erlebte.

„Ich bekomme haufenweise Manuskripte zugesandt, doch Frau Krämers Geschichte ist mit das spannendste, was mir in den letzten Jahren vorgelegt wurde. Es gibt wenige Bücher, von denen ich mich nicht losreißen kann – dieses ist eines davon.

Bevor ich mich jedoch endgültig entschied, das Buch zu veröffentlichen, wollte ich eine persönliche Sitzung bei Frau Krämer durchführen und sie auf ihre Fähigkeiten hin prüfen. Und ich kann nur sagen: Ihre Trefferquote ist erstaunlich und ich erfuhr Dinge, die sonst noch kein Medium bei mir wahrgenommen hatte."

Jan van Helsing (im März 2005)

ISBN 3-938656-07-7 • 17,40 Euro

ALDEBARAN-Versand
50670 Köln • Weißenburgstr. 10 a
Telefon 02 21 - 737 000 •Telefax 02 21 - 737 001

Geheime Technologien
Geheimgesellschaften
Spirituelle Ratgeber
Prophezeiungen
Freie Energie
Hohle Erde
Ufologie
Tesla

u.v.m.